U0922220

2019

黑龙江垦区
统计年鉴

Statistical Yearbook of Heilongjiang State Farms

（总第二十七期 No. 27）

黑龙江省农垦总局统计局　编

图书在版编目（CIP）数据

黑龙江垦区统计年鉴. 2019 / 黑龙江省农垦总局统计局编. -- 北京 : 中国统计出版社, 2019.9
ISBN 978-7-5037-8853-6

Ⅰ. ①黑… Ⅱ. ①黑… Ⅲ. ①农垦地区—统计资料—黑龙江省—2019—年鉴 Ⅳ. ①C832.35-54

中国版本图书馆 CIP 数据核字（2019）第 150676 号

黑龙江垦区统计年鉴-2019

作　　者／黑龙江省农垦总局统计局
责任编辑／佘竞雄　且淑芬　韩军
责任校对／韩军　刘洲　张春艳　张斌　于远滋　徐子辉　白国兴　王璐璋　裴蕾　姜波
封面设计／韩军　李雪燕
出版发行／中国统计出版社
通信地址／北京市丰台区西三环南路甲 6 号　邮政编码／100073
电　　话／邮购（010）63376909　书店（010）68783171
网　　址／http://www.zgtjcbs.com
印　　刷／河北鑫兆源印刷有限公司
经　　销／新华书店
开　　本／880×1230mm　1/16
印　　张／21.75　1.5 彩页
字　　数／720 千字
版　　别／2019 年 9 月第 1 版
版　　次／2019 年 9 月第 1 次印刷
定　　价／320.00 元

如有印装差错，由本社发行部调换。

《黑龙江垦区统计年鉴 -2019》
编委会和编辑人员

编辑说明

一、《黑龙江垦区统计年鉴—2019》是一部全面反映黑龙江垦区经济和社会发展情况的资料性年刊，本书系统收录了全垦区和各分局、总局直属单位、农牧场2018年经济和社会各方面的统计数据，以及历史重要年份的主要统计数据。

二、全书主要分16部分：特载（文字资料）；1. 综合；2. 国民经济核算；3. 人口、就业人员和职工工资；4. 固定资产投资；5. 资源环境和能源；6 人民生活；7. 农林牧渔业；8. 工业；9. 建筑业；10. 交通运输和通讯业；11. 批发零售业和住宿餐饮业； 12. 对外经济贸易；13. 教育科技和文艺事业；14. 卫生和其他；15. 各农牧场基本情况。各部分末附有主要统计指标解释。

三、本年鉴资料主要来自黑龙江省农垦总局2018年及以前各年度的统计年报、业务部门的统计年报和抽样调查资料，部分专业历史数据和资料来源口径有所调整，请留意表中注释。

四、本年鉴的编辑原则。由于各种原因，黑龙江垦区的管理体制几经变动，为了研究问题方便，在汇编全垦区历史性资料时，我们采取了现行管理体制口径，就是以2018年管理体制口径为准，凡是2018年以前划出的单位（农场或工厂等），其统计数据，一律从其各年汇总的总计数据中扣除（包括追溯的部分指标历史数字）。本年鉴个别指标，由于数据来源和计算方法不同，当年资料总局数据与分局的汇总数不等，请使用时注意。

五、本年鉴中所使用的度量衡单位均采用国际统一标准计量单位。

六、本年鉴根据出版的要求，标明2019年是出版年份，而资料截止于2018年底。

七、符号使用说明："…"表示数据不足本表计量单位；"空格"表示该项统计指标数据不详或无该项数据；"#"表示其中的主要项。

编　者

二〇一九年五月

地区生产总值

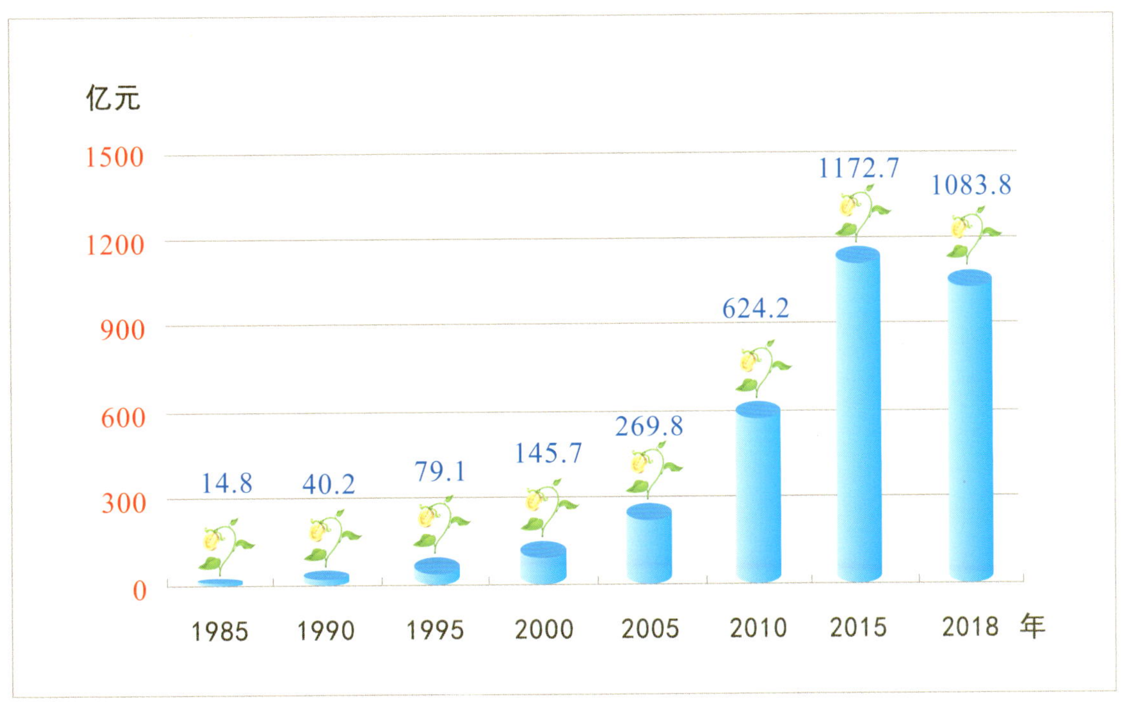

地区生产总值构成

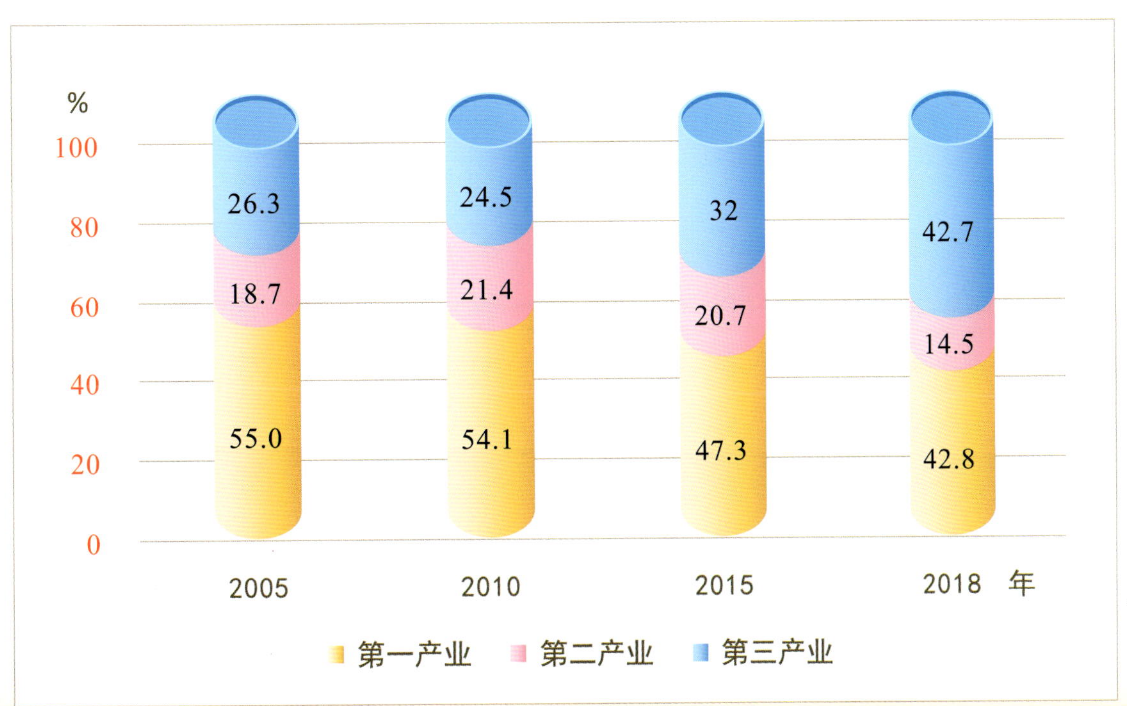

人均地区生产总值

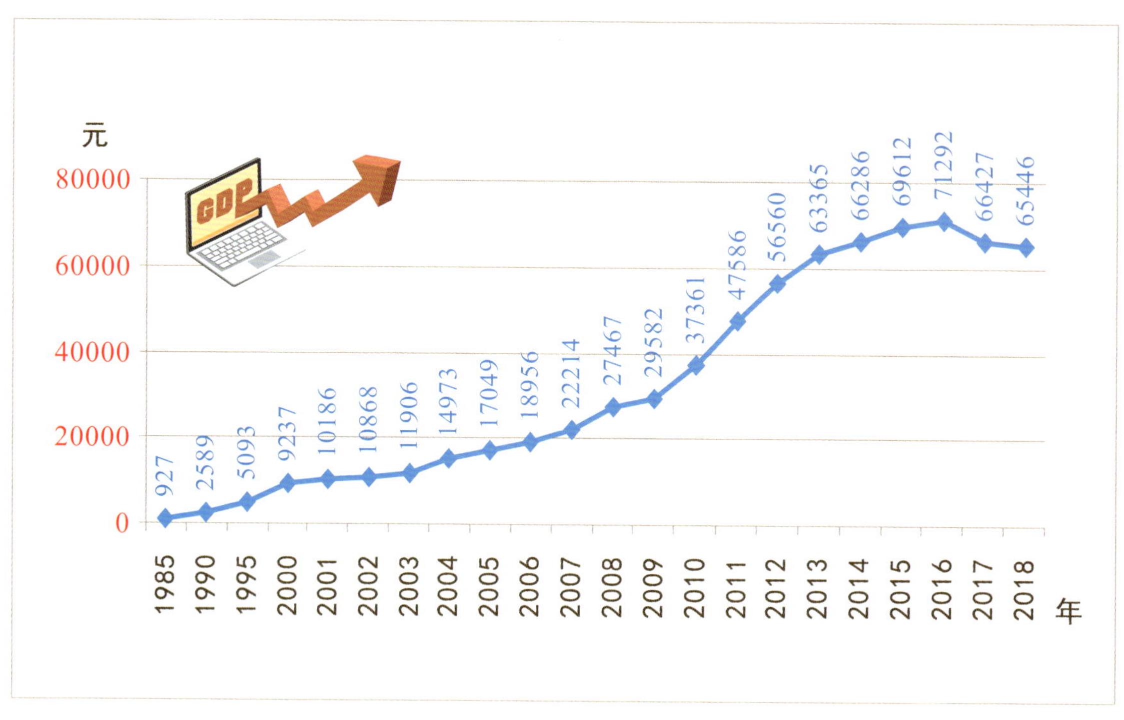

地区生产总值中非公有经济所占比重

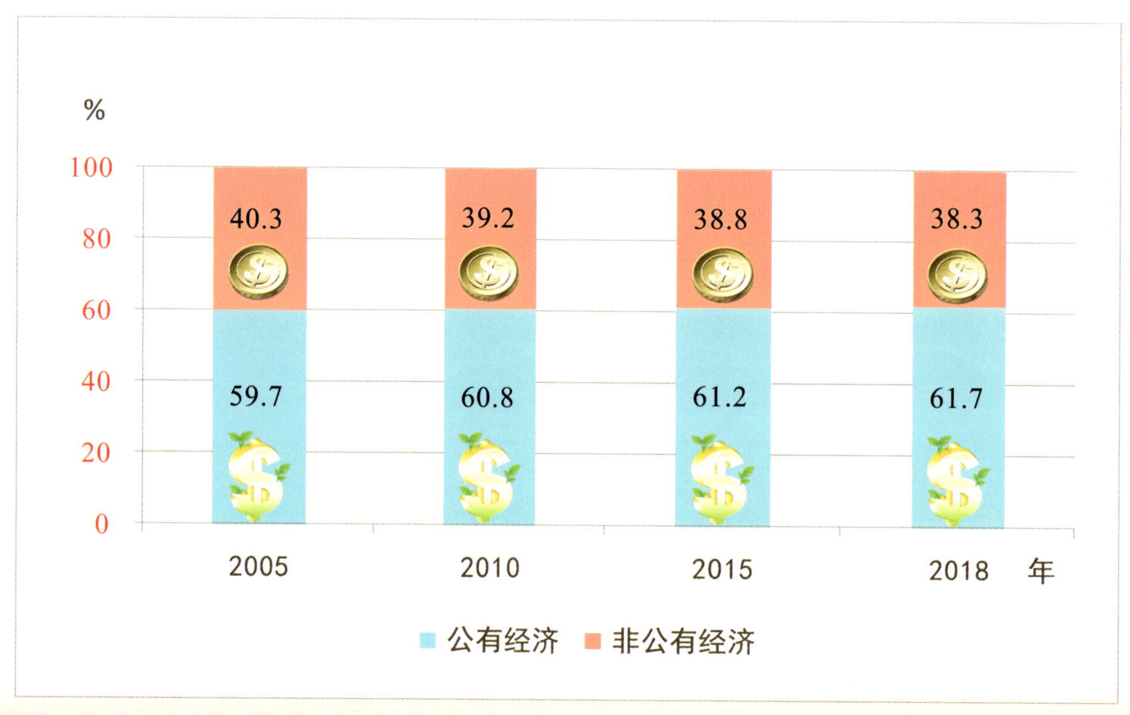

人口总数

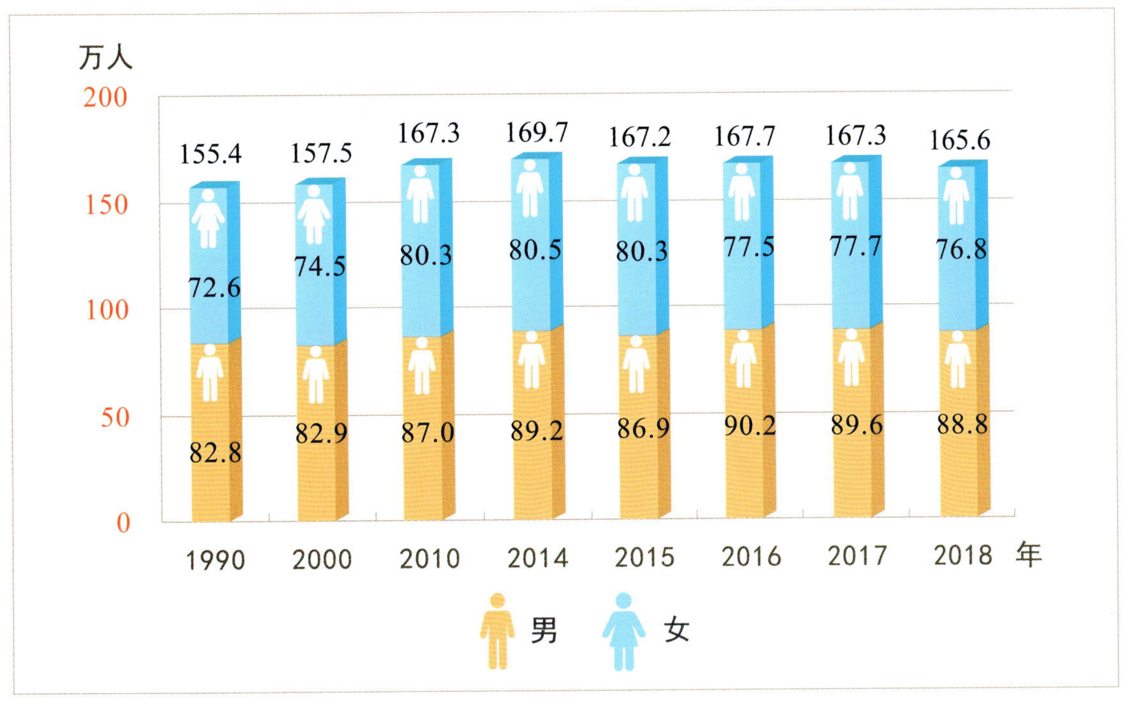

从业人员和职工人数

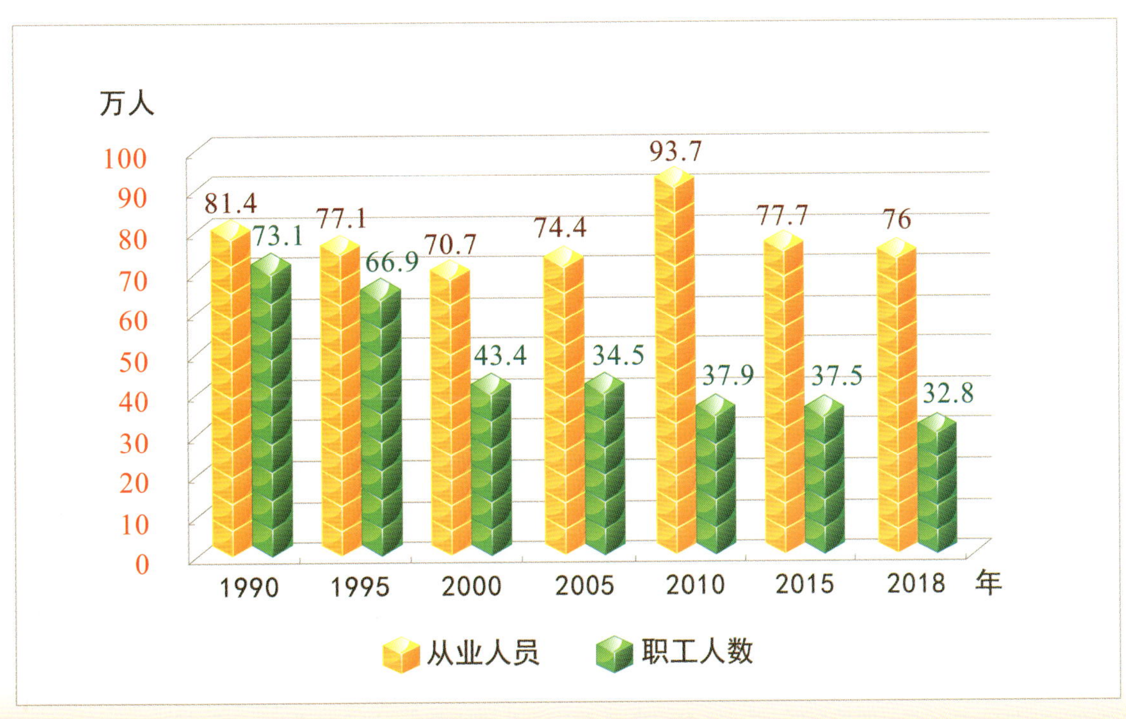

从业人员三次产业构成

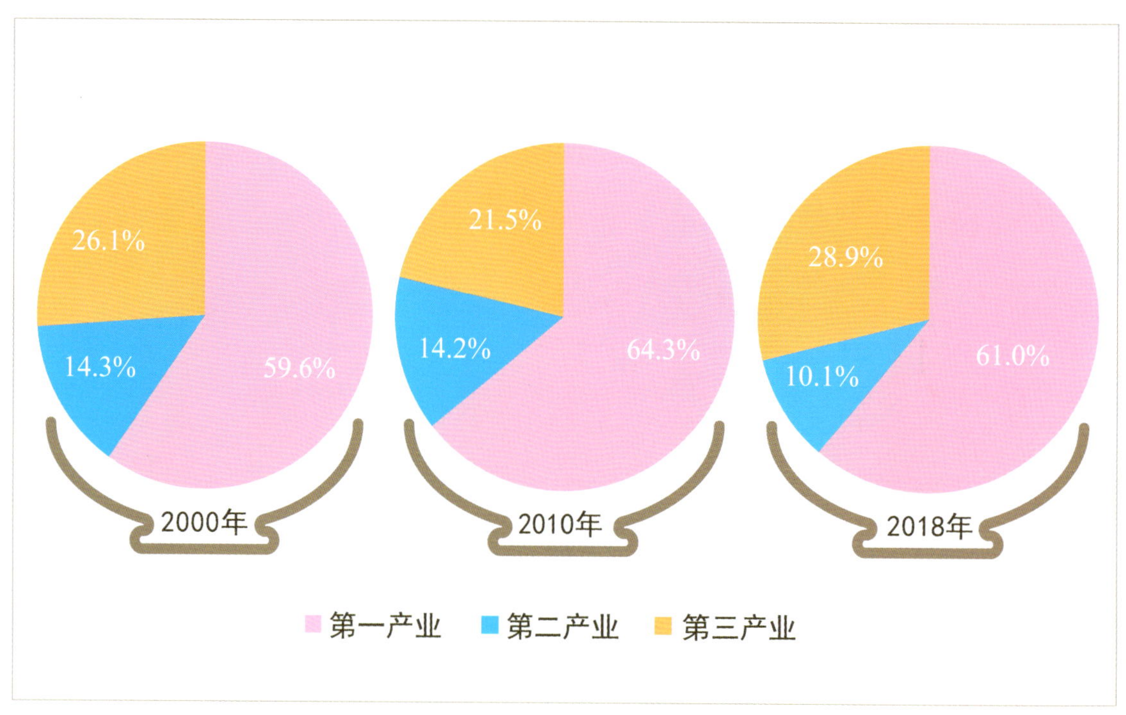

职工平均工资

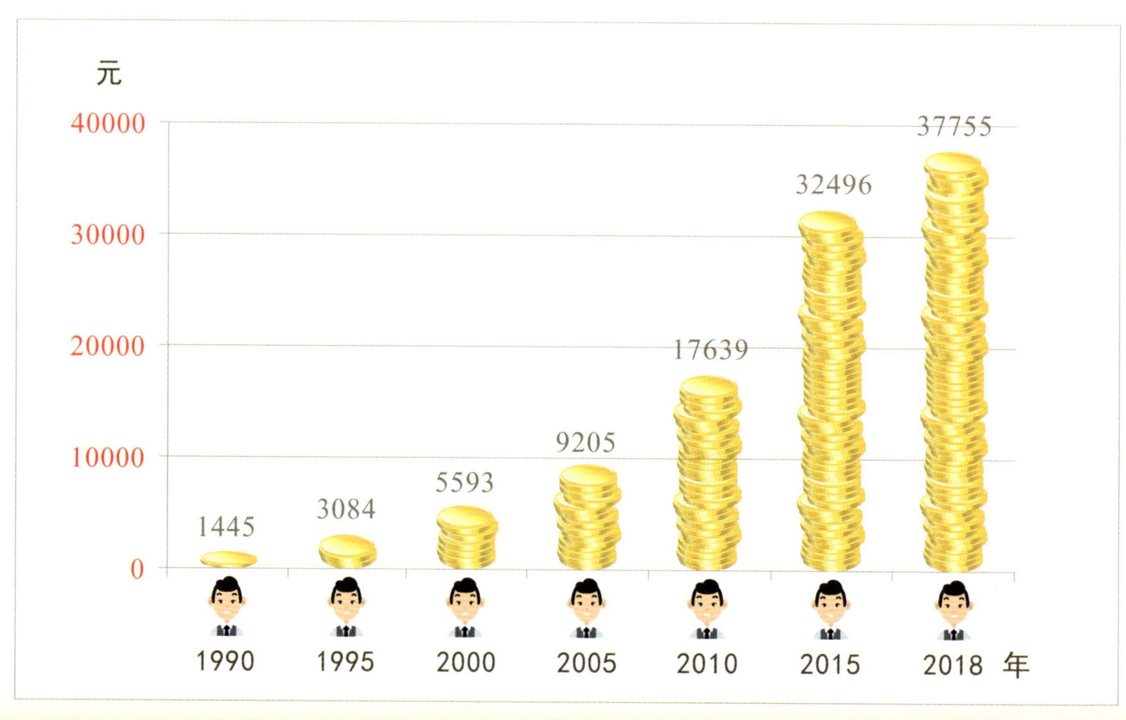

主要年度粮食产量

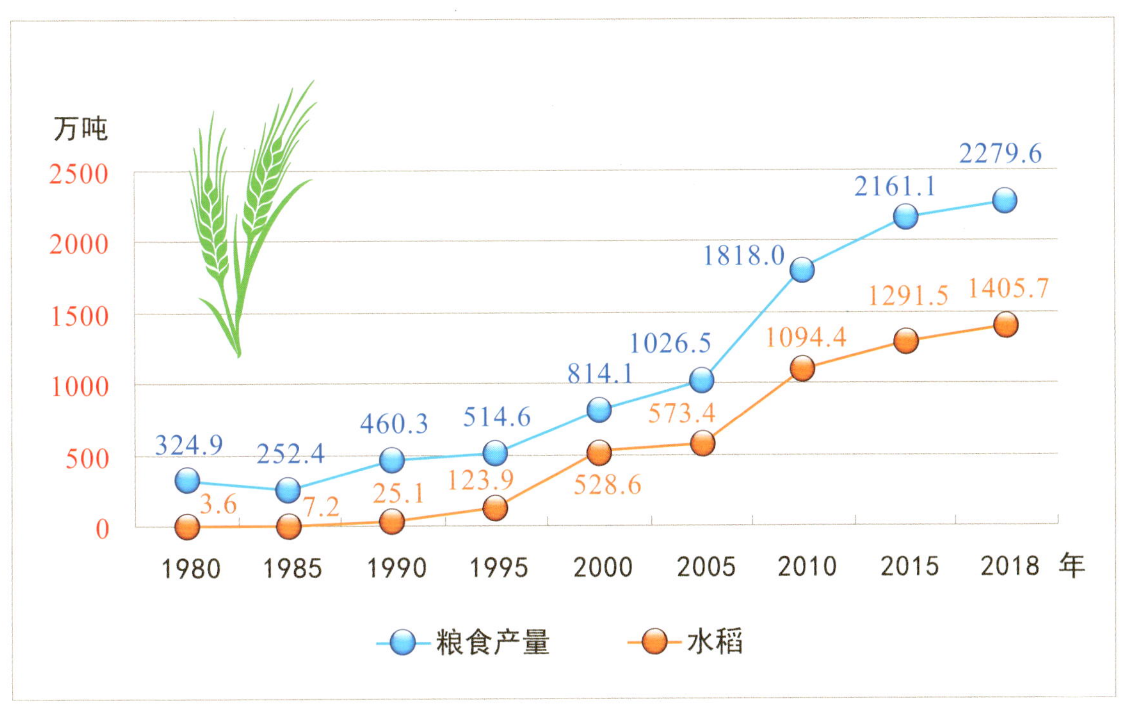

四大农作物产量占粮食总产的比重

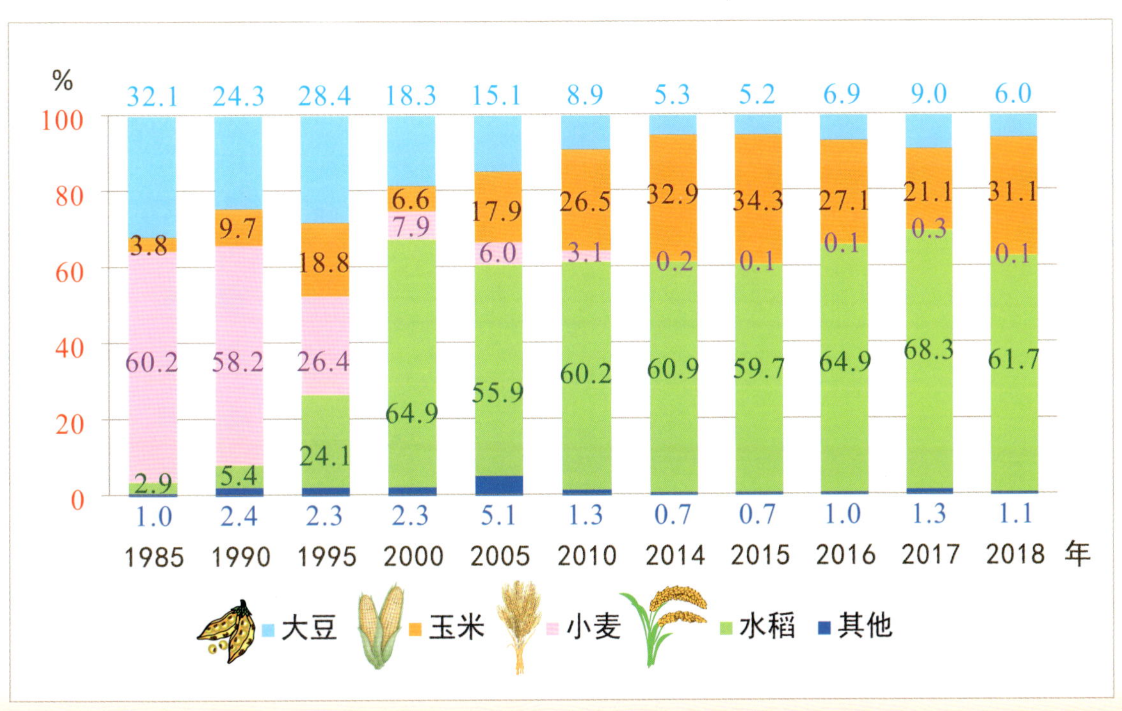

2018 年农作物面积结构

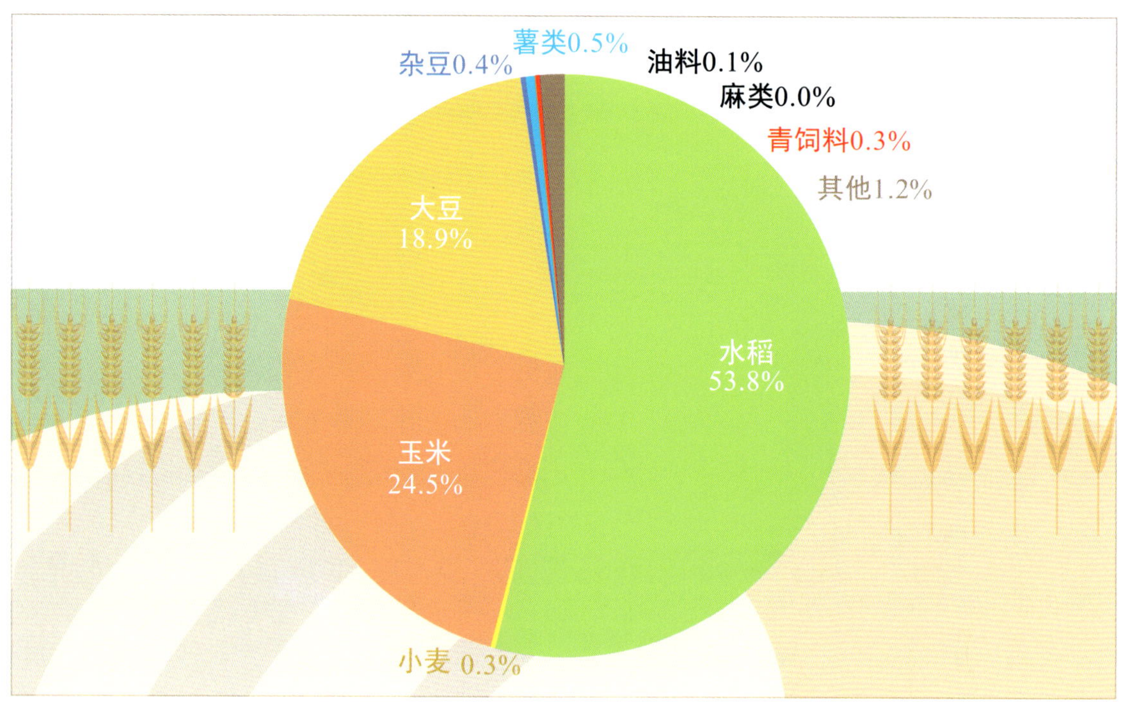

农业机械情况

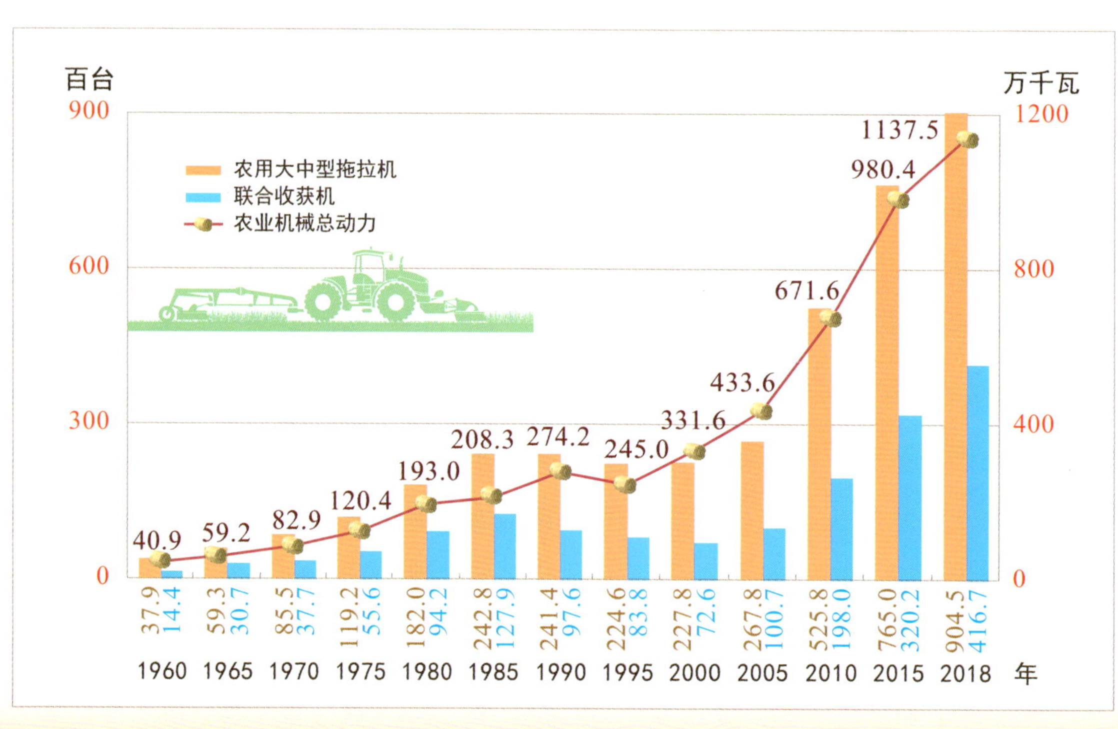

农业机械化率

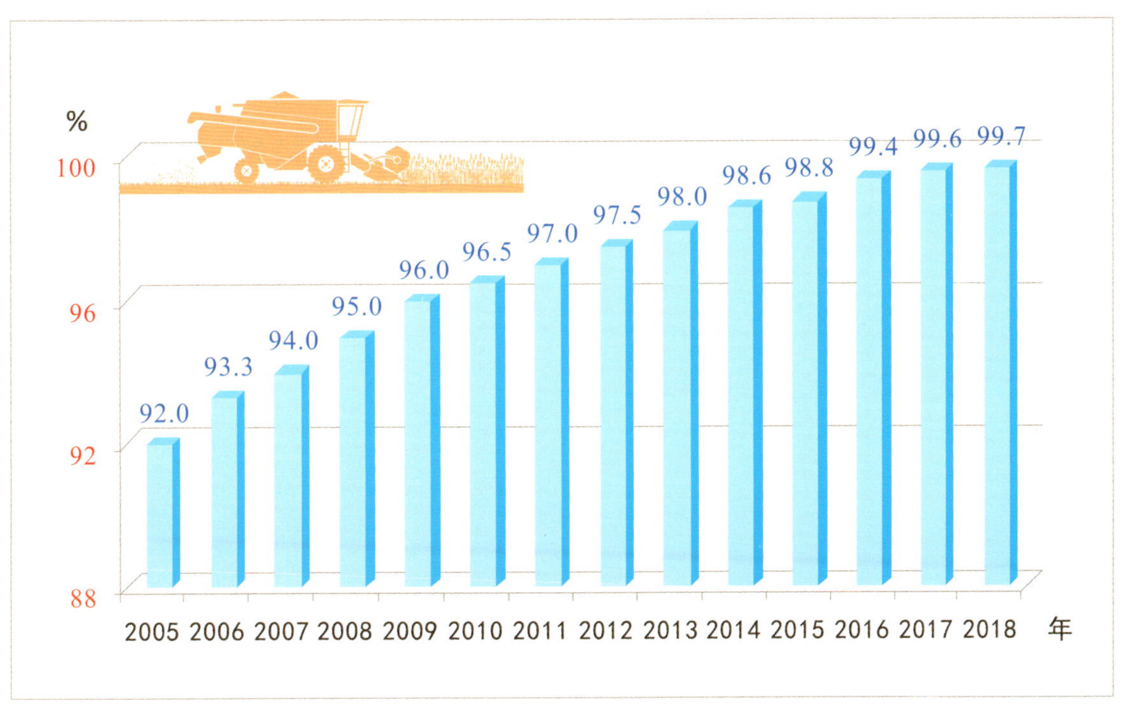

畜牧业生产情况

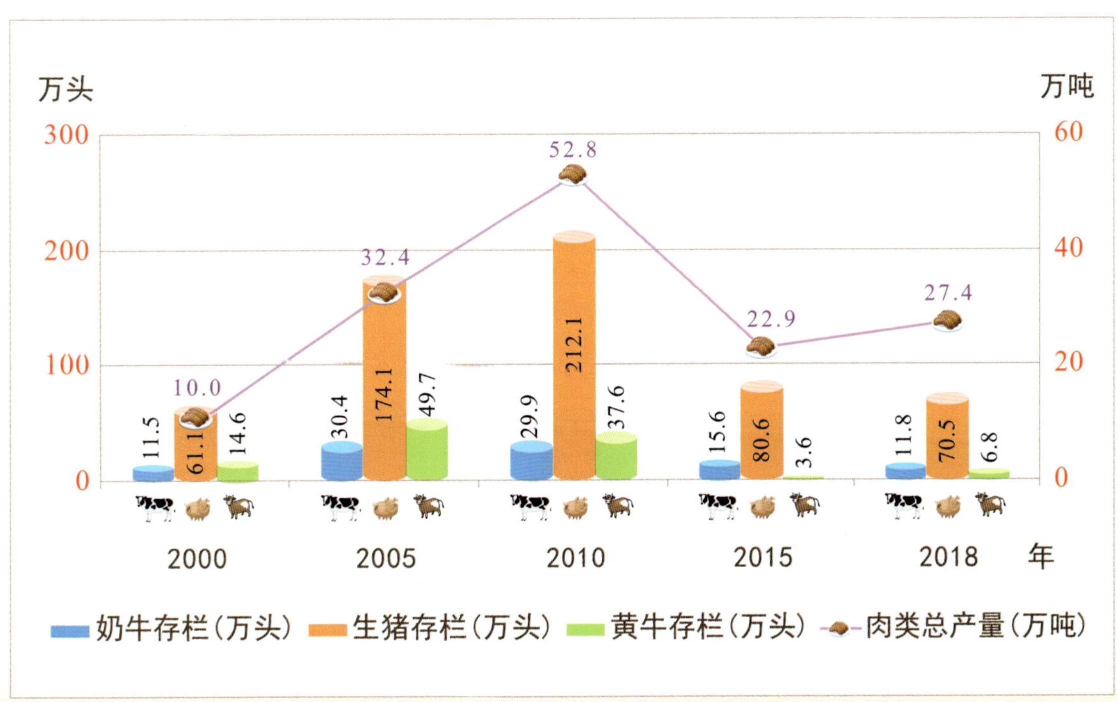

工业增加值

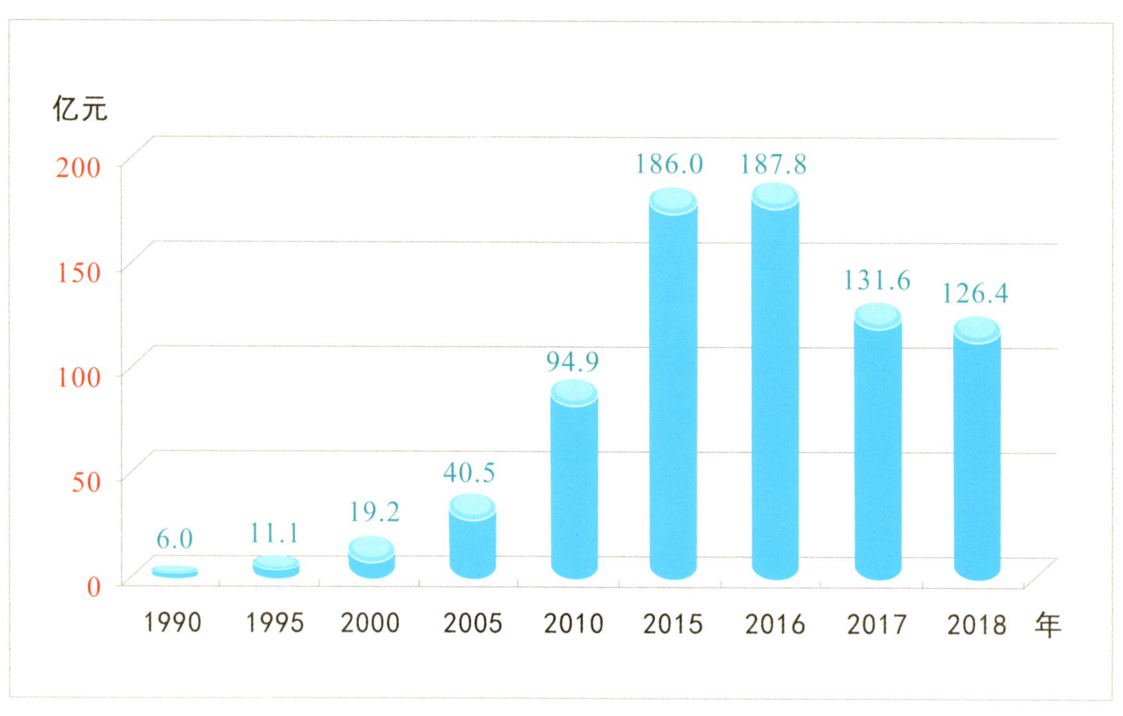

2018 年工业经济类型结构

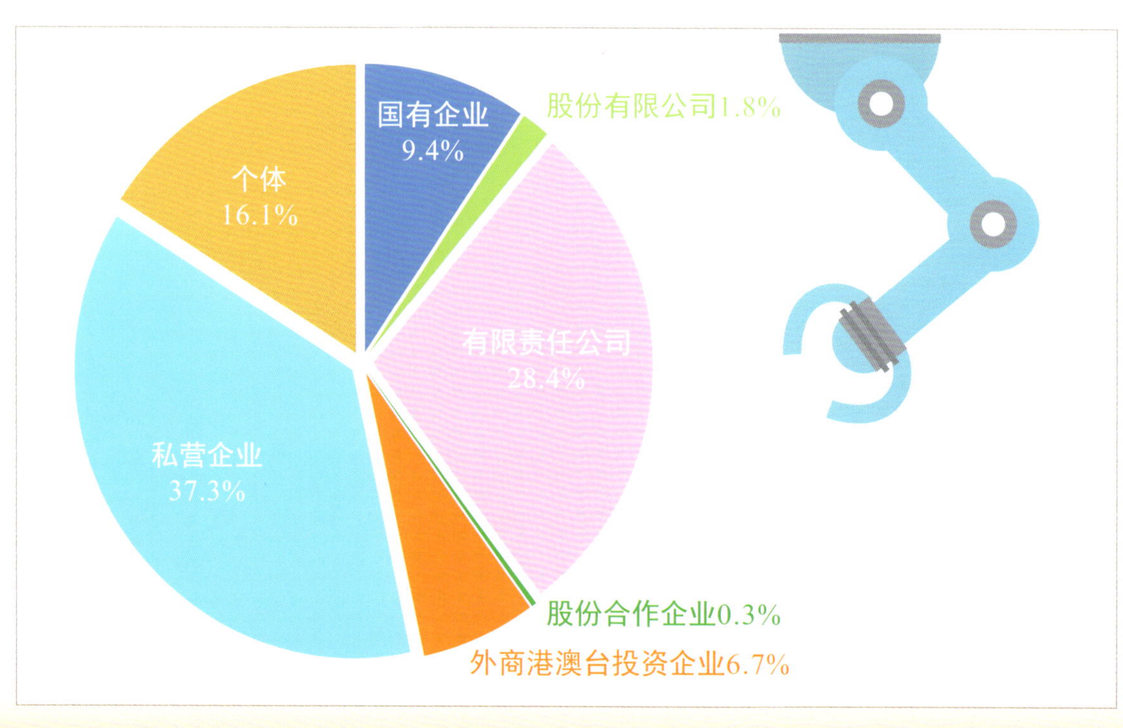

轻重工业比重

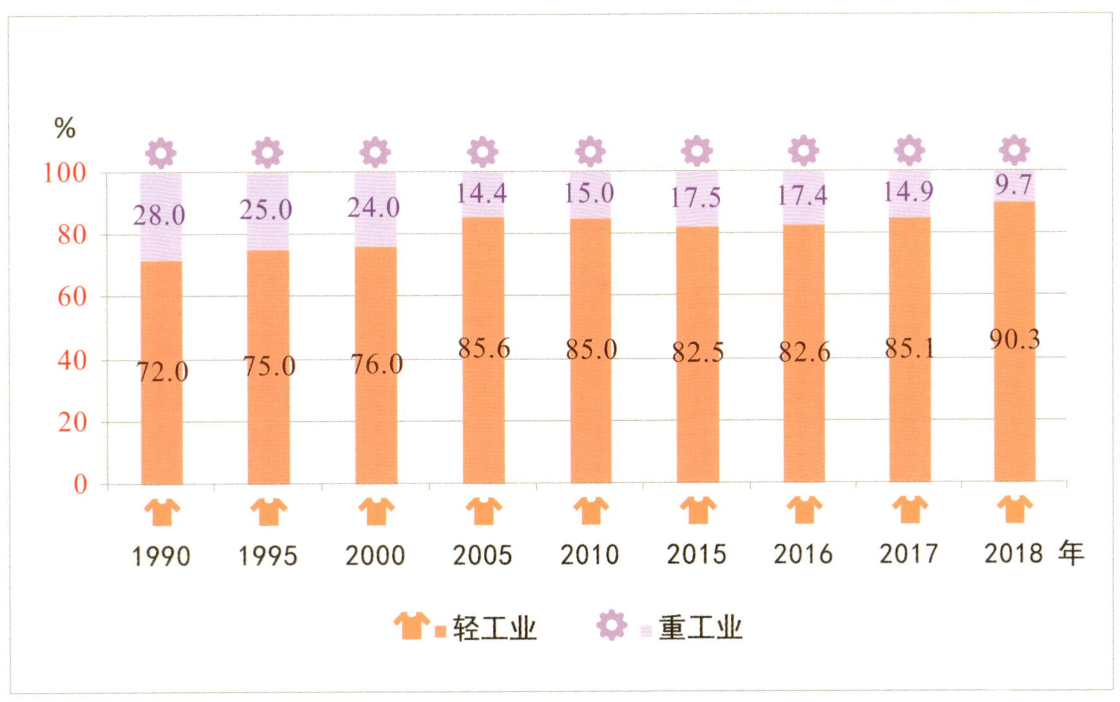

工业行业构成

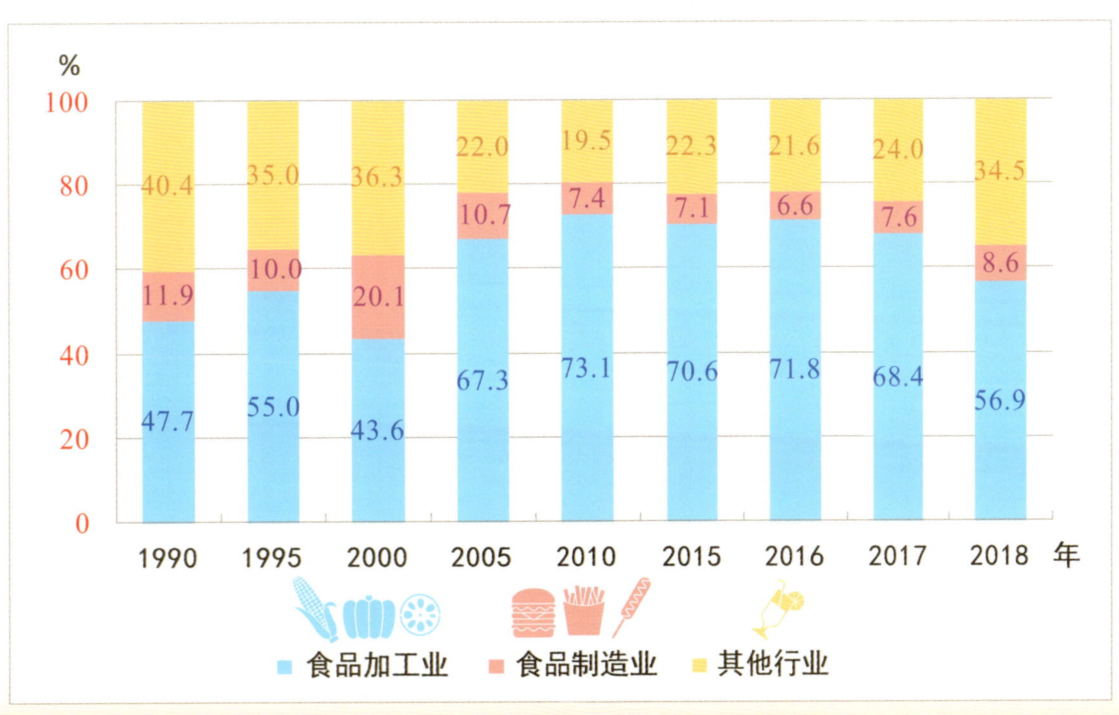

固定资产投资完成额

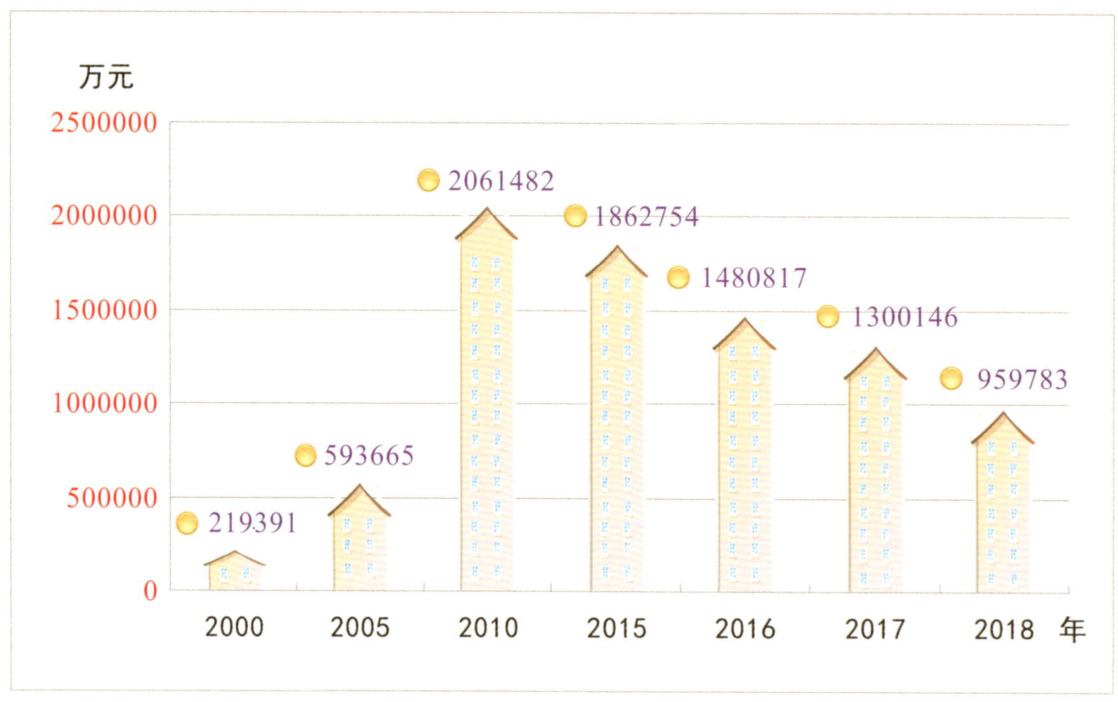

固定资产投资资金来源构成

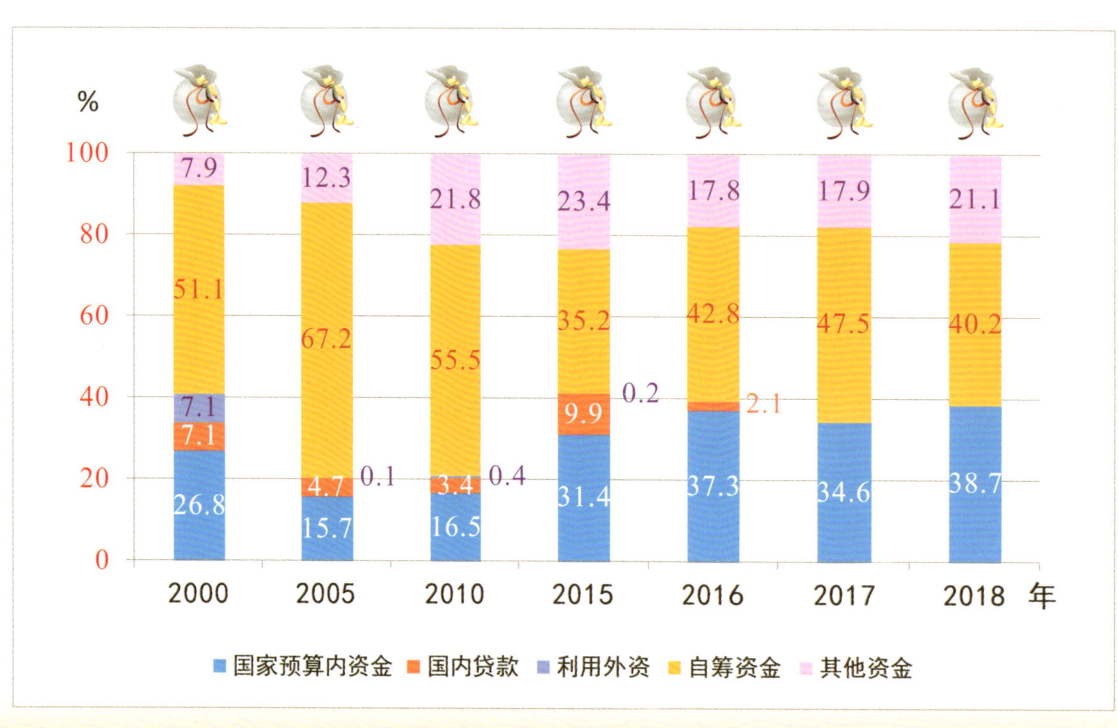

建筑企业总产值

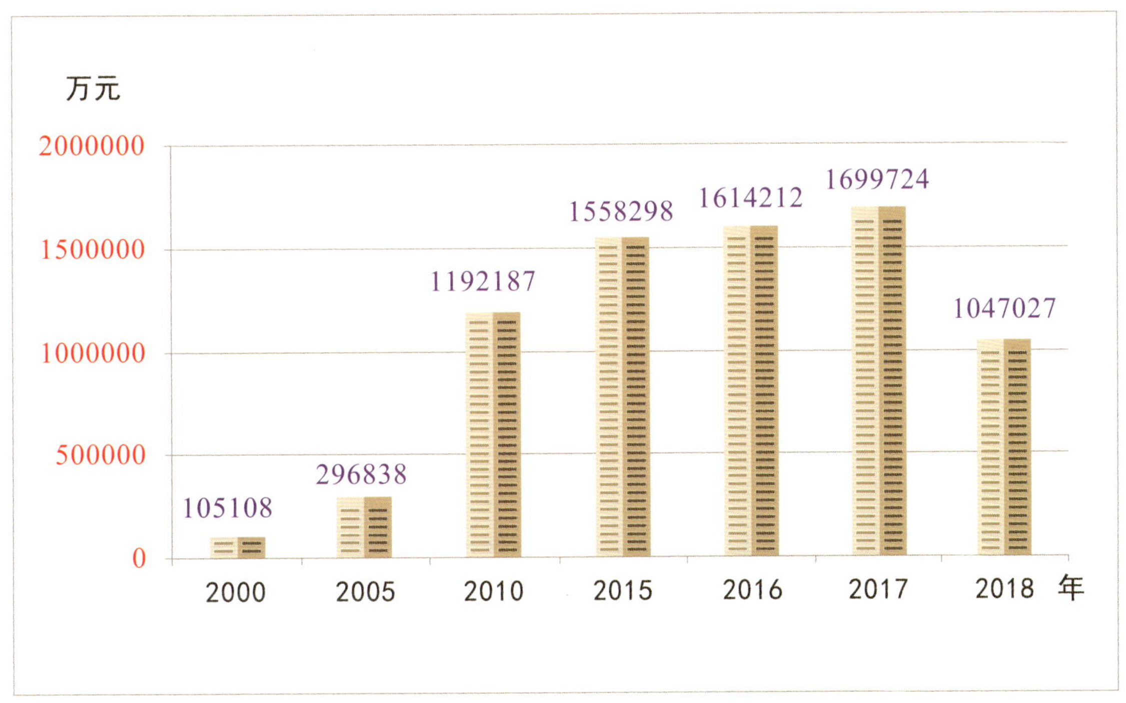

建筑业劳动生产率

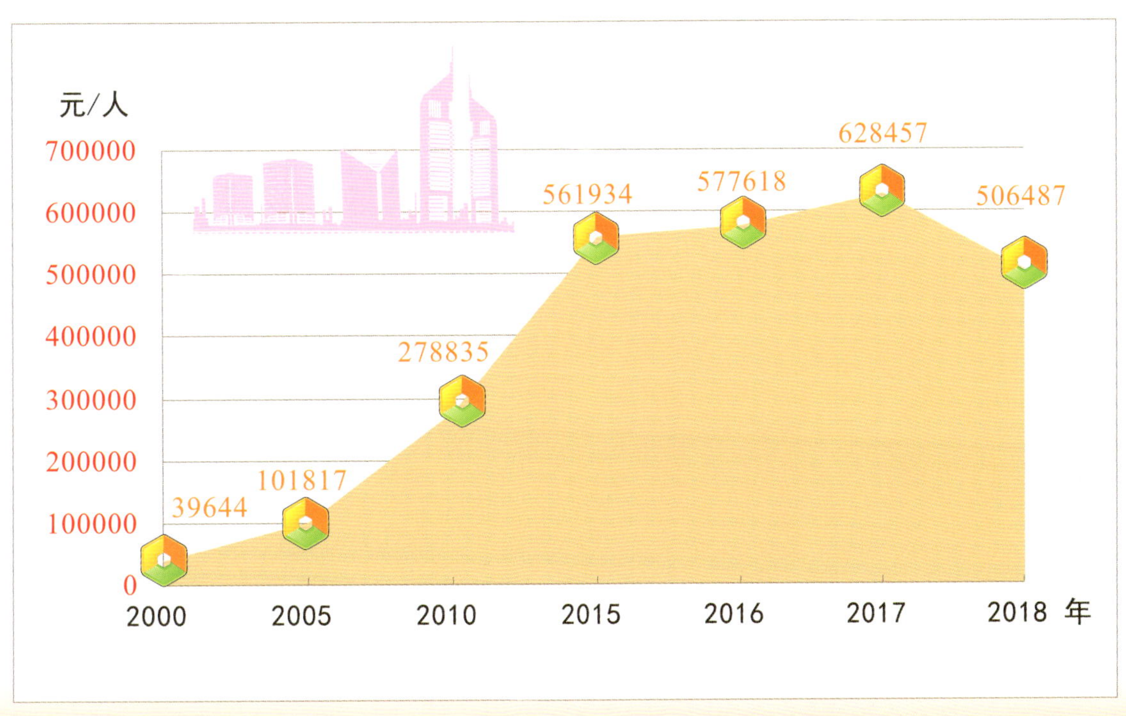

客运量

千人
10000
8000
6000
4000
2000
0
7190
6430
6325
8820
9540
9260
5220
1990
1995
2000
2005
2010
2015
2018
年

货运量

千吨
25000
20000
15000
10000
5000
0
7680
8960
11179
18770
19470
16010
14360
1990
1995
2000
2005
2010
2015
2018
年

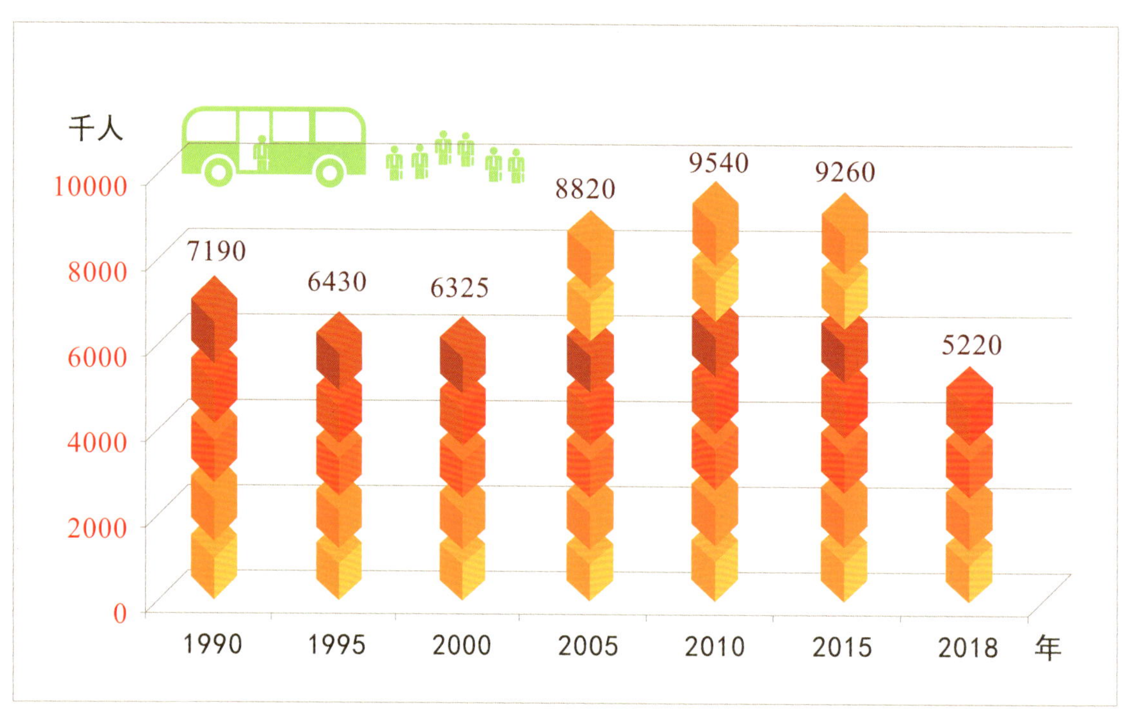

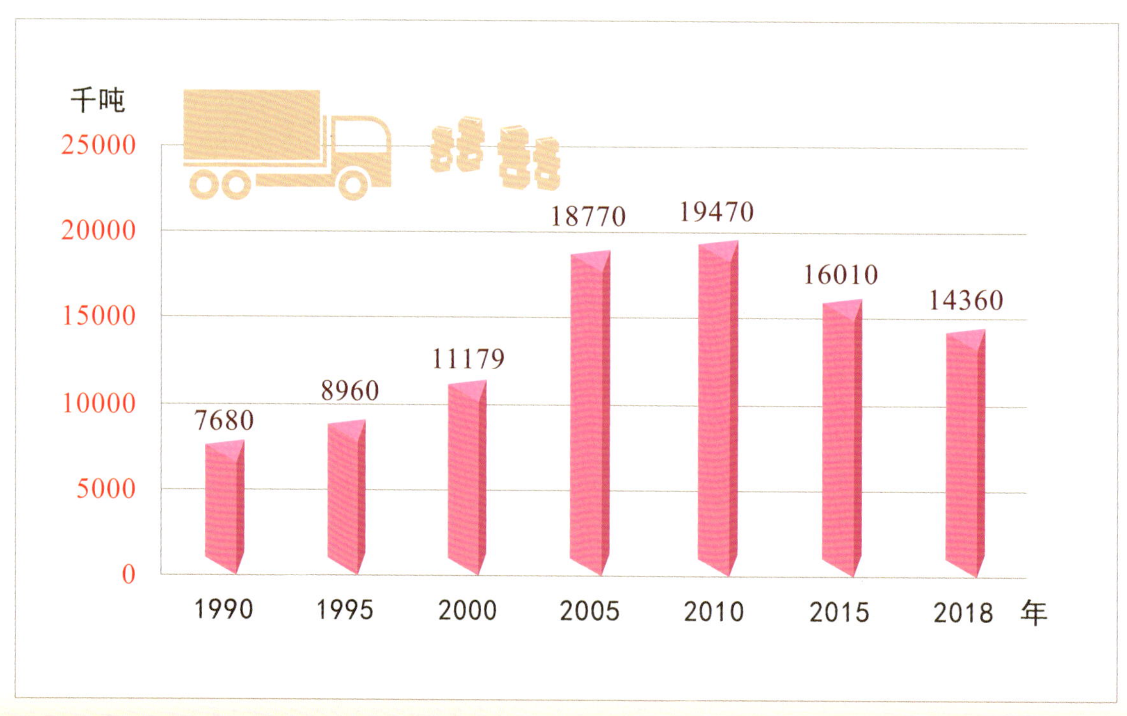

社会消费品零售总额

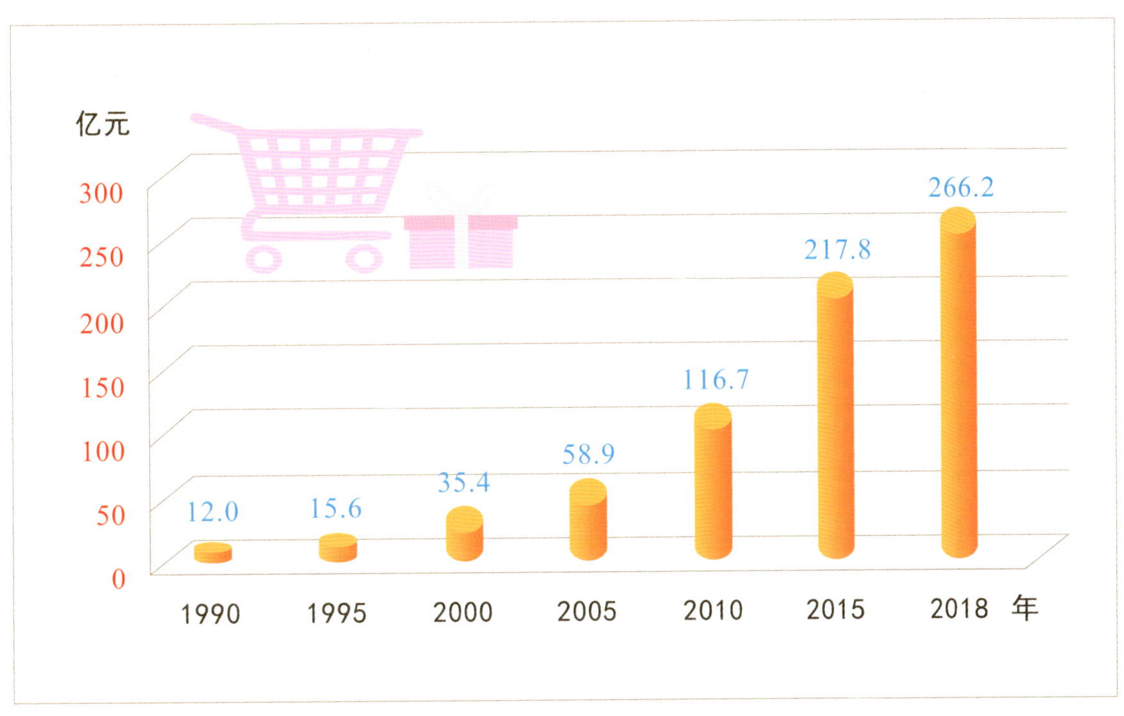

批发零售贸易业商品销售总额

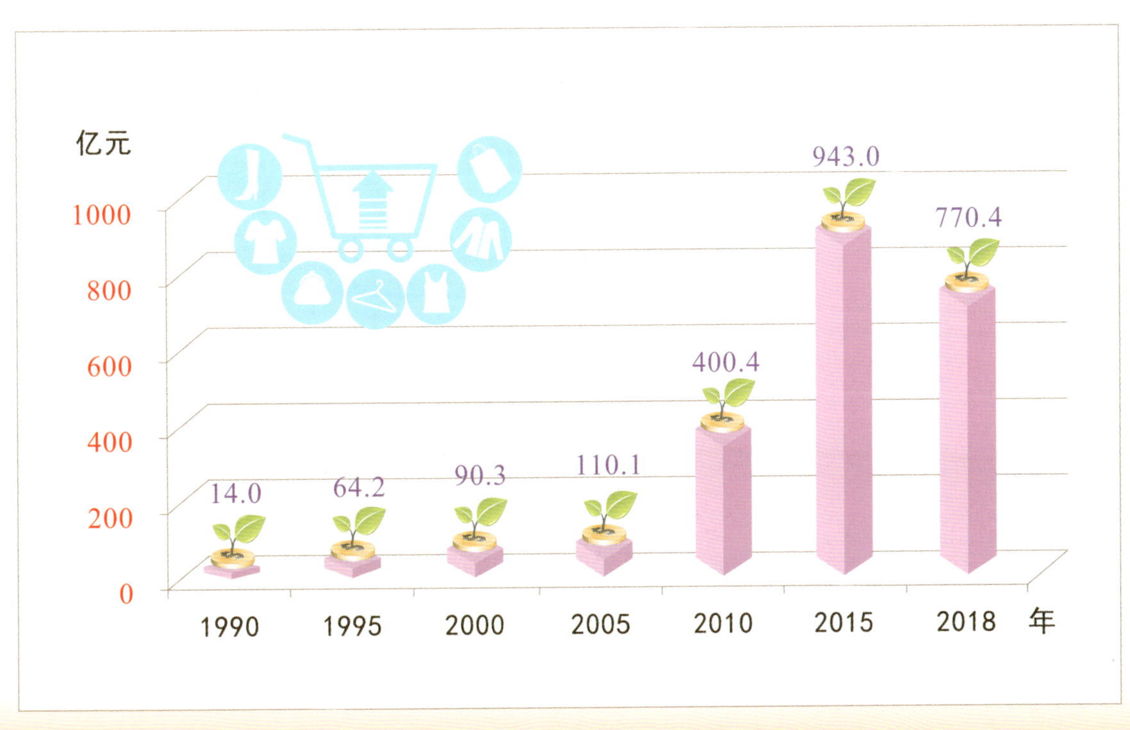

外贸依存度

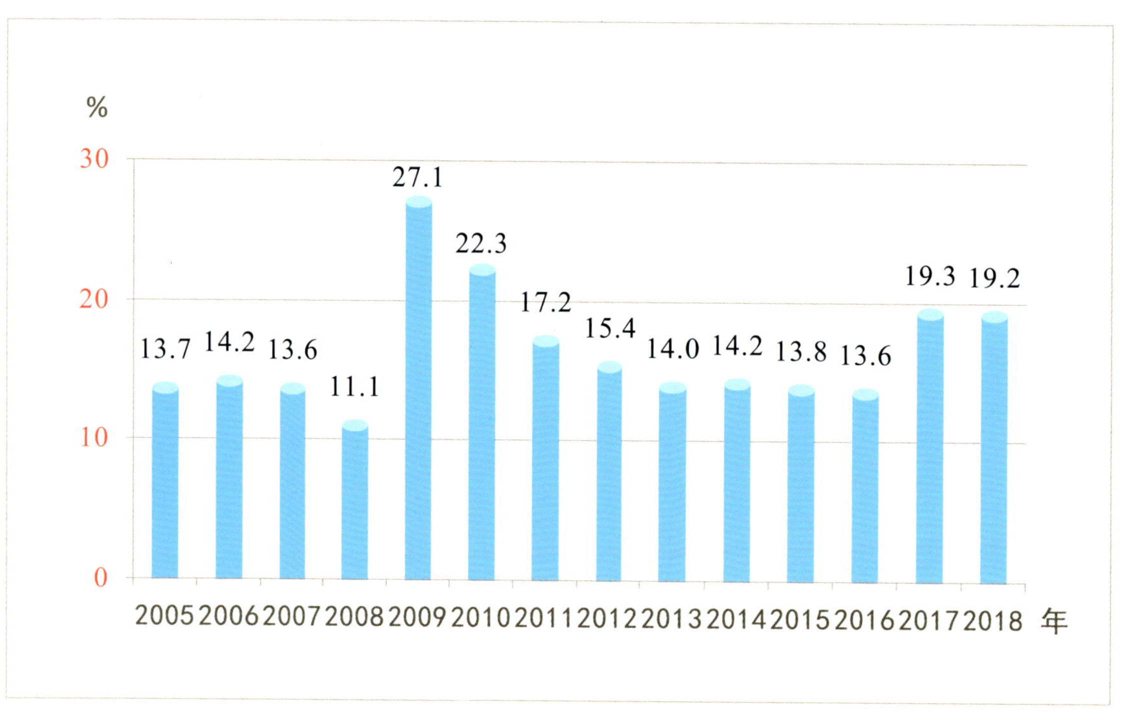

出口商品总值

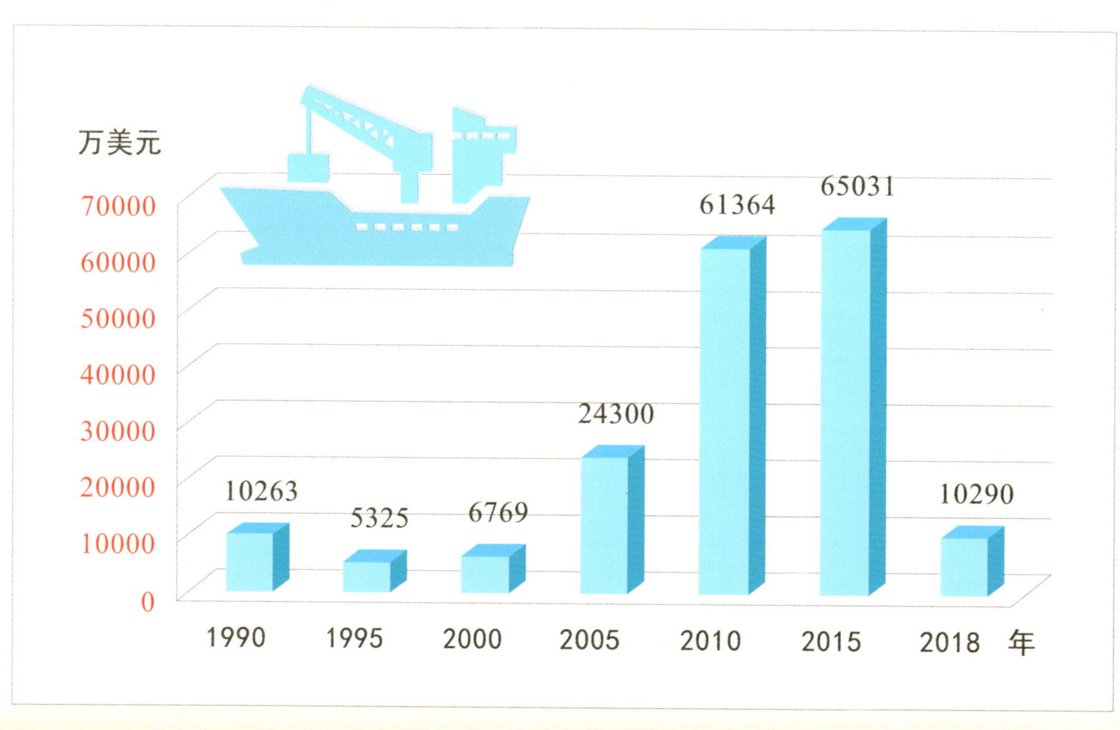

利用外资情况

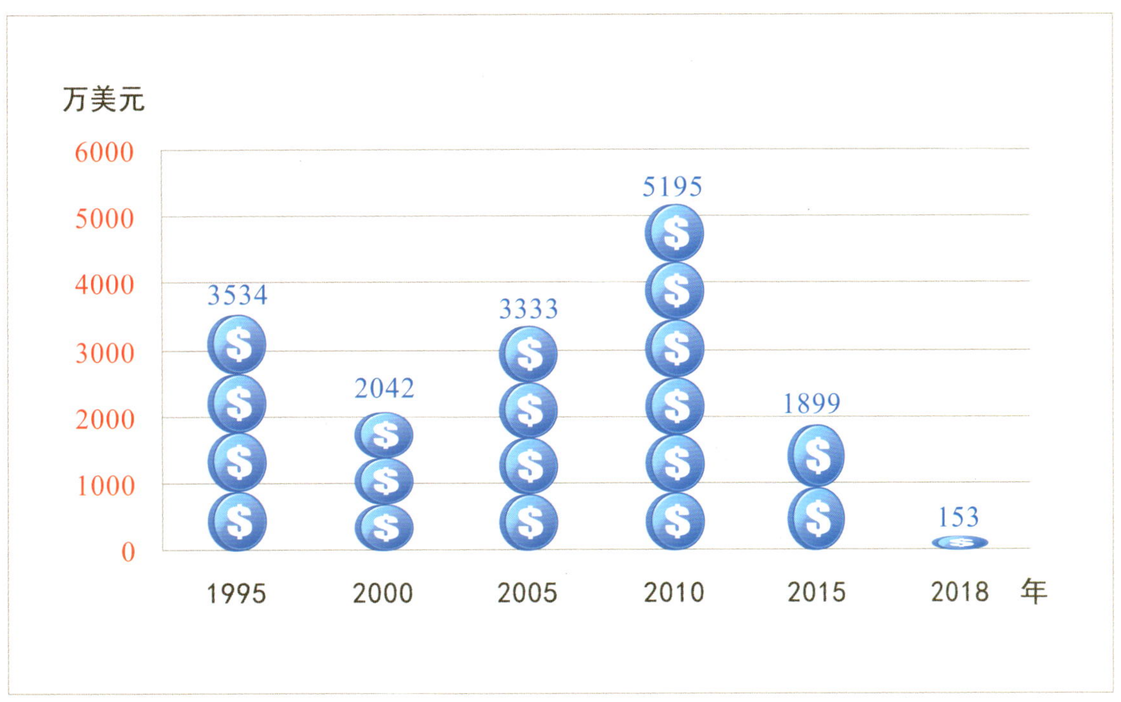

每万人拥有在校大学生数

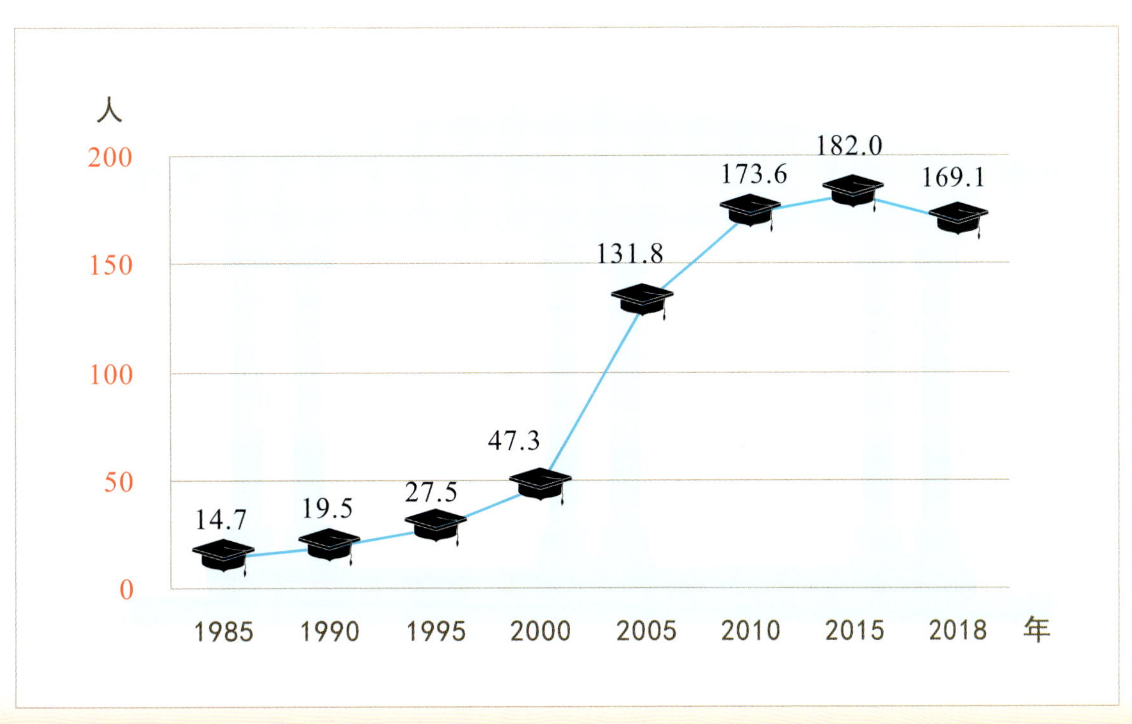

每万人拥有卫生资源数

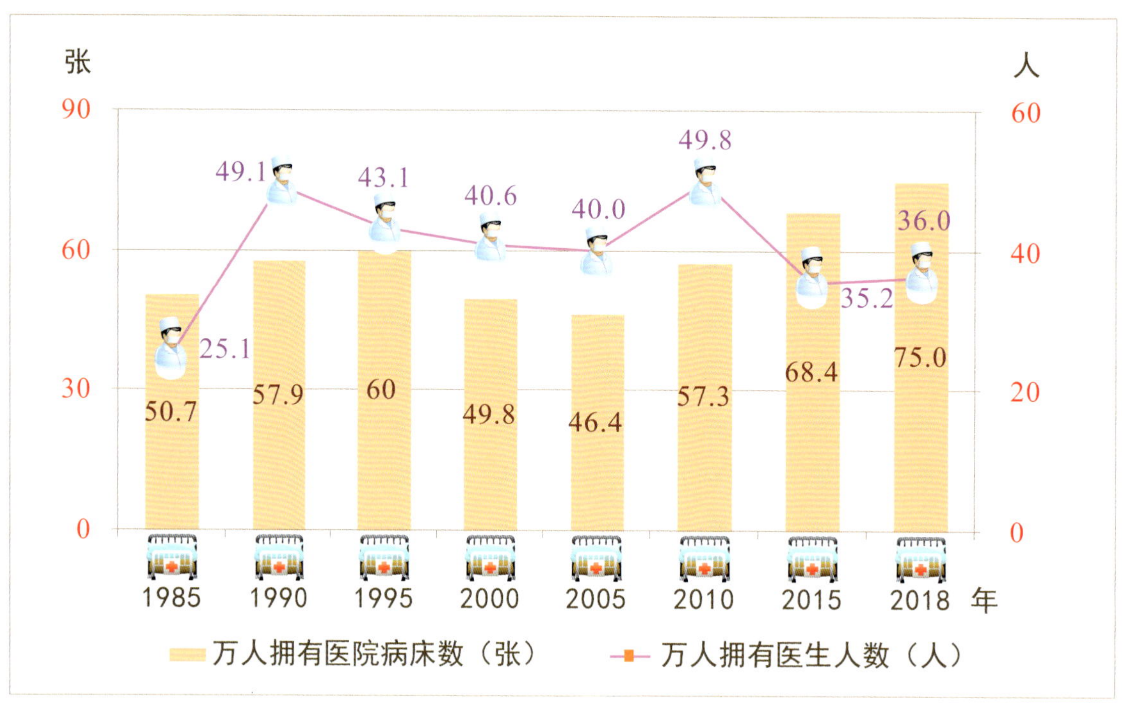

卫生机构人员数

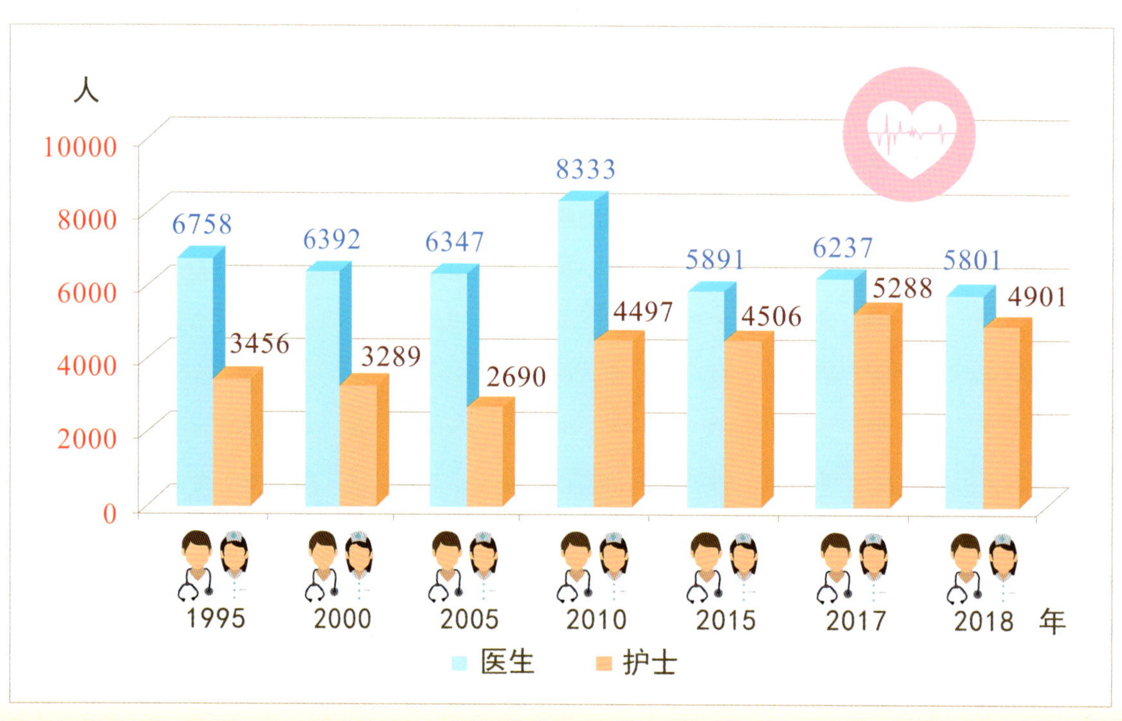

初中和小学升学率

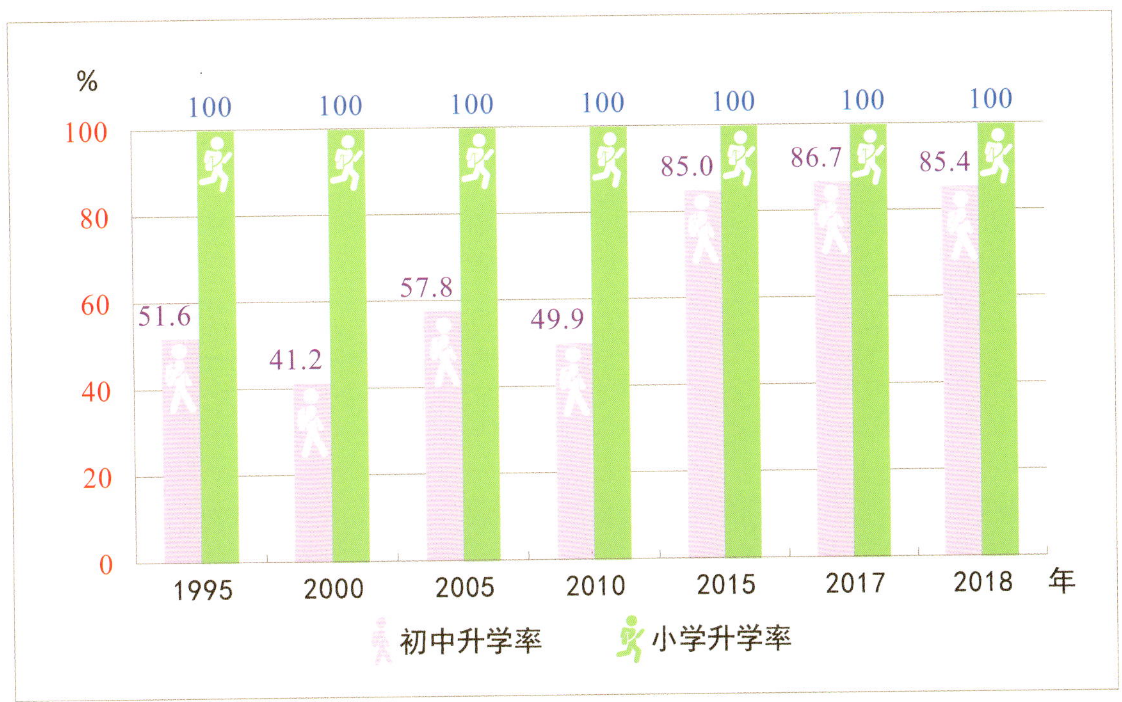

在校学生数

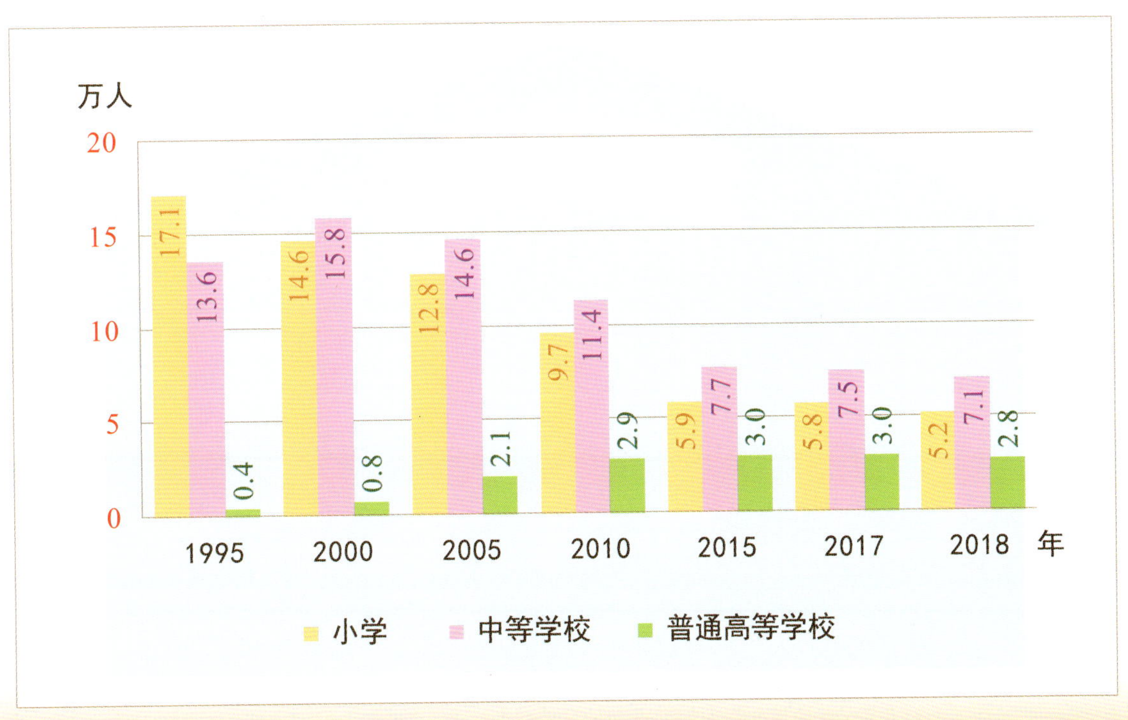

交通事故发生情况

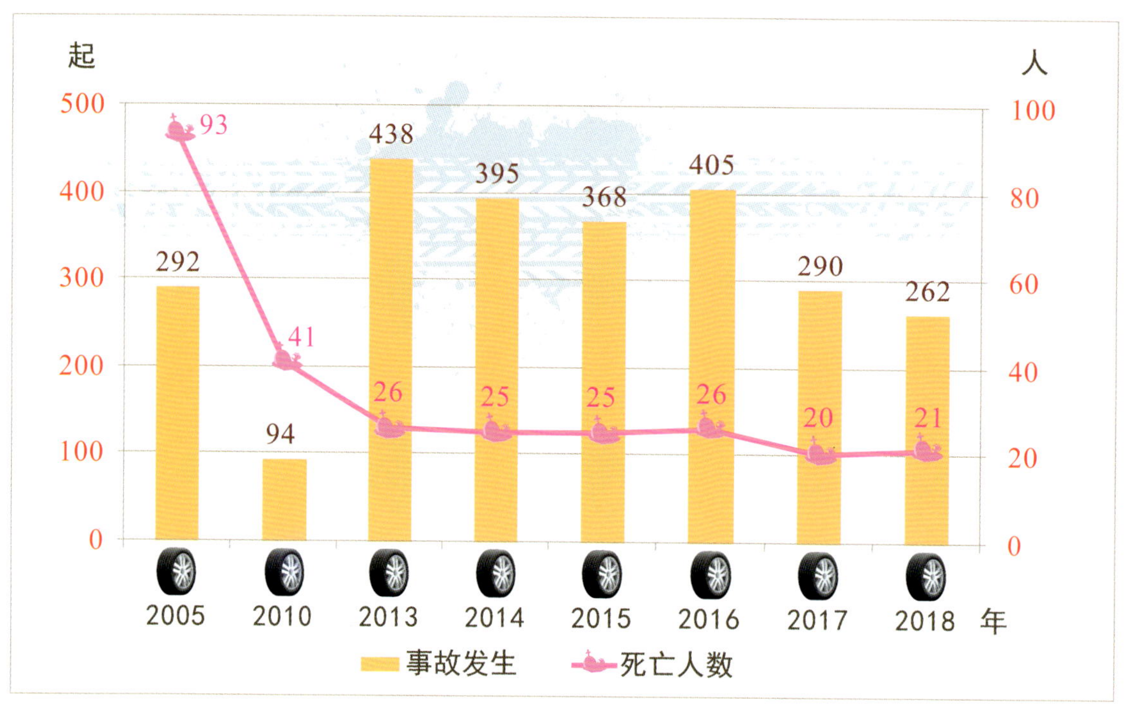

垦区居民人均可支配收入及结构

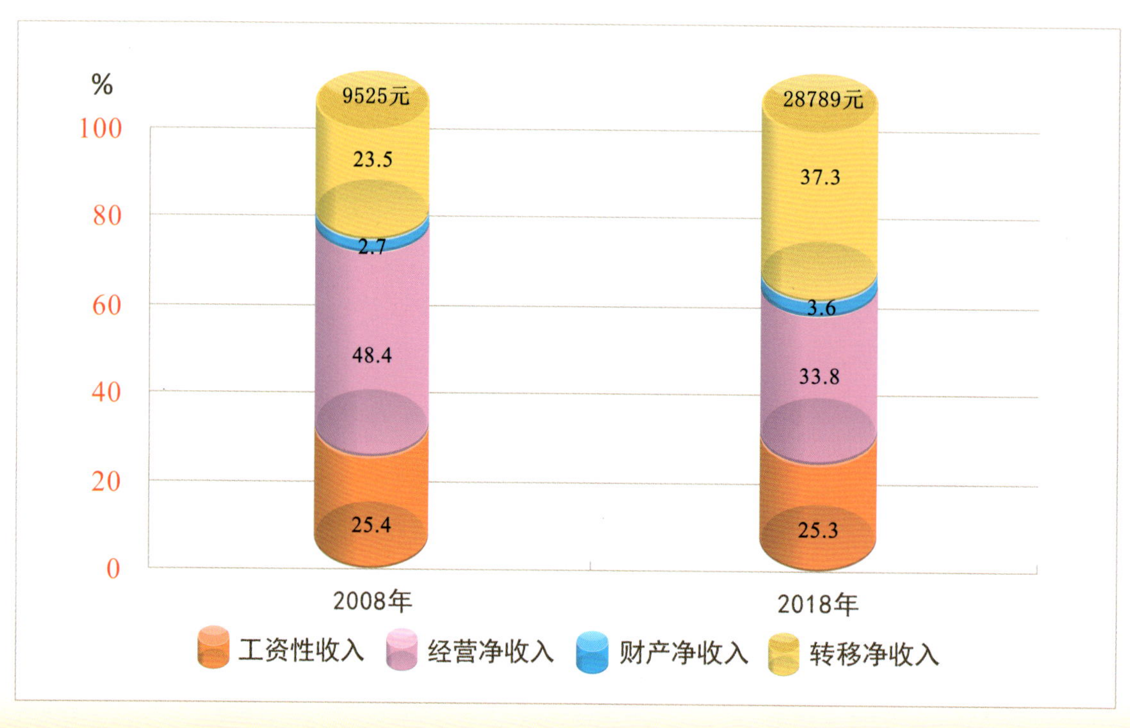

垦区居民消费支出构成（%）

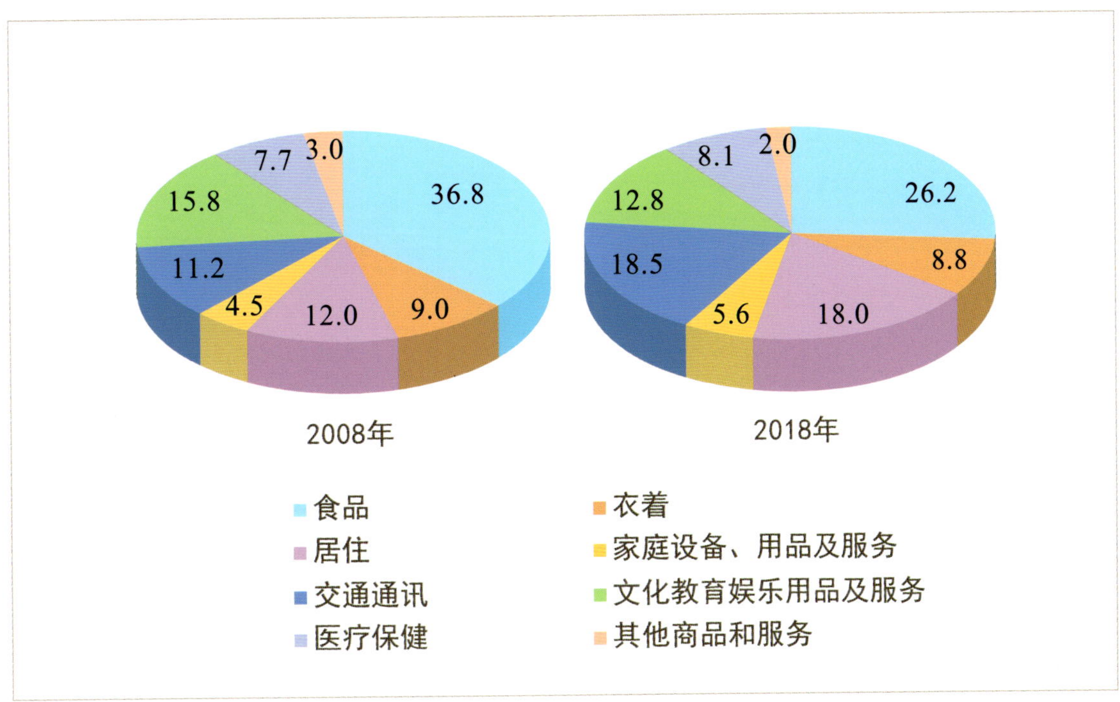

居民人均生活消费水平

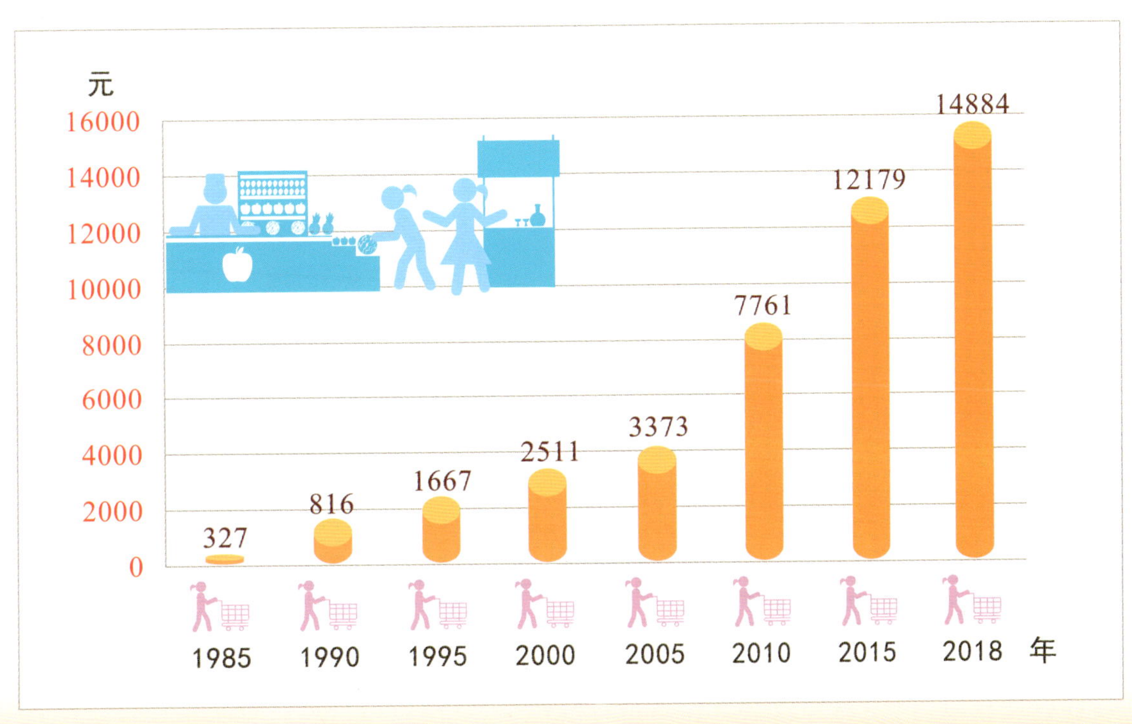

垦区居民人均可支配收入增长速度

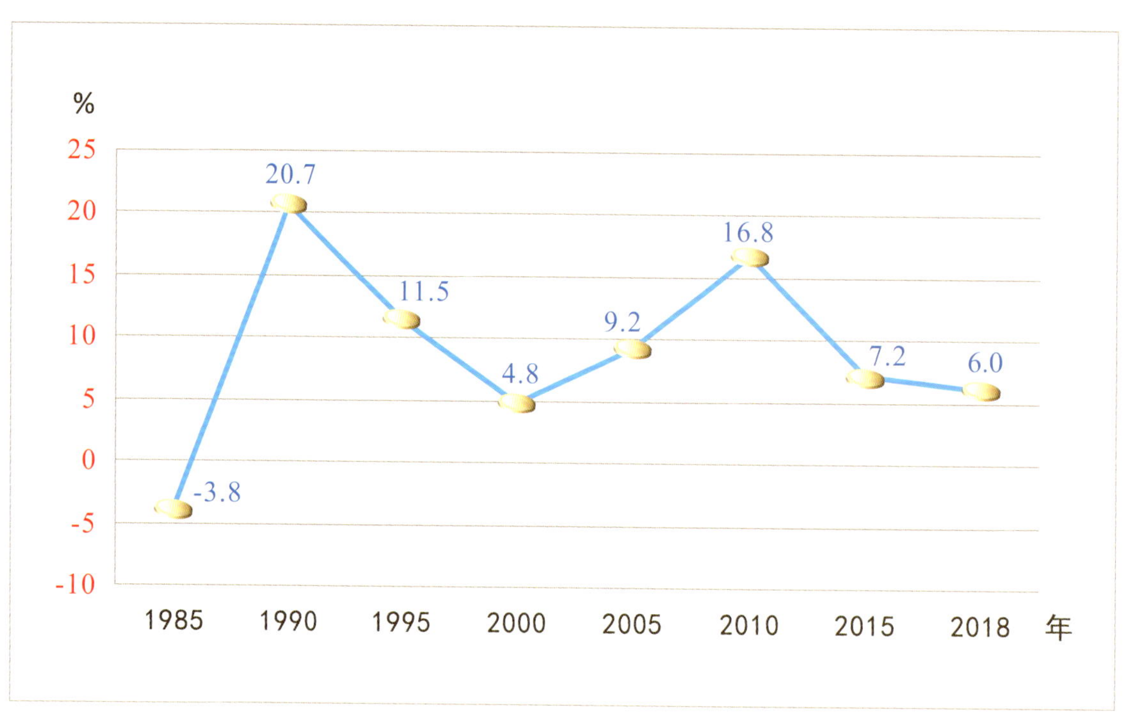

职工家庭人均存款余额

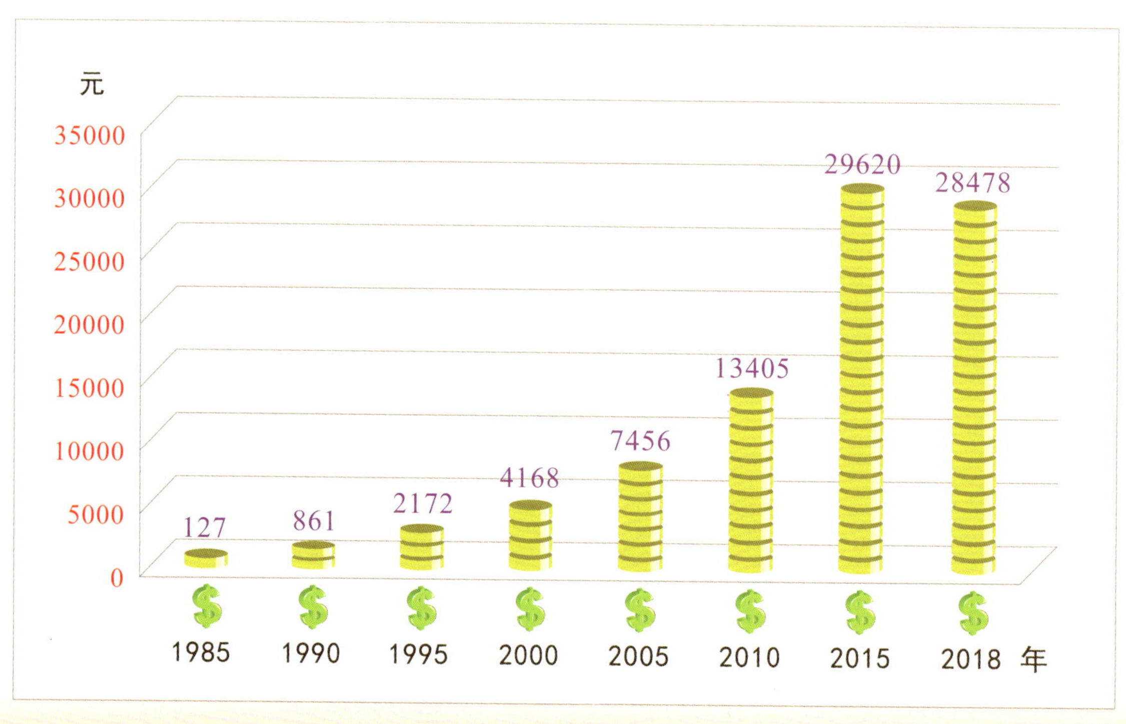

目　　录

特　　载

以习近平新时代中国特色社会主义思想为指引奋力
谱写新时代农垦改革发展新篇章
——在中共黑龙江北大荒农垦集团总公司（农垦总局）
委员会（扩大）会议上的报告　王守聪……………3
在中共黑龙江北大荒农垦集团总公司（农垦总局）
委员会（扩大）会议上的总结讲话　徐学阳…………18
黑龙江省农垦总局2018年经济和社会发展情况综述…24

一、综　合

1-1　各部门机构数(2018年)……………………………31
1-2　国民经济主要指标总量……………………………35
1-3　国民经济主要指标发展速度………………………37
1-4　国民经济主要比例关系……………………………39
1-5　平均每天主要社会经济活动及主要经济指标
人均占有量……………………………………………41
1-6　主要经济指标与以往历史最高水平对比…………42
主要统计指标解释……………………………………43

二、国民经济核算

2-1　垦区生产总值……………………………………47
2-2　垦区生产总值构成(以生产总值为100)……………49
2-3　垦区生产总值指数(以1980年为100)………………51
2-4　垦区生产总值指数(以上年为100)…………………53
2-5　垦区生产总值(2018年)……………………………55
2-6　各管理局生产总值、构成和指数(2018年)…………56
2-7　各管理局生产总值要素……………………………57
2-8　各管理局生产总值要素构成………………………57
2-9　各管理局生产总值所有制构成及指数……………58
2-10　各管理局总产出……………………………………58
主要统计指标解释……………………………………59

三、人口、就业人员和职工工资

3-1　历年年末户数和人口数……………………………63
3-2　各管理局年末人口数………………………………64
3-3　各管理局计划生育情况……………………………64
3-4　各管理局按年龄分组的人口数(2018年)……………65
3-5　各管理局分民族人口数
（2010年11月1日第六次人口普查资料）………66
3-6　各管理局6岁及以上按文化程度分的人口数
（2010年11月1日第六次人口普查资料）………66
3-7　分年龄人口数
（2010年11月1日第六次人口普查资料）………67
3-8　各管理局家庭户数及家庭规模
（2010年11月1日第六次人口普查资料）………68
3-9　各管理局户籍人口及外出人口
（2010年11月1日第六次人口普查资料）………68
3-10　各管理局人口增减变动情况………………………69
3-11　各管理局从业人员人数……………………………70
3-12　各管理局按三次产业分的从业人员人数…………70
3-13　各管理局分行业从业人员人数……………………71
3-14　年末按登记注册类型分的各行业从业人员
人数(2018年)…………………………………………72

3-15 各管理局分行业全部职工人数 …… 73
3-16 非私营个体单位从业人员情况(2018 年) …… 74
3-17 非私营个体单位从业人员劳动报酬情况(2018 年) …… 75
3-18 按性别分的各行业从业人员数(2018 年) …… 76
3-19 各管理局国有单位分行业职工人数 …… 77
3-20 各管理局国有单位分行业女性从业人员数 …… 78
3-21 各管理局分行业个体劳动者人数 …… 79
3-22 各管理局新就业和失业人数 …… 79
3-23 各管理局离退休、退职及五七工家属工人员数 …… 80
3-24 年末按登记注册类型分的各行业从业人员劳动报酬(2018 年) …… 81
3-25 各管理局分行业全部从业人员劳动报酬 …… 82
3-26 历年职工工资总额及指数 …… 83
3-27 历年职工平均工资及指数 …… 84
3-28 各管理局分行业全部职工工资总额 …… 85
3-29 各管理局国有单位分行业职工工资总额 …… 86
主要统计指标解释 …… 87

四、固定资产投资

4-1 固定资产投资及构成 …… 91
4-2 各管理局固定资产投资完成情况(2018 年) …… 92
4-3 各管理局按用途分的固定资产投资(2018 年) …… 92
4-4 各管理局按用途分的固定资产投资 …… 93
4-5 各管理局按产业分的固定资产投资 …… 93
4-6 各管理局按行业分固定资产投资(2018 年) …… 94
4-7 各管理局新增固定资产及资金来源(2018 年) …… 99
4-8 各管理局按资金来源分的固定资产投资 …… 99
4-9 全社会房屋年末实有面积及构成 …… 100
主要统计指标解释 …… 101

五、资源环境和能源

5-1 自然状况及资源(2018 年) …… 105
5-2 土地资源利用情况 …… 106
5-3 各管理局平均气温(2018 年) …… 107
5-4 各管理局降水量(2018 年) …… 107
5-5 各管理局日照时数(2018 年) …… 108
5-6 各管理局无霜期及≥10℃积温(2018 年) …… 108
5-7 工业污染排放及处理利用情况(2018 年) …… 109
5-8 农业污染排放情况(2018 年) …… 111
5-9 城镇生活污染排放情况(2018 年) …… 111
5-10 各地区自然保护区名录(2018 年) …… 112
5-11 生态垦区建设指标(2018 年) …… 113
5-12 分行业能源消费量(实物量) (2018 年) …… 114
5-13 各管理局能源消费量(2018 年) …… 114
主要统计指标解释 …… 115

六、人民生活

6-1 物质文化生活水平 …… 119
6-2 各管理局物质文化生活水平主要指标 …… 120
6-3 垦区居民家庭基本情况 …… 121
6-4 垦区居民人均可支配收入(2018 年) …… 122
6-5 垦区居民人均全年总收入 …… 123
6-6 垦区居民人均全年总收入和总支出(2018 年) …… 124
6-7 垦区居民人均全年消费性支出与构成 …… 125
6-8 垦区居民人均全年生活消费支出(2018 年) …… 126
6-9 垦区居民人均全年现金收入与现金支出(2018 年) …… 127
6-10 垦区居民人均可支配收入与支出情况（1978-2018 年） …… 128
6-11 垦区居民人均全年主要消费品消费量 …… 129
6-12 垦区居民人均全年主要消费品消费量(2018 年) …… 129
6-13 垦区居民平均每百户固定资产投资情况(2018 年) …… 130
6-14 垦区居民平均每百户年末耐用消费品拥有量 …… 130
6-15 垦区居民人均全年购买主要商品数量 …… 131
6-16 垦区居民房屋建设与使用情况 …… 131
主要统计指标解释 …… 132

七、农林牧渔业

7-1 各管理局农林牧渔业总产值（当年价格） …… 135

7-2　各管理局农林牧渔业总产值构成
（以农林牧渔业总产值为 100）………………135
7-3　各管理局农林牧渔业总产值
（可比价格）……………………………………136
7-4　各管理局农林牧渔业总产值指数
（以上年为 100）………………………………136
7-5　各管理局国有经济农林牧渔业总产值…………137
7-6　各管理局非国有经济农林牧渔业总产值………137
7-7　农林牧渔业分项产值(2018 年)………………138
7-8　耕地面积增减变动情况…………………………140
7-9　各管理局耕地面积增减变动情况………………141
7-10　各管理局主要农业机械年末拥有量……………142
7-11　各管理局农业机械化情况………………………145
7-12　各管理局农用肥料、农药、农膜、电力
使用量……………………………………………146
7-13　各管理局农田水利化情况………………………147
7-14　灌溉、除涝、治水情况…………………………148
7-15　各管理局灌溉、除涝、治水情况………………149
7-16　各管理局主要农作物播种面积…………………150
7-17　各管理局主要农作物产品产量…………………153
7-18　各管理局主要农作物单位面积产量……………156
7-19　各管理局无公害农产品种植面积………………158
7-20　各管理局绿色食品原料标准化生产基地面积…158
7-21　各管理局农作物受灾情况………………………159
7-22　各管理局粮食销售留用情况……………………160
7-23　林业生产情况……………………………………162
7-24　各管理局林业生产情况…………………………163
7-25　各管理局水果、食用菌生产情况………………164
7-26　各管理局畜牧业生产情况………………………165
7-27　各管理局水产品产量……………………………169
7-28　各管理局淡水养鱼生产情况……………………169
7-29　家庭农(林牧渔)场基本情况……………………170
7-30　家庭农场土地规模经营情况……………………172
7-31　家庭农场土地承包经营情况……………………173
7-32　垦区基本田种植情况……………………………178
7-33　垦区基本田货币化情况…………………………178
主要统计指标解释…………………………………179

八、工　业

8-1　工业总产值和指数………………………………185
8-2　工业企业单位数和从业人数……………………185
8-3　各管理局工业企业单位情况……………………186
8-4　各管理局工业企业总产值………………………186
8-5　各管理局工业企业增加值………………………187
8-6　各管理局个体工业总产值及增加值……………187
8-7　工业企业主要经济指标…………………………188
8-8　主要工业产品产量………………………………200
8-9　主要工业产品生产、销售与库存………………204
8-10　主要工业产品生产能力利用率(全口径)………206
主要统计指标解释…………………………………207

九、建筑业

9-1　建筑企业基本情况………………………………213
9-2　各管理局建筑业总产值(2018 年)………………214
9-3　各管理局工程施工及竣工个数(2018 年)………214
9-4　各管理局房屋施工及竣工面积(2018 年)………215
9-5　各管理局建筑业从业人员数(2018 年)…………215
9-6　建筑企业主要机械设备年末拥有量……………216
9-7　各管理局固定资产原值及机械情况(2018 年)…216
9-8　各管理局资产、利润及拖欠工程款情况
(2018 年)…………………………………………217
主要统计指标解释…………………………………218

十、交通运输和通讯业

10-1　运输企业客(货)运量和旅客(货物)周转量………221
10-2　各管理局客运市场基本情况……………………221
10-3　各管理局运输企业客(货)运量和旅客(货物)
周转量……………………………………………222
10-4　各管理局公路里程及公路硬化情况
(2018 年)…………………………………………222
10-5　各管理局营运载客汽车(2018 年)………………223
10-6　各管理局营运载货汽车(2018 年)………………223
10-7　营运载客汽车按标记客位分组(2018 年)………224
10-8　各管理局汽车修理业务基本情况………………224
10-9　垦区按技术等级分的公路里程到达情况
(2018 年)…………………………………………225

10-10 各管理局按技术等级分的公路里程到达情况(2018 年) 225
10-11 垦区按路面类型分的公路里程到达情况(2018 年) 226
10-12 各管理局按路面类型分的公路里程到达情况(2018 年) 226
10-13 各管理局道路客货运站及客运班车通达情况(2018 年) 227
10-14 垦区分路线公路桥梁到达情况(2018 年) 227
10-15 垦区公路桥梁到达情况(省道) (2018 年) 228
10-16 垦区公路桥梁到达情况(县道) (2018 年) 228
10-17 垦区通信人员数量及电话装机量(2018 年) 229
10-18 垦区通信设备拥有量(2018 年) 229
主要统计指标解释 230

十一、批发零售业和住宿餐饮业

11-1 批发零售贸易业商品购进、销售、库存情况(2018 年) 233
11-2 各管理局批发零售贸易业商品购进、销售、库存情况 234
11-3 各管理局批发零售贸易业商品购进、销售、库存情况（国有经济） 234
11-4 各管理局批发零售贸易业商品购进、销售、库存情况（私营经济） 235
11-5 各管理局批发零售贸易业商品购进、销售、库存情况（个体经济） 235
11-6 各管理局社会消费品零售额 236
11-7 各管理局批发零售贸易业基本情况 237
11-8 各管理局住宿和餐饮业基本情况 237
主要统计指标解释 238

十二、对外经济贸易

12-1 进出口贸易总额 243
12-2 主要年份按贸易方式分的进出口贸易总额 243
12-3 主要年份按类别分的出口商品总额 244
12-4 主要年份按类别分的进口商品总额 244
12-5 主要年份商品出口数量和金额 245
12-6 主要商品出口数量和金额(2018 年) 246
12-7 主要年份按国别和地区分的出口商品总额（自营出口部分） 246
12-8 利用外资情况 247
主要统计指标解释 248

十三、教育科技和文艺事业

13-1 各级各类学校数 251
13-2 各级各类学校教职工数 252
13-3 各级各类学校教师数 253
13-4 各级各类学校在校学生数 254
13-5 各级各类学校招生数 255
13-6 各级各类学校毕业生数 256
13-7 各级各类成人学校基本情况(2018 年) 257
13-8 各级各类成人学校在校学生数 257
13-9 中等专业学校分科在校生人数 258
13-10 中等专业学校分科招生数 258
13-11 中等专业学校分科毕业生数 259
13-12 中等专业学校分类别专任教师数 259
13-13 普通高等学校教职工数 260
13-14 普通中等专业学校教职工数 260
13-15 各级学校教师负担学生数 261
13-16 平均每万人口在校学生数和大中小学学生构成 261
13-17 各管理局各类学校数 262
13-18 各管理局各类学校教职工数 263
13-19 各管理局各类学校教师数 264
13-20 各管理局各类学校在校学生数 265
13-21 各管理局各类学校招生数 266
13-22 各管理局各类学校毕业生数 267
13-23 各管理局中学毕业生和小学毕业生升学率 268
13-24 各管理局小学学龄儿童入学率 268
13-25 广播、电视自办节目播出情况(2018 年) 269
13-26 杂志和报纸出版情况 270
13-27 科学研究与技术开发机构、人员、经费及资产情况 270
13-28 科学研究与技术开发项目科技奖励情况 271
13-29 垦区获得黑龙江省科学技术奖励名单(2018 年) 271

主要统计指标解释 …… 272

十四、卫生和其他

14-1 卫生机构数 …… 277
14-2 卫生机构人员数 …… 277
14-3 卫生机构床位数 …… 278
14-4 各管理局卫生机构、床位、人员数 …… 279
14-5 卫生机构、床位、人员数(2018 年) …… 280
14-6 医院病床使用情况 …… 280
14-7 医院诊疗人次和入院人数 …… 281
14-8 住院病人疾病前十位顺位(2018 年) …… 281
14-9 住院病人疾病死因前十位顺位(2018 年) …… 282
14-10 离休、退休及退职职工人数 …… 282
14-11 主要年份离休、退休及退职人员福利费用总额 …… 283
14-12 按经济类型和企业、事业机关分的离休、退休及退职职工福利费用 …… 283
14-13 职工福利费用构成(2018 年) …… 284
14-14 职工福利费用总额 …… 284
14-15 非煤工矿商贸与农机事故发生情况(2018 年) …… 285
14-16 火灾与交通事故发生情况(2018 年) …… 285
14-17 垦区残疾人状况(2018 年) …… 286
主要统计指标解释 …… 287

附录 各农牧场基本情况

附录 1-1 第二、三产业单位数 …… 291
附录 1-2 土地利用情况 …… 293
附录 1-3 人口、从业人员 …… 295
附录 1-4 生产总值 …… 299
附录 1-5 固定资产投资 …… 303
附录 1-6 人民生产、生活 …… 307
附录 1-7 机械年末拥有量 …… 311
附录 1-8 农业现代化生产及基础设施情况 …… 315
附录 1-9 农林牧渔业总产值及商品产值 …… 319
附录 1-10 农作物播种面积、单产和总产 …… 323
附录 1-11 林业、水果生产情况 …… 333
附录 1-12 畜牧业、渔业生产情况 …… 335
附录 1-13 工业总产值、销售产值及产品产量 …… 339
附录 1-14 农村公路里程及公路硬化情况 …… 341

特　载

以习近平新时代中国特色社会主义思想为指引 奋力谱写新时代农垦改革发展新篇章

——在中共黑龙江北大荒农垦集团总公司（农垦总局）委员会（扩大）会议上的报告

王守聪

（2019 年 2 月 26 日）

同志们：

现在，我代表集团总公司（农垦总局）党委向大会报告工作。

这次大会的主题是:以习近平新时代中国特色社会主义思想为指引，高举改革开放旗帜，贯彻新发展理念，实施乡村振兴战略，深化农垦体制改革，推进高质量发展和民生事业，加快建设现代农业大基地、大企业、大产业，努力形成农业领域航母和新型粮商，奋力谱写新时代农垦改革发展新篇章！

一、过去两年工作回顾

2017 年以来，按照党中央、国务院的决策部署，在省委、省政府和农业农村部、财政部的坚强领导下，集团总公司（农垦总局）党委团结带领广大干部职工，坚持以习近平新时代中国特色社会主义思想和党的十九大精神为指引，持续深入贯彻落实习近平总书记对我省重要讲话和重要指示精神，按照省委十二届二次、三次、四次全会部署，积极应对经济下行压力和挑战，把握稳中求进工作总基调，贯彻新发展理念，落实高质量发展要求，以农垦改革为主线，以实施乡村振兴战略为重点，以形成农业领域航母、打造新型粮商为目标，坚持稳增长、促改革、调结构、惠民生、防风险，经济社会发展和党的建设取得了新的成效。2018 年实现产业增加值 1083.8 亿元，比 2016 年增长 10%，年均增长 4.9%。北大荒集团营业收入 1160 亿元，实现利润 2.4 亿元。垦区居民人均可支配收入 28789 元，比 2016 年增长 13.2%，年均增长 6.6%。

（一）农垦体制改革取得新突破。集团总公司挂牌成立。完成了农垦体制改革顶层设计。省委省政府出台了贯彻落实党中央国务院农垦改革决策部署的实施意见和垦区集团化、农场企业化改革实施方案。经国务院授权，由财政部代表国务院对黑龙江北大荒农垦集团总公司履行出资人职责。2018 年 12 月 16 日，省委省政府召开成立大会，黑龙江北大荒农垦集团总公司正式挂牌成立，标志着黑龙江垦区从政企合一的管理体制整建制转入集团化企业化经营管理体制，实现了农垦体制的历史性创新。垦区集团化改革进展顺利。组建了集团总公司新体制运行工作领导小组办公室，下设发展战略等 11 个专业小组，履行集团总公司的企业经营职能。设立了北大荒集团北京办公区，对接各大部委、央企及资本市场。设立了北大荒集团雄安办事处，重点与雄安新区管委会对接，着力打造现代农业和农产品精深加工科技创新高地。制定了总公司部门整合、人员上岗等方案，建立了集团总公司《内控制度》，形成了 11 个方面 94 项制度，确保集团总公司运行有章可循。将宝泉岭等 8 个管理局整建制改制为集团总公司的分公司，管理局分公司注册工作全部完成。农（牧）场企业化改革扎实推进。完成了农（牧）场生产经营和办社会职能机构、人员、资产、债务、财务核算“五分开”改革。在将 43 个农（牧）场整合为 37 个有限公司基础上，完成了全部农（牧）场有限公司注册。办社会职能改革有序开展。完成了检法系统移交，垦区公安局正式移交省公安厅管理，垦区公安局、分局、派出所已全部更名挂牌。完成了哈尔滨市辖区内教育行政职能和 10 所学校属地移交，正在移交垦区其他中小学校。民政、编办、教育、卫生、安监、农业、林业、工信、文化、统计、审计、科技、财务等 13 个系统行政职能移交工作已与省厅及所属市县进行了工作对接。改革风险得到有效防控。加强改革思想发动、调研宣讲、督查指导，进一步统一思想，提高认识，出台了《关于在深化农垦改革中进一步加强党建工作的意见》《关于进一步严明纪律切实保证农垦改革顺利进行的通知》《关于加强和改进新形势下党对工会工作领导的意见》《关于在垦区开展巡察工作的实施意见》《关于设立农垦改革发展稳定专项工作组的通知》等系列保障性文件，为推进农垦体制改革保驾护航。

（二）集团新体制运行取得明显成效。推进集团战略规划编制实施。先后完成集团发展战略、“三大一航母”战略、农业特区发展战略、集团国际农业合作战略、垦地合作共建行动计划、集团产业整合等一批专项规划与方案，并逐步组织在垦区进行宣贯和实施。着手整合重组集团下属企业。生产资料、生物质能源、医疗康养、云产业、招投标采购等集团正在加快组建，加快米面油营销整合、信息产业的统一平台建设。采取有效措施对完达山乳业集团、九三粮油工业集团、北大荒米业集团、北大荒商贸集团、北大荒丰缘集团、北大荒建设集团等直属企业进行改造整合。积极探索新发展模式。把产业化龙头企业深度引进农业经营体系，通过“双控一服务”降成本，以技物结合打造大基地，通过创建“一体两翼”提高竞争力，以产融结合建设大企业，通过建设“三库一中心”降风险，以三次产业融合发展构建大产业，实现北大荒资源资产整合、产业优化升级。组建了黑龙江北大荒农化科技有限公司，制定了集团化运营农业生产投入品实施方案和细则，以建三江、九三管理局及 11 个农(牧)场为试点，推进农业生产投入品集团化运营。积极探索建设数字农业产业。“北大荒数字农服”正式上线，电商孵化基地落成揭牌，手机移动端产品在部分农场落地，为用户提供全程“保姆式”专业化服务。组建北大荒•京东农场，开启了线下体验店与云上微店相结合的新零售模式；形成了米面油融合营销新格局。大力实施品牌战略。利用哈洽会等平台宣传北大荒生态、绿色、健康发展理念，2018 年《中国 500 最具价值品牌》排行榜中，北大荒、完达山、九三分别以 682.75 亿元、328.69 亿元、317.98 亿元位列第 54 位、第 146 位、第 158 位，其中北大荒品牌价值比上年增长 114.63 亿元，增长 20.18%。成功总冠名第二十届中国•哈尔滨冰雪大世界，有效提升了北大荒品牌的知名度和美誉度。

（三）农业供给侧结构性改革深入推进。加快调结构、转方式、提质量、补短板，围绕创新实施“两大平原”现代农业综合配套改革试验，落实藏粮于地、藏粮于技战略，进一步巩固粮食综合产能，提高国家粮食安全保障能力。2018 年农作物总播种面积 4339.5 万亩，粮食调查产量 456 亿斤，实现“十五连丰”。国家现代农业产业园创建工作取得突破，北大荒现代农业产业园已通过农业农村部审批。成功申报了宝泉岭管理局的大豆现代农业产业园，得到仓储库和仓储资格、进出口配额指标、特色农产品基地等项目支持。加强农业基础设施建设，完成了以三江平原灌区为核心的水利基础设施建设任务，进一步优化农机装备结构，主要农作物耕种收综合机械化水平提升到 99.7%。北大荒通用航空有限公司拥有飞机 102 架，肇东机场已投入运行使用，开通了短途运输航线。加强农业科技创新与成果转化，农业科技贡献率达到 68.2%。坚持“优质、绿色、安全”导向，继续推进“三减”示范，强化生产过程监管和产品质量追溯。高标准农田总面积已达 2616 万亩，占耕地总面积的 59%。黑土地保护工作稳步推进，一、二类“大棚房”整治成效显著。以“两牛一猪一禽”为重点，稳步提高养殖规模和质量，突出抓好非洲猪瘟防控工作，实现畜牧业增加值 37.6 亿元，比 2016 年增长 2%。持续推进生态经济型林业建设，圆满完成造林绿化任务，其中新栽植嫁接红松、大榛子等经济林 2.48 万亩，全垦区特色经济林面积达 13 万亩。

（四）开放合作成果丰硕。与中信集团、国务院国资委研究中心等合作，开展“农业领域航母”改革专项研究。与招商局、中国化工、中信、中金、京东、华润、浪潮、九次方大数据集团等大型企业和国家开发银行、国家农业发展银行、中国银行、交通银行、农业银行等金融机构磋商洽谈，在参与集团总公司改革、促进重点企业上市、开展境内外融资等方面达成一致。华润（集团）八五三农场秸秆气化清洁能源利用（发电）工程项目当年建成试运行，完成了后续项目选址勘察。与华夏幸福等公司洽谈北大荒农业特区（综合产业园）项目，与上海易果、麦金地等公司洽谈“中央厨房”合作项目。已完成垦区医疗机构的摸底调查，配合通用环球医疗集团完成了对总局总医院、宝泉岭和齐齐哈尔管理局中心医院及管理局所属农场医院的尽调工作。与佳木斯市人民政府签订了《垦地合作框架协议》，正在推进与鹤岗市人民政府的合作共建。推进与广东农垦集团、海南农垦集团的产业合作；与新疆生产建设兵团、天津食品集团的全方位战略合作；与云南农垦、重庆农投集团、重庆粮食集团、川粮集团的区域营销合作；与中国一重集团、厦门象屿集团、粤港澳大湾区产业项目合作等重大合作项目。在安徽小岗村成功复制了北大荒现代农业生产模式。

（五）民生事业持续发展。坚持保障和改善民生，为群众办实事、解难事，切实履行社会责任，让改革发展红利惠及垦区职工群众。实现新增就业3.1万人，期末城镇登记失业率1.9%，比2016年下降0.2个百分点。最低生活保障标准从每人每月560元提高到600元，补差标准由375元提高到400元，低保人员医疗救助比例提高到政策范围内住院自费部分的95%。落实断保补缴政策，推进养老保险扩面接续，社保待遇及时调整、按时足额发放。社区卫生服务机构服务能力、医疗水平显著提升，垦区公立医院全部取消药品加成。学前教育公共服务水平稳步提高，垦区省一类以上幼儿园达到58所，学前教育优质比例达到53%。义务教育在全省率先实现均衡发展目标，逐步向优质均衡方向发展。高中教育办学水平稳步提高，教育信息化应用水平显著提升。中小学“校校通”比例达到100%，校园网建成比例达到76%，多媒体教室普及率达到87%。实施了全民健身、广播电视无线覆盖、总局数字图书馆等文化惠民工程。建三江湿地机场正式通航，已开通北京、大连、青岛、哈尔滨等航线。城镇化建设加快发展，城镇化率达86.5%，人均住宅面积32.9平方米。2018年更新改造供水管线61公里、排水管线41.53公里，改造供热管线110.1公里、供热锅炉430吨，建设垃圾处理项目8个、污水处理项目8个。强化矛盾纠纷源头治理，切实维护职工群众权益，基本解决了不动产登记及不动产权证发放等历史遗留问题。加强重点行业领域安全监管，安全生产形势持续稳定好转。正确处理改革、发展、稳定的关系，着力解决改革期间职工群众关心关注的突出问题，确保了垦区社会和谐稳定。

（六）三大攻坚战取得阶段性成果。加强投融资“筹、投、用、还”全过程管控，有效控制财务风险；积极清收三项应收款，较好化解了企业债务风险；采取多元化融资方式，为集团发展提供了资金保障。扎实推进脱贫攻坚进程，坚持分类施策、精准扶贫、精准脱贫。2018年落实国家财政扶贫资金7785万元，扶贫开发项目27个，垦区贫困户“两不愁、三保障”问题基本解决，驻村扶贫工作取得阶段性成果，脱贫攻坚战行动有序推进。贯彻落实习近平生态文明思想和全国生态环境保护大会精神，以解决突出环境问题为重点，加大环境执法力度，实施最严格生态环境保护制度；深入开展污染防治攻坚战，围绕“五大保卫战”，打好标志性的重大战役并取得阶段性成果；全面落实中央环境保护督察反馈意见问题整改，加强生态文明建设，强化自然生态恢复和修复，生态环境质量持续改善。

（七）全面推动党的建设向纵深推进。党的政治建设不断加强。认真学习宣传贯彻习近平新时代中国特色社会主义思想和党的十九大精神，特别是学习贯彻落实习近平总书记在垦区考察时的重要指示精神，牢固树立“四个意识”，不断坚定“四个自信”，坚决做到“两个维护”，坚决落实中央重大决策部署和省委要求，跟上步伐，保持一致，不偏不离。认真贯彻落实新时代党的建设总要求和全国、全省组织工作会议精神，推进“两学一做”学习教育常态化制度化，确保改革推进到哪里，党的建设工作跟进到哪里。坚持新时期好干部标准，树立正确的选人用人导向。切实抓好基层党组织建设，深入实施“北大荒堡垒工程”。把思想发动贯彻改革全过程。扎实开展“深化改革加快发展”解放思想大讨论、“进一步解放思想促改革”主题教育、解放思想推动高质量发展大讨论等，以问题为导向，不断深化改革思想发动，共查找出6个方面1208个问题，自上而下有针对性对号入座和反思整改，有效解决了部分干部眷恋旧体制老机制“不想改”、害怕触及深层次矛盾“不敢改”、不能适应新形势驾驭新局势“不会改”等问题。宣传思想工作亮点频出。大力弘扬北大荒精神，深入挖掘北大荒精神新的时代内涵，组织开展了垦区“感动北大荒”人物评选活动。严格落实意识形态责任制和党管意识形态原则，打好意识形态工作主动仗，牢牢掌握意识形态工作的主动权、管理权和领导权。聚焦农垦改革“举旗”“鼓劲”“聚心”“铸魂”，加强理论武装统一思想、抓好意识形态工作消除思想疑虑、多媒融合传播改革故事。充分发挥党的宣传思想工作的政治动员力、思想引导力、舆论整合力和精神凝聚力，为农垦改革提供了坚强的思想保证和强大的精神力量。依法管理宗教事务，积极开展民族团结进步创建活动，扎实做好民主党派工作和党外知识分子工作，爱国统一战线和民族宗教工作创新推进。坚定不移推进党风廉政建设和反腐败斗争。各级党组织认真履行全面从严治党主体责任，深入推进作风建设，加大惩治腐败力度，严肃改革纪律，党风廉政建设和反腐败工作取得新成效。连续两年在全垦区开展整治“四风”专项活动，查处违反中央八项规定精神和“四风”问题案件 68 件、处理 70 人，始终保持整治“四风”高压严惩态势。不断巩固和发展反腐败斗争压倒性胜利，累计党纪政纪处分 874 人，移送司法机关 17 人；查处各级党政“一把手”违纪违法案件 64 件，处分 71 人。整治群众身边腐败问题效果明显，深入开展扶贫领域、环境保护、房地产领域信访问题等专项整治，对职工群众反映强烈的涉农贷款和土地承包等腐败问题进行专项调查，增强了职工群众在正风反腐中的获得感、幸福感、安全感。认真落实中央第六巡视组和省委政治生态建设成效考核反馈意见。切实把抓好整改工作作为检验对党绝对忠诚的“试金石”，四次召开党委会议专题研究反馈意见整改工作，制定了整改工作责任分工方案，落实了“三个清单”、工作台账和主体责任，扎实做好巡视“后半篇文章”，2018 年中央巡视整改和省委政治生态建设成效考核整改任务全部按时完成。政法群团人武工作扎实有效。政法综治工作主动适应垦区改革发展的形势变化，深入解决源头性、基础性问题，不断深化平安垦区、法治垦区建设，开展扫黑除恶专项斗争，增强职工群众安全感和满意度，为垦区深化改革营造安全稳定的社会环境和公正规范的法治环境。充分发挥各级工会组织桥梁纽带作用，有效开展农垦职工建功立业活动、民主管理、帮扶服务等工作，引导广大职工争做维护社会稳定和全面深化改革的理解者、参与者、支持者、贡献者。发挥共青团组织优势，突出服务大局与服务青年职能，持续深入推进“青春筑梦工程”，引导青少年听党话、跟党走。精心做好离退休干部服务工作，积极发挥离退休老同志作用，为垦区改革发展事业增添正能量。深入学习贯彻习近平强军思想，扎实开展“不忘初心、牢记使命”“传承红色基因、担当强军重任”主题教育，按照军委作战值班抽查和战备拉动任务要求组织千里大拉练，落实全省国防动员潜力数据更新和重点潜力调查，高标准完成上级赋予的预征预储任务，两年圆满完成540 名新兵征集工作。

两年来，不平凡的发展历程，给了我们许多重要的感悟和启示：

*只有深化改革才能闯出一条发展新路。*经过 70 多年开发建设，垦区在创造巨大物质财富和精神财富的同时，积累的深层次矛盾也日益突出。特别是政企不分导致发展思路模糊，在行政化和企业化两个方面摇摆，企业经营职能被严重弱化；权力集中导致腐败案件频发多发，一度成为重灾区，严重败坏党风政风和社会风气；管理粗放导致经济运行质量不高，发展方式不可持续，一些农场和企业生产经营陷入困境。众多矛盾和问题交织在一起，已经无法靠单项措施、在单个领域解决某一类问题。只有全面深化农垦体制改革，实现整建制转换体制机制，才能真正脱胎换骨、浴火重生，走上全面振兴全方位振兴的康庄大道。垦区各级党组织把思想发动贯穿改革始终，为推动农垦体制改革冲破了障碍、赢得了主动。

*只有善于创新才能转变发展方式。*垦区农业现代化走在了全国前列，但产业结构不优、价值链条偏短、资源配置失当、企业各自为战等问题仍是严重制约北大荒集团做大做强的困难阻碍。在集团化经营体制尚未建成之前，稳住农业这个基本面，积极探索资源资产整合、产业优化升级新路，以建设农业领域航母和新型粮商为总目标，坚持问题导向、目标指向、市场取向相结合，探索了一条具有北大荒特色的高质量发展道路，以“双控一服务”“一体两翼”“三库一中心”为核心的创新发展模式，通过一系列载体付诸实践，为转变发展方式奠

定坚实基础。

*只有保持稳定才能专心致志攻坚。*本轮农垦体制改革面临的稳定风险具有新的特点，涉及全系统各方面人员的切实利益，在错综复杂的国际国内大背景下，稳定风险隐患较大。从去年年初开始梳理风险点，组成了“两化”改革推进组、思想发动组等 10 个专项工作组推进垦区改革发展稳定工作，及时化解改革中的矛盾问题，取得了明显成效。2018 年垦区信访总量、重复访、越级访明显减少，进京到非接待场所上访总量大幅下降，信访形势和信访秩序明显好转，没有发生大规模群体聚集，没有发生有影响的群体性事件，没有发生极端个人行为，没有发生因信访问题处置不力引发的舆论负面炒作，圆满完成了敏感时期信访稳定任务。

*只有扎实有为才能争取最好的政策。*新时代农垦改革是一场体制机制革命，管理机构从行政机构向企业集团转变、管理体制从行政隶属向母子公司转变、运行机制从行政管理向法人治理转变，需要农垦自身以巨大的政治勇气和自我革命精神破旧立新，更需要政策创新甚至是“量身定做”。省委省政府贯彻落实中央农垦改革发展文件的实施意见出台后，总局党委一方面进行集团化企业化改革顶层设计，一方面全力争取涉改人员待遇政策和安置政策，集中精力落实北大荒集团出资人事项，从改革大局出发，实事求是分析特殊垦情，提出政策创新点，得到上级理解和支持。这两年里，在顶层设计方面出台的省委“黑发〔2017〕26 号”“黑发〔2018〕46 号”文件，在人员政策方面出台的省政府办公厅“黑政办规〔2018〕63 号”和省人社厅等 4 部门“黑人社函〔2019〕19 号”文件以及若干会议纪要，在出资人方面出台的农业农村部、财政部和省政府“农请〔2018〕46 号”文件以及两次补充说明文件，财政部、农业农村部、省政府“财农〔2018〕142 号”文件等，这些文件无不凝结着很多人的心血和汗水。特别是省委省政府和中央有关部门为农垦改革担当责任，排除万难，冲破了很多限制，为北大荒改革发展创造了良好政策环境。

同志们，2017 年以来，特别是 2018 年，是黑龙江垦区具有重要里程碑意义的一年，是具有重大转折意义的一年。在习近平总书记亲切关怀下，在党中央国务院大力支持下，在省委省政府和国家有关部委强力推进下，北大荒实现了脱胎换骨的根本性改革，战略地位更加稳固，发展方向更加明确，改革路径更加清晰。总书记在新年贺词中，将北大荒与长江两岸、深圳前海、上海张江、港珠澳大桥等相提并论，充分说明北大荒在全国农业农村改革中走在了前面，奋力闯出了一条全面振兴全方位振兴的光明大道。北大荒人在这场改革斗争中理想信念更加坚定，思想认识更加统一，信心十足、干劲倍增，作风更加过硬，凝聚力战斗力更加强大。两年来的工作成绩，得益于习近平新时代中国特色社会主义思想和习近平总书记对垦区重要指示精神的正确指引，得益于党中央、国务院，省委省政府和农业农村部、财政部对垦区改革发展的有力支持，得益于各位老领导、老专家的建言献策，得益于垦区各级干部和广大职工群众的共同努力。在此，我代表集团总公司（农垦总局）党委，向奋战在一线的广大干部职工、家属致以亲切慰问！向关心支持农垦工作的各位老领导、老同志和社会各界表示衷心感谢！向矢志不移、殚精竭虑谋划推进农垦改革发展的同志们致以崇高敬意！

二、以深入学习贯彻习近平总书记重要讲话和重要指示为动力，更加坚定地承担起改革发展的时代重任

习近平总书记十分关心农垦改革发展和北大荒建设，先后两次到黑龙江考察指导工作，充分肯定了北大荒的历史贡献，对北大荒改革发展寄予厚望。2016 年 5 月在黑龙江考察时，习近平总书记对深化国有农垦体制改革作出重要指示。2018 年 9 月 25 日，首届中国农民丰收节刚过，习近平总书记就来到建三江七星农场，站在黑土大地，喜看稻菽，指点江山，着眼党和国家发展全局，指明了农垦下一步改革方向和重点任务。我们要认真学习领会，深切体会习近平总书记的谆谆教导和关心关爱，提高政治站位，从增强“四个意识”、坚决做到“两个维护”的高度，充分认识深化农垦改革的重要性紧迫性，坚决扛起改革发展责任，向习近平总书记和党中央交上一份满意的答卷。

（一）永葆定力，坚定改革发展信心决心

习近平总书记为北大荒定位定标、定向定神，引领北大荒发展航程，极大地鼓舞了北大荒人的斗志，激发出广大干部职工攻坚克难勇往直前的磅礴力量。

要立足定位，始终服从服务于国家战略利益。

习近平总书记把北大荒定位在“国家战略”上，指出：共和国把这里作为战略基地、把农业作为战略产业发展起来，半个多世纪过去了，发生了沧桑巨变，机械化、信息化、智能化发展很了不起，令人感慨，北大荒为中国人真正解决温饱问题发挥了大作用。今天来到这里，很鼓舞信心，鼓舞斗志。黑龙江农垦在屯垦戍边、发展生产、支援国家建设、保障国家粮食安全方面作出了重大贡献，形成了组织化程度高、规模化特征突出、产业体系健全的独特优势。他还双手捧起一碗大米，意味深长地说“中国粮食！中国饭碗！”我们一定要置身于国家宏伟发展战略、“两个一百年”奋斗目标谋划改革推进发展，深入实施藏粮于地、藏粮于技战略，打造更加完备的粮食和重要农产品产业体系，服务对外开放大局，当好国家粮食安全“压舱石”，真正成为国家关键时刻抓得住、用得上的重要力量。

要咬定目标，聚精会神打造农业领域航母和新型粮商。习近平总书记为北大荒确定了“农业领域航母”改革目标，强调：要深化国有农垦体制改革，以垦区集团化、农场企业化为主线，推动资源资产整合、产业优化升级，建设现代农业大基地、大企业、大产业，努力形成农业领域的航母。要求我们贯彻新发展理念，全面增强农垦内生动力、发展活力、整体实力，更好发挥农垦在现代农业建设中的骨干作用。我们要着眼农业高质量发展，大力唱响质量兴农、绿色兴农、品牌强农主旋律，推动农业发展由增产导向转向提质导向，加快构建现代农业产业体系、生产体系、经营体系，扎实推进农业绿色发展，实施创新驱动发展战略，推广现代农业新品种、新技术、新装备、新模式，给农业插上科技的翅膀，当好现代农业建设排头兵。

要紧紧依靠人民，凝心聚力共创北大荒伟业。习近平总书记指出：农垦改革要坚持国有农场的发展方向，要通过改革进一步调动农场工人的积极性、维护好他们的权益、提高他们的素质，要不断提高农业生产的组织化、机械化水平。习近平总书记衷心希望农业进一步搞上去，衷心希望像建三江七星农场这样的地方，国有农场的现代化农业能够搞得更好、改革能搞得更好，也衷心希望农场的干部职工们生活得更好。我们要牢固树立以人民为中心的发展思想，始终把垦区160多万群众放在心上，把人民群众对美好生活的向往作为改革发展的目标和动力，率先实现全面建成小康社会目标，扎扎实实地办好各项民生实事，团结一切可以团结的力量攻坚克难，紧紧依靠人民群众的无穷伟力奋力夺取北大荒改革发展新胜利。

要敢于担当作为，为北大荒旗帜增光添彩。总书记高度肯定北大荒精神，指出：加强干部作风建设，黑龙江有不少有利条件，东北抗联精神、北大荒精神、大庆精神、铁人精神激励了几代人。今天，我们仍然要用这些精神来教育广大党员、干部，引导他们发扬优良传统，在全社会带头弘扬新风正气。强调黑龙江农垦要发扬北大荒精神，加强垦地合作，增强对周边区域的辐射带动能力。我们要坚定不移地弘扬“艰苦奋斗、勇于开拓、顾全大局、无私奉献”的北大荒精神，讲政治、顾大局，善于创新、勇于担当，切实将思想和行动统一到党中央对北大荒的决策部署上来，在改革攻坚的过程中体现出共产党员的使命担当和先锋模范作用，赋予北大荒精神新的时代内涵，奋力开创改革发展新局面。

（二）认清形势，抓住机遇迎接挑战

习近平总书记强调：新的征程上，会有新的发展机遇，也会有新的风险挑战。我国发展仍处于并将长期处于重要战略机遇期，这给中华民族伟大复兴带来重大机遇，也给黑龙江垦区全面振兴全方位振兴带来重大机遇。我们要准确把握重要战略机遇新内涵，坚定不移抓机遇、用机遇，坚持辩证思维、化挑战为机遇，牢牢把握战略主动。

这一轮改革将实现从中央直属垦区到重要央企的重大飞跃，围绕农垦何去何从的争议将不复存在。我国屯垦制度始于汉代，历朝历代都有规模不等的军垦民屯，对维护边疆稳定、巩固国家政权都起到很重要的作用。黑龙江垦区传承了南泥湾精神和作风，把亘古荒原开发建设成了国家重要商品粮生产基地，但政企合一的体制也饱受争议，探索长久发展之路的脚步也从未停止。这次改革创建了与社会主义市场经济相适应的新体制，北大荒集团将以充满生机活力的新姿态承担新时代更加重要的历史使命。这表明，古老的屯垦制度走到今天，顺应了社会主义市场经济新形势，符合新时代国家治理体系和治理能力现代化的新要求，历史不会忘记，贡献不可磨灭，地位不可或缺，作用不可替代。

这一轮改革将为农垦解决一系列难题带来重

要契机，北大荒依靠自身力量健康发展的能力也将越来越强。北大荒是举国体制下的成果，每到重要历史关头，国家都会派出专题调研组研究解决农垦开发建设面临的困难问题，不断出台支持政策。但由于体制的特殊性，原有问题解决之后，新的困难又会出现。这次改革从体制上入手，办社会形成的债务和负担将会逐步化解，土地资源资产化资本化以及一系列支持政策也将逐步落地。在新征程上，社会主义市场经济创造的发展空间更加广阔，政策保障更加有力，各方面支持也会显著增强，北大荒发展环境将会更加优越，集团内生动力、发展活力、整体实力将随着改革的不断深化而全面增强。

这一轮改革将为转变农垦发展方式提供体制机制保障，人民生活水平也必将随着集团经济总量和运行质量的提高而不断提高。垦区职工群众收入来源主要是农业生产，而单纯依靠增产大幅度提高农业从业人员收入的空间有限、不可持续。这次改革致力推进资源资产整合、产业优化升级，实现集团化经营，真正走上高质量发展之路，北大荒将步入价值链重构期、产业链裂变期、经济总量爆发期、运行质量跃升期，抗市场风险能力将大大增强，组织化、规模化、产业化优势将更加突出，职工增收的渠道将更加稳定，每一个参与其间的北大荒人都将持续分享改革发展红利。

但是，垦区面临巨大发展机遇的同时，也面临巨大挑战。首先，思想观念与改革发展新形势不合拍。一些单位和企业安于现状、动力不足，缺乏工作责任感，各自为战、单打独斗，缺乏竞争危机感，结构单一、“种”强“销”弱，缺乏改革紧迫感。由于各种利益格局牵制，不敢走新路、不想走新路、不愿走新路的问题仍会不同程度存在，企业整合重组、龙头与基地产权联结、集团化经营的推进将会面临很多阻力，思想发动的任务仍很艰巨。其次，能力本领与改革发展新需求不匹配。农垦改革进入深水区，公司制改制工作复杂繁重，新体制新机制创建之路崎岖坎坷，新能力新模式形成过程充满不确定性，而资本运作、数字产业、生物农业、电子商务、市场营销、金融保险、品牌运作等面向市场竞争的新任务新业务提上日程，已有的经验和知识已经不能有效应对新的复杂局面。第三，干部人才队伍与新使命不适应。承担新使命的北大荒集团要迅速补上市场竞争力不强这个短板，迅速进入资本市场和科技创新前沿阵地，随着集团业务快速扩展，经营风险、廉政风险、走出去的风险进一步加大，各种唱衰、抹黑北大荒的势力不会销声匿迹，需要大量能担重任的管理干部和专业人才在成千上万的重要岗位上依法经营、开拓创新，这对我们提出了如何在短期内积聚大量优秀干部人才的新课题。

自古英雄多磨砺，人间正道是沧桑。北大荒之路从来就不是鲜花铺就的坦途。70 多年来，英雄的北大荒人在与大自然搏斗中掌握了建设规律，披荆斩棘打造出中华大粮仓，创造了宝贵的北大荒精神。今天，新一代北大荒人在社会主义市场经济体制改革中闯出了一条顺应新形势的发展新路，收获了自信和底气。未来，用习近平新时代中国特色社会主义思想武装头脑的北大荒人，一定能够在党的领导下砥砺奋进、大胆创新，建成担当新使命的农业领域航母和新型粮商，为北大荒精神注入新的时代内涵。

（三）奋力拼搏，闯出一条具有中国特色的农业航母和新型粮商发展道路

习近平总书记强调，中国人的饭碗任何时候都要牢牢端在自己手上。我们要把这个沉甸甸的政治嘱托铭刻在心，按照习近平总书记擘画的宏伟蓝图精心绘制出北大荒改革发展“工笔画”，实施有效的战略组合闯新路，更好服务国家战略需要。

在体制改革上实施农业航母战略，闯出一条具有中国特色的国有农业经济发展壮大之路。尽快从行政管理体制中走出来，建立以资本为纽带“大农场统筹小农场”的母子公司体制，让国有农场带动职工家庭农场和周边小农户共同闯市场，形成大集团的“旗舰”带动小主体的利益共沾、风险共担的“联合舰队”，尽快建成农业领域航母新体制，塑造与市场经济相适应的高度组织化新优势，充分发挥北大荒国有农业经济的骨干引领作用。

在发展路径上实施新型粮商战略，闯出一条具有中国特色的新型农业现代化发展之路。抓住全球经济变革、产业重构机遇窗口，对标国际大粮商补短板、强优势，聚四海之气，借八方之力，以强大产能为支撑，全面打造全国领先的粮食生产商和农地运营服务商，以大基地、大企业、大产业控制农产品产量和品质，以供给侧控制需求侧，尽快发展成为具备国际化生产经营能力的新型粮商，充分发

挥北大荒在国际农业竞争的中流砥柱作用。

在垦地合作上实施国家农业特区战略，闯出一条具有中国特色的新型城镇化之路。以实施乡村振兴战略为总抓手，利用政府行政职能移交和办社会职能改革的契机，大力推进垦地合作上新台阶，建设垦地合作现代农业示范区、产业园、美丽宜居小城镇，形成有产业、能就业、可创业的城乡一体、产城一体、产融一体的小城镇发展新格局，为龙江全面振兴全方位振兴作出更大的贡献。

三、打好改革发展攻坚战，奋力谱写新时代农垦新篇章

2019 年是新中国成立 70 周年，也是深化农垦体制改革的攻坚年。做好今年和今后一个时期工作，要以习近平新时代中国特色社会主义思想为指引，深入贯彻落实党的十九大和十九届二中、三中全会精神，深入贯彻落实习近平总书记重要讲话和重要指示精神，切实增强“四个意识”，统筹推进“五位一体”总体布局，协调推进“四个全面”战略布局，按照省第十二次党代会和十二届二次、三次、四次全会精神，按照财政部、农业农村部决策部署，坚持和加强党的全面领导，坚持以人民为中心，坚持新发展理念，以垦区集团化、农场企业化为主线全面推进农垦体制改革，以建设新型粮商为目标全面推进资源资产整合、产业优化升级，以实现人民对美好生活的向往为目标全面推进民生事业建设，以增强对周边区域辐射带动能力为目标全面推进垦地合作，加快建设现代农业大基地、大企业、大产业，努力形成农业领域航母，奋力谱写新时代农垦改革发展新篇章。

主要发展目标是：2019 年，集团营业收入增长 10%，利润增长 20%，产业增加值预期增长 6%，粮食综合生产能力稳定在 400 亿斤以上，垦区居民人均可支配收入增长 6%。到 2020 年，建立健全适应市场经济要求、充满活力、富有效率的管理体制和经营机制，打造大型现代农业企业集团。到 2023 年，建成全国领先的粮食生产商与农地运营服务商，跻身《财富》世界 500 强。到 2028 年，建成具备国际化经营能力的新型粮商和中华大厨房，初步形成农业领域航母。

（一）以垦区集团化、农场企业化为主线，加快建立完善集团新体制

1. 加快做实做强企业集团。今年要将黑龙江北大荒农垦集团总公司改制为按照《公司法》登记的有限责任公司，形成有效制衡的公司法人治理结构和灵活高效的市场化经营机制，组建母公司内设机构，不断完善产权清晰、权责明确、政企分开、管理科学的现代企业制度。要做好清产核资和资产清查工作。要完成管理局分公司改制。要从优化配置垦区各类资源入手，建立以资本为纽带、产业基地为支撑的母子公司体制，完善企业集团+产业公司+子公司的运行架构，按照现代企业制度要求健全法人治理结构，形成科学决策、运转高效、监督有力的管理机制。要深化劳动、人事、分配三项制度改革，建立市场化选聘职业经理人制度，形成干部能上能下、员工能进能出、收入能增能减机制，充分调动广大干部职工的积极性和创造性。做好《集团战略规划执行方案》印发宣讲工作。

2. 加快推进农（牧）场公司化改制。要积极开展试点，推进农（牧）场公司制改制，打造自主经营、自负盈亏、自担风险、自我约束、自我发展的市场主体。要按照“改革一盘棋、发展一体化”原则，统筹谋划农（牧）场整合、产业发展和资源配置，鼓励支持农（牧）场从区位条件、资源禀赋、产业基础的实际出发选择改革路径和发展模式，走出各具特色的发展新路子。

3. 推动资源资产整合。要大力引进战略投资者，将现有的 20 家直属企业整合成为股权结构合理、特色优势明显、对基地拉动力强、核心竞争力不断提升的产业集团，年内取得积极成效。要做优做强北大荒农业股份有限公司，利用多层次资本市场推进完达山乳业、九三粮油工业、垦丰种业等加快上市。要推进北大荒资源资产化资本化，不断增强北大荒集团资本运营能力。

4. 积极推进办社会职能改革。要依法依规完善农（牧）场办社会职能与生产经营机构、人员、资产、债务、财务核算“五分开”改革。要按照“全面移交、分步实施”原则，年内实现垦区政府行政职能移交属地，推进中心城镇内农（牧）场办社会职能属地移交，推进中小学属地移交，推进自然资源保护等基本公益服务职能与机构整建制移交。要建立管理局经授权承担辖区内暂不具备移交条件的办社会职能的体制，实行内部分开、管办分离，通过向农（牧）场派驻社会事务部方式，对区域内办社会职能实施统一管理。要按照省委省政府统一

部署推进农垦事业单位分类改革，推进社会保险经办机构移交。

5. 创新农业经营管理体制。要坚持以家庭农场为基础、大农场统筹小农场的现代农业双层经营体制，继续实行适度规模经营，严格规范“两田制”，精心经营管理好国有农业资源资产。要推进农（牧）场有限公司和各类农业经营主体与产业化龙头企业建成以产权为纽带的利益共同体，构建起北大荒现代农业产业体系、生产体系和经营体系。

6. 大力推进相关领域改革。要积极推广试点经验，加快构建新型劳动用工制度，建立以劳动合同制为核心的市场化用工制度。要完善社会保障机制，将农垦职工和垦区居民纳入相应的社会保险、社会救助等社会保障体系。创新土地管理方式，深化农垦土地管理制度改革。

（二）以打造农业领域航母和新型粮商为目标，全面推动高质量发展

1. 健全完善生产体系，建设现代农业大基地。牢记习近平总书记“中国粮食！中国饭碗！”的嘱托，坚定地把保障国家粮食安全的责任扛在肩上。加快转变农业发展方式，通过控制生资成本、控制产品总量和质量、构建农业智能化服务体系的“双控一服务”技物结合新模式降成本，建设北大荒现代农业大基地，为建成全国领先的粮食生产商与农地运营服务商奠定坚实基础。2019 年，粮食作物播种面积稳定在 4200 万亩以上，粮食综合产能稳定在 400 亿斤以上，肉、蛋、奶产量分别达到 30 万吨、3.2 万吨和 40 万吨，努力建成稳定可靠的高品质农产品生产基地。

一是调整优化农业结构。以市场需求为导向，围绕“两区三园”建设，坚持粮经饲统筹，优化品种结构、品质结构、品牌结构，稳稻玉、扩大豆、发展特色经作和果蔬及饲草饲料作物，积极扩大优质水稻生产，严格落实国家耕地休耕轮作补贴项目，构建科学合理的轮作制度，着力打造优势产业带。大力发展绿色农业，继续推进农业“三减”行动、黑土保护行动，加大秸秆禁烧力度，大力推进秸秆综合利用，全面彻底完成“大棚房”整治工作。健全农产品质量安全监管体系，继续加强“三品一标”认证和品牌塑造。坚持技物结合推进行业发展，研究探索适应“双控一服务”的新型农业经营模式，2019 年，实行集中采购的农业生产投入品要纳入集团化运营，积极推进宝泉岭管理局分公司、建三江管理局分公司、九三管理局分公司、北大荒农业股份有限公司和试点农（牧）场农业生产投入品集团化运营，2020 年在集团推广。加快现代畜牧业发展，以“两牛一猪一禽”为重点，坚持标准化、规模化、品牌化、产业化同步推进，坚持市场导向，继续实施“9 吨奶工程”，调整优化种养结构，扎实推进畜禽养殖废弃物资源化利用，毫不松懈做好非洲猪瘟等重大动物疫病防控工作，实现畜牧产业高效发展，提高畜牧业质量效益和竞争力。

二是加强农业基础设施建设。实施“藏粮于地、藏粮于技”战略，巩固提升农业综合生产能力。推进水利工程建设，大力争取国家对垦区水利基础设施的投入，全力推进三江平原灌区田间配套工程建设，加强小型农田水利设施建设，深入推进河长制工作，落实最严格水资源管理制度，完成水稻节水控灌技术推广面积 1000 万亩。投入农机更新资金 12 亿元，更新各类农业机械 1.8 万台（套），主要农作物耕种收综合机械化水平继续保持在 99%以上，进一步扩大航化作业面积。积极推进垦区国土绿化和生态修复，完成造林 6 万亩、退耕还湿 4.49 万亩、退耕还林工程补植补造 1.35 万亩。加快发展林下经济，深入挖掘林业经济潜力。

三是推进现代农业园区建设。以农业农村部批准宝泉岭管理局国家现代农业产业园项目建设为契机，推进垦区现代农业园区建设上台阶。在规模化种养基础上，通过“生产+加工+科技”，聚集现代生产要素，创新体制机制，形成明确的地理界限和一定的区域范围，建设水平领先的现代农业发展平台，促进农业生产、加工、物流、研发、示范、服务等相互融合，激发产业链、价值链的重构和功能升级，促进产业转型、产品创新、品质提升，创造新供给、满足新需求、引领新消费，提高农业供给质量和效益。

四是加快数字农服建设。运用气象信息、土壤信息、种质信息、化肥农药信息、人力信息等数据构建产量预测数字模型，推行向目标农户和服务供应商提供有针对性的服务，以及数据集成和咨询服务；建设综合决策支持平台和精准农业管理系统，稳步推进“北大荒数字农服”平台落地，全面开展农业订单合作，扩增有机认证面积，加快推广平台金融模式，优化平台生资购买、呼叫农服、农业保

险、农技培训等各板块业务流程，实现各板块业务网络社会化协同，逐步构建农户信用评价体系和农产品信誉评价体系。

五是开展粮食银行试点。掌控基地优质原粮，将建三江管理局八五九农场、七星农场、勤得利农场、二道河农场、胜利农场及红兴隆管理局曙光农场等粮食银行试点单位做细做实，实现中等以上优质粮源有效掌控，提升北大荒集团整体话语权，确保种植户利益最大化。持续推进农业保险扩面、增品、提标工作，为广大农户编织更加牢固的风险防范安全网。

六是深化垦地合作。巩固与佳木斯市战略合作成果，扩大与地市合作领域和范围，探索开展垦地合作建设现代农业示范区和产业园区。联合黑龙江农业投资集团等机构广泛开展垦地合作共建，探索农垦、农投等机构、地方政府多方战略合作新模式，选择贫困县进行试点，推进公私合营提供公共产品和服务的有效实现形式，为全省农业转型升级，农民脱贫奔小康，乡村全面振兴作出贡献。

2. 培育壮大经营体系，建设现代农业大企业。围绕“粮头食尾”“农头工尾”，建设全过程标准化、全生命周期可追溯的绿色循环生产体系和种养加销一体化、产品品牌国际化的全产业链，通过构建以农产品生产加工为根本、科技创新与资本运作为支撑的“一体两翼”产融结合新模式提高竞争力，建设北大荒现代农业大企业。农产品加工业主营业务收入年均增长10%左右，高科技、高附加值产品比重占30%以上。

一是加快建设稻米、大豆、乳品、种子等产业化龙头企业。以北大荒米业集团为龙头，整合集团大米产业，提升现有加工产能和“北大荒”品牌效应，提高产业发展集中度，打造米业“白金名片”。以种植基地为基础，建设6个现代化高端和优质水稻产区，以五常、肇源、泰来等水稻优质产区为依托，建设3个高端大米加工企业，在华北、华中、华南、西南等主销区布局5个高端米小包装加工厂，形成“前店后厂”生产经营模式。2019年力争完成混合销量56万吨，实现营业收入22.5亿元。打造大豆产业“黄金名片”，以九三粮油集团为龙头，以北安、九三、宝泉岭管理局绿色大豆种植基地为依托，以哈尔滨精深加工基地为基础，在华中、华南、西南地区建设包装油生产线，拓展南方调和食用油市场；做大做强豆制品板块，打造全国大豆深加工基地，打造中国绿色大豆油、豆腐、豆浆粉第一品牌，2019年加工和经营大豆810万吨，实现销售收入380亿元，把垦区建设成为中国重要的大豆精深加工产业基地。以完达山乳业为龙头，重点建设完达山20万吨低温液奶加工厂，完善现有工厂婴幼儿奶粉的生产设备配套，2019年力争实现营业收入50亿元。以北大荒垦丰种业为创新主体，调整育种方向，加快主要农作物专用新品种研发，推进作物品种专用化，2019年力争完成销售收入24亿元。

二是大力发展中高端特色产业。提高绿色有机蔬菜、浆果、坚果、食用菌、鲜食薯、山野菜、中草药生产规模和加工能力，推进各类食品工业化、产业化和品牌化，开发速冻薯条、鲜食薯块、杂粮杂豆有机食品、营养食品、保健食品、休闲食品，延伸食品深加工产业链条。

三是精心组织重点建设项目。继续推进华润集团秸秆综合利用新能源项目、与中国一重的战略合作项目、与厦门象屿集团物流贸易合作项目。抓好宝泉岭管理局农畜产品精深加工等产业化项目，依托北大荒双汇、白羽鸡屠宰加工项目，稳步发展猪肉、禽肉加工产业。推进红兴隆管理局标准化规模养殖基地建设项目，做好曙光农场5万头药用乌驴产能提升项目。支持九三管理局以打造“国家优质安全生鲜乳生产基地”“生态鹅养殖加工基地”，推动畜牧业实现更高质量发展。

3. 着力打造产业体系，建设现代农业大产业。以产业龙头企业为中心，经营向基地和市场两端延伸拓展，通过建设产地库、销地库、物流节点库和交易转化中心的“三库一中心”三次产业融合新模式降风险，建设北大荒现代农业大产业，加快推进产业转型升级，加大招商引资力度，增强持续发展后劲，以产业发展应对经济增长下行压力。

一是建立统一的质量标准体系。立足国内领先，对标国际一流企业，加强绿色有机食品国家和国际标准体系研究，夯实基础性研究和产品质量跟踪监测工作，围绕主打产品建立生产——流通——销售统一的标准体系，完达山、九三等龙头企业的标准体系要高于国家标准。

二是建立统一的科技研发体系。抓住新一轮科技革命和产业变革机遇，加强国内外科研合作，创新科技研发成果转化机制，切实提高科技人员科研成果转化收益。充实产业化龙头企业研发力量，加大科研投入，强化科研队伍建设，加快技术中心、工程研究中心、制造创新中心和重点实验室等技术创新载体建设，加大对营养健康、质量安全、节耗减损、加工转化、现代物流、智慧农业等领域相关基础研究和急需关键技术研发的支持力度，提升农产品加工集成创新与熟化应用的科研能力，满足农产品加工企业共性关键技术需求。支持龙头企业加强自主创新，加快新产品开发，培育一批质量好、附加值高、市场竞争力强的新产品。着重解决关键技术和设施装备难题，重点扶持农业物联网等信息技术集成应用和试验示范。深入推进绿色优质高效创建，大力推广绿色高效种养技术，重点加大水稻侧深施肥、智能精准喷雾等重大农业技术的示范推广。支持种业自主创新，加大农作物新品种研发投入，促进主要农作物新品种选育和转化。

三是建立统一的运营管理体系。规范集团企业股权及对外投资活动，制定相应股权投资管理办法，注重做强做优主业，提高市场核心竞争力，提升产业发展的质量和效益；注重薪酬激励，坚持按绩取酬，坚持效率优先、兼顾公平的市场化导向，重业绩、讲回报、强激励、严考核；构建运营管理报告体系，做好运行中的财务、业务和重点事项监控；完善市场运作机制，强化行业规划、政策引导、财务预算、控债化债、市场监管、信息发布等手段，全面提升产业经营管理和盈利能力，防范化解风险，促进集团企业资源的整体优化配置。

四是建立统一的品牌管理体系。制定品牌发展战略，科学定位核心品牌，统筹管理所属品牌，建立集品牌认知、品牌延伸、品牌培育保护、品牌战略推广于一体的管理机构，将良好资源、优质产品转化成无形的品牌价值，建立品牌危机公关机制，强化品牌形象的树立和维护，提高北大荒、完达山、九三的品牌价值。采取有效措施，增强品牌的知名度、美誉度、崇信度和品牌联想力，用五年时间使北大荒品牌价值达到1000亿元。

五是建立统一的政策支持体系。编制农业特区规划，积极争取农业特区政策，玉米、小麦等进出口配额政策，仓储物流政策等产业政策，支持大项目建设。要积极争取北大荒集团股权调整的税收豁免政策，农业特区涉农项目税收减免政策，集团合并纳税政策等税收政策，支持集团化改革。积极争取资产证券化试点，申请混改金融政策，推进企业上市融资。

（三）多措并举降成本，提高集团竞争力

1. 有效降低农业生产成本。要调整生产方式降低机会成本，紧跟国家政策节奏，瞄准主流市场需求，围绕国家和省粮食生产者补贴、耕地轮作休耕补贴等政策，扩大优质农产品生产，降低对最低保护价收购政策依赖，规避市场价格变化风险。要依靠科技进步降低生产成本，完善联合攻关机制，形成跨区域、跨学科、跨专业的科研联合，加强资源、技术、智力、项目、实验基地建设等方面的交流与合作，搭建加快农业科技进步的平台，促进科技成果尽快转化为现实生产力。要创新生产体系降低交易成本，按照“大农场统筹小农场+全程社会化服务”模式，通过联合、联营、联盟等多种形式，推行农业投入品集团化运营，为农户提供质优价廉的生产资料。要推进绿色发展降低环保成本，培育绿色价值取向，培养绿色思维方式，推进绿色农业发展，探索走出一条产出高效、产品安全、资源节约、环境友好的发展之路。要打造数字农服体系降低服务成本，运用人工智能、大数据、云计算、区块链等信息化技术，促进现代农业与互联网深度融合，实现绿色生产和标准化生产全覆盖。

2. 着力降低企业运营成本。要增强节本增效意识，不断提高员工的主观能动性，强化成本管理意识，将成本控制意识融入企业文化。要降低生产环节成本，实行成本目标管理，强化成本核算，在产、供、销、财务等各个环节，把每一项费用细化到单位产品成本中。要加快技术改造节本，采用新技术、新工艺、新材料，提高产品技术含量，开辟降低生产成本的途径。

3. 合理降低融资和财务成本。要科学安排用款，尽量将融资规模与时点设计在国家货币政策宽松、窗口好、利率低时期，利用国家货币政策实现节本。要提高信用等级，通过争取注资，耕地资产入账，清理应收款，减少存货占用，剥离不良资产，对外出售企业、股权、业务、品牌变现等举措优化各项财务指标，提高与金融机构谈判能力。要广泛开展合作，扩大合作银行范围与产品项目，通过银行贷款、内保外债、境外债、中期票据、永续票据、资产证券化等产品组合运用，争取成本定价话语权。要实现数据共享，推进北大荒数据资源资产化，以垦区农业数据为基础向外延伸，加快实现农业数据变现。

4. 加快降低人员管理成本。引导各企业优化组织架构，树立以企业战略目标为导向设置组织架构的管理意识，根据部门职责分解确定岗位职责、岗位要求、工作程序、工作边界，建立起部门内部、部门之间的职责明晰、衔接有序的岗位关系，实现岗位管理规范化。要深化劳动用工制度改革，各农（牧）场要全面开展定岗、定员，压缩管理层级，精简非生产人员，降低管理成本。要完善用人制度，规范企业内部人员调整程序及机制，规范外部招聘制度，逐步实现按制度引人选人用人。要建立现代人力资源信息系统，通过工作流程化、流程标准化来提高管理效率。要推行科学有效的绩效考核评价办法，全面实施编制调控管理、工资总额预算管理，多措并举，不断促进企业瘦身降成本。

（四）加强企业管理，提高集团管控能力

1. 持续推进管理制度建设。围绕构建集团战略管控和财务管控协同的管控模式，实行财务人员分级管理、财务主管委派制，全面加强资金管理、预算管理、投融资管理、风险管理、税收筹划等财务管控一体化，加快推动集团管控模式尽快落地实施。加快推进集团信息化管控系统建设。以信息化管控技术倒逼现代企业管理流程再造，推动集团实现重大组织变革，提高集团运管效率。加速推进集团信息一体化发展，加强数据安全管控，重点建设财务共享平台、招标平台、人力资源平台、智能决策分析管理平台、主数据管理平台，打造集团智能决策指挥中心，实现横向管控到边、纵向管控到底，提升集团管控能力，优化企业运营效率，防控企业运营风险，有效支持战略决策，率先实现打造“一片云、一张网、一键通”的农业全产业链信息化集成示范应用基地。

2. 持续抓好控债化债和去库存工作。以 2018 年为基数，任何单位债务一律不得增加，实行控债化债专项考核，采取更为严格的措施降低负债。要严格落实全面预算，强化货币资金预算刚性管理，按照分级负责原则实施预算管理，未经审核批准的预算一律不得执行，未纳入预算的项目一律不得开工，严格控制自筹资金的基本建设项目。要坚决控制借款规模，以 2018 年借款规模为基数，原则上禁止新增借款，不得从个人或私营企业融资借款，凡是新增金融机构借款的必须经集团批准，对任期内增加不合理债务的领导干部不予提拔使用，造成严重后果的依法依规追究责任。直属企业要树立效益优先的经营理念，减少不合理资金占用，降低产品库存；现有存量商品房的企业和单位要开展去库存工作，增加现金流，提高偿债能力，降低企业债务风险和经营风险。要依法规范合资合作企业经营，合资合作各方要按“同股同权、同股同责”的原则，对历史上形成的由我方一家承担的投资、贷款及亏损，要落实当事人和领导责任，依法向合资合作方追缴。

3. 持续做好三项应收款清收工作。加大清理欠款力度，对各单位核定债务下降指标，明确领导责任，采取紧逼战略，实施重奖重罚，严格责任追究，坚决将应收款数额降下来。要综合运用行政、经济、法律和组织等手段加大清欠力度，加大对集团借款及集团担保借款的还款力度。要加大对涉嫌腐败、内外勾结、违纪违法行为的查处力度。

4. 强化国有资产监管。要依法依规规范企业经营行为，严格执行“三重一大”制度规定，重要决策事项要严格履行程序。要严格执行国有资产交易相关规定，规范国企改制行为。要严把中介机构选聘关，聘请有资质、高水平且信誉度高的中介服务机构。要严格国有资产处置程序，依法做好资产评估、划转、出资、转让等。

5. 强化资金管理。要规范集团投资，凡是对外投资、设立分公司、与他人合作成立公司，都要经集团批准，将对外投资的账目全部转移到集团投资公司统一管理。要实行集团货币资金统一管理，分级审批，提升集团内部货币资金的使用效率。要加强投资项目管理，规范招投标工作，严格执行集团采购和工程项目招标制度。要严格规范工程项目建设、监理、验收、结算、决算，加强项目前期工作，完善重大项目前期工作联审联议机制，协调落实重大项目前期外部配套条件，提升项目前期工作质量，防止决策失误。要加强投资项目事中事后协同监管，加强项目资金使用管理，确保建设项目“不留死角”。实行集团财务人员分级统一管理。

6. 强化审计监督。要做到审计全覆盖，加强对重大政策措施落实的跟踪审计，强化经济责任审计，重点开展控债化债、三项应收款清收、境外投资等审计。要加强对企业资产负债真实性、合法性的审计力度，重点开展经济目标完成、经营绩效考核、薪酬兑现考核等审计。要加大对重点工程项目、企业兼并重组、扶贫项目等各类专项资金的审计。

（五）以保障和改善民生为出发点和落脚点，让改革发展成果更多惠及广大职工群众

坚持“以人为本”，以改革促发展，确保人民安居乐业、社会安定有序，实现习近平总书记“衷心希望农场的干部职工们生活得更好”的殷切期望。

1. 加强城镇化建设。以完善基础设施建设和提高公共服务水平为重点，充分发挥“一事一议”财政奖补资金作用，动员垦区居民共建共享，探索建立长期稳固的改善民生的投资保障机制，多措并举合理打造环境优美、生活舒适、产业集聚的生活区、创业区、休闲区，建设智慧宜居“美丽农场”。合理安排“三供两治”项目，计划更新改造供水管线139 公里、排水管线 56.11 公里、供热管线 76.15 公里，加强便民服务设施、无障碍设施建设，提高城镇发展质量和承载功能。

2. 加快产城融合发展。发展生产性服务业和生活性服务业，创新现代服务业新业态，推动生态旅游、餐饮服务、商贸物流和围城经济等产业经济发展，着力培育新的经济增长点，促进职工群众就业和增加收入。

3. 大力推进生态文明建设。推进绿色发展，加大生态系统和环境保护力度，落实大气、水、土壤污染防治三大行动计划，打好污染防治攻坚战。依法严禁秸秆露天焚烧，推进秸秆综合利用。完善河长制，抓好饮用水源地保护，抓好三江平原湿地、草原保护，全面防治农业面源污染，落实黑土地保护行动。强力推进中央环保督查“回头看”反馈意见的整改，解决本地区突出生态环境问题。加快自然资源科学保护和合理利用，促进人与自然和谐共生，保护自然生态系统的原真性和完整性，构筑绿色生态屏障。

4. 完善社会保障机制。继续抓好困难群体就业工作，保证就业整体形势稳定。深入实施全民参保计划，继续抓好社会保障参保扩面、断保人员接续等工作，尽最大努力实现垦区各类人群应参尽参、应补早补、应保尽保，确保参保人员各项社会保险待遇及时足额兑现。

5. 做好精准扶贫精准脱贫工作。加强贫困人口动态管理，做到精准识别，因户因人施策，全力推进就业脱贫、技能和教育扶贫、健康扶贫、社会保障脱贫等，形成大扶贫工作格局。加强扶贫开发资金管理，进一步提高资金使用效率，惠及更多弱势群体。落实省委省政府要求加大对驻村扶贫工作队支持力度，圆满完成省委省政府交给的脱贫攻坚任务。做好已脱贫人口和农场脱贫巩固工作，坚决打赢脱贫攻坚战，确保实现 2020 年贫困农（牧）场全部摘帽，贫困人口全部脱贫。

6. 提高最低生活保障和社会救助能力。做好垦区低保在保人员的资金发放和管理工作，保证资金及时足额发放。积极开展扶老、救孤、助残、济困、助学、救灾等社会救助工作，开展“慈善一日捐”等活动，充分发挥慈善在社会保障中的重要补充作用。

7. 保障垦区学校移交平稳过渡。及时解决移交过程中出现的新问题、新情况，保障良好的教育教学秩序，确保学校教育教学质量不降低、教职工合法权益不受损失。继续办好幼儿园。切实增强职业教育服务能力，更好为垦区经济社会发展助力。

8. 积极开展文化惠民工程。大力发展企业文化，广泛开展丰富多彩的文体活动，积极推进文化信息资源共享、文化场馆免费开放，吸引更多职工群众参加全民健身活动，促进公共文化资源均等化、普惠化。

9. 继续做好卫生防疫医疗保障。积极探索深化垦区医疗系统改革新路径，加强社区卫生服务工作，保障垦区基本医疗和基本公共卫生服务水平，提高垦区群众健康水平，确保垦区居民健康获得感不断增强。

10. 加强民主管理。建立健全职工代表大会、场务公开等民主管理制度，保障人民群众对农场经济社会事务管理的知情权、参与权、表达权、监督权，实现民主管理的制度化、规范化和程序化。

11. 加强安全稳定工作。严格落实安全生产责任，牢固树立安全生产红线意识，防范化解重大安全风险，切实维护职工群众生命财产安全。做好社会治理和信访稳定工作，以社会稳定为核心，提高预测预警预防能力，搞好信息公开工作，注重源头治理，防范化解稳控风险，提高社会治理能力和水平，确保垦区社会稳定。

四、以加强党的全面领导为保障，凝聚推动改革发展的强大合力

（一）切实加强政治建设和理论武装。要坚决落实用习近平新时代中国特色社会主义思想武装全党这一重大政治任务，突出抓好政治建设和思想建设。要精心组织开展好“不忘初心、牢记使命”主题教育，引导党员干部继承弘扬北大荒精神，激发垦区干部职工群众以更加饱满的热情和昂扬的斗志，把农垦改革发展继续推向深入。要突出抓好党员干部政治教育和党性教育，围绕学习贯彻习近平新时代中国特色社会主义思想和党的十九大精神，特别是习近平总书记在垦区考察时的重要指示精神，举办各级各类培训班，强化党员干部理论学习培训，推动党员干部进一步树牢“四个意识”、坚定“四个自信”、做到“两个维护”。要继续扎实推进解放思想推动高质量发展大讨论，引导党员干部用高质量发展视角来谋划工作、解决问题，推动垦区全面振兴全方位振兴。

（二）打造忠诚干净担当、懂经营善管理的高素质领导班子和干部队伍。要以领导班子政治建设为统领，继续发扬垦区组织化程度高、干部队伍执行能力强的优良传统，确保中央、省委、集团总公司（农垦总局）党委的各项决策部署落实到位，有令即行、有禁即止。要从讲大局、忠诚北大荒事业上看德识才，突出政治标准，重用那些对党忠诚、对北大荒有感情、胸襟开阔、心底无私、光明磊落、敢于担当、乐于奉献、清正廉洁的干部。要努力建设高素质专业化干部队伍，适应垦区集团化、农场企业化改革发展需要，大力选拔熟悉市场经济，懂经营、善管理的干部。要不断改进干部选拔任用方式，完善企业领导干部选拔任用机制，到企业生产销售、科技创新、农业生产一线，到具体项目、贫困农场、艰苦环境中去发现干部、选拔干部，让干部在打造农业领域航母和新型粮商的新征程中担当新使命、展现新作为。要加大培养选拔优秀年轻干部工作力度，有计划地将优秀年轻干部放到关键岗位摔打历练，促进成长成熟、堪当重任。要进一步激励垦区干部在改革发展中敢于担当善于作为，从政治忠诚上教育干部主动担当、选拔任用上引导干部争相担当、教育培训上促使干部善于担当、管理方式上推动干部敢于担当、工作氛围上激励干部乐于担当。要努力营造勤于学习的浓厚氛围，重视、加强和不断改进广大干部特别是集团各级领导干部学习，努力提高干部队伍政治业务素质，培养造就一批又一批优秀的领导人才、管理人才、专业技术人才。

（三）全面加强基层党建工作。要坚持党对一切工作的领导，不断加强和改进垦区党的建设。按照中央、省委关于加强国企党的建设的要求，适应农垦改革需要，不断强化党的领导，将党建工作要求写入公司章程，明确总公司、分子公司、农（牧）场有限公司的党组织设置形式、地位作用、职责权限、党务工作机构及人员配备、党建工作经费保障等，充分发挥国有企业党委的政治核心和领导核心作用。要落实前置程序的具体要求，保证企业重大经营管理事项必须经党组织研究讨论后，再由董事会或经理层做出决定。要推行“双向进入、交叉任职”的领导体制，切实保证党的领导在企业不断加强。要按照新时代党的建设总要求，不断推进垦区党的建设新的伟大工程。抓好《关于在深化农垦改革中进一步加强党建工作的意见》的贯彻执行，以学习贯彻落实《中国共产党支部工作条例（试行）》为契机，深入实施“北大荒堡垒工程”，强化基层党组织建设，适应改革过程中机构、人员变化，不断调整优化党组织设置，理顺党组织隶属关系。

（四）加强党对群团人武工作的领导。要加强党对工会工作的领导，强化对职工的思想政治引领，把广大职工凝聚在党的周围，认真履行维护职工合法权益，努力构建和发展和谐劳动关系。要加强党对共青团的工作指导，着力加强团干部队伍建设，发挥团组织优势，突出服务大局与服务青年职能，深入开展党建带团建工作。要抓好老干部工作。要始终坚持以习近平强军思想为引领，抓好党管武装工作，抓好双向兼职、党委议军、军事日活动等制度落实，建立退役士兵安置政策落实保障机制，加强队伍建设，创新国防教育，圆满完成征兵、战备物资预储、专项训练和合训协勤任务，大力打造关键时刻能够拉得出、用得上、起作用的拳头力量。

（五）全面加强人才队伍建设。要把“本土人才”的培育和“外部人才”的引进有机结合起来，有计划地到国内一流大学培训一批、到改革走在前面的兄弟垦区和先进企业挂职一批、到国内知名院校和社会招聘引进一批，为北大荒打造农业领域航母和新型粮商提供充足的人才保证和智力支持。对

垦区人才要加大感情投入，制定出台富有含金量的政策举措，搭平台、给待遇，让北大荒优秀人才成为北大荒事业的主力军，做到用事业留人、环境留人、待遇留人、感情留人。要把职业教育纳入到集团人才培养和劳动者队伍建设中来，编制长远规划，搞好校企对接。要做实做细集团总公司（农垦总局）领导班子成员联系专家工作，指导各基层单位建立相应制度，定期组织专家开展实地考察、建言献策等活动，进一步提高人才服务垦区改革发展的水平。要探索设立人才培养激励基金，通过政策激励和督促检查，在垦区上下大力营造尊重人才、重视人才、关爱人才的良好环境和氛围。

（六）全力做好宣传思想文化工作。要加强意识形态领域工作，进一步培育和践行社会主义核心价值观，弘扬北大荒精神，挖掘北大荒精神新内涵，举办北大荒精神新内涵理论研讨会。要加强宣传舆论工作，围绕垦区“两化一改革”、打造“三大一航母”加大宣传力度，坚持外宣内宣结合，线上线下共振，为农垦改革发展营造良好舆论氛围。要大力开展对外宣传，推动融媒体建设，完善以“微观北大荒”为主体的新媒体平台，创建北大荒新媒体中心，整合力量，打造专业的策划制作团队。要积极适应垦区集团化农场企业化改革的新形势，加强企业文化建设，做好统战和宗教工作。围绕新中国成立 70 周年组织开展系列纪念活动，奏响农垦改革发展的时代强音。

（七）从严从紧狠抓作风纪律建设。要旗帜鲜明讲政治，始终把遵守和维护党的政治纪律和政治规矩放在首位，将中央巡视和省委政治生态考核反馈意见整改工作作为重大政治任务摆在突出位置，以坚定的决心、坚决的态度、扎实的作风、严格的要求，全力以赴抓好整改。要深入推进清风净土政治生态建设，明确责任分工，系统量化考核，加强考核结果运用，严格兑现奖惩，发挥考核的“风向标”和“指挥棒”作用。要健全完善落实“两个责任”的保障机制，牵住主体责任“牛鼻子”，推动全面从严治党向基层延伸。落实国有企业党组织“两个责任”，强化权力监督制约，抓好“三重一大”制度执行情况的日常督察和专项检查，全面规范基层干部权力，切实堵塞权力寻租漏洞。要深入开展纪律教育，运用监督执纪“四种形态”，严惩极少数、管住大多数，严把政治关廉洁关，用严明的纪律和严格的监督使党员领导干部知敬畏、存戒惧、守底线。要巩固反腐败压倒性态势，坚持无禁区、全覆盖、零容忍，坚持重遏制、强高压、长震慑，保持力度不减、尺度不松、节奏不变，减少腐败存量，重点遏制增量，着力解决群众身边腐败问题，严肃查处形式主义、官僚主义突出问题，坚决整治破坏生态环境问题，严厉惩治涉黑涉恶腐败和“保护伞”。要锲而不舍抓好作风建设，持续开展“作风专项整治行动”，加强对中央、省委和集团总公司（农垦总局）党委重大决策部署落实情况的监督检查，严格运用“六项纪律”衡量党员干部行为。要健全完善容错机制，旗帜鲜明为那些敢于担当、踏实做事、不谋私利的干部撑腰鼓劲。要全面开展巡察工作，坚持发现问题、形成震慑不动摇，推动全面从严治党向纵深发展，严肃党内政治生活，推进垦区清风净土政治生态建设，厚植党执政的政治基础，为农垦改革发展稳定提供坚强保障。要进一步优化垦区营商环境，突出解决办事效率低、办事难问题，加大力度查处各类破坏发展环境案件，认真核查省交办案件，对不履行职责，不认真查处，包庇、护短行为要严肃问责追责，打造具有竞争力的发展环境，切实加大支持和服务力度，鼓励民营经济发展。要进一步加强纪检队伍建设，结合国家监察体制改革和农垦体制改革，积极探索垦区纪检监察新体制，努力实现纪检监察监督全覆盖，加强纪检干部日常教育，努力打造忠诚干净担当的纪检监察铁军。

同志们，伟大事业始于梦想，基于创新，成于实干。“我们都是追梦人”！在这个千载难逢的伟大时代，全体北大荒人都要牢记习近平总书记的嘱托，坚持以习近平新时代中国特色社会主义思想为指引，把小我融入大我，做新时代的坚定者、奋进者、搏击者，做北大荒精神的传承人，以海一样的胸怀、山一样的崇高投身北大荒宏伟大业，团结一心，奋发有为，共同书写新时代农垦事业壮丽史诗，为新中国成立 70 周年献上北大荒人的厚礼！

在中共黑龙江北大荒农垦集团总公司（农垦总局）委员会（扩大）会议上的总结讲话

徐学阳

（2019年2月27日）

同志们：

集团总公司（农垦总局）党委（扩大）会议，历时一天半，在各方努力和配合下，完成了各项议程，取得了圆满成功，就要结束了。王守聪同志代表集团总公司（农垦总局）党委做了题为《以习近平新时代中国特色社会主义思想为指引，奋力谱写新时代农垦改革发展新篇章》的工作报告。《报告》总结了垦区2017年以来的主要工作，谋划了2019年和未来一个时期的重点工作。

会前，大家听取了大宗农产品贸易模式专题讲座，反响良好。昨天下午，与会代表对《报告》进行了分组讨论，大家认为：这次党委（扩大）会议，对北大荒集团2019年乃至未来几年的改革发展做了全面战略部署。大家坚信：这次承前启后、继往开来的盛会具有里程碑意义，必将在北大荒历史上留下浓重的一笔。同时，大家以高度负责的态度，积极建言献策，提出了很多宝贵的意见建议，会后我们将认真研究，积极采纳。

刚才，九三管理局等6个单位做了精彩的表态发言。会议各项议程很密集，大家很辛苦。下面，围绕总结这次会议成果和贯彻落实会议精神，我讲三点意见。

一、会议取得了预期的效果

《报告》振奋人心，会议讨论充分热烈，大家表态明确坚定。可以说，这次会议开出了锐意进取的动力，开出了攻坚克难的决心，开出了首战必胜的信心，取得了解放思想，凝聚共识，增强信心，振奋精神，团结奋斗的预期效果。

代表们认为，守聪同志的《报告》，上接天线、下接地气，对未来发展的描绘催人奋进，对今年工作的部署全面细致，完全符合中央和省委精神、农财两部要求，切合垦区实际，顺应广大干部职工群众对美好生活的新期待，是一个立意高远、旗帜鲜明、目标宏伟、路径清晰、措施务实的好报告，是我们建设“三大一航母”和新型粮商的宣言书和动员令，对北大荒集团当前和未来一个时期改革发展稳定，具有重大而深远的战略意义。

归纳起来，《报告》体现出“高、新、实”的突出特点：

一是站位高。《报告》以战略性的思维谋划垦区新定位，紧紧围绕“形成农业领域航母、打造新型粮商”这个总目标，确立了北大荒集团未来发展的新坐标。这充分体现了集团总公司（农垦总局）党委深入贯彻落实习近平总书记视察垦区重要指示精神，在思想上政治上行动上，同党中央和省委保持高度一致。

二是理念新。《报告》通篇贯穿着新发展理念，奏响了高质量发展的主旋律，制定了提高经营管理水平的新举措，提出了改善民生的新任务，强调了党的建设新要求，具有很强的指导性、前瞻性和创新性，是习近平新时代中国特色社会主义思想在垦区的系统化、具体化、实践化。

三是措施实。《报告》把习近平总书记对垦区重要指示精神、中央和省委、农财两部的重要部署要求，细化为切实举措，工作部署实实在在，集中体现了集团总公司（农垦总局）党委团结带领垦区广大干部职工群众，在新时代新阶段重整行装再出发，奋力实现宏伟蓝图的大智慧、大胸怀和大气魄。

会议的主要收获，集中体现在“三个更加”上：

一是思想更加统一。会议统一了思想，明确了今后工作的总体思路，大家一致表示：要倍加珍惜来之不易的改革成果，心往一处想、劲往一处使，齐心协力，抢抓机遇，迎接挑战，奋力谱写新时代农垦改革发展新篇章。

二是路子更加清晰。会议部署了促改革、建体系、强经管、保民生、抓党建的目标任务，准确把握了改革、发展、稳定的辩证统一关系，正确处理了当前和长远的关系，为我们统筹做好各项工作，指明了方向和路径。

三是干劲更加高昂。习近平总书记为北大荒定位定路，极大地鼓舞了北大荒人的斗志，激发出广大干部职工群众攻坚克难勇往直前的磅礴力量。大家纷纷表示，只要我们凝神聚力，真抓实干，就一定能够打赢这场农垦改革发展攻坚战。

二、围绕《报告》精神实质全方位谋划，深入抓好贯彻落实

习近平总书记强调：“谋事要实，就是要从实际出发谋划事业和工作，使点子、政策、方案符合实际情况、符合客观规律、符合科学精神，不好高骛远，不脱离实际。”我们要按照总书记的要求，在深刻领会《报告》精神实质的基础上，全方位科学谋划，把钉钉子精神转化为行动力、执行力，狠抓任务落实，确保各项措施落到实处、结出硕果。

第一，学懂弄通，解决“知”的问题

《报告》提出了“三大一航母”建设体系化的创新思想和论断，各级各单位要与集团总公司（农垦总局）党委在思想上、政治上保持高度一致，着力从“四定一发展”“知行一主线”上，科学谋划“干什么”的问题，进一步把广大干部职工的思想统一到集团总公司（农垦总局）党委的总体要求、目标任务和工作部署上来。

“四定一发展”，就是按照习近平总书记为北大荒定位定标、定向定神的总要求，始终服从服务于国家战略，敢于担当，聚精会神打造农业领域航母和新型粮商，凝心聚力共创北大荒伟业，为北大荒旗帜增光添彩。最终要把“四定”的落脚点落在北大荒的高质量发展上。

“知行一主线”，就是在学懂弄通《报告》精神实质的前提下，以形成农业领域航母、建设新型粮商为目标，全面推进农垦体制改革，全面推进资源资产整合、产业优化升级，以实现人民对美好生活的向往为目标全面推进民生事业建设，以增强对周边区域辐射带动能力为目标全面推进垦地合作，加快建设现代农业大基地、大企业、大产业，努力形成农业领域航母。始终要把“知”“行”的落脚点落在垦区的“两化一改革”主线上。

第二，真抓实干，解决“行”的问题

《报告》提出了集团改革发展一系列战略目标任务措施，下一步要以锲而不舍的决心意志、奋勇争先的干劲韧劲，在行动上解决好“怎么干”的问题。确保资产保值增值、集团营收能力、经营利润等集团核心指标实现预期目标，推动集团整体盈利能力显著增强。

下面，我重点说一下如何抓好生产经营管理，努力实现集团营业收入和利润双丰收，垦区职工群众可支配收入不断提高。

一是生产方面。牢记习近平总书记“中国粮食！中国饭碗！”的重托，以“三个注重”为核心，以“三品一标”安全优质农产品公共品牌创建为抓手，建设全国最优的农业现代化大基地，争当全国绿色发展的排头兵。2019年，相关部门要采取强有力措施，确保粮食作物播种面积稳定在4200万亩以上，肉、蛋、奶产量分别达到30万吨、3.2万吨和40万吨。

推动“藏粮于地、藏粮于技”落地。围绕粮食质量安全，优化品种结构、品质结构、品牌结构和区域布局。稳稻玉、扩大豆，发展特色经作、果蔬及饲草饲料作物。推进“两牛一猪一禽”稳步发展，加快发展生态经济型林业。加快实现定制式生产、数字化经营，发展优质绿色安全农业、数字农业、生物农业。重点推进以生物分子育种技术为核心的技术攻关和全域绿色化的实践探索，推进农业绿色生产技术和新机具应用，确保粮食综合生产能力超过400亿斤以上，为国家提供380亿斤的商品粮，启动建设500亿斤粮食产能工程。

推动“三库一中心”落地。加快建设产地库，在目标城市建设物流节点库、消费分销库，以及交易转化中心和绿色产品体验中心，实现目标市场与大基地的互联互通，让北大荒优质农产品成为中高端人群安全放心食品的首选。重点推进五常、肇源、泰来等优质水稻种植基地和宝泉岭、北安、九三绿色大豆种植基地建设。

推动高标准生态良田任务落地。按照习近平总书记到建三江调研时提出的“农业生产不能竭泽而渔”的要求，根据中央农村工作会议和中央一号文件精神，着力加强以高标准生态良田为核心的基础设施建设和项目对上争取力度。抢抓国家实施重要农产品保障战略和数字乡村战略的机遇，加强对上争取“数字农服”项目。大力推进三江平原大型灌区配套工程，努力加强晒场、低温冷藏、烘干等基础设施建设，支撑订单农业和基地库发展。

二是经营方面。要全方位围绕生产端到销售端全产业链的增收增效，着力建设“中华大厨房”，大力发展生产性和生活性服务业，确保企业增效、职工增收，努力创造出“真金白银”的效益。

——集团总公司要强化战略管控和财务管控。总公司实施以战略管控和财务管控为核心的集中统一管控。

战略管控方面。要发挥集团战略规划管长远的引领作用。以提升总公司国有资本投资中心功能和国有资产管控能力，以建立制衡机制和激励约束机制为着力点，围绕“三大一航母”重点加强总公司在“一体两翼”“三库一中心”“双控一服务”方面“统”的功能。

财务管控方面。要按照“集权和分权相融”一体化管控模式，以精细化管理为目标，全面预算为主要管控手段，建立信息化管控系统，重点加强对生产经营管理的预测、控制、反馈作用，着力改善集团内部管理，降低经营成本，提高集团生产要素的配置能力和运管效率。重点加强投融资管控，强化三项应收款的清收力度，力争 2019 年三项应收总额同比下降 10%以上。全面落实控债化债，切实降低资产负债率，争取年内下降 5%，优化资债结构。

——分公司（管理局）要确保战略管控和财务管控落地。分公司（管理局）要强化对国有农场的改革方向、对总公司决策执行情况的管控。着力实施国有农场新的经济（利润）增长点培育工程，常态化抓好国有农场的预算编制执行、控债化债及资债结构管理。九三管理局（分公司）大力培育粮食等五个方面的经济增长点，两年增加了 6.85 亿元的经营收入，资产负债率优化到 56.65%。各分公司要结合实际，相互借鉴，大胆实践。

——农业股份公司要发挥好中国农业蓝筹第一股的引领作用。农业股份公司要加快优质资源资产整合，推进第二轮融资工作，尽快培育出新的利润增长点。同时，要依法统筹抓好各分公司与存续农场协同发展问题，解决好企业职工社保缴纳主体错位等焦点问题和突出矛盾。

——龙头企业要着力做好利润最大化和止血减亏工作。围绕“中华大厨房”，注重产业链、价值链优化重构，龙头企业要全面提高经营能力和水平，努力成为集团又好又快发展的“发动机”。

着力培育完达山、九三、种业、阳光农业保险、通用航空、粮食等利润增长极，重点推进垦丰种业、完达山、九三非转基因、丰润优势主导产业板块上市融资。米面油乳等专业子公司要加快整合力度，突出主业，逐步分离辅业。各龙头企业要围绕提高创造利润水平，科学制定经营目标、经营策略和营销模式，3 月底前上报总公司审核后实施，年终以新增利润作为企业领导人的主要考核指标予以绩效考核。

各龙头企业要全面强化资产负债管理，总公司实施审计监察全覆盖，确保实现没有一滴水分的营业收入和利润。

——农场（子公司）要着力培育利润增长点。农场企业化过程中出现了弥足珍贵的基层首创。宝泉岭各农场协同发展白羽鸡产业，建三江各农场协同发展绿色稻米产业，牡丹江各农场协同发展整体推进稻米专品种，九三各农场协同发展以“三品一标”为中心的食品专用“九三大豆”，一大批国有农场实现了多种经营，创造了新效益，焕发了新生机。认真研究建三江管理局八五九农场、七星农场、勤得利农场、二道河农场、胜利农场及红兴隆管理局曙光等农场粮食银行试点以及九三各农场多种经营的成功做法，总结经验予以推广。各农场要结合自身实际，努力摆脱“土地依赖”，着力培育各具特色、前景广阔的新增利润增长点，尽快形成星火燎原之势。

三是管理方面。各级各单位要根据问题导向和目标导向，结合实际制定实用管用的“强管理”方案，3 月底前上报总公司，审核后予以实施。

——加快信息化集成，推进集团战略管控体系建设。要率先推进集团 OA 和 ERP 系统建设，以信息化管控技术倒逼现代企业管理流程再造，推进集团实现重大组织化变革，提高集团运营效率。

——强化财务管控力度，坚决守住财务风险底线。全面加强资金、预算、投融资、资本运作、风险管控，严格执行预算刚性管理制度、货币资金集中管理制度和投融资授权审批制度。建立健全财务风险预警机制和预案，加强现金流管理和债务风险防控，严控新增信贷融资总量，坚决守住不发生资金链断裂风险的底线，建立良性的财务管理循环机制，力争把财务公司培育成为一个新的利润增长点。

——创新农业生产经营管理体制，激发新业态发展新动力。研究制定创新农垦农业经营体制指导意见，进一步完善“大农场统筹小农场”双层经营体制，充分调动两个经营主体的积极性。大力支持探索模拟股份制等新型经营组织模式和新业态的发育。正确处理好农场与农工土地承包收益分配关系，依法合理确定土地承包收费标准。建设高素质农业人才队伍，发挥新型经营主体骨干带动作用。

——确保行政管理、社会管理和公共服务不断档。积极配合省直主管部门和属地政府，做好办社会职能移交工作。同时，要按省政府 2018 年第 1 号令的要求，做好移交期间垦区社会管理和公共服务工作。各项职能一天不交，就要履行一天的职责；交出一项，就要停止履行一项。做到不断档、不越位，确保垦区在改革期间社会平稳有序，职工群众享受的公共服务水平稳步提高。严格执行环境保护制度，防范环境风险和破坏生态行为。

在这里，我着重强调一下生产经营管理中的降成本问题。着力抓目标管控降生产成本，抓技术改造和成本管控降运营成本，抓共享渠道和激励考核降营销成本，抓信用等级和投融资管控降财务成本，抓优化层级和提高效率降管理成本。各生产经营企业要科学制定专门的降成本工作方案，3 月底前上交总公司审核后强力实施。降成本要落实到生产经营全过程，既要聚焦关键环节和重点部位，也要落实到一事一物、一人一机构、一环节一项目。

第三，精准施策，解决“实”的问题

政策和策略是党的生命。贯彻好这次会议精神，基础在认识，核心在干部，重点在落实，关键在成效。各级各单位要提高认识，强化执行力，改进工作方法，实现“知”和“行”的系统推进和精准施策。

一要在解放思想中抓落实。各级各单位要不断开展思想大解放活动，着力转观念、抓机遇、谋发展、迎挑战，以更大的气魄、更大的作为，创造性地开展工作，为加快建设“三大一航母”注入新动力，增添新活力。

二要在强化措施上抓落实。要突出战略性和重大建设任务的预研预判，科学制定施工图和时间表，3 月底前上报集团总公司，总公司将予以跟踪考核问效。重点抓发展、促改革、惠民生，绝对不能把人心搞散了，把垦区的发展动力搞弱了，把社会搞乱了，更不能把干部职工的生活水平搞差了！

三要在突出重点上抓落实。各级各单位要统筹兼顾、突出重点、任务聚焦，围绕“两化一改革”，结合实际抓住统领本行业全局的“牛鼻子”，尤其要增强改革的系统性、整体性、协同性，注重转变增效方式、转换增收动力、优化资债结构，切实做好高质量发展这篇大文章。

四要在用好干部上抓落实。要按照习近平总书记“让敢担当有作为的干部有干劲、有奔头”的标准，加快出台激励干部在改革发展中敢于担当善于作为的实施意见，旗帜鲜明地为那些敢于担当、踏实做事、不谋私利的干部撑腰鼓劲！全体党员领导干部务必要带头传递正能量，疏导负能量，提振精气神。

五要在惠民生上抓落实。严格实施扶贫项目、帮扶措施到人头，确保精准扶贫不返贫。继续完善社会保障体系，确保企业离退休人员养老金按时足额发放。美丽乡村建设要提档，城镇管理维护不滑坡。继续推进社区综合服务载体建设，加强“候鸟养老”基地建设。全面落实好退役士兵安置扶持工作。做好基层社区配套服务，切实满足基层职工群众亟待解决的不动产登记等日常的公共服务需求，解决好城镇化遗留的急迫问题。离退休老干部是垦区的宝贵财富，必须用心用情为他们提供精细化、优质化、个性化的服务。要注意倾听干部职工、家属对垦区改革发展的合理化建议，并做好思想政治工作，让大家相信：通过高质量发展，我们一定会收获改革发展红利。

六要在注重激励上抓落实。要优化薪酬分配和绩效考核机制，激励企业领导人争当生产经营管理的排头兵，发挥好全体员工的主体作用。强化重点领域、关键岗位廉洁风险防控和重大决策失误的监督执纪问责。

三、抓好当前重点工作

要尽快行动起来，扎扎实实做好当前重点工作，为全年目标任务的实现开好头、起好步。

一是精心做好春耕生产准备工作。要围绕“效益质量”推进“两调一降”“两用一规范”“两提一公开”“两化一融合”，即调优作物结构、品种结构，科学降成本；使用先进农技、先进农机，规范土地承包合同；提高管理人员、农业从业人员能力水平和田间作业水平，公开农业生产成本；瞄准市场化和产业化，谋划好一二三产业融合。要围绕安全营养，推进“两注重一杜绝”“两品一突破”，即注重安全、营养导向，持续推进农业“三减”行动、黑土保护行动，杜绝使用剧毒长残留及轮作有害农药；围绕品质、品牌，积极发展订单农业，在推广食味值高的水稻和专用品种食用大豆种植上实现突破。相关单位部门要拿出具体方案措施，确保完成水稻节水控灌技术推广面积 1000 万亩，投入农机更新资金 12 亿元，更新各类农业机械 1.8 万台（套）。积极争取中央财政资金，加快高标准农田等基础设施建设。坚决彻底完成“大棚房”整治工作。严格落实国家耕地轮作休耕试点任务指标。坚持疫情防控和肉品供应两手抓，毫不松懈做好非洲猪瘟防控工作。强化主产区和主销区衔接，有效解决生猪压栏问题。

二是继续深入推进“两化一改革”工作。抓紧做好集团总公司改制工作，有序推进集团改制。着力完善“企业集团+产业公司+子公司”的运行架构，按照现代企业制度要求健全法人治理结构，形成科学决策、运转高效、监督有力的管理机制，加快组建董事会、监事会、经营管理机构和内设机构，推进管理局分公司改制。劳动、人事、分配三项制度改革要尽快制定路线图和时间表。继续推进生产投入品集团化运营、农产品统一营销、数字农服落地相关工作，强化资产管理、品牌管理、财务管理，深化对外合作。加快推进北大荒资源资产化资本化的实质化推进力度，努力增强北大荒集团的资本运营能力。相关部门要认真研究各管理局（分公司）各农（牧）场改革路径和发展模式的成功做法，总结经验予以推广。

要按照时间节点，推进总局、管理局行政职能应交尽交，认真落实好农垦人员安置政策。推进 13 个地处中心城镇的农（牧）场办社会职能机构属地移交，完成中小学校属地化移交工作。依法依规完善农（牧）场办社会职能与生产经营机构、人员、资产、债务、财务核算“五分开”改革。加快推进建立由地方政府购买服务或委托农垦集团负责的保障机制。按照全省统一部署，完成好农垦事业单位分类改革。

三是积极做好政策对接、项目招商落地。抢抓国家实施重要农产品保障战略和数字乡村战略的机遇，密切跟踪国家新型农业补贴政策体系的调整，用好用足政策，第一时间申报国家各类涉农项目。抓好千亿斤粮食产能工程、数字农业建设试点项目、畜禽粪污资源化利用整县推进项目、文教卫生、污水垃圾等项目专项申报工作。用好粮食进出口自营权，做好粮食进出口配额争取工作，着手准备 2019 年玉米、大米出口配额申报工作，争取更大批复量。加快推进北大荒集团和中国一重战略合作项目、华润集团（香港）秸秆综合利用新能源项目、厦门象屿集团物流贸易合作项目、哈尔滨工业大学校企合作项目取得实质性成果。抓紧新项目储备和申报准备工作。

四是着力加强产业化龙头企业建设。强化企业全面预算管理、资金资产管理、采购管理、销售管理、库存管理、项目管理，推进全员、全过程、全方位成本管理与控制，推动企业降本增效，提高经济运行质量和效益。加大力度，多措并举，强化考核，全面开展三项应收款清收工作，优化企业财务状况，防范财务风险。高起点、高标准推进市场营销，有效提升北大荒农产品的市场占有率。抓紧启动产业板块整合，大力引进战略投资者，打造股权结构合理、特色优势明显、基地拉动强、核心竞争力不断提升的产业集团。

五是坚决抓好安全稳定工作。坚持“有责要担当、失责必追究”，全力抓好安全生产和社会稳定，特别是“两会”的信访维稳工作。严格落实安全生产主体责任，深入开展安全风险管控、隐患排查治理、安全生产应急管理和督查检查。切实做好全国“两会”期间的安全防范工作，坚决防范和遏制较大及以上生产安全事故。加强社会治安综合治理。严格执行全省信访新规，坚决杜绝 2019 年进京到非接待场所登记人员重访和外国人员登记，坚决实现进京到非接待场所访问量同比下降 60%，总量不超过 25 人次。切实把各种不稳定因素稳控在源头，实现“五个不发生”工作目标。

同志们，习近平总书记说的“不容易、了不起”，是对北大荒人 71 年艰苦奋斗最好的诠释和肯定。在 2019 年新年贺词中，总书记更是把“建三江万亩大地号稻浪滚滚”与“长江两岸绿意盎然、深圳前海生机勃勃、上海张江活力四射、港珠澳大桥飞架三地”相提并论。这足以看出，习近平总书记是何等看中我们北大荒的战略地位！我们一定要牢记嘱托，坚守使命，建设好“三大一航母”，向党中央和总书记交上一份满意的答卷。

同志们，雄关漫道真如铁，而今迈步从头越。让我们以落实好这次大会精神为契机，撸起袖子加油干，挥洒汗水奋力拼，奋发有为谱写新时代农垦改革发展新篇章，同心协力书写新时代农垦事业壮丽史诗，砥砺奋进再创北大荒的新辉煌！

黑龙江省农垦总局2018年经济和社会发展情况综述

黑龙江省农垦总局统计局

2019年2月25日

2018年，垦区深入贯彻落实习近平总书记对我省和农垦重要讲话精神，深化农垦体制改革，坚持创新驱动，坚持提高农业产业核心竞争力，克服各种不利因素影响，全面增强企业内生动力、发展活力和整体实力。垦区经济继续保持平稳增长，社会事业不断进步，民生保障持续增强。

一、综合

经济实力进一步增强。初步核算，垦区全年实现产业增加值1083.8亿元。按可比价格计算，比上年增长4.0%。全年实现公有经济增加值668.5亿元，增长3.5%，非公有经济增加值415.3亿元，增长5.9%。北大荒集团运行质量企稳向好，全年实现营业收入1160亿元，比上年增长7.2%，实现利润2.4亿元。

三次产业呈不均衡发展态势。第一产业增加值463.8亿元，比上年增长4.1%；第二产业增加值157.4亿元，下降2.3%；第三产业增加值462.6亿元，增长6.2%。一、二、三产业对垦区当年经济增长的贡献率分别为45.6%、-8.5%和62.9%。三次产业结构为42.8:14.5:42.7，其中，第三产业比重比上年提高5.6个百分点，第一产业比重比上年下降1.0个百分点，第二产业比重比上年下降4.6个百分点。

2018年垦区经济运行特点是发展中有变，增长回缓。经济发展不均衡，多年积累的深层次问题暴露出来，提高盈利能力和抗风险能力，提升经济运行质量，深化调整经济结构，培育新动能的任务还很艰巨。

二、农、林、牧、渔业

农业的支撑作用更加凸显。2018年垦区农作物总播种面积289.3万公顷，比上年增长0.4%，实现农业增加值416.5亿元，增长4.8%。当年针对粮食品种供需矛盾，垦区各级积极调整种植结构，粮食种植面积达286.8万公顷，比上年增长0.7%。其中“三大主栽”作物水稻、玉米、大豆分别为155.7万公顷、70.8万公顷和54.6万公顷，其占粮食作物面积的比重达98.1%，为垦区粮食产能的稳固奠定了基础。深入实施藏粮于地、藏粮于技战略，粮食综合单产实现7945公斤/公顷，比上年增长8.1%。粮食综合生产能力连续8年稳定在200亿公斤以上，垦区样本粮食实割实测总产量为227.9亿公斤，比上年增长8.9%。当年为国家提供商品粮216.5亿公斤，粮食商品率达95.0%，比上年提升0.6个百分点。

历经72年的开发建设，垦区已累计生产粮食4370.7亿公斤，累计向国家交售商品粮3444.3亿公斤。北大荒在保障“中国粮食，中国饭碗”、当好国家粮食安全“压舱石”的重要地位更加突出。

绿色农业发展步伐加快，农业供给侧结构性改革扎实推进。2018年，垦区全年绿色食品作物种植面积278万公顷，占垦区种植面积96.1%；有机作物认证面积7.1万公顷，占垦区农作物种植面积2.5%。绿色食品获证企业122家，有效使用绿色食品标志产品数318个；有机农产品企业85家，有机农产品达到244个；无公害农产品产地认定面积210万公顷，无公害农产品266个，认定产地264个。到2018年末，垦区累计获得国家地理标志农产品9个，累计获得全国农业标准化示范场25个，创建全国绿色食品原料标准化基地39个。垦区农产品质量追溯系统覆盖规模逐年扩大，实现稻米产品质量追溯全覆盖。2018年垦区累计有全程建立农垦农产品质量追溯企业数量达到84家，分布在垦区9个管理局农牧场和总局直属企业，种植业追溯产品规模达到1871.4万亩，畜牧业追溯规模达到201万头（只）。追溯产品种类涵盖谷物、蔬菜、水果、畜禽肉、奶粉、种子、豆酱、蜂蜜等9大类100余个品种农产加工品。垦区农产品检验检测体系建设全面展开，建成了部级质检中心3个，6个重点县级和3个县级农产品质检站项目稳步推进。

表1　2018年主要农产品产量

产品名称	产量（万吨）	比上年增长（%）
粮　食	2279.6	8.9
其中：水　稻	1405.7	-1.8
小　麦	3.0	-52.9
玉　米	709.2	60.2
大　豆	135.9	-28.8
杂　豆	2.7	-50.0
马铃薯（折粮）	7.8	-27.9
油　料	0.5	-42.7
亚　麻	0.06	-69.6
蔬　菜	9.1	-4.0
瓜　类	11.2	8.3
饲料作物	38.1	-27.3

林业生态建设成效显著。2018年实现林业增加值5.9亿元，比上年下降1.4%。当年完成造林绿化8.3万亩，栽植各类生态经济林4.6万亩，新建义务植树基地368块，义务植树401万株；管理区绿化栽植乔木33.6万株，灌木16.3万丛，绿篱0.6万米，花卉1.6万平方米。景观道路绿化总长度403公里，栽植乔木7.7万株，灌木25万丛，花卉4.3万平方米。全年发生森林、草原火情12起，其中林火10起，过火林地总面积23.6公顷。草甸草原荒火2起，过火草甸面积87.8公顷，森林草原过火面积控制在0.5‰以下，林业有害生物成灾率控制在2.8‰以下，森林无公害防治率达85%以上。全力做好中央环境保护督察“回头看”反馈意见涉林问题的整改工作，完成了三江平原湿地面积减少问题农垦系统数据核查、退耕地还林自查整改工作，并制定了相应的整改工作方案。

畜牧业下滑趋缓，突出抓好非洲猪瘟防控工作，努力稳定垦区畜产品供给能力。全年实现增加值37.6亿元，比上年下降3.0%。年末垦区“两牛一猪一禽”存栏分别达到黄牛6.8万头、奶牛11.8万头、生猪70.5万头和家禽938.3万只；全年肉蛋奶产量分别为27.4万吨、3.0万吨和37.6万吨，分别比上年增长-7.5%、3.5%和-10.1%。

渔业平稳发展。全年实现渔业增加值3.8亿元，比上年增长1.1%。

农业基础设施继续强化，现代化水平显著提高。年末垦区有效灌溉面积达164.1万公顷，增长0.4%，其中节水灌溉面积46.1万公顷，增长12.2%；机电井9.2万眼，增长3.0%。现有粮食处理中心431座，种子加工厂79个，金属粮仓2707座，水泥晒场3755万平方米，农用飞机场68处。粮食仓储能力达到2277万吨。农机装备能力显著提升。截至2018年末，垦区农业综合机械化水平提高到99.7%，农用机械总动力达1137.5万千瓦，比上年增长3.5%；农用大中型拖拉机9.0万台，增长7.0%，其中100马力以上拖拉机11675台，增加827台；机动水稻插秧机8.5万台，增长3.2%；联合收获机4.2万台，增长8.5%。现有飞机98架，其中农用飞机77架，航化作业面积151.4万公顷，增长4.2%。

三、工业和建筑业

工业生产负增长，但发展潜力仍在，高质量发展的意识增强。2018年实现工业增加值126.4亿元，比上年下降1.8%。其中，食品工业实现增加值82.7亿元，下降3.4%，占全口径增加值的比重达65.4%；其中，规模以上企业实现增加值59.0亿元，下降4.3%。在全部工业增加值中，轻工业增加值88.4亿元，下降4.1%；重工业增加值38.0亿元，增长3.2%。其中国有及国有控股企业增加值50.5亿元，下降5.3%，非公有企业增加值55.6亿元，增长2.8%。

工业企业效益有所回落。全部工业企业（不含个体）全年实现主营业务收入728.5亿元，比上年下降11.7%，其中国有及国有控股企业主营业务收入524.1亿元，下降4.7%；实现利润11.3亿元，下降28.5%，其中国有及国有控股企业利润2.4亿元，比上年下降41.5%。

建筑业持续走低。全年实现建筑业增加值31.1亿元，比上年下降4.4%，其中国有及国有控股企

表 2　2018 年主要工业产品产量

指标名称	计量单位	产　量	比上年增长（%）
小麦粉	万吨	5.8	持平
大米	万吨	280.1	-28.4
食用植物油	万吨	140.0	-11.3
乳制品	万吨	28.2	-3.1
其中：乳粉	万吨	3.3	-23.3
鲜、冷藏肉	万吨	24.3	14.1
白酒	千升	43161	-28.4
饲料	万吨	19.3	-48.0
豆粕	万吨	526.6	-6.9
中成药	吨	1835	-8.5
水泥	万吨	37.7	-10.0
发电量	亿度	14.4	5.8
豆制品	万吨	4.3	22.9
淀粉	万吨	3.7	-28.8

业增加值 4.1 亿元，比上年下降 35.7%。当年新开工的单位工程施工个数 3828 个，比上年减少 417 个。当年单位工程竣工个数 3911 个，比上年减少 341 个。年内房屋建筑施工面积和竣工面积分别达到 137.2 万平方米和 109.8 万平方米，分别比上年下降 66.3%和 38.5%。实现利税 11.8 亿元，下降 43.8%，其中国有及国有控股企业利税 2.5 亿元，下降 52.5%，实现利润总额 7.8 亿元，下降 42.3%，其中国有及国有控股企业利润总额 1.1 亿元，下降 44.9%。

四、固定资产投资

固定资产投资止住上半年快速下滑的趋势有所缓和。全年完成固定资产投资总额 96.0 亿元，比上年下降 26.2%。从用途上看，生产性建设投资 63.8 亿元，下降 28.1%；非生产性建设投资 32.2 亿元，下降 22%。从产业投向上看，第一产业 46.7 亿元，下降 19.9%，占 48.6%；第二产业 12.4 亿元，下降 29.6%，占 12.9%。其中工业 12 亿元，下降 29.3%；第三产业 36.9 亿元，下降 31.9%，占 38.5%。从投资主体看，公有控股经济投资 58.9 亿元，下降 24.4%；非公有控股经济投资 37 亿元，下降 28.8%。在投资总额中 500 万元及以上项目完成投资 24.1 亿元，下降 69.5%；亿元以上项目完成投资 8.9 亿元，下降 41.8%。

五、交通运输、旅游业

交通运输能力增强。全年垦区完成运输场站、公路养护等投资 2.9 亿元，增长 16.1%。维修改造运输场站 4 座；完成农村公路养护补贴 15555 公里；改造危桥 3 座 231 延米。垦区公路硬化里程达到 11491 公里。全年共完成道路客运量 0.05 亿人次，客运周转量 2.95 亿人公里，货运量 0.13 亿吨，货运周转量 10.9 亿吨公里。

大力地推进三次产业融合发展，旅游业增长较快。全年累计接待国内外旅游者 806.5 万人次，实现旅游收入 43.6 亿元，比上年分别增长 6.1%和 5.6%。年末，垦区拥有 A 级以上景区 47 个，其中，AAAA 级景区 7 个，AAA 级景区 23 个，AA 级景区 17 个。

六、国内贸易和对外经济

消费品市场稳定活跃。全年垦区实现社会消费品零售总额 266.2 亿元，比上年增长 6.0%，其中，农场及农场以下消费品零售额 205.6 亿元，增长 3.0%；批发零售贸易业消费品零售额 223.1 亿元，增长 5.1%；住宿和餐饮业零售额 43.0 亿元，增长 10.2%；食品类商品零售额 98.0 亿元，增长 5.7%，占全部零售额的比重为 36.8%。

对外贸易总额稳中有降。全年实现自营进出口总额 31.5 亿美元，比上年下降 4.4%，其中，出口总额实现 1.0 亿美元，比上年下降 6.4%；进口总额实现 30.5 亿美元，比上年下降 4.3%。

招商引资和对外经济贸易合作持续发展。全年签订国内外经济技术合作项目 86 项，其中利用外资项目 3 项。实际利用国内外资金 25.3 亿元，其中合同利用外资到位资金 152.9 万美元。与国内大企业实施强强联合，与华润（集团）合作实施了八五三农场秸秆气化清洁能源利用（发电）工程项目，与华夏幸福等公司合作洽谈北大荒农业特区（综合产业园）项目，与上海易果、麦金地等公司合作洽谈“中央厨房”合作项目等。

“走出去”工作稳中求质求效。2018 年垦区主要在俄罗斯、澳大利亚、泰国、老挝、哈萨克斯坦、香港等国家和地区开展对外投资合作业务，开展业务的境外企业达 19 家，境外开发土地面积 143.1 万亩，种植面积 63.7 万亩，项目累计投资 3.08 亿美元。

七、科技、教育、卫生

科技事业成果丰硕。2018 年末，垦区拥有专业科研机构 19 个，技术推广中心（站）113 个，国家级工程技术中心 1 个，省级工程技术中心 15 个，生产力促进中心 2 个；省级科技成果推广示范基地 11 个，全国青少年农业科普示范基地 16 个；国家级农业科技园区 1 个，省级农业科技园区 3 个；科技成果转化平台总数 123 个，其中孵化器 1 个。科技进步贡献率达到 68.2%。全年垦区各级科技投入 7.0 亿元，比上年增长 7.1%。全年组织实施省级以上科技项目 87 项，总局重点科研项目 71 个课题，通过鉴定科技成果 80 项。获黑龙江省科技奖励 15 项，获得总局科技进步奖 48 项。新增专利 105 件，其中发明专利 58 件、实用新型专利 47 件，累计拥有专利 2005 项。拥有农业部科技入户直通车总计 123 辆。

教育事业健康发展。学前教育服务能力进一步增强，学前三年毛入园率达到 85%；义务教育均衡发展全面实现，达标率首次实现 100%，高中教育办学水平稳步提高。年末垦区共有各级各类学校（含幼儿园）272 所。其中，普通高等院校 3 所，招生 0.9 万人，在校生 3.1 万人，毕业生 0.8 万人；成人高等院校 1 所，招生 0.03 万人，在校生 0.15 万人，毕业生 0.16 万人；中等职业教育学校 8 所，招生 0.3 万人，在校生 1.0 万人，毕业生 0.5 万人；普通中小学 140 所（十二年一贯制学校 2 所，高级中学 17 所，初级中学 18 所，九年一贯制学校 79 所，普通小学 24 所），比上年减少 10 所（哈尔滨属地农垦学校 10 所于 2018 年 8 月 31 日已移交地方）。普通中学招生 2.1 万人，在校生 6.9 万人，毕业生 2.2 万人；小学（含十二年一贯制学校小学部和九年一贯制学校小学部）招生 0.8 万人，在校生 5.3 万人，毕业生 1.0 万人；幼儿园 122 所，在园幼儿 2.0 万人。2018 年垦区高考再创辉煌，垦区高考考生 9031 人，单招考生 1050 人，共录取 9620 人。其中本科 6012 人，一表本科录取 2780 人，比上年增加 641 人，全垦区高考录取率为 95.4%。有 3 名考生被北大、清华录取。

医疗卫生服务体系不断完善。2018 年末，垦区共有各级各类卫生机构 1288 个。其中综合医院 125 所，总局总医院 1 所，管理局中心医院 7 所，神经精神病专科医院 1 所，疗养院 1 所，农场级医院（挂社区卫生服务中心牌子，承担社区卫生服务功能）115 所；卫生监督所(挂疾病预防控制中心牌子)110 所。垦区拥有卫生技术人员 14746 人，其中执业医师和执业助理医师 5672 人，注册护士 4829 人。拥有住院床位和观察床位 12423 张。报告国家法定乙类、丙类传染病 16 种，报告发病人数 1228 例，其中乙类传染病 11 种 1051 例，丙类传染病 5 种 177 例。报告发病率 86.35/10 万，报告发病率与 2017 年同期相比下降了 16.63%。

八、社会保障和环境保护

社会保障事业运行平稳。年末垦区参加企业基本养老险 93.1 万人，其中，在职参保缴费 45.7 万人，离退休人员 47.5 万人，全年养老保险基金支出 132.4 亿元，比上年增长 9.8%；参加机关事业保险养老保险 5.5 万人，其中参保职工 2.8 万人，离退休人员 2.7 万人，全年养老保险基金支出 17.8 亿元；参加城镇社会养老保险 0.8 万人，其中，享受待遇人数 0.6 万人；参加基本医疗保险 135.9 万人，其中参加职工医疗保险 76.9 万人，参加居民医疗保险 59.0 万人，全年医疗保险基金支出 25.1 亿元，比上年增长 4.1%；参加失业保险 36.4 万人，全年失业基金支出 8189 万元；参加工伤保险 34.7 万人，全年工伤保险基金支出 7115 万元；参加生育保险 33.0 万人，全年生育保险基金支出 4253 万元。

保险事业稳步发展。全年实现保费收入 34.7 亿元，比上年增长 3.3%。其中：农业保险保费收入 28.8 亿元，增长 1.5%，种植业保险承保面积 8152.9 万亩，下降 6.1%；养殖业保险承保数量 610.5 万头（只），下降 13.1%；财产保险保费收入 5.9 亿元，比上年增长 13.2%。全年赔付金额 22.9 亿元，比上年增长 4.3%，其中：农业保险赔付金额 19.4 亿元，增长 2.7%，财产保险赔付金额 3.5 亿元，增长 14.6%。强化防灾防损，增雨防雹效果明显。全年累计作业 504 次，防控面积 3500 万亩，减损增效 2 亿元。

资源环境保护力度加大。年末垦区已建各级各类自然保护区 16 个，总面积 51.5 万公顷，占垦区土地总面积的 9.3%。继续加强农村环境保护和自然生态保护工作，2018 年垦区累计完成国家级生态局 2 个，国家级生态场 53 个，省级生态局 6 个，省级生态场 107 个，基本构筑国家商品粮和农产品生态安全基地。认真做好污染减排工作，全年治理废气污染项目 4 个，对 69 座加油站地下油罐双层罐进行了更新或防渗设置改造，对火电、造纸、畜禽屠宰、淀粉等行业的 17 家企业核发排污许可证。

九、人口与人民生活

人口增速趋缓。全年垦区人口出生率为 3.82‰，比上年降低 1.95 个千分点，人口自然增长率为-4.13‰，比上年降低 4.56 个千分点。年末垦区常住总人口 165.6 万人，比年初减少 1.7 万人，下降 1.0%。其中，农场人口 146.6 万人，占总人口的 88.5%。年末垦区户籍人口 150.5 万人，比上年减少 1.2 万人。

职工工资水平稳步增长。年末全部在岗职工 32.8 万人，比上年下降 5.5%，其中，国有及国有控股 29.7 万人，下降 4.5%；在岗职工年平均工资为 37755 元/人，比上年增长 6.1%，其中，国有及国有控股 38691 元/人，比上年增长 5.0%。

居民生活水平稳步提高。全年垦区居民人均可支配收入达到 28789 元，比上年增长 6.0%。其中，工资性收入、经营性净收入、财产性净收入和转移性净收入同比分别增长 1.1%、-1.9%、6.2%和 18.5%。垦区居民人均生活消费支出 14844 元，比上年增长 5.8%，其中食品消费支出所占比重即恩格尔系数 26.3%。耐用消费品数量与去年同期基本持平，年末平均每百户居民拥有彩色电视机 101 台、洗衣机 91.2 台、电冰箱 91.3 台、空调 2.2 台、摩托车 32.5 辆、热水器 59.0 台、微波炉 20.5 台、照相机 18.1 台、家用计算机 49.3 台、移动电话 211.9 部、生活用汽车 19.1 辆。

居民居住条件和环境得到持续改善。垦区继续加快城镇居民住宅基础设施、公共设施建设步伐。到年末，垦区居民住房面积达到 5444.6 万平方米，比上年增长 0.8%，人均住房面积 32.9 平方米，增长 1.9%。城镇集中供热面积 4756 万平方米，比上年增长 1.7%；城镇硬化道路长度 3296 公里，增长 0.9%，城镇主次干道硬化率 100%；城镇人均绿地面积 48.1 平方米，增长 0.4%；城镇化率达到 86.5%，比上年提升 0.4 个百分点。

注：1. 产业增加值合计、各产业增加值及其构成项目绝对数按现价计算，增长速度按可比价格计算。
2. 报告数据为初步统计数据，最终数据以《2019 年黑龙江垦区统计年鉴》为准。

01 综合

1-1　各部门机构数(一)

（2018年）　　　　　　　　　　　　　　　　单位：个

项　　目	合　计	宝泉岭管理局	红兴隆管理局	建三江管理局	牡丹江管理局
一、农　业					
农牧场个数	113	13	12	15	14
#农　场	104	13	12	15	14
牧　场	7				
农林牧渔业单位数	954	148	133	163	155
#管理区	661	105	75	154	83
二、工　业					
工业企业及生产单位数	1198	180	269	152	168
#国有及国有控股	206	23	28	23	25
法　人	921	103	196	135	155
农场属	1077	163	249	110	154
三、建筑业					
建筑企业单位数	190	25	38	41	15
#国有及国有控股	31	8	6	11	2
四级以上资质等级	47	7	8	2	7
农场属	151	21	32	36	13
四、交通运输、仓储业					
交通运输、仓储业单位数	234	25	42	56	45
#国有及国有控股	173	20	29	41	37
法　人	64	10	11	21	10
农场属	214	22	37	48	43
五、批发和零售业					
批发和零售业单位数	620	61	85	39	68
#国有及国有控股	255	24	22	14	28
法　人	468	45	49	27	61
农场属	477	57	80	35	57
六、住宿和餐饮业					
住宿和餐饮业单位数	74	11	19	15	7
#国有及国有控股	54	9	12	14	6
法　人	30	4	3	3	2
七、居民服务及其他服务业					
居民服务及其他服务业单位数	48	6	23	1	1
#国有及国有控股	27	6	16	1	1
法　人	21	1	6		
八、信息传输、计算机服务和软件业					
信息传输、计算机服务和软件业单位数	44	1	10	12	2
九、房地产业					
房地产业单位数	69	4	9	7	9
十、租赁与商务服务业					
租赁与商务服务业单位数	50	5	6	9	3

1-1续表1　　(2018年)　　单位：个

项　　目	北　安管理局	九　三管理局	齐齐哈尔管 理 局	绥　化管理局	哈尔滨管理局	总　局直　属
一、农　业						
农牧场个数	15	11	11	10	11	1
#农　场	15	11	8	7	9	1
牧　场			3	2	2	
农林牧渔业单位数	119	110	58	30	34	4
#管理区	93	80	38	21	12	
二、工　业						
工业企业及生产单位数	102	93	85	58	76	15
#国有及国有控股	38	17	13	16	13	10
法　人	66	45	79	58	69	15
农场属	101	88	85	54	73	
三、建筑业						
建筑企业单位数	20	6	9	13	4	19
#国有及国有控股	1		1			2
四级以上资质等级	4	2		3		14
农场属	18	6	9	12	4	
四、交通运输、仓储业						
交通运输、仓储业单位数	29	4	10	16	5	2
#国有及国有控股	23	4	6	10	1	2
法　人	3		3		4	2
农场属	29	4	10	16	5	
五、批发和零售业						
批发和零售业单位数	68	20	55	96	22	106
#国有及国有控股	23	16	9	14	4	101
法　人	49	6	35	85	20	91
农场属	62	18	55	93	20	
六、住宿和餐饮业						
住宿和餐饮业单位数	6	2	4	4	4	2
#国有及国有控股	5	2	1	2	1	2
法　人	3	2	4	4	3	2
七、居民服务及其他服务业						
居民服务及其他服务业单位数	6	3	3	2	2	1
#国有及国有控股		1	1		1	
法　人	6	2	2	2	2	
八、信息传输、计算机服务和软件业						
信息传输、计算机服务和软件业单位数	3	1	9	2	1	3
九、房地产业						
房地产业单位数	3		8	12	9	8
十、租赁与商务服务业						
租赁与商务服务业单位数	3		3		2	19

1-1　各部门机构数(二)

(2018年)　　　　单位：个

项　　目	合　计	宝泉岭管理局	红兴隆管理局	建三江管理局	牡丹江管理局
十一、个体经营户	**52959**	**8209**	**9343**	**13118**	**7644**
农林牧渔业	1340	183	308	99	157
工　　业	3778	716	569	715	507
建 筑 业	265	63	67	18	42
交通运输业	1308	284	169	190	242
批发和零售业	25364	3969	4497	6461	3639
住宿和餐饮业	9922	1554	1642	2614	1499
其　　他	10982	1440	2091	3021	1558
十二、卫生事业					
医疗卫生机构	1039	139	209	109	161
1.医　　院	123	14	13	16	15
综合医院	121	14	13	16	15
专科医院	2				
2.卫生院、门诊部(所)	616	72	162	55	81
#基层卫生所	544	42	149	55	81
3.疗 养 院					
4.卫生监督及防保机构	299	42	37	38	38
卫生监督所	119	14	13	15	15
疾病预防控制中心	121	14	13	16	15
妇幼保健站	59	8	7	9	11
十三、体育、教育、文化、电视事业					
1.体育机构：体校	1		1		
2.教育事业					
普通高等学校	3				
成人高等学校	1				
普通中等专业学校	2	1			
成人中等专业学校	1				
普通中学	124	16	16	17	16
职业中学	6		2	1	
小　　学	26	2	10	2	
3.文化、艺术事业					
艺术表演团体					
艺术创作机构					
文化馆(站)	172	19	30	11	61
图书馆(室)	501	85	129	31	96
报　　社	1				
4.广播电视事业					
电视转播台(座)	45	9	7	9	6
有线电视站(个)	112	13	12	16	13
十四、科学研究事业					
独立科学研究机构	20	1	1	1	1
自然科学	19	1	1	1	1
社会科学	1				
科学技术情报和文献机构					

注：本表第十一、十二、十三(4)、十四部分的数据分别由工商局、卫生局、广电局、科技局提供。

1-1(2)续表　　(2018年)　　单位：个

项　　目	北安管理局	九三管理局	齐齐哈尔管理局	绥化管理局	哈尔滨管理局	总局直属
十一、个体经营户	**4837**	**5256**	**3903**	**2249**	**2964**	**692**
农林牧渔业	109	141	131	101	161	91
工　　业	285	324	439	113	284	150
建筑业	16	92	20	13	16	10
交通运输业	178	427	53	40	121	31
批发和零售业	2492	2381	1808	1036	1189	273
住宿和餐饮业	885	778	643	414	635	36
其　　他	872	1113	809	532	558	101
十二、卫生事业						
医疗卫生机构	84	104	152	42	35	4
1.医　　院	16	13	11	9	11	5
综合医院	16	13	11	9	11	3
专科医院						2
2.卫生院、门诊部(所)	73	57	93	20	3	
#基层卫生所	70	51	73	20	3	
3.疗养院						
4.卫生监督及防保机构	27	37	25	28	22	5
卫生监督所	16	12	11	10	10	3
疾病预防控制中心	16	13	11	10	11	2
妇幼保健站		13	3	8		
十三、体育、教育、文化、电视事业						
1.体育机构：体校						
2.教育事业						
普通高等学校						3
成人高等学校						1
普通中等专业学校	1					
成人中等专业学校						1
普通中学	17	13	9	9	9	2
职业中学		2			1	
小　　学		7	3		2	
3.文化、艺术事业						
艺术表演团体						
艺术创作机构						
文化馆(站)	18	10	4	5	5	10
图书馆(室)	59	42	18	12	10	19
报　　社						1
4.广播电视事业						
电视转播台(座)	4	7	2	1		
有线电视站(个)	15	12	11	9	10	1
十四、科学研究事业						
独立科学研究机构	1	1				14
自然科学	1	1				13
社会科学						1
科学技术情报和文献机构						

1-2　国民经济主要指标总量

指　　标	单位	1978	1980	1990	2000	2005	2010	2015	2018
一、年末总人口	**万人**	**166**	**156.7**	**155.4**	**157.5**	**158.6**	**167.3**	**167.2**	**165.6**
二、从业人员数	**万人**	**86.4**	**74.2**	**81.4**	**70.7**	**74.4**	**93.7**	**77.7**	**76**
#职　工	万人	80.9	68.5	73.1	43.4	34.5	37.9	37.5	32.8
三、生产总值	**亿元**	**9.7**	**11.3**	**40.2**	**145.7**	**269.8**	**688.1**	**1172.7**	**1083.8**
#第三产业增加值	亿元	2.6	2.4	9.9	42.6	70.9	171.1	375.7	462.6
四、工农业总产值	**亿元**	**16.3**	**18.7**	**71.6**	**211.4**	**495.7**	**1267.9**	**1793.4**	**1422.6**
五、固定资产投资									
1.全社会固定资产投资总额	万元	30651	43826	69629	219391	593665	2061482	1862754	958793
生产性建设	万元	21545	30897	54044	149840	396246	944962	1230632	637529
非生产性建设	万元	9106	12929	15585	69551	197419	1116520	632122	322254
#住　宅	万元	4099	2590	7916	17777	56095	807164	230756	112743
2.国有单位固定资产投资额	万元	30651	43826	63569	184210	421309	1346676	1304358	589377
六、企业主要财务指标(统营)									
1.固定资产净值	亿元	14.8	17.6	31.3	89.7	160.2	277.6	615	666
2.销售(经营)收入	亿元	14.7	22.8	65.7	111.8	207.8	639.1	1313	1160
3.利润总额	万元	-13110	13719	22646	16831	49384	71287	64662	24012
七、职工收入和消费									
1.职工工资总额	亿元	4.2	5.3	10.6	24.8	32.3	66.7	120.2	124.7
2.职工平均工资	元/人	518	763	1445	5593	9205	17639	32496	37755
3.垦区居民人均可支配收入	元/人	246	327	1217	3337	6179	13267	23855	28789
4.垦区居民人均消费支出	元/人			816	2511	3373	7761	11240	14844
八、农林牧渔业									
1.农林牧渔业总产值	亿元	10	13.2	44.9	144.0	279.7	693	957.4	784.9
2.主要农产品产量									
粮　食	万吨	234.6	324.9	460.3	814.1	1026.5	1818	2206.7	2279.6
油　料	万吨	0.9	0.3	6.4	7.7	11.4	2.2	0.7	0.5
蔬　菜	万吨	5.1	4.7	3.2	1.8	4.3	3.1	18.3	9.1
水　果	万吨		0.49	0.31	0.40	0.63	2.6	5.1	1.8
肉　类	万吨	6.3	5.1	3.5	10.0	32.4	52.8	22.9	27.4
牛　奶	万吨	2.5	1.9	21.9	28.0	82.5	89.3	37.5	37.6
水 产 品	万吨	0.19	0.17	0.69	1.21	1.90	2.58	3.36	3.15

注：1.本表第六、十、十二、十三(1)、十四部分的数据分别由总局财务处、交通局、商务局、教育局、卫生局提供。
2.从2015起农场职工家庭人均纯收入为垦区居民人均可支配收入数据；农场职工家庭人均消费支出为垦区居民人均生活消费支出数据。

1-2续表

指　　标	单位	1978	1980	1990	2000	2005	2010	2015	2018
九、工　　业									
1. 工业总产值	亿元	6.3	5.5	26.7	67.4	216.0	574.9	836.0	637.7
2. 主要工业产品产量									
原　　煤	万吨	91.2	98.5	178.5	82.7	33.0	53.5	14.8	14.5
发　电　量	万度	13874	9464	47219	43917	51646	46779	121886	144159
水　　泥	万吨	8.6	10.9	38.8	77.0	134.8	189.6	51.4	37.7
化　　肥(实物量)	万吨	3.4	0.1	10.9	9.9	20.8	29.7	28.1	2.5
大　　米	万吨	1.5	1.5	3.0	58.1	160.2	359.5	402.4	280.1
小　麦　粉	万吨	28.4	29.6	29.5	22.4	31.0	23.5	7.7	5.8
食用植物油	万吨	1.2	1.4	5.4	9.2	49.3	104.3	174.2	140
乳　制　品(含液体乳)	万吨	0.1	0.2	2.8	4.4	17.8	57.7	27.1	28.2
十、交通运输									
1. 货物周转量	万吨公里	42298	41435	30933	50882	126138	128706	176074	109090
2 .旅客周转量	万人公里			29178	29378	52308	63114	61230	29581
十一、国内商业									
1. 商品销售总额	亿元			14.0	90.3	110.1	400.4	943.0	770.4
2. 社会消费品零售总额	亿元	3.5	4.2	12.0	35.4	58.8	116.7	217.8	266.2
十二、对外贸易									
进出口总额	万美元		5669.8	11174.9	6998.1	46100	205359	250241	315434
进口额	万美元			912.0	229.2	21800	143995	185210	305144
出口额	万美元		5669.8	10262.9	6768.9	24300	61364	65031	10290
十三、教育文化									
1. 在校学生数									
高等学校	人	1225	1396	3030	7933	20659	29054	30135	28196
中等专业学校	人	992	2131	3070	8080	7221	3189	6026	2632
普通中学	万人	14.7	14.9	11.6	13.8	13.9	11	7.1	6.8
小　　学	万人	26.9	27.8	16.9	14.6	12.8	9.7	5.9	5.2
2. 出版数量									
杂　　志	万册	10.8	9.0	37.9	11.0	7.8	22.0	31.2	20.5
报　　纸	万份	756.4	680.6	688.6	1650	1269.0	1829.1	1807.0	1750.0
十四、卫　　生									
卫生机构床位数	张	9197	9677	9324	7838	7352	11416	11443	12177
卫生技术人员	人	17331	16324	14903	11487	10103	12143	12483	13570
# 医　生	人	3852	4882	7628	6392	6347	8333	5891	5801

1-3　国民经济主要指标发展速度

指　　标	发展速度(2018年为以下各年)(%)						平均年增长速度(%)	
	1978	1980	1990	2000	2005	2010	1978-2018	2000-2018
一、年末总人口	**99.6**	**105.7**	**106.6**	**105.1**	**104.4**	**99.0**	**-0.01**	**0.28**
二、从业人员数	**88.0**	**102.4**	**93.4**	**107.5**	**102.2**	**81.1**	**-0.32**	**0.40**
#职　　工	40.5	47.9	44.9	75.6	95.1	86.5	-2.23	-1.54
三、生产总值	**3962.7**	**3416.5**	**1519.8**	**688.0**	**381.0**	**199.5**	**9.64**	**11.31**
#第三产业增加值	4653.4	4762.1	2338.1	898.8	535.4	275.7	10.08	12.97
四、固定资产投资								
1. 全社会固定资产投资总额	3128.1	2187.7	1377.0	437.0	161.5	46.5	8.99	8.54
生产性建设	2959.1	2063.4	1179.6	425.5	160.9	67.5	8.84	8.38
非生产性建设	3538.9	2492.5	2067.7	463.3	163.2	28.9	9.33	8.89
#住　　宅	2750.5	4353.0	1424.2	634.2	201.0	14.0	8.64	10.81
2. 国有单位固定资产投资额	1922.9	1344.8	927.1	319.9	139.9	43.8	7.67	6.67
五、企业主要财务指标								
1. 固定资产净值	4500.0	3784.1	2127.8	742.5	415.7	239.9	9.98	11.78
2. 销售(经营)收入	7891.2	5087.7	1765.6	1037.6	558.2	181.5	11.54	13.88
3. 利润总额	383.2	175.0	106.0	142.7	48.6	33.7	3.42	1.99
六、职工收入和消费								
1. 职工工资总额	2969.0	2352.8	1176.4	502.8	386.1	187.0	8.85	9.39
2. 职工平均工资	7288.6	4948.2	2612.8	675.0	410.2	214.0	11.32	11.19
3. 垦区居民人均可支配收入	2511.0	2279.9	1259.5	712.5	410.7	220.9	8.39	11.53
4. 垦区居民人均消费支出			1819.1	591.2	440.1	191.3		10.38
七、农林牧渔业								
1. 农林牧渔业总产值	1474.8	1116.2	639.3	351.0	216.1	126.6	6.96	7.22
2. 主要农产品产量								
粮　　食	971.7	701.6	495.2	280.0	222.1	125.4	5.85	5.89
油　　料	55.6	166.7	7.8	6.5	4.4	22.7	-1.46	-14.09
蔬　　菜	178.4	193.6	284.4	505.6	211.6	293.5	1.46	9.42
水　　果		367.3	580.6	450.0	285.7	69.2		8.72
肉　　类	434.9	537.3	782.9	274.0	84.6	51.9	3.74	5.76
牛　　奶	1504.0	1978.9	171.7	134.3	45.6	42.1	7.01	1.65
水 产 品	1657.9	1852.9	456.5	260.3	165.8	122.1	7.27	5.46

注：生产总值、人均可支配收入、农林牧渔业总产值、工业总产值的发展速度和平均年增长速度均按可比价计算。

1-3续表

指　　标	发展速度(2018年为以下各年)(%)						平均年增长速度(%)	
	1978	1980	1990	2000	2005	2010	1978-2018	2000-2018
八、工　　业								
1. 工业总产值	4090.8	4653.5	1628.4	907.9	314.4	146.0	9.72	13.04
2. 主要工业产品产量								
原　　煤	15.9	14.7	8.1	17.5	43.9	27.1	-4.49	-9.22
发 电 量	1039.1	1523.2	305.3	328.3	279.1	308.2	6.03	6.83
水　　泥	438.4	345.9	97.2	49.0	28.0	19.9	3.76	-3.89
化　　肥(实物量)	73.5	2500.0	22.9	25.3	12.0	8.4	-0.77	-7.36
大　　米	18673.3	18673.3	9336.7	482.1	174.8	77.9	13.97	9.13
小 麦 粉	20.4	19.6	19.7	25.9	18.7	24.7	-3.89	-7.23
食用植物油	11666.7	10000.0	2592.6	1521.7	284.0	134.2	12.64	16.33
乳 制 品(含液体乳)	28200.0	14100.0	1007.1	640.9	158.4	48.9	15.15	10.87
九、交通运输								
1. 货物周转量	257.9	263.3	352.7	214.4	86.5	84.8	2.40	4.33
2 .旅客周转量			101.4	100.7	56.6	46.9		0.04
十、国内商业								
1. 商品销售总额			5502.9	853.2	699.7	192.4		12.65
2. 社会消费品零售总额	7605.7	6338.1	2218.3	752.0	452.7	228.1	11.44	11.86
十一、对外贸易								
进出口总额		5563.4	2822.7	4507.4	684.2	153.6		23.56
进口额			33458.7	133134.2	1399.7	211.9		49.13
出口额		181.5	100.3	152.0	42.3	16.8		2.35
十二、教育文化								
1. 在校学生数								
高等学校	2301.7	2019.8	930.6	355.4	136.5	97.0	8.16	7.30
中等专业学校	265.3	123.5	85.7	32.6	36.4	82.5	2.47	-6.04
普通中学	46.3	45.6	58.6	49.3	48.9	61.8	-1.91	-3.86
小　　学	19.3	18.7	30.8	35.6	40.6	53.6	-4.03	-5.57
2. 出版数量								
杂　　志	189.8	227.8	54.1	186.4	262.8	93.2	1.62	3.52
报　　纸	231.4	257.1	254.1	106.1	137.9	95.7	2.12	0.33
十三、卫　　生								
卫生机构床位数	132.4	125.8	130.6	155.4	165.6	106.7	0.70	2.48
卫生技术人员	78.3	83.1	91.1	118.1	134.3	111.8	-0.61	0.93
#医　　生	150.6	118.8	76.0	90.8	91.4	69.6	1.03	-0.54

1-4 国民经济主要比例关系

单位：%

指　标	1978	1980	1990	2000	2005	2010	2015	2018
一、生产总值三次产业比例								
第一产业	37.4	54.2	53.8	54.3	55.0	54.1	47.3	42.8
第二产业	35.6	24.5	21.6	16.4	18.7	21.4	20.7	14.5
第三产业	27.0	21.3	24.6	29.3	26.3	24.5	32.0	42.7
二、生产总值所有制结构比例								
公　有				59.8	59.7	57.6	61.2	61.7
非 公 有				40.2	40.3	42.4	38.8	38.3
第一产业:公　有				75.5	77.6	74.2	83.8	90
非公有				24.5	22.4	25.8	16.2	10
第二产业:公　有				47	39.0	36.0	32.6	34.7
非公有				53	61.0	64.0	67.4	65.3
第三产业:公　有				38	37.0	41.5	46.2	42.5
非公有				62	63.0	58.5	53.8	57.5
三、社会总产出五大部门比例								
农林牧渔业	50.5	56.4	54.1	55.5	47.5	40.9	39.3	37.2
工　业	31.9	23.8	32.1	26.4	36.4	35.0	35.1	31.6
建 筑 业	8.8	10.6	5.8	5.7	4.9	7.0	6.8	5.0
运输仓储和邮电业	1.7	2.0	1.8	3.9	3.4	3.0	4.2	5.5
贸易和餐饮业	7.1	7.2	6.2	8.5	7.8	6.3	14.6	20.7
四、固定资产投资资金来源比例								
国家预算内投资	50.6	32.9	20.2	26.8	15.8	16.9	31.4	38.7
国内贷款			23.2	7.1	4.7	3.5	9.9	
利用外资				7.1	0.03	0.4	0.2	
自筹投资	46.1	67.1	46.3	51.1	67.3	56.9	35.2	40.2
其他投资	3.3		10.3	7.9	12.17	22.3	23.3	21.2
五、固定资产投资生产与非生产比例								
生产性建设	70.3	70.5	77.6	68.3	66.7	45.8	66.1	66.4
非生产性建设	29.7	29.5	22.4	31.7	33.3	54.2	33.9	33.6
# 住　宅			11.4	8.1	9.4	39.2	12.4	11.7
六、固定资产投资主要行业投资比例								
农林牧渔业	50.6	40.6	46.5	64.7	28.9	20.8	33.1	48.7
工　业	20.1	20.4	31.6	11.7	37.9	6.6	7.4	12.5
交通运输、通讯业	5.6	7.7	4.1	3.8	4.7	17.6	12.9	2.8
教育文化艺术和广电事业	1.8	3.6	3.7	3.7	5.8	2.4	2.1	1.4
科技事业		0.1	0.6	1.1	0.4	0.2	0.3	0.2

注：生产总值、社会总产出、工业总产值、农林牧渔业总产值的比例按现价计算。

1-4续表

指　　标	1978	1980	1990	2000	2005	2010	2015	2018
七、国有固定资产投资三次产业比例								
第一产业	50.6	40.6	46.5	58.0	30.6	20.8	34.7	52.0
第二产业	20.1	20.4	31.6	14.4	38.2	6.6	6.3	11.1
第三产业	29.3	39.0	21.9	27.6	31.2	72.6	59.0	36.9
八、公有固定资产投资农工比例								
农林牧渔业	50.6	40.6	46.5	58.0	45.2	75.1	85.5	83.1
工　业	49.4	59.4	53.5	42.0	54.8	24.9	14.5	16.9
九、工农业总产值农轻重比例								
农林牧渔业	61.3	70.4	62.7	68.1	56.4	54.7	53.4	55.2
轻工业	20.7	19.2	26.6	24.4	37.2	38.5	38.5	37.0
重工业	18.0	10.4	10.7	7.5	6.4	6.8	8.1	7.8
十、工业总产值轻重工业比例								
轻工业	51.2	55.8	71.4	76.5	85.6	85.0	82.5	90.3
重工业	48.8	44.2	28.6	23.5	14.4	15.0	17.5	9.7
十一、农林牧渔业总产值各业比例								
农　业	90.4	93.6	90.7	84.9	73.2	69.9	80.7	88.2
林　业	0.8	0.9	0.8	0.9	0.6	0.8	0.9	1.3
牧　业	8.6	5.4	7.9	13.5	24.3	27.4	17.7	9.7
渔　业	0.2	0.1	0.6	0.7	0.7	0.5	0.7	0.8
十二、农林牧渔业总产值所有制结构比例								
农　业：国　有				89.1	99.0	98.7	98.1	97.2
非国有				10.9	1.0	1.3	1.9	1.8
林　业：国　有				64.8	73.4	74.4	78.8	70.8
非国有				35.2	26.6	25.6	21.2	29.2
牧　业：国　有				4.2	0.9	0.3	0.7	1.8
非国有				95.8	99.1	99.7	99.3	98.2
渔　业：国　有				20.1	12.6	27.9	39.0	40.5
非国有				79.9	87.4	72.1	61.0	59.5
十三、全社会从业人员人数比例								
1. 按三次产业分								
第一产业	59.4	55.0	54.3	59.6	62.5	64.3	59.3	61.0
第二产业	22.3	23.3	24.5	14.3	14.1	14.2	11.7	10.1
第三产业	18.3	21.7	21.2	26.1	23.4	21.5	29.0	28.9
2. 按经济类型分								
国有经济			89.8	81.2	73.1	71.9	61.2	61.6
非国有经济			10.2	18.8	26.9	28.1	38.8	38.4

1-5　平均每天主要社会经济活动及主要经济指标人均占有量

指　　标	单　位	1990	2000	2005	2010	2015	2018
一、平均每天主要社会经济活动							
(一)每天创造的财富							
生产总值	万元	1101.4	3991.8	7391.8	18852.4	32128.3	29692.7
农林牧渔业总产值	万元	1230.1	3945.2	7663.1	18987.4	26229.6	21504.1
工业总产值	万元	731.5	1848.6	5917.8	15749.8	22904.7	17470.1
销售(经营)收入	万元	1800.0	3063.0	5693.2	17509.6	35983.6	31780.8
利润总额	万元	62.0	46.1	135.3	195.3	177.2	66.0
水　泥	吨	1063.0	2109.6	3693.2	5194.5	1408.6	1032.0
化　肥	吨	298.6	271.2	569.9	813.6	769.7	69.8
(二)每天消费(销售)量							
消费总额	万元	328.8	970.5	1612.5	3192.8	5956.1	7293.9
平均每人消费额	元	2.1	6.1	10.2	19.1	35.6	44.1
粮食(原粮)	吨	894.6	541.2	670.3	604.2	528.5	536.7
肉　类	吨	46.2	67.2	76.4	77.0	84.1	82.7
食用植物油	吨	30.3	35.0	41.8	49.8	47.0	52.7
(三)每天其他经济活动							
新建住宅面积	平方米	121	1845	1426	26932	2466	682
(四)每天人口变动							
出　生	人	46	29.1	19.6	18.5	17.2	20.3
死　亡	人	17	17.5	18.6	24.4	23.6	25.2
二、主要经济指标人均占有量							
(一)人均创造财富							
生产总值	元	2586	9254	17012	41186	69612	65446
销售(经营)收入	元	4231	7100	13103	38190	78553	70052.7
利润总额	元	145.6	106.4	311.4	426	386.7	145.6
水　泥	公斤	250	488.7	849.9	1133.0	307.6	227.5
化　肥	公斤	70	63	131.2	177.5	168.1	15.4
粮　食	公斤	2962	5170.2	6472.5	10863.4	13199.6	13766.8
肉　类	公斤	22.5	58.9	190.8	311.1	137.2	165.3
(二)人均占有生产资料							
耕　地	公顷	1.3	1.3	1.4	1.7	1.7	1.8
森　林	公顷	0.5	0.5	0.6	0.5	0.5	0.6
草　原	公顷	0.3	0.2	0.2	0.2	0.2	0.2
水　域	公顷	0.2	0.2	0.2	0.2	0.2	0.2
固定资产(净值)	元	2011	5785	10101	16588	36782	40220
(三)其他人均占有量							
纯 收 入	元	1217	3337	6179	13267	23855	28789
生活消费	元	816	2511	3373	7761	12179	14844

1-6　主要经济指标与以往历史最高水平对比

指　标	单　位	以往历史最高水平		2017	2018	2018年比历史最高水平增长
		年　份	数　量			
年末总人口	万人	2012	173.4	167.3	165.6	-4.5
从业人员	万人	2012	98.3	77.6	76.0	-22.7
生产总值	亿元	2016	1193.7	1111.5	1083.08	4.9
农林牧渔业总产值	亿元	2014	965.5	873.4	784.9	1.2
工业总产值	亿元	2013	938.9	668.9	637.7	-6.1
耕地面积	万公顷	2017	291.7	291.7	295.6	1.3
林地面积	万公顷	1978	98	92	92	-6.1
草原面积	万公顷	1978	105	34	34	-67.6
总播种面积	万公顷	2017	288.2	288.2	289.2	0.3
粮食作物面积	万公顷	2017	284.7	284.7	286.8	0.7
粮食总产量	万吨	2014	2180.7	2094.2	2279.6	4.5
粮食平均单产	公斤/公顷	2015	7905	7355	7949	0.6
水稻单产	公斤/公顷	2017	9202	9202	9023	-1.9
小麦单产	公斤/公顷	2012	6080	3659	4058	-33.3
玉米单产	公斤/公顷	2015	9353	9924	10009	7.0
大豆单产	公斤/公顷	2012	3380	2446	2489	-26.4
奶牛年末存栏	万头	2009	32.0	13.5	11.8	-63.1
黄牛年末存栏	万头	2005	49.7	5.8	6.8	-86.3
猪年末存栏	万头	2009	217.6	88.3	70.5	-67.6
羊年末存栏	万只	2003	210.4	24.6	19.4	-90.8
肉类总产量	万吨	2011	54.9	29.6	27.4	-50.1
#猪　肉	万吨	2011	35.7	12.2	11.6	-67.5
牛　肉	万吨	2013	11.2	2	1.9	-83.0
羊　肉	万吨	2013	2.8	0.7	0.7	-75.0
牛奶产量	万吨	2007	97.7	41.8	37.6	-61.5
禽蛋产量	万吨	2012	8.0	2.9	3.0	-62.5
水产品产量	万吨	2012	3.5	3.2	3.1	-11.4
交售粮食	万吨	2014	2056.4	1976.8	2165.7	5.3
粮食商品率	%	2015	94.4	94.4	95.0	持平
出口大豆	万吨	1989	50			-100.0
垦区居民人均可支配收入	元/人	2016	25421	27153	28789	13.2
利润总额	万元	2009	166107	51596	24012	-85.5

注：生产总值、农林牧渔业总产值、工业总产值、居民人均可支配收入的增长速度均按可比价计算。

主要统计指标解释

国民经济行业分类　自 2012 年定期报表开始使用新的《国民经济行业分类》(GB/T 4754-2011)。该分类是由国家统计局组织修订，经国家质量监督检验检疫总局和国家标准化管理委员会批准发布，并于 2011 年 11 月 1 日起实施。这次修订是在 2002 年分类标准的基础上，参照联合国 2007 年颁布的《国际标准产业分类》(ISIC Rev. 4）进行的。修订后的《国民经济行业分类》(GB/T 4754-2011）共有门类 20 个，大类 96 个，中类 432 个，小类 1094 个。

企业(单位)登记注册类型　是以在工商行政管理机关登记注册的各类企业为划分对象，以工商行政管理部门对企业登记注册的类型为依据，将企业登记注册泪型分为内资企业、港澳台商投资企业和外商投资企业三大类。内资企业包括国有企业、集体企业、股份合作企业、联营企业、有限责任公司、股份有限公司、私营公司和其他企业；港澳台商投资企业和外商投资企业分别包括合资经营企业、合作经营企业、独资经营企业和股份有限公司。对不在工商行政管理部门进行登记注册的行政机关、事业单位和社会团体，主要按其经费来源和管理方式进行划分。

单产业法人　法人单位只位于一个场所并主要从事一种社会经济活动，称为单产业法人，单位产业法人本身也是一个产业活动单位。

多产业法人　法人单位从事多种经济活动，或者位于多个地点，称为多产业法人。多产业法人由两个或两个以上产业活动单位组成。

管理区　根据黑垦发[2003]6 号文件精神，重构农场（社区）基层管理组织，撤销分场、生产队建制，整合管理资源，集中设立管理区。管理区作为农场（社区）的派出机构，根据授权的委托，负责辖区经济建设和社会管理工作，履行社会公共服务职责，引导扶持非公有经济发展，代行农场和农业分公司土地、森林、草原、水面等资源性资产的发包和承包费收入。

发展速度　发展速度是报告期发展水平与基期水平之比。它是从相对数方面来说明现象发展程度的重要指标。

增长速度　增长速度是表明现象增长程度的相对指标。是根据增长量与基期水平之比计算的，也可用发展速度减 1 来计算，说明现象报告期水平比基期水平增长了多少倍或百分之几。

平均增长速度　平均增长速度表明社会经济现象在一个较长的时期内逐期平均增长变化的程度，它不能根据各个环比增长速度直接求得，但与平均发展速度之间存在着一定的数量关系：平均增长速度＝平均发展速度－1。

平均发展速度是一种根据环比发展速度计算的序时平均数,由于各时期对比的基础不同,所以计算平均发展速度不能采用一般的序时平均数的计算方法，计算方法分为水平法和累计法。水平法，又称几何平均法，即将环比发展速度按连乘法用几何平均数公式计算。累计法，也称方程法，根据一段时期内各年发展水平总和与基期水平的关系，列出方程式计算平均发展速度。水平法着重考虑最后一年所达到的发展水平；累计法着重考虑整个时期累计发展水平的总量。

在一般情况下，两种方法计算的平均增长速度比较接近，但在经济发展水平出现大起大落时，两种方法的结果差别较大，本《年鉴》内所列的平均增长速度，都是用“水平法”计算。

02 国民经济核算

2-1 垦区生产总值

单位：万元

年份	生产总值	第一产业	第二产业	工业	建筑业	第三产业	#交通运输、仓储及通讯业	#贸易业及餐饮业
1949	93	69	7	3	4	17	1	8
1950	270	130	101	86	15	40	2	16
1951	225	128	55	32	23	41	2	20
1952	471	299	101	44	56	72	4	34
1953	860	478	244	91	153	138	9	68
1954	1697	1312	213	56	157	172	16	85
1955	2476	1641	396	70	326	440	17	210
1956	5957	3710	1336	235	1101	910	49	375
1957	7563	4129	2197	795	1402	1237	84	493
1958	11010	4328	3405	1822	1582	3277	134	1286
1959	20592	7661	6101	4043	2058	6830	302	2538
1960	19230	5732	7040	5105	1934	6458	214	2634
1961	19073	7005	5862	5010	852	6206	184	2567
1962	15026	6795	4895	4352	543	3335	156	1265
1963	18437	9046	5769	4600	1169	3622	199	1336
1964	20282	9892	6294	4705	1589	4096	239	1496
1965	22871	12061	6521	4908	1613	4290	280	1652
1966	27348	13537	8204	6515	1689	5607	360	2105
1967	33339	17770	8209	6519	1691	7360	485	2913
1968	34901	19023	8258	6705	1553	7620	537	2980
1969	32665	15022	9325	7123	2202	8318	420	3280
1970	40572	18143	11800	8794	3006	10629	533	3874
1971	41876	18274	12036	8730	3306	11566	628	4106
1972	47934	19821	14571	11143	3429	13542	674	4463
1973	49395	16478	16489	11749	4740	16428	720	5149
1974	65177	27320	19842	16106	3736	18015	881	6140
1975	77698	33290	23928	19594	4334	20480	998	6414
1976	80631	36095	24674	21115	3558	19862	1165	5752
1977	85550	34156	27772	24025	3747	23622	1280	6365
1978	96866	36259	34476	29068	5408	26131	1506	5424
1979	104102	40325	36452	30211	6241	27325	1484	5967

2-1续表

单位：万元

年份	生产总值	第一产业	第二产业	工业	建筑业	第三产业	#交通运输、仓储及通讯业	#贸易业及餐饮业
1980	113420	61462	27759	21086	6673	24199	1780	6290
1981	58905	5712	29109	23279	5830	24084	1241	6765
1982	123039	60295	31265	25876	5389	31479	2557	7541
1983	161292	91976	33333	28591	4742	35983	3291	7435
1984	136189	63325	36225	30545	5680	36639	3308	8200
1985	148093	66627	40622	34530	6092	40844	3589	9183
1986	178033	87239	43264	36334	6930	47530	4539	11904
1987	203952	92259	51194	42791	8403	60499	5547	19327
1988	243198	115960	63417	53817	9600	63821	6878	20746
1989	318931	166251	76980	65876	11104	75700	9512	22523
1990	401974	216131	86835	70856	15979	99008	10278	33453
1991	320288	121461	88443	74502	13941	110384	11516	41124
1992	362738	151691	90067	75550	14517	120980	11663	40621
1993	465133	229494	92592	76075	16517	143047	15041	39834
1994	567640	312972	94260	77258	17002	160408	13999	38670
1995	791074	454339	133478	110943	22535	203257	13710	51670
1996	1088400	669943	169305	139262	30043	249152	19377	67794
1997	1350782	846561	199633	161680	37953	304588	30470	90623
1998	1410402	826438	227622	181139	46483	356342	37472	116660
1999	1366008	759356	230359	181782	48577	376293	45996	115288
2000	1457251	791863	239595	191459	48136	425793	54207	129855
2001	1606628	865574	263036	212872	50164	478018	66735	140661
2002	1718555	874150	308845	246834	62011	535560	79257	177678
2003	1879502	938360	354302	279843	74459	586840	91421	214219
2004	2361168	1301394	432031	338494	93537	627743	100126	226270
2005	2698322	1484469	504860	405276	99584	708993	112212	268807
2006	3014742	1578985	622940	501038	121902	812817	134632	284547
2007	3603481	1892367	723288	572210	151078	987826	158832	372605
2008	4544690	2449720	898008	692135	205873	1196962	198462	471668
2009	4922240	2759188	965978	720623	245355	1197075	156365	385473
2010	6242100	3377043	1333866	948640	385226	1531191	189525	391574
2011	8055091	4226398	1841724	1274818	566905	1986970	275425	637106
2012	9744736	4885930	2396348	1665568	730779	2462458	370266	730651
2013	10951225	5215024	2760396	1924913	835483	2975806	409920	987635
2014	11335478	5436584	2500260	1913600	586660	3398634	474210	1160004
2015	11726820	5545732	2424111	1859558	564553	3756977	544991	1306296
2016	11937103	5188947	2476068	1877647	598421	4272088	559488	1436968
2017	11115782	5000737	1639003	1315691	323312	4476042	634283	1473739
2018	10837833	4637927	1575705	1264468	311238	4624202	616976	1566389

注：国民经济核算数据为与第二次、第三次和第四次全国经济普查衔接修订后的数据。

2-2 垦区生产总值构成

(以生产总值为100) 单位：%

年份	第一产业	第二产业	工业	建筑业	第三产业	#交通运输仓储及通讯业	#贸易业及餐饮业	人均生产总值(元)
1949	74.2	7.7	3.0	4.7	18.1	0.9	8.6	192
1950	48.1	37.2	31.8	5.4	14.7	0.9	5.8	376
1951	57.0	24.7	14.2	10.4	18.4	0.7	8.9	152
1952	63.4	21.3	9.4	12.0	15.3	0.9	7.2	202
1953	55.6	28.4	10.6	17.8	16.0	1.0	7.9	278
1954	77.3	12.5	3.3	9.3	10.1	0.9	5.0	431
1955	66.3	16.0	2.8	13.2	17.8	0.7	8.5	397
1956	62.3	22.4	3.9	18.5	15.3	0.8	6.3	505
1957	54.6	29.1	10.5	18.5	16.4	1.1	6.5	434
1958	39.3	30.9	16.6	14.4	29.8	1.2	11.7	356
1959	37.2	29.6	19.6	10.0	33.2	1.5	12.3	368
1960	29.8	36.6	26.5	10.1	33.6	1.1	13.7	249
1961	36.7	30.7	26.3	4.5	32.5	1.0	13.5	234
1962	45.2	32.6	29.0	3.6	22.2	1.0	8.4	197
1963	49.1	31.3	24.9	6.3	19.6	1.1	7.2	248
1964	48.8	31.0	23.2	7.8	20.2	1.2	7.4	265
1965	52.7	28.5	21.5	7.1	18.8	1.2	7.2	280
1966	49.5	30.0	23.8	6.2	20.5	1.3	7.7	302
1967	53.3	24.6	19.6	5.1	22.1	1.5	8.7	348
1968	54.5	23.7	19.2	4.5	21.8	1.5	8.5	329
1969	46.0	28.5	21.8	6.7	25.5	1.3	10.0	258
1970	44.7	29.1	21.7	7.4	26.2	1.3	9.5	291
1971	43.6	28.7	20.8	7.9	27.6	1.5	9.8	287
1972	41.4	30.4	23.2	7.2	28.3	1.4	9.3	321
1973	33.4	33.4	23.8	9.6	33.3	1.5	10.4	327
1974	41.9	30.4	24.7	5.7	27.6	1.4	9.4	426
1975	42.8	30.8	25.2	5.6	26.4	1.3	8.3	502
1976	44.8	30.6	26.2	4.4	24.6	1.4	7.1	509
1977	39.9	32.5	28.1	4.4	27.6	1.5	7.4	525
1978	37.4	35.6	30.0	5.6	27.0	1.6	5.6	585
1979	38.7	35.0	29.0	6.0	26.2	1.4	5.7	649

2-2续表 (以生产总值为100) 单位：%

年份	第一产业	第二产业	工业	建筑业	第三产业	#交通运输仓储及通讯业	#贸易业及餐饮业	人均生产总值(元)
1980	54.2	24.5	18.6	5.9	21.3	1.6	5.5	729
1981	9.7	49.4	39.5	9.9	40.9	2.1	11.5	374
1982	49.0	25.4	21.0	4.4	25.6	2.1	6.1	775
1983	57.0	20.7	17.7	2.9	22.3	2.0	4.6	1006
1984	46.5	26.6	22.4	4.2	26.9	2.4	6.0	845
1985	45.0	27.4	23.3	4.1	27.6	2.4	6.2	927
1986	49.0	24.3	20.4	3.9	26.7	2.5	6.7	1127
1987	45.2	25.1	21.0	4.1	29.7	2.7	9.5	1297
1988	47.7	26.1	22.1	3.9	26.2	2.8	8.5	1559
1989	52.1	24.1	20.7	3.5	23.7	3.0	7.1	2056
1990	53.8	21.6	17.6	4.0	24.6	2.6	8.3	2589
1991	37.9	27.6	23.3	4.4	34.5	3.6	12.8	2055
1992	41.8	24.8	20.8	4.0	33.4	3.2	11.2	2325
1993	49.3	19.9	16.4	3.6	30.8	3.2	8.6	2977
1994	55.1	16.6	13.6	3.0	28.3	2.5	6.8	3639
1995	57.4	16.9	14.0	2.8	25.7	1.7	6.5	5093
1996	61.6	15.6	12.8	2.8	22.9	1.8	6.2	6979
1997	62.7	14.8	12.0	2.8	22.5	2.3	6.7	8617
1998	58.6	16.1	12.8	3.3	25.3	2.7	8.3	8959
1999	55.6	16.9	13.3	3.6	27.5	3.4	8.4	8646
2000	54.3	16.4	13.1	3.3	29.2	3.7	8.9	9237
2001	53.9	16.4	13.2	3.1	29.8	4.2	8.8	10186
2002	50.9	18.0	14.4	3.6	31.1	4.6	10.3	10868
2003	49.9	18.9	14.9	4.0	31.2	4.9	11.4	11906
2004	55.1	18.3	14.3	4.0	26.6	4.2	9.6	14973
2005	55.0	18.7	15.0	3.7	26.3	4.2	10.0	17049
2006	52.4	20.7	16.6	4.0	27.0	4.5	9.4	18956
2007	52.5	20.1	15.9	4.2	27.4	4.4	10.3	22214
2008	53.9	19.8	15.2	4.6	26.3	4.4	10.4	27467
2009	56.1	19.6	14.6	5.0	24.3	3.2	7.8	29582
2010	54.1	21.4	15.2	6.2	24.5	3.0	6.3	37361
2011	52.5	22.9	15.8	7.0	24.6	3.4	7.9	47586
2012	50.1	24.6	17.1	7.5	25.3	3.8	7.5	56560
2013	47.6	25.2	17.6	7.6	27.2	3.7	9.0	63365
2014	48.0	22.1	16.9	5.2	29.9	4.2	10.2	66286
2015	47.3	20.7	15.9	4.8	32.0	4.6	11.1	69612
2016	43.5	20.7	15.7	5.0	35.8	4.7	12.0	67362
2017	43.8	19.1	14.5	4.6	37.1	5.2	11.8	66427
2018	42.8	14.5	11.7	2.8	42.7	5.7	14.5	65446

2-3 垦区生产总值指数

(以1980年为100)　　单位：%

年份	生产总值	第一产业	第二产业	工业	建筑业	第三产业	#交通运输、仓储及通讯业	#贸易业及餐饮业
1949	0.09	0.12	0.03	0.01	0.10	0.11	0.06	0.20
1950	0.28	0.24	0.46	0.46	0.33	0.25	0.19	0.38
1951	0.24	0.24	0.26	0.18	0.52	0.26	0.13	0.49
1952	0.51	0.57	0.48	0.26	1.25	0.46	0.32	0.83
1953	0.85	0.87	1.04	0.50	2.94	0.76	0.60	1.44
1954	1.58	2.17	0.94	0.32	3.08	0.96	1.10	1.84
1955	2.36	2.73	1.84	0.42	6.81	2.63	1.30	4.83
1956	4.90	5.45	5.18	1.24	18.94	4.48	3.00	7.10
1957	6.53	6.78	8.27	4.09	23.31	5.88	5.00	9.03
1958	10.52	8.96	12.36	8.35	27.62	16.36	8.38	24.73
1959	18.54	15.49	21.05	18.11	32.25	30.60	17.03	43.81
1960	18.06	11.39	24.77	22.44	34.02	32.47	13.56	51.03
1961	17.10	12.66	19.12	20.02	15.44	32.17	11.97	51.27
1962	13.63	11.13	17.75	19.40	10.64	18.67	11.01	27.28
1963	16.27	14.63	20.01	19.60	22.01	19.50	13.50	27.71
1964	18.33	17.13	21.57	19.95	28.93	21.32	15.66	30.00
1965	20.63	20.89	22.31	20.81	29.13	22.15	18.19	32.87
1966	24.14	23.41	27.88	28.04	27.75	26.35	21.27	38.11
1967	28.66	30.74	27.33	28.04	25.10	31.24	25.89	47.64
1968	30.78	32.90	27.98	28.80	25.37	35.58	31.54	53.61
1969	29.78	26.00	32.39	30.62	39.70	42.87	27.23	65.14
1970	37.13	33.19	41.71	40.04	48.60	49.13	30.98	69.00
1971	37.23	33.14	41.46	39.29	50.10	50.11	34.22	68.54
1972	41.40	31.81	49.65	48.22	56.05	63.29	39.62	80.36
1973	41.17	26.41	54.88	50.83	71.29	70.63	38.93	85.30
1974	55.61	43.75	70.28	74.93	57.10	78.71	48.41	103.37
1975	68.68	57.34	84.90	91.13	66.97	90.48	55.45	109.18
1976	71.04	57.88	88.76	98.22	60.23	96.11	70.90	107.24
1977	73.51	54.68	98.87	111.72	58.66	105.74	72.06	109.78
1978	84.00	58.99	124.66	137.93	83.84	115.87	84.70	92.62
1979	89.41	65.61	131.39	143.35	93.57	119.19	83.44	100.19

2-3续表　　(以1980年为100)　　单位：%

年份	生产总值	第一产业	第二产业	工业	建筑业	第三产业	#交通运输、仓储及通讯业	#贸易业及餐饮业
1980	100.00	100.00	100.00	100.00	100.00	100.00	100.00	100.00
1981	53.90	9.50	87.69	94.64	70.63	97.49	87.03	107.99
1982	110.77	96.67	102.97	115.11	71.44	142.48	160.35	117.71
1983	140.70	127.15	108.84	126.65	62.60	194.63	193.28	114.18
1984	136.48	110.11	124.47	142.09	78.74	193.27	199.05	118.20
1985	138.55	110.80	131.81	151.84	79.83	192.64	195.05	116.43
1986	155.76	145.69	126.30	143.53	81.57	201.41	228.20	142.39
1987	161.66	146.06	138.14	156.16	91.38	211.08	265.64	204.76
1988	165.02	161.15	150.47	173.01	91.97	185.68	297.53	188.38
1989	191.71	215.03	162.83	190.39	91.29	179.52	354.06	177.67
1990	224.80	259.22	185.43	209.60	122.69	203.68	408.03	245.63
1991	173.17	140.89	185.12	217.30	101.60	217.03	429.46	311.61
1992	188.12	164.96	189.04	220.07	108.51	226.97	472.02	283.46
1993	223.81	228.33	194.84	222.95	121.87	243.98	555.66	281.51
1994	227.59	235.62	195.82	222.33	127.00	244.44	449.89	231.04
1995	276.50	296.50	238.31	271.22	152.92	279.00	397.03	278.03
1996	338.71	392.45	264.31	301.30	168.36	318.23	500.06	338.36
1997	409.64	495.47	300.36	335.95	208.14	367.68	747.34	399.84
1998	440.77	513.31	328.29	363.16	237.90	424.67	878.12	467.01
1999	463.25	531.28	344.70	381.32	250.03	460.34	1094.14	481.02
2000	496.60	552.00	363.00	406.87	249.53	529.85	1270.30	550.77
2001	553.21	616.03	401.48	455.69	260.01	590.25	1415.11	592.08
2002	605.76	641.90	480.97	538.63	327.87	669.96	1702.38	757.86
2003	672.39	711.23	546.86	607.04	385.90	734.24	1963.70	913.68
2004	792.75	888.32	632.72	699.31	451.51	786.37	2150.64	964.20
2005	896.60	1000.25	725.10	817.49	480.86	889.38	2380.76	1132.94
2006	1016.74	1107.28	879.55	991.62	582.32	1001.44	2805.96	1178.03
2007	1150.95	1236.83	1003.57	1121.52	687.72	1156.66	3146.60	1466.29
2008	1329.35	1431.01	1164.14	1263.95	883.72	1326.69	3723.06	1767.76
2009	1492.40	1581.09	1354.38	1429.60	1124.27	1496.26	4141.16	2002.21
2010	1712.40	1733.94	1739.16	1744.55	1654.34	1726.80	4793.81	2335.78
2011	2017.12	1955.92	2171.46	2083.79	2285.97	2117.97	5968.77	2925.56
2012	2366.68	2175.72	2781.28	2683.80	2891.45	2548.35	7146.41	3532.32
2013	2617.55	2319.32	3137.29	3134.68	2995.54	2961.18	7618.07	4138.14
2014	2766.75	2419.05	3181.21	3332.17	2695.99	3319.49	8646.51	4771.28
2015	2927.22	2518.23	3232.11	3392.15	2728.34	3677.99	9887.28	5346.22
2016	3105.78	2553.49	3358.16	3490.52	2932.97	4078.89	10787.02	5894.21
2017	3285.92	2706.69	3291.00	3417.22	2880.17	4482.70	12394.29	6300.91
2018	3417.35	2817.67	3215.31	3355.71	2753.44	4760.63	12233.16	6792.38

2-4 垦区生产总值指数

(以上年为100)　　单位：%

年份	生产总值	第一产业	第二产业	工业	建筑业	第三产业	#交通运输、仓储及通讯业	#贸易业及餐饮业
1949	100.00	100.00	100.00	100.00	100.00	100.00	100.00	100.00
1950	300.31	196.26	1451.60	3216.00	333.30	235.63	300.00	194.40
1951	85.60	102.56	56.38	38.73	160.00	104.15	66.70	128.60
1952	211.99	235.82	184.86	144.00	240.60	174.51	250.00	170.00
1953	167.69	151.54	217.06	194.94	234.41	165.75	185.12	172.86
1954	185.10	250.42	89.86	64.66	104.85	127.09	183.56	127.68
1955	149.35	125.51	196.80	128.93	220.95	272.77	118.97	263.11
1956	207.85	200.12	281.57	297.09	278.24	170.37	230.24	146.97
1957	133.30	124.37	159.48	330.11	123.06	131.30	166.74	127.07
1958	161.08	132.15	149.47	204.06	118.52	278.22	167.46	273.89
1959	176.27	172.76	170.34	216.87	116.75	187.08	203.19	177.16
1960	97.44	73.55	117.70	123.92	105.49	106.13	79.66	116.48
1961	94.64	111.10	77.17	89.21	45.40	99.07	88.27	100.47
1962	79.72	87.95	92.83	96.90	68.89	58.04	91.95	53.22
1963	119.36	131.45	112.76	101.01	206.86	104.42	122.62	101.57
1964	112.67	117.09	107.80	101.79	131.42	109.37	116.01	108.26
1965	112.55	121.97	103.40	104.31	100.70	103.89	116.12	109.57
1966	117.04	112.07	125.01	134.77	95.28	118.93	116.99	115.94
1967	118.70	131.29	98.01	99.98	90.44	118.58	121.70	125.01
1968	107.40	107.03	102.39	102.73	101.08	113.89	121.81	112.53
1969	96.77	79.03	115.74	106.31	156.47	120.48	86.33	121.49
1970	124.66	127.66	128.80	130.77	122.43	114.61	113.81	105.93
1971	100.28	99.85	99.39	98.13	103.07	101.98	110.43	99.33
1972	111.19	95.99	119.75	122.72	111.89	126.31	115.79	117.25
1973	99.46	83.02	110.54	105.42	127.18	111.60	98.26	106.14
1974	135.07	165.64	128.06	147.41	80.10	111.44	124.35	121.19
1975	123.49	131.06	120.81	121.63	117.30	114.95	114.54	105.62
1976	103.45	100.95	104.55	107.78	89.93	106.22	127.86	98.22
1977	103.47	94.46	111.38	113.74	97.40	110.02	101.64	102.37
1978	114.26	107.89	126.08	123.46	142.92	109.58	117.54	84.37
1979	106.44	111.22	105.40	103.93	115.39	102.86	98.51	108.06

2-4续表　　(以上年为100)　　单位：%

年　份	生产总值	第一产业	第二产业	工　业	建筑业	第三产业	#交通运输、仓储及通讯业	#贸易业及餐饮业
1980	108.97	152.42	80.43	72.80	110.49	95.00	119.86	99.81
1981	53.90	9.50	87.69	94.64	70.63	97.49	87.03	107.98
1982	205.53	1017.70	117.42	121.63	101.14	146.15	184.25	109.00
1983	127.01	131.53	105.70	110.02	87.63	136.60	120.54	97.00
1984	97.00	86.60	114.37	112.19	125.78	99.30	102.99	103.53
1985	101.52	100.63	105.89	106.86	101.38	99.67	98.00	98.50
1986	112.42	131.49	95.82	94.53	102.18	104.55	116.99	122.30
1987	103.79	100.26	109.38	108.80	112.02	104.80	116.41	143.80
1988	102.08	110.33	108.93	110.80	100.65	87.97	112.00	92.00
1989	116.17	133.44	108.21	110.04	99.27	96.68	119.00	94.32
1990	117.26	120.55	113.88	110.09	134.39	113.46	115.24	138.25
1991	77.04	54.35	99.84	103.67	82.81	106.56	105.25	126.86
1992	108.63	117.09	102.12	101.28	106.79	104.58	109.91	90.97
1993	118.97	138.41	103.07	101.31	112.31	107.49	117.72	99.31
1994	101.69	103.19	100.50	99.72	104.21	100.20	80.97	82.07
1995	121.49	125.83	121.70	121.99	120.41	114.14	88.25	120.34
1996	122.50	132.36	110.91	111.09	110.10	114.06	125.95	121.70
1997	120.94	126.25	113.64	111.50	123.63	115.54	149.45	118.17
1998	107.60	103.60	109.30	108.10	114.30	115.50	117.50	116.80
1999	105.10	103.50	105.00	105.00	105.10	108.40	124.50	103.00
2000	107.20	103.90	105.30	106.70	99.80	115.10	116.10	114.50
2001	111.40	111.60	111.60	112.00	104.20	111.40	111.40	107.50
2002	109.50	104.20	119.80	118.20	126.10	113.50	120.30	128.00
2003	111.00	110.80	113.70	112.70	117.70	109.60	115.35	120.56
2004	117.90	124.90	115.70	115.20	117.00	107.10	109.52	105.53
2005	113.10	112.60	114.60	116.90	106.50	113.10	110.70	117.50
2006	113.40	110.70	121.30	121.30	121.10	112.60	117.86	103.98
2007	113.20	111.70	114.10	113.10	118.10	115.50	112.14	124.47
2008	115.50	115.70	116.00	112.70	128.50	114.70	118.32	120.56
2009	112.27	110.49	116.34	113.11	127.22	112.78	111.23	113.26
2010	114.74	109.67	128.41	122.03	147.15	115.41	115.76	116.66
2011	117.79	112.80	124.86	119.45	138.18	122.65	124.51	125.25
2012	117.33	111.24	128.08	128.79	126.49	120.32	119.73	120.74
2013	110.60	106.60	112.80	116.80	103.60	116.20	106.60	117.15
2014	105.70	104.30	101.40	106.30	90.00	112.10	113.50	115.30
2015	105.80	104.10	101.60	101.80	101.20	110.80	114.35	112.05
2016	106.10	101.40	103.90	102.90	107.50	110.90	109.10	110.25
2017	105.80	106.00	98.00	97.90	98.20	109.90	114.90	107.70
2018	104.00	104.10	97.70	98.20	95.60	106.20	98.70	107.80

2-5 垦区生产总值

(2018年) 单位：万元

指　　标	合　计	劳动者报　酬	固定资产折旧	生产税净　额	#补　贴	营　业盈　余
生产总值	**10837833**	**4524673**	**1664376**	**-282729**	**676889**	**4931514**
第一产业	**4637927**	**1991536**	**510060**	**-671668**	**671839**	**2808000**
1.农林牧渔业	4637927	1991536	510060	-671668	671839	2808000
(1)农　业	4164938	1838971	456380	-669389	669550	2538976
(2)林　业	58780	24440	5667	-184	189	28857
(3)畜牧业	375847	112584	43266	-2019	2019	222016
(4)渔　业	38362	15542	4747	-77	82	18151
第二产业	**1573705**	**600256**	**231126**	**201845**	**3777**	**540478**
2.工　业	1264468	479741	196806	162175	3777	425746
3.建筑业	309237	120515	34320	39670		114732
第三产业	**4626202**	**1932881**	**923190**	**187094**	**1273**	**1583036**
4.批发和零售业	1235163	451989	177112	78203		527860
5.交通运输、仓储业和邮政业	616976	205739	97528	34750	272	278960
(1)交通运输业	520498	180929	74474	30225	265	234871
(2)仓储业	84799	22145	19828	3902	7	38925
(3)邮政业	11679	2665	3226	623		5165
6.住宿和餐饮业	331226	117568	58523	18005	21	137131
#餐饮业	284252	95816	49307	15618		123511
7.信息传输、软件和信息技术服务业	46432	30322	8538	476	1	7095
#电　信	42566	27451	7953	378	1	6784
8.金融业	341928	87926	26388	17890	5	209723
#银　行	256956	50830	21613	15218	5	169296
9.房地产业	317062	8486	272737	13294		22545
#职工自有住房	263597		263597			
10.租赁和商务服务业	19060	12359	2388	654		3659
11.科学研究、技术服务和地质勘查业	31081	23900	3313	541		3328
12.水利、环境和公共设施管理业	175105	91360	44039	3345		36362
13.居民服务和其他服务业	286626	110555	47028	16710		112332
14.教　育	304971	250443	42545	-142	340	12125
15.卫生和社会工作	233979	173692	22107	658	1	37523
16.文化、体育和娱乐业	14924	9681	2853	908		1483
17.公共管理、社会保障和社会组织	284840	214601	46292	127	15	23820
18.农林牧渔服务业	381740	141647	71403	1437	619	167254
19.采矿业中的开采辅助活动						
20.制造业中的金属制品机械和设备修理业	5089	2615	398	238		1839

2-6 各管理局生产总值、构成和指数

(2018年)

单位	生产总值	第一产业	#农业	#畜牧业	第二产业	工业	建筑业	第三产业	#贸易和餐饮业	人均生产总值(元)
绝对数(万元)	**10837833**	**4637927**	**4164938**	**375847**	**1573705**	**1264468**	**309237**	**4626202**	**1566389**	**65446**
宝泉岭局	1446515	647243	499867	136384	144143	107839	36304	655129	240800	70936
红兴隆局	1553627	779325	707068	46246	206520	157223	49298	567782	172157	46663
建三江局	2096303	1293238	1273283	16127	218921	147689	71232	584144	185142	79621
牡丹江局	1680249	890789	833379	49344	222726	190375	32351	566734	161239	80714
北 安 局	972576	336566	270610	33099	84766	68773	15993	551244	230506	53794
九 三 局	905245	269595	219503	44951	111402	66767	44635	524248	126580	63773
齐齐哈尔局	663090	224414	189700	32803	49216	40492	8724	389460	181948	47438
绥 化 局	459170	136010	125868	7128	74968	54178	20790	248192	101139	81209
哈尔滨局	266948	53445	41188	7023	87441	85854	1587	126062	34465	53815
总局直属	794111	7302	4472	2744	373601	345278	28323	413208	132415	140952
构成%(总值=100)	**100**	**42.8**	**38.4**	**3.5**	**14.5**	**11.7**	**2.9**	**42.7**	**14.5**	
宝泉岭局	100	44.7	34.6	9.4	10.0	7.5	2.5	45.3	16.6	
红兴隆局	100	50.2	45.5	3.0	13.3	10.1	3.2	36.5	11.1	
建三江局	100	61.7	60.7	0.8	10.4	7.0	3.4	27.9	8.8	
牡丹江局	100	53.0	49.6	2.9	13.3	11.3	1.9	33.7	9.6	
北 安 局	100	34.6	27.8	3.4	8.7	7.1	1.6	56.7	23.7	
九 三 局	100	29.8	24.2	5.0	12.3	7.4	4.9	57.9	14.0	
齐齐哈尔局	100	33.8	28.6	4.9	7.4	6.1	1.3	58.7	27.4	
绥 化 局	100	29.6	27.4	1.6	16.3	11.8	4.5	54.1	22.0	
哈尔滨局	100	20.0	15.4	2.6	32.8	32.2	0.6	47.2	12.9	
总局直属	100	0.9	0.6	0.3	47.0	43.5	3.6	52.0	16.7	
指数%(上年=100)	**104.0**	**104.1**	**104.8**	**97.0**	**97.7**	**98.2**	**95.6**	**106.2**	**107.8**	**89.3**
宝泉岭局	104.7	103.7	106.5	94.7	103.1	103.2	103.0	106.1	118.6	82.8
红兴隆局	98.0	98.5	100.8	85.5	90.3	92.5	83.8	103.7	98.4	75.0
建三江局	103.3	103.2	102.1	105.3	99.8	102.7	93.9	106.8	111.8	87.1
牡丹江局	104.6	106.4	105.8	102.6	99.4	101.5	92.5	105.1	101.7	89.8
北 安 局	106.2	104.7	107.2	88.2	95.4	93.6	104.7	106.7	111.1	109.4
九 三 局	107.1	112.5	113.1	112.6	101.1	105.0	95.8	106.4	109.0	114.4
齐齐哈尔局	104.9	106.3	105.4	112.2	90.4	96.1	71.8	106.7	109.5	100.1
绥 化 局	105.0	104.7	106.6	88.1	100.1	103.3	92.6	106.4	106.7	97.9
哈尔滨局	100.7	99.4	100.7	91.7	93.1	92.8	101.3	107.6	104.2	96.9
总局直属	103.7	103.2	104.2	101.7	98.9	96.9	114.6	107.7	100.6	93.3

2-7 各管理局生产总值要素

单位：万元

年份 单位	生产 总值	劳动者 报酬	固定资 产折旧	生产税 净额	#补贴	营业盈余
2000	1457251	630025	210697	97431	401	528098
2005	2698322	1119155	337362	42417	57730	1199388
2008	4544690	1856973	532018	-39217	216608	2194916
2009	4922240	2182496	649424	-22853	239890	2113174
2010	6242100	2779120	769526	93200	243188	2600254
2011	8055091	3439553	991068	111533	270030	3512938
2012	9744736	4052423	1219652	216413	308641	4256248
2013	10951225	4358057	1330291	219182	304918	5043695
2014	11335478	4238481	1373273	150211	317057	5573513
2015	11726820	4428084	1474873	149752	292429	5674112
2016	11937103	4670711	1658095	-23943	480553	5633339
2017	11115782	4423011	1632278	-145085	546873	5205578
2018	10837833	4524673	1664376	-282729	676889	4931514
宝泉岭局	1446515	433647	193066	-46331	83079	866133
红兴隆局	1553627	736205	199737	-39643	79987	657328
建三江局	2096303	1003942	360261	-98477	145611	830577
牡丹江局	1680249	528255	279937	-37035	70099	909092
北 安 局	972576	413449	155882	-111872	133155	515118
九 三 局	905245	331607	110196	-82741	102215	546183
齐齐哈尔局	663090	292195	126864	-2420	29045	246451
绥 化 局	459170	206850	47393	-3063	24062	207991
哈尔滨局	266948	104522	35673	11807	5780	114946
总局直属	794111	474002	155368	127045	3856	37696

2-8 各管理局生产总值要素构成

(以生产总值为100)

单位：%

年份 单位	生产 总值	劳动者 报酬	固定资 产折旧	生产税 净额	#补贴	营业盈余
2000	100	43.2	14.5	6.7	0.1	35.6
2005	100	41.5	12.5	1.6	2.1	44.4
2008	100	40.9	11.7	-0.9	4.8	48.3
2009	100	44.3	13.2	-0.5	4.9	42.9
2010	100	44.5	12.3	1.5	3.9	41.7
2011	100	42.7	12.3	1.4	3.4	43.6
2012	100	41.6	12.5	2.2	3.2	43.7
2013	100	39.8	12.1	2.0	2.8	46.1
2014	100	37.8	12.6	1.3	2.5	48.4
2015	100	37.7	12.6	1.3	2.5	48.4
2016	100	39.1	13.9	-0.2	4.0	47.2
2017	100	39.8	14.7	-1.3	4.9	46.8
2018	100	41.7	15.4	-2.6	6.2	45.5
宝泉岭局	100	30.0	13.3	-3.2	5.7	59.9
红兴隆局	100	47.4	12.9	-2.6	5.1	42.3
建三江局	100	47.9	17.2	-4.7	6.9	39.6
牡丹江局	100	31.4	16.7	-2.2	4.2	54.1
北 安 局	100	42.5	16.0	-11.5	13.7	53.0
九 三 局	100	36.6	12.2	-9.1	11.3	60.3
齐齐哈尔局	100	44.1	19.1	-0.4	4.4	37.2
绥 化 局	100	45.0	10.3	-0.7	5.2	45.3
哈尔滨局	100	39.2	13.4	4.4	2.2	43.1
总局直属	100	59.7	19.6	16.0	0.5	4.7

2-9 各管理局生产总值所有制构成及指数

单位：万元

年 份 单 位	生产总值			构成(%)		指数%(上年=100)	
	合 计	公有经济	非公有经济	公有经济	非公有经济	公有经济	非公有经济
2000	1457251	872036	585215	59.8	40.2	102.0	119.6
2005	2698322	1610853	1087469	59.7	40.3	113.1	113.0
2008	4544690	2547458	1997232	56.1	43.9	111.4	121.4
2009	4922240	3005077	1917163	61.1	38.9	111.6	113.3
2010	6242100	3793056	2449044	60.8	39.2	114.2	115.6
2011	8055091	4862098	3192993	60.4	39.6	117.0	119.0
2012	9744736	5857223	3887513	60.1	39.9	116.8	118.1
2013	10951225	6365375	4585850	58.1	41.9	107.2	116.3
2014	11335478	6809875	4525603	60.1	39.9	109.2	100.7
2015	11726820	7174820	4552000	61.2	38.8	107.8	102.9
2016	11937103	7150099	4787004	59.9	40.1	103.9	109.6
2017	11115782	6563443	4552339	59.0	41.0	104.2	108.0
2018	10837833	6685391	4152442	61.7	38.3	103.5	104.9
宝泉岭局	1446515	781095	665420	54.0	46.0	103.5	107.6
红兴隆局	1553627	926883	626744	59.7	40.3	98.1	102.5
建三江局	2096303	1562521	533782	74.5	25.5	102.9	105.1
牡丹江局	1680249	1118339	561910	66.6	33.4	104.1	105.1
北 安 局	972576	475386	497190	48.9	51.1	104.9	107.3
九 三 局	905245	488415	416830	54.0	46.0	106.9	107.5
齐齐哈尔局	663090	297057	366033	44.8	55.2	105.2	103.2
绥 化 局	459170	211592	247579	46.1	53.9	105.3	103.9
哈尔滨局	266948	71505	195443	26.8	73.2	100.5	101.7
总局直属	794111	752598	41513	94.8	5.2	99.4	105.6

注：本表公有经济为全部国有、集体经济及国有集体控股经济，2005年以前称国有经济。

2-10 各管理局总产出

单位：万元

年 份 单 位	总产出	第一产业	第二产业	工 业	建筑业	第三产业	#交通运输、仓储及通讯业	#贸易业及餐饮业
2000	2989144	1445564	834381	686880	147501	709199	102795	221639
2005	6476202	2797343	2495947	2199109	296838	1182912	204145	471878
2008	10567719	4645351	3881360	3287011	594349	2041008	373262	846102
2009	12040953	5274717	4740642	4055704	684938	2025594	298903	699084
2010	15525196	6346454	6585048	5472311	1112736	2593694	391608	844249
2011	19614722	7826626	8360977	6763668	1597310	3427119	528228	1176263
2012	23450345	8923297	10308881	8418886	1889995	4218168	706290	1333956
2013	27940808	9468761	11706675	9589388	2117287	6765372	773862	3440904
2014	27040228	9655405	10920687	9302269	1618418	6464670	887605	2657187
2015	27592137	9573789	10177284	8520935	1656349	7841064	1031042	3554974
2016	28436653	8858226	10326360	8688066	1638294	9200767	1063946	4332188
2017	27189278	8733780	8543721	6843997	1699724	9911777	1195136	4308938
2018	25240738	7849002	7726400	6667569	1058832	9665336	1152189	4382789
宝泉岭局	2869972	1116361	688157	601329	86828	1065454	189169	420663
红兴隆局	2986129	1348878	644055	504477	139578	993196	192883	289427
建三江局	3857013	2006003	841808	672410	169398	1009202	205334	367716
牡丹江局	2980321	1451118	724541	663990	60552	804661	145351	243065
北 安 局	1935850	640923	242441	197836	44605	1052486	171067	444319
九 三 局	1655363	493745	378695	253203	125492	782923	70036	203965
齐齐哈尔局	1429222	452858	249303	219447	29856	727062	93426	324025
绥 化 局	883043	221804	206975	165775	41200	454265	48351	189573
哈尔滨局	622611	96353	279779	277302	2477	246479	11069	72184
总局直属	6021215	20960	3470646	3111800	358846	2529610	25504	1827853

主要统计指标解释

国民经济核算体系 是联合国各国推荐的统计制度。它以国民经济作为一个整体，是用帐户形式，进行系统核算的体系，是宏观经济管理、计划、预测和决策的重要手段。

1947年联合国发表关于《国民收入的测算及社会帐户的建立》的报告，1953年联合国制定了《国民经济核算帐户体系辅助表》（简称旧SNA），标志着规范化的国民经济核算体系的诞生，1968年，联合国在完善国民收入和生产核算的同时，引进投入产出核算、资金流量核算，国际收支核算和资产负债核算，从而形成了比较完整的国民经济核算体系，即新SNA，可以清晰地描述国民经济循环全过程。

1993年联合国统计委员会通过了新修订的SNA，我国目前正在向新国民经济核算体系的全面过渡。

国民生产总值 也叫国民总收入（GNI）。英文全称为Gross National Income。指一个国家（或地区）所有常住单位在一定时期内初次分配的最终成果。国民生产总值是一个收入概念。我国常住单位从事生产活动所创造的增加值在初次分配过程中主要分配给我国的常住单位，但也有一部分以生产税及进口税（扣除生产和进口补贴）、劳动者报酬和财产收入等形式分配给非常住单位；同时，国外所创造的增加值也有一部分以劳动者报酬和财产收入等形式分配给我国常住单位，从而产生了国民生产总值概念。它等于国内生产总值加上来自国外的劳动者报酬和财产收入减去支付给国外的劳动者报酬和财产收入。

国内生产总值（GDP）：指一个国家（或地区）所有常住单位在一定时期内生产活动的最终成果。国内生产总值是一个生产概念。它有三种表现形态，从价值形态看，它是所有常住单位在一定时期内生产的全部货物和服务的价值超过同期投入的全部非固定资产货物和服务价值的差额，即所有常住单位的增加值之和；从收入形态看，它是所有常住单位在一定时期内创造并分配给常住单位和非常住单位的初次分配收入之和，由劳动者报酬、固定资产折旧、生产税净额、营业盈余四部分构成；从产品形态看，它是最终使用的货物和服务减去进口货物和服务。在核算中，这三种形态分别按生产法、收入法、支出法计算。多年来，我国习惯上将国家和某一地区（省、市、县）的GDP统称为“国内生产总值”，其英文全称为Gross Domestic Product，考虑到“Domestic”词有“国内、地区”等多种含义，将一个地区的GDP称为国内生产总值是不够恰当的。因此，为了准确的表达该指标，从2004年起各地区的GDP的中文译名不再叫“国内生产总值”，统一改称为“地区生产总值”，如“××市生产总值”，简称为“××市GDP”。

三次产业 按照我国现行计算国内生产总值的有关规定，将各物质生产部门和非物质生产部门在国民经济和社会发展中的地位和作用不同划分为三次产业。

第一产业 是指农林牧渔业。

第二产业 是指采矿业，制造业，电力、燃气及水的生产和供应业，建筑业。

第三产业 是指除第一、二产业以外的其他行业。包括：交通运输、仓储和邮政业，信息传输、软件和信息技术服务业，批发和零售业，住宿和餐饮业，金融业，房地产业，租赁和商务服务业，科学研究、技术服务和地质勘查业，水利、环境和公共设施管理业，居民服务和其他服务业，教育，卫生和社会工作，文化、体育和娱乐业，公共管理、社会保障和社会组织。

总产出 指一定时期内一个国家（或地区）常住单位生产的所有货物和服务的价值，既包括新增价值，也包括被消耗的货物和服务价值及固定资产的转移价值。总产出按生产者价格计算，它反映常住单位生产活动的规模。

中间投入 指常住单位在生产或提供货物与服务过程中，消耗和使用的所有非固定资产货物和服务的价值。中间投入也称中间消耗，一般按购买者价格计算。

增加值 指常住单位生产过程创造的新增价

值和固定资产的转移价值。它可以按生产法计算，也可以按收入法计算，按生产法计算，它等于总产出减中间投入；按收入法计算，它等于劳动者报酬、生产税净额、固定资产折旧和营业盈余之和。

劳动者报酬 指劳动者因从事生产活动所获得的全部报酬。包括劳动者获得的各种形式的工资、奖金和津贴，既包括货币形式，也包括实物形式的，还包括劳动者所享受的公费医疗和医药卫生费，上下班交通补贴、单位支付的社会保险费、住房公积金等。

生产税净额 是生产税减生产补贴的差额。生产税指政府对生产单位从事生产、销售和经营活动以及因从事这些活动使用某些生产要素如固定资产、土地、劳动力所征收的各种税、附加费和规费。生产补贴与生产税相反，是政府为了影响生产单位的生产水平和产品价格水平，对生产单位做出的无偿转移支出，它通常被看作是负生产税，包括政策性亏损补贴等。

固定资产折旧 指一定时期内为弥补固定资产损耗按照规定的固定资产折旧率提取的固定资产折旧，或按国民经济核算统一规定的折旧率虚拟计算的固定资产折旧。它反映了固定资产在当期生产中的价值转移，是一种补偿性价值，不是生产过程中新产生的价值。各种类型企业和企业化管理的事业单位的固定资产折旧按会计上提取的折旧费计算；不计提折旧的单位，如政府机关、非企业化管理的事业单位和居民住房则按照统一规定的折旧率乘以固定资产原值计算虚拟折旧。

营业盈余 指常住单位创造的增加值扣除劳动者报酬、固定资产折旧和生产税净额后的余额。实际上，营业盈余等于常住单位所创造的增加值在对劳动者进行了分配，上缴国家税收（不包括所得税），对固定资产进行了价值补偿以后，所余下的单位从事增加值的创造而应得到的份额。它相当于企业的营业利润加上生产补贴等，但要扣除从利润中开支的工资和福利等。

当年价格 指报告期的实际价格，如工厂的出厂价格，农产品的收购价格，商业的零售价格等。按当年价格计算，是指一些以货币表现的物量指标，如工、农业总产值、国民收入、国民生产总值等，按照当年的实际价格来计算总量，是为了使国民经济各项指标互相衔接，便于考察当年社会经济效益，便于对生产和流通、生产和分配、生产和消费进行经济核算和综合平衡。

按当年价格计算的价值指标，在不同年份之间进行对比时，因为包含有各年间价格变动的因素，不能确切地反映实物量的增减变动，必须消除价格变动因素后才能真实反映经济发展动态。因此，在计算增长速度时都使用可比价格计算的数字。

可比价格 指在不同时期的价格指标对比时，扣除了价格变动的因素，以确切表示物量的变动，按可比价格计算有两种方法：一种是直接按产品产量乘其不变价格计算；一种是用物价指数换算。

指数 指数是表明现象数量对比关系的相对数。广义上的指数，就是相对数。狭义上的指数，是一种特殊的相对数，是用来表明不能直接相加的各种要素所构成的复杂现象总体的数量对比关系的相对数。

03 人口、就业人员和职工工资

3-1 历年年末户数和人口数

年　份	总户数 (户)	农场户	非农场户	总人口 (人)	农场人口	非农场人口
1949	1008	1008		4836	4836	
1950	1744	1744		9557	9557	
1955	9891	8789	1102	81368	73098	8270
1960	116074	114259	1815	845814	790964	54850
1961	126957	125053	1904	786068	732406	53680
1962	127627	125633	1994	735683	682999	52684
1963	143450	138409	5041	748974	711476	37498
1964	139721	138543	1178	782495	738221	44274
1965	148639	144963	3676	853410	808494	44916
1966	176408	164830	11578	960571	863576	96995
1967	182203	172720	9483	956213	908389	47824
1968	205272	193309	11963	1162770	1096069	66701
1969	195158	181837	13321	1364831	1284793	80038
1970	199688	186254	13434	1426115	1341899	84216
1971	210764	195732	15032	1490392	1391233	99159
1972	217068	201456	15612	1492790	1385534	107256
1973	226752	209249	17503	1526608	1406482	120126
1974	241190	222834	18356	1534111	1419799	114312
1975	252320	236604	15716	1560671	1466163	94508
1976	265322	247804	17518	1609681	1475938	133743
1977	287719	265219	22500	1649667	1532771	116896
1978	308553	274437	34116	1663485	1509127	154358
1979	308255	286403	21852	1544882	1419951	124931
1980	333997	290889	43108	1567498	1417376	150122
1981	341806	312675	29131	1578689	1442805	135884
1982	364111	331392	32719	1596901	1457331	139570
1983	376948	342469	34479	1608840	1463934	144906
1984	390008	350737	39271	1612954	1465712	147242
1985	396939	357237	39702	1582424	1428940	153484
1986	406125	366585	39540	1576941	1423474	153467
1987	417000	375087	41913	1569000	1404137	164863
1988	417005	371586	45419	1551050	1380516	170534
1989	425613	386040	39573	1551257	1395910	155347
1990	444939	396467	48472	1554242	1383853	170389
1991	458444	409170	49274	1562401	1387522	174879
1992	466431	412990	53441	1558581	1370455	188126
1993	469268	420014	49254	1566351	1313572	252779
1994	470143	407047	63096	1553486	1370395	183091
1995	480926	429076	51850	1553051	1354009	199042
1996	489908	434803	55105	1566168	1363310	202858
1997	494924	434041	60883	1569137	1303196	265941
1998	499906	437884	62022	1579481	1370286	209195
1999	502246	445101	57145	1580554	1377611	202943
2000	510477	450073	60404	1574655	1371087	203568
2001	518438	460517	57921	1579927	1363533	216394
2002	520350	458559	61791	1582752	1349727	233025
2003	523822	462631	61191	1574558	1356351	218207
2004	529588	468388	61200	1579389	1365675	213714
2005	545198	484845	60353	1585954	1379391	206563
2006	552652	494864	57788	1594897	1390611	204286
2007	586854	525004	61850	1649509	1452205	197304
2008	596355	534825	61530	1659685	1460384	199301
2009	609174	544834	64340	1668033	1456360	211673
2010	626056	560598	65458	1673491	1443366	230125
2011	651529	570845	80684	1711963	1465347	246616
2012	659149	576075	83074	1733822	1481857	251965
2013	657971	598536	59435	1722718	1516837	205881
2014	654659	590872	63787	1697451	1489580	207871
2015	652296	587265	65031	1671766	1463684	208082
2016	672496	603480	69016	1677021	1471289	205732
2017	671484	605462	66022	1673391	1478566	194825
2018	669537	604248	65289	1655896	1466461	189435

3-2　各管理局年末人口数

单位：人

年　份 单　位	总户数 (户)	总人口	按性别分		按农场、非农场户口分	
			男	女	农　场	非农场
2000	510477	1574655	829433	745222	1371087	203568
2005	545198	1585954	821075	764879	1379391	206563
2010	626056	1673491	870314	803177	1443366	230125
2011	651529	1711963	883112	828851	1465347	246616
2012	659149	1733822	892265	841557	1481457	252365
2013	657971	1722718	883662	839056	1516837	205881
2014	654659	1697451	892206	805245	1489580	207871
2015	652296	1671766	868668	803098	1463684	208082
2016	672496	1677021	901599	775422	1471289	205732
2017	671484	1673391	896036	777355	1478566	194825
2018	669537	1655896	887598	768298	1466461	189435
宝泉岭局	89142	203918	104731	99187	174721	29197
红兴隆局	135613	336659	173634	163025	315220	21439
建三江局	98765	263286	138293	124993	238327	24959
牡丹江局	90254	209463	111443	98020	196778	12685
北 安 局	77234	187548	99306	88242	180251	7297
九 三 局	54911	150133	82414	67719	114729	35404
齐齐哈尔局	57261	142263	79489	62774	139781	2482
绥 化 局	27573	59198	30992	28206	56542	2656
哈尔滨局	18245	50000	27503	22497	47424	2576
总局直属	20539	53428	39793	13635	2688	50740

3-3　各管理局计划生育情况

年　份 单　位	计划生育率 (%)	女性晚婚率 (%)	综合节育率 (%)	一孩生育率 (%)	二孩生育率 (%)	多孩生育率 (%)
2000	99.72	67.91	94.04	95.83	4.12	0.05
2005	99.54	60.51	93.11	92.79	7.16	0.05
2010	99.44	50.58	91.22	91.17	8.69	0.14
2011	99.90	57.20	90.89	91.50	8.34	0.16
2012	99.92	61.17	90.52	91.56	8.27	0.17
2013	99.83	68.41	90.19	89.10	10.05	0.13
2014	99.67	73.45	89.86	90.02	9.83	0.15
2015	99.59	76.27	88.33	82.97	16.77	0.33
2016	100.00	75.73	88.62	69.00	30.00	1.00
2017	100.00	75.00	88.61	57.00	41.00	2.00
2018	100.00	76.34	88.91	64.12	34.61	1.27
宝泉岭局	100.00	77.08	89.01	61.20	37.10	1.70
红兴隆局	100.00	83.01	89.05	62.50	37.00	0.50
建三江局	100.00	70.05	90.45	51.90	46.20	1.90
牡丹江局	100.00	83.05	86.56	52.30	44.60	3.01
北 安 局	100.00	67.03	91.25	61.80	36.61	1.59
九 三 局	100.00	72.01	91.02	68.56	30.44	1.00
齐齐哈尔局	100.00	66.02	90.05	67.02	31.98	1.00
绥 化 局	100.00	53.08	89.45	66.00	32.00	1.00
哈尔滨局	100.00	95.01	91.23	67.88	31.12	1.00
总局直属	100.00	97.01	81.05	82.00	18.00	

注：本表资料由总局计划生育委员会提供。

3-4 各管理局按年龄分组的人口数

(2018年)　　单位：人

单位	年末辖区常住人口	0-6岁	7-15岁	16-54岁	#女性
总局	**1600282**	**62321**	**116183**	**988516**	**479723**
宝泉岭局	203918	6363	11302	121958	57899
红兴隆局	332943	11869	25071	194878	97834
建三江局	263286	12852	21039	173912	79531
牡丹江局	208172	9035	14390	121206	62150
北安局	180796	6641	15471	111198	54583
九三局	141948	6142	11383	88540	44315
齐齐哈尔局	139781	4093	7871	84268	40696
绥化局	56542	2578	4101	35754	17218
哈尔滨局	49605	1800	3711	32099	15208
总局直属	23291	948	1844	24703	10289

3-4续表　　单位：人

单位	55-59岁	#女性	60-64岁	#女性	65岁及以上
总局	**173175**	**77811**	**119783**	**54896**	**150304**
宝泉岭局	21423	10161	17312	7446	25560
红兴隆局	45921	18717	26922	12496	28282
建三江局	24345	10591	15176	6442	15962
牡丹江局	23336	11680	16736	8099	23469
北安局	17592	7686	13613	6250	16281
九三局	14591	6866	10723	4752	10569
齐齐哈尔局	11930	5758	10231	5050	21388
绥化局	5692	2586	3926	2099	4491
哈尔滨局	5840	2773	3809	1626	2346
总局直属	2505	993	1335	636	1956

3-5 各管理局分民族人口数

(2010年11月1日第六次人口普查资料)

单位：人

单位	总人口	汉族	满族	蒙古族	朝鲜族	回族	其他民族
总计	**1667494**	**1634359**	**18072**	**4975**	**4709**	**1852**	**3527**
宝泉岭局	192159	189369	1580	311	448	191	260
红兴隆局	343807	335916	4659	525	1564	221	922
建三江局	240892	238191	1677	403	237	96	288
牡丹江局	220789	216302	2469	428	938	256	396
北安局	185852	181102	3247	531	122	170	680
九三局	166274	163760	1078	468	266	444	258
齐齐哈尔局	127448	124600	661	1017	470	81	619
绥化局	63609	61548	543	1165	120	212	21
哈尔滨局	43931	42934	560	72	270	61	34
总局直属	82733	80637	1598	55	274	120	49

3-6 各管理局6岁及以上按文化程度分的人口数

(2010年11月1日第六次人口普查资料)

单位：人

单位	六岁及以上人口	未上过小学	小学	初中	高中	大学专科	大学本科	研究生
总计	**1606333**	**58656**	**339593**	**719970**	**315021**	**126866**	**45155**	**1072**
宝泉岭局	186467	7942	40604	81981	39777	11468	4602	93
红兴隆局	332839	13908	70896	151831	65995	21807	8266	136
建三江局	230299	7123	54708	113331	39477	10968	4609	83
牡丹江局	213575	7547	53462	99276	35697	12572	4941	80
北安局	179930	6101	39020	88704	32905	10197	2938	65
九三局	156626	7087	33392	69624	31500	11454	3516	53
齐齐哈尔局	123365	4665	24211	58793	27717	6356	1595	28
绥化局	61434	2281	13176	30965	11458	2783	750	21
哈尔滨局	42513	1219	7373	17748	10869	4030	1234	40
总局直属	79285	783	2751	7717	19626	35231	12704	473

3-7 分年龄人口数

(2010年11月1日第六次人口普查资料)

年　　龄	人口数(人)			比重(%)			性别比
	合计	男	女	合计	男	女	(女=100)
总　　计	**1667494**	**849357**	**818137**	**100.00**	**50.94**	**49.06**	**103.82**
少年儿童组(0-14岁)	178095	92595	85500	10.68	5.55	5.13	108.30
学龄前儿童组(1-6岁)	63248	33065	30183	3.79	1.98	1.81	109.55
婴儿组(0岁)	8843	4561	4282	0.53	0.27	0.26	106.52
托儿组(1-3岁)	28774	15016	13758	1.73	0.90	0.83	109.14
幼儿组(4-6岁)	34474	18049	16425	2.07	1.08	0.99	109.89
学龄儿童(7-12岁)	74713	38652	36061	4.48	2.32	2.16	107.19
初中适龄组(13-15岁)	50371	26066	24305	3.02	1.56	1.46	107.25
高中适龄组(16-18岁)	57687	29570	28117	3.46	1.77	1.69	105.17
大学适龄组(18-24岁)	145990	75520	70470	8.76	4.53	4.23	107.17
男性兵员组(18-22岁)	100976	52470	48506	6.06	3.15	2.91	108.17
孕龄高峰妇女组(20-29岁)	201232	102893	98339	12.07	6.17	5.90	104.63
女性劳动力组(16-54岁)	1110844	569677	541167	66.62	34.16	32.45	105.27
男性劳动力组(16-59岁)	1219461	625459	594002	73.13	37.51	35.62	105.30
老年人口组(60岁及以上)	250858	121554	129304	15.04	7.29	7.75	94.01
高龄老年人口组(80岁及以上)	22801	12611	10190	1.37	0.76	0.61	123.76

3-8 各管理局家庭户数及家庭规模

(2010年11月1日第六次人口普查资料)

单位	家庭户数(户)	家庭人口数(人)				平均家庭户规模(人/户)
		合计	男	女	性别比(女为100)	
合计	**643928**	**1594170**	**807427**	**786743**	**102.6**	**2.48**
宝泉岭局	75620	183532	92340	91192	101.3	2.43
红兴隆局	137406	338757	170569	168188	101.4	2.47
建三江局	87908	234031	120542	113489	106.2	2.66
牡丹江局	89158	216746	109960	106786	103.0	2.43
北安局	73021	180362	91612	88750	103.2	2.47
九三局	65807	158549	80233	78316	102.4	2.41
齐齐哈尔局	50699	125734	63659	62075	102.6	2.48
绥化局	25208	63020	31308	31712	98.7	2.50
哈尔滨局	16502	42905	21731	21174	102.6	2.60
总局直属	22599	50534	25473	25061	101.6	2.24

3-9 各管理局户籍人口及外出人口

(2010年11月1日第六次人口普查资料)

单位：人

单位	户籍人口			外出半年以上人口		
	合计	男	女	小计	男	女
合计	**1664363**	**845471**	**818892**	**294751**	**147230**	**147521**
宝泉岭局	211033	106283	104750	48440	23791	24649
红兴隆局	348047	175360	172687	64350	31575	32775
建三江局	209346	108464	100882	30965	16083	14882
牡丹江局	194302	98486	95816	31478	15739	15739
北安局	203378	103851	99527	41605	20784	20821
九三局	174261	88222	86039	35636	17777	17859
齐齐哈尔局	137224	69846	67378	18378	9227	9151
绥化局	72808	36812	35996	15279	8020	7259
哈尔滨局	41159	20817	20342	6801	3299	3502
总局直属	72805	37330	35475	1819	935	884

3-10 各管理局人口增减变动情况

年份 单位	年初人口数（人）	年内增加数（人）	迁入	出生	年内减少数（人）	迁出
2000	1580554	75065	66231	8834	80964	74493
2005	1579389	56147	48994	7153	49582	42795
2010	1668033	79846	73079	6767	74388	65466
2011	1673491	95540	88820	6720	57068	48147
2012	1711963	74929	67469	7460	53070	43525
2013	1733822	55036	47760	7276	66140	56427
2014	1722718	62941	55058	7883	88208	79025
2015	1694644	54859	48581	6278	77737	69119
2016	1671766	89257	79378	9879	84002	75228
2017	1677021	52720	43054	9666	56350	47404
2018	1673391	38845	31422	7423	56340	47143
宝泉岭局	204859	2003	1073	930	2944	1702
红兴隆局	339961	5554	4188	1366	8856	6918
建三江局	262755	17636	15887	1749	17105	16062
牡丹江局	213760	4355	3412	943	8652	7453
北安局	192047	3612	2884	728	8111	7064
九三局	153679	798	307	491	4344	3471
齐齐哈尔局	143923	1105	605	500	2765	1753
绥化局	58996	1478	1170	308	1276	814
哈尔滨局	49421	1678	1357	321	1099	813
总局直属	53990	626	539	87	1188	1093

3-10续表

年份 单位	死亡	年末人口数（人）	年平均人口数（人）	出生率（‰）	死亡率（‰）	自然增长率（‰）
2000	6375	1574655	1577605	6.82	4.10	2.72
2005	6787	1585954	1582672	5.17	4.74	0.43
2010	8922	1673491	1670762	4.05	5.34	-1.29
2011	8921	1711963	1692727	3.97	5.27	-1.30
2012	9545	1733822	1722893	4.33	5.54	-1.21
2013	9713	1722718	1728270	4.21	5.62	-1.41
2014	9183	1697451	1710085	4.61	5.37	-0.76
2015	8618	1671766	1683205	3.73	5.12	-1.39
2016	8774	1677021	1674394	5.90	5.24	0.66
2017	8946	1673391	1675206	5.77	5.34	0.43
2018	9197	1655896	1664644	4.46	5.52	-1.07
宝泉岭局	1242	203918	204389	4.55	6.08	-1.53
红兴隆局	1938	336659	338310	4.04	5.73	-1.69
建三江局	1043	263286	263021	6.65	3.97	2.68
牡丹江局	1199	209463	211612	4.46	5.67	-1.21
北安局	1047	187548	189798	3.84	5.52	-1.68
九三局	873	150133	151906	3.23	5.75	-2.51
齐齐哈尔局	1012	142263	143093	3.49	7.07	-3.58
绥化局	462	59198	59097	5.21	7.82	-2.61
哈尔滨局	286	50000	49711	6.46	5.75	0.70
总局直属	95	53428	53709	1.62	1.77	-0.15

3-11 各管理局从业人员人数

单位：人

年份 单位	从业人员	国有单位	集体单位	其他单位
2000	707390	574335	3813	129242
2005	743997	544052	233	199712
2010	936591	673791	524	262276
2012	982719	678627	745	303347
2013	849161	581989	785	266387
2014	781882	518116	683	263083
2015	776551	475394	149	301008
2016	775179	473161	71	301947
2017	776993	475808	407	300778
2018	759807	468015	19	291773
宝泉岭局	89524	56892	13	32619
红兴隆局	157523	103277		54246
建三江局	110098	61916		48182
牡丹江局	92184	55948		36236
北 安 局	81727	51450		30277
九 三 局	74296	55557		18739
齐齐哈尔局	57738	39120		18618
绥 化 局	36232	22449		13783
哈尔滨局	21132	9595		11537
总局直属	39353	11811	6	27536

3-12 各管理局按三次产业分的从业人员人数

年份 单位	绝对数（人）			构成%（以全部从业人员为100）		
	第一产业	第二产业	第三产业	第一产业	第二产业	第三产业
2000	421900	101245	184245	59.6	14.3	26.1
2005	465073	105950	172974	62.5	14.2	23.2
2010	602140	133298	201153	64.3	14.2	21.5
2012	598771	165194	218754	60.9	16.8	22.3
2013	485109	140687	223365	57.1	16.6	26.3
2014	447260	99642	234980	57.2	12.7	30.1
2015	460522	91102	224927	59.3	11.7	29.0
2016	456683	89181	229315	58.9	11.5	29.6
2017	463586	89583	223824	59.7	11.6	28.7
2018	463194	76433	220180	61.0	10.1	28.9
宝泉岭局	54563	10465	24496	60.9	11.7	27.4
红兴隆局	109441	10871	37211	69.5	6.9	23.6
建三江局	58611	8771	42716	53.2	8.0	38.8
牡丹江局	58283	8314	25587	63.2	9.0	27.8
北 安 局	53678	4563	23486	65.7	5.6	28.7
九 三 局	51162	5939	17195	68.9	8.0	23.1
齐齐哈尔局	42814	2397	12527	74.1	4.2	21.7
绥 化 局	24573	3150	8509	67.8	8.7	23.5
哈尔滨局	9354	3530	8248	44.3	16.7	39.0
总局直属	715	18433	20205	1.8	46.9	51.3

3-13 各管理局分行业从业人员人数

单位：人

年份 单位	合计	农林牧渔业	工业	建筑业	交通运输仓储和邮政业	批发、零售及住宿、餐饮业
2000	707390	421900	77768	23477	18446	49585
2005	743997	465073	77850	28100	20383	58568
2010	936591	602140	97440	35858	22633	68673
2012	982719	598771	106122	59072	24065	77269
2013	849161	485109	86095	54592	21038	71978
2014	781882	459630	78403	21992	20463	73073
2015	776551	471795	72538	19131	20327	73027
2016	775179	479344	70399	19349	19955	73226
2017	776993	485931	66197	23913	20349	71196
2018	759807	484477	55846	21097	20133	70939
宝泉岭局	89524	58239	8413	2052	2506	6825
红兴隆局	157523	113050	8899	1972	3934	11920
建三江局	110098	61520	6173	2598	5248	17079
牡丹江局	92184	59866	7193	1172	2799	7787
北 安 局	81727	56920	3442	1419	2087	5751
九 三 局	74296	53349	3115	2824	684	4603
齐齐哈尔局	57738	44814	2069	377	1072	3803
绥 化 局	36232	25829	2111	1143	698	2876
哈尔滨局	21132	10175	3377	161	423	2518
总局直属	39353	715	11054	7379	682	7777

3-13续表

单位：人

年份 单位	房地产业居民服务、修理和其他服务业	卫生和社会工作	教育、文化、体育和娱乐业	科学研究、技术服务业	公共管理、社会保障和社会组织	其他
2000	44599	14074	32120	1679	23742	
2005	17791	13764	27315	2292	13143	19718
2010	22994	13844	26040	2379	19694	24896
2012	24008	15154	26550	2626	25133	23949
2013	20589	15562	26221	2747	25157	40073
2014	20796	15942	26491	2615	32327	30150
2015	20058	16309	26387	2303	19938	34738
2016	17620	16449	25252	2174	21779	29632
2017	17602	15804	24146	2260	21233	28362
2018	18342	15112	23639	2127	20507	27588
宝泉岭局	1714	2134	2837	190	3393	1221
红兴隆局	2699	2431	3281	69	2964	6304
建三江局	4455	2071	4111	357	1416	5070
牡丹江局	1379	1895	2574	130	1525	5864
北 安 局	3139	1378	1755	94	4482	1260
九 三 局	1695	1281	2278	87	1142	3238
齐齐哈尔局	1482	1113	1315	39	1054	600
绥 化 局	966	370	745	1	1381	112
哈尔滨局	624	194	1509		1853	298
总局直属	189	2245	3234	1160	1297	3621

3-14 年末按登记注册类型分的各行业从业人员人数

(2018年)

单位：人

行业	从业人员人数	国有单位	#在岗职工	集体单位	其他单位
总 计	**759807**	**468015**	**274165**	**19**	**290509**
一、按国民经济行业分组					
(一)农、林、牧、渔业	484477	376673	202032		107187
1.农 业	422571	364456	191177		58115
2.林 业	2909	1267	917		1611
3.畜牧业	35506	141	119		34967
4.渔 业	2208	7	7		2201
5.农、林、牧、渔服务业	21283	10802	9812		10293
(二)采矿业	2430	5			2425
(三)制造业	44389	2087	1199	6	42043
(四)电力、热力、燃气及水的生产和供应业	9027	5887	4586		3120
(五)建筑业	21097	877	692	13	20176
(六)批发和零售业	47876	1842	1252		45905
(七)交通运输、仓储和邮政业	20133	3637	2881		16429
(八)住宿和餐饮业	23063	1441	1124		21519
(九)信息传输、软件和信息技术服务业	2330	2238	2125		88
(十)金融业	2222	437	374		1785
(十一)房地产业	1701	1039	765		662
(十二)租赁和商务服务业	1339	961	828		378
(十三)科学研究和技术服务业	2127	1818	1475		309
(十四)水利、环境和公共设施管理业	21697	18904	10722		2793
(十五)居民服务、修理和其他服务	16641	1759	1375		14842
(十六)教 育	22140	22000	19885		140
(十七)卫生和社会工作	15112	15110	13711		2
(十八)文化、体育和娱乐业	1499	478	358		1021
(十九)公共管理、社会保障和社会组织	20507	10822	8781		9685
二、按三次产业分组					
(一)第一产业	463194	365871	192220		96894
(二)第二产业	76433	8856	6477	19	67764
(三)第三产业	220180	93288	75468		125851

3-15 各管理局分行业全部职工人数

单位：人

年份 单位	合计	农林牧渔业	工业	建筑业	交通运输仓储和邮政业	批发、零售及住宿、餐饮业
2000	433963	268196	46020	11203	3975	13159
2005	345249	230132	31414	6287	4026	7313
2010	379023	244733	39234	7402	3469	11207
2012	367601	230262	37989	8207	3552	11003
2013	375498	224416	37658	6845	4007	12337
2014	395925	242784	35893	7000	4940	17923
2015	375023	233330	32767	6764	4698	15844
2016	361839	231468	31906	6306	3948	13241
2017	346942	225655	28572	5935	4243	11642
2018	327710	215379	23037	5343	4186	10630
宝泉岭局	42330	29194	2601	436	396	1058
红兴隆局	63651	51530	1557	322	749	390
建三江局	45176	25992	3339	943	1419	938
牡丹江局	32198	20250	1856	82	427	276
北 安 局	37448	29536	979	306	410	525
九 三 局	33104	25889	764	5	55	214
齐齐哈尔局	23030	18708	637	73	14	12
绥 化 局	12853	9801	411	19	34	87
哈尔滨局	6028	3766	176			279
总局直属	31892	713	10717	3157	682	6851

3-15续表

单位：人

年份 单位	房地产业居民服务、修理和其他服务业	卫生和社会工作	教育、文化、体育和娱乐业	科学研究、技术服务业	公共管理、社会保障和社会组织	其他
2000	24525	13523	30328	1050	22184	
2005	3108	12902	25783	1722	11905	10657
2010	3031	12926	24287	2160	16192	14382
2012	1886	14169	24621	2065	18629	15218
2013	2339	14784	24852	2111	19267	26882
2014	4918	14904	24644	2187	20561	20171
2015	3434	14537	23988	1958	13845	23858
2016	1501	14869	23191	1822	14541	19046
2017	2401	14194	21315	1840	13785	17360
2018	2546	13713	20243	1776	13295	17562
宝泉岭局	228	2039	2625	155	2571	1027
红兴隆局	306	2298	2537	66	1859	2037
建三江局	948	2055	4073	352	1351	3766
牡丹江局	30	1750	2204	116	759	4448
北 安 局	606	1330	1532	82	1545	597
九 三 局	56	1222	2130	83	1100	1586
齐齐哈尔局	4	1001	1187	37	844	513
绥 化 局	176	367	674	1	1251	32
哈尔滨局	47	167	555		933	105
总局直属	145	1484	2726	884	1082	3451

3-16　非私营个体单位从业人员情况

(2018年)　　单位：人

行　　业	从业人员期末人数	#在岗职工	从业人员平均人数	#在岗职工
总　　计	**513259**	**304739**	**526549**	**307004**
一、按企业、事业、机关分组				
1.企　业	463846	261583	476308	263094
2.事　业	42821	38134	43533	38805
3.机　关	6592	5022	6708	5105
二、按国民经济行业分组				
(一)农林牧渔业	373193	201087	383825	202482
1. 农　业	360764	190052	370961	191193
2. 林　业	1277	917	1380	906
3. 畜牧业	149	119	144	121
4. 渔　业	7	7	6	6
5.农、林、牧、渔服务业	10996	9992	11334	10256
(二)工　业	25366	18961	26143	19399
(三)建筑业	9329	4199	10322	4264
(四)批发和零售业	9425	7669	9296	7817
(五)交通运输、仓储和邮政业	4673	3673	4685	3642
(六)住宿和餐饮业	1697	1367	1712	1375
(七)信息传输、软件和信息技术服务业	2247	2125	2244	2132
(八)金融业	2222	2141	2217	2135
(九)房地产业	1402	930	1394	914
(十)租赁和商务服务业	1184	936	1192	942
(十一)科学研究和技术服务业	1890	1539	1942	1567
(十二)水利、环境和公共设施管理业	20329	11669	20694	11292
(十三)居民服务、修理和其他服务	1787	1379	1832	1395
(十四)教　育	21854	19739	22243	20162
(十五)卫生和社会工作	15069	13672	15315	13830
(十六)文化、体育和娱乐业	1085	358	1101	364
(十七)公共管理、社会保障和社会组织	20507	13295	20392	13292

3-17 非私营个体单位从业人员劳动报酬情况

(2018年) 单位：万元,元

行业	从业人员工资总额	#在岗职工	从业人员平均工资	#在岗职工
总计	**1850448**	**1187322**	**34859**	**38477**
一、按企业、事业、机关分组				
1.企业	1508773	869166	31660	32916
2.事业	290627	271433	66471	69612
3.机关	51048	46723	76100	91523
二、按国民经济行业分组				
(一)农林牧渔业	1118396	563531	28856	27675
1. 农业	1076350	525415	28724	27318
2. 林业	3364	2334	24375	25760
3. 畜牧业	592	442	41076	36496
4. 渔业	46	46	77333	77333
5.农、林、牧、渔服务业	38044	35294	33567	34413
(二)工业	141777	122131	56060	66572
(三)建筑业	36586	15967	35445	37445
(四)批发和零售业	56110	50577	59844	64701
(五)交通运输、仓储和邮政业	16053	13355	34266	36668
(六)住宿和餐饮业	6286	4790	36717	34834
(七)信息传输、软件和信息技术服务业	10467	10202	46644	47850
(八)金融业	22488	22258	101435	104251
(九)房地产业	5052	3304	36243	36144
(十)租赁和商务服务业	6401	5628	53701	59740
(十一)科学研究和技术服务业	11774	10315	60626	65826
(十二)水利、环境和公共设施管理业	50717	33390	24223	28946
(十三)居民服务、修理和其他服务	6636	5932	36221	42523
(十四)教育	146940	140823	65630	69344
(十五)卫生和社会工作	103941	93970	67679	67746
(十六)文化、体育和娱乐业	5305	2709	48181	74426
(十七)公共管理、社会保障和社会组织	105519	88440	51745	66537

3-18 按性别分的各行业从业人员数

(2018年) 单位：人

行业	从业人员合计	#女性	女性比重(%)
总计	**759807**	**287611**	**37.9**
一、按国民经济行业分组			
(一)农、林、牧、渔业	484477	173148	35.7
1.农业	422571	152576	36.1
2.林业	2909	716	24.6
3.畜牧业	35506	12633	35.6
4.渔业	2208	561	25.4
5.农、林、牧、渔服务业	21283	6662	31.3
(二)采矿业	2430	499	20.5
(三)制造业	44389	15019	33.8
(四)电力、热力、燃气及水的生产和供应业	9027	1739	19.3
(五)建筑业	21097	2699	12.8
(六)批发和零售业	47876	25132	52.5
(七)交通运输、仓储和邮政业	20133	3541	17.6
(八)住宿和餐饮业	23063	13274	57.6
(九)信息传输、软件和信息技术服务业	2330	819	35.2
(十)金融业	2222	854	38.4
(十一)房地产业	1701	673	39.6
(十二)租赁和商务服务业	1339	499	37.3
(十三)科学研究和技术服务业	2127	752	35.4
(十四)水利、环境和公共设施管理业	21697	8782	40.5
(十五)居民服务、修理和其他服务	16641	8854	53.2
(十六)教育	22140	13986	63.2
(十七)卫生和社会工作	15112	9955	65.9
(十八)文化、体育和娱乐业	1499	753	50.2
(十九)公共管理、社会保障和社会组织	20507	6633	32.3
二、按三次产业分组			
(一)第一产业	463194	166486	35.9
(二)第二产业	76433	19879	26.0
(三)第三产业	220180	101246	46.0

3-19 各管理局国有单位分行业职工人数

单位：人

年份 单位	合计	农林牧渔业	工业	建筑业	交通运输仓储和邮政业	批发、零售及住宿、餐饮业
2000	414995	265875	34158	8902	3333	12162
2005	313509	228243	10552	3505	3413	4415
2010	326823	241832	8405	784	2648	4074
2012	316280	227392	9739	1471	2802	3778
2013	320109	221999	5286	944	3131	4442
2014	335471	237363	9217	749	3454	4014
2015	304776	214438	6240	858	3383	3004
2016	290861	212236	6615	732	2885	2722
2017	285529	212326	5955	576	2736	2798
2018	274165	202032	5785	692	2881	2376
宝泉岭局	35499	27346	682	205	164	347
红兴隆局	60034	50035	826	11	738	293
建三江局	38340	23076	903	236	1199	451
牡丹江局	29756	19321	821	65	420	218
北 安 局	31622	26111	556	144	274	211
九 三 局	32357	25741	696		38	203
齐齐哈尔局	21181	17501	151	31	14	7
绥 化 局	10377	8557	119		34	7
哈尔滨局	5131	3677	90			29
总局直属	9868	667	941			610

3-19续表

单位：人

年份 单位	房地产业居民服务、修理和其他服务业	卫生和社会工作	教育、文化、体育和娱乐业	科学研究、技术服务业	公共管理、社会保障和社会组织	其他
2000	23519	13484	30328	1050	22184	
2005	2946	10740	25783	1604	11905	10403
2010	1860	12842	24287	1670	16204	12217
2012	1266	14169	24618	1418	18533	11094
2013	1344	14784	24810	1653	19087	22629
2014	1462	14863	24607	1741	20471	17530
2015	2833	14479	23988	1605	13755	20193
2016	858	14869	23191	1502	9358	15893
2017	1747	14194	21315	1532	9336	13014
2018	2140	13711	20243	1475	8781	14049
宝泉岭局	122	2039	2625	155	806	1008
红兴隆局	255	2298	2537	38	1416	1587
建三江局	884	2055	4073	352	1351	3760
牡丹江局	30	1750	2204	110	759	4058
北 安 局	576	1330	1532	82	534	272
九 三 局	56	1222	2130	53	1100	1118
齐齐哈尔局		999	1187	37	763	491
绥 化 局	109	367	674		483	27
哈尔滨局	28	167	555		487	98
总局直属	80	1484	2726	648	1082	1630

3-20 各管理局国有单位分行业女性从业人员数

单位：人

年 份 单 位	合 计	农林牧渔 业	工 业	建筑业	交通运输仓储和邮政业	批发、零售及住宿、餐饮业
2000	231094	155368	16939	2169	3732	3232
2005	217827	170414	4235	2438	1655	2507
2010	280857	232662	2755	499	1444	2349
2012	285950	234248	3239	313	1469	2391
2013	253053	198783	1939	309	1488	2549
2014	237188	178856	3136	533	1570	2186
2015	182776	128993	2104	478	1454	1798
2016	178587	131580	2360	212	1416	1663
2017	177266	132176	2140	208	1259	1697
2018	179483	136531	2033	198	1196	1414
宝泉岭局	20562	16142	198	61	109	229
红兴隆局	37960	30227	197	4	309	226
建三江局	25366	17334	257	57	452	244
牡丹江局	19498	14123	352	21	221	157
北 安 局	19058	15167	349	49	72	135
九 三 局	24224	19974	94		2	113
齐齐哈尔局	14148	12030	48	6	18	16
绥 化 局	9783	8893	66		13	13
哈尔滨局	3522	2419	57			29
总局直属	5362	222	415			252

3-20续表

单位：人

年 份 单 位	房地产业居民服务、修理和其他服务业	卫 生 和社会工作	教育、文化、体 育 和娱 乐 业	科学研究、技术服务业	公共管理、社会保障和社会组织	其 他
2000	13818	8910	18577	790	5970	
2005	1656	6931	16746	657	3030	7558
2010	2576	8977	16482	656	4921	7536
2012	2549	10066	16442	609	7268	7356
2013	2198	9966	16523	688	7189	11421
2014	1363	10142	16234	762	11899	10507
2015	1741	10720	16421	721	5683	12663
2016	643	10981	15886	728	3139	9979
2017	1263	10139	15187	718	3192	9287
2018	1328	9954	14093	653	2971	9112
宝泉岭局	55	1250	1777	46	305	390
红兴隆局	183	1741	2135	11	385	2542
建三江局	317	1434	2822	118	554	1777
牡丹江局	5	1297	1336	27	323	1636
北 安 局	476	974	1255	43	206	332
九 三 局	16	828	1386	20	275	1516
齐齐哈尔局	146	652	796	13	183	240
绥 化 局	66	235	374		107	16
哈尔滨局	19	150	555		222	71
总局直属	45	1393	1657	375	411	592

3-21　各管理局分行业个体劳动者人数

单位：人

年　份 单　位	合　计	农林牧渔　业	工　业	建筑业	交通运输仓储和邮政业	批发零售及住宿餐饮业	房地产业居民服务和其它服务业	其　他
2000	69912	12521	9252	359	8101	32571	5888	1220
2005	63702	1624	8677	179	10350	32069	6036	4767
2010	59343	1543	4687	428	1012	43337	6282	2054
2012	75262	1902	5348	216	4735	50325	8891	3845
2013	71806	2206	4313	412	1009	50242	10557	3067
2014	89207	2435	6646	469	1905	62835	10446	4471
2015	105922	2942	8092	765	1813	61574	11199	19537
2016	94796	2849	6956	620	2010	55038	12923	14400
2017	102167	3861	9109	1383	3150	64514	1690	18460
2018	106232	4289	9829	1664	3967	65660	14144	6679
宝泉岭局	16095	647	1539	607	863	9575	1883	981
红兴隆局	17833	1025	1694	353	386	10766	2358	1251
建三江局	24885	222	1582	76	445	16805	4298	1457
牡丹江局	11913	364	899	132	619	7730	1418	751
北 安 局	7394	304	529	76	335	4849	1042	259
九 三 局	8046	334	584	222	757	4570	931	648
齐齐哈尔局	7865	416	1075	95	120	4761	912	486
绥 化 局	3512	339	352	30	48	2056	419	268
哈尔滨局	6681	356	971	49	265	3827	713	500
总局直属	2008	282	604	24	129	721	170	78

注：3-21表资料由总局工商局提供。

3-22　各管理局新就业和失业人数

单位：人

年　份 单　位	新就业人　数	国有单位	集体单位	从事个体劳动和灵活就业	其　他	失业人数
2000	3529	3467	62			18046
2005	53975	2816		7140	44019	24151
2010	42558	11834		28530	2194	19759
2012	57084	12033		41197	3854	22678
2013	50579	5728		40536	4315	21384
2014	53293	2942		49546	805	18775
2015	50633	7317		41663	1653	17496
2016	51033	10969		39040	1024	17511
2017	48578	7497		39780	1301	17002
2018	39912	2768		36360	784	16521
宝泉岭局	3893	441		3406	46	953
红兴隆局	10098	1244		8704	150	4721
建三江局	8319	122		8007	190	2561
牡丹江局	3602	195		3254	153	981
北 安 局	3922	132		3790		1265
九 三 局	4108	320		3565	223	2820
齐齐哈尔局	4098	19		4070	9	2115
绥 化 局	1027	45		969	13	953
哈尔滨局	845	250		595		152

注：3-22表和3-23表由总局人力资源和社会保障局提供。

3-23 各管理局离退休、退职及五七工家属工人员数

单位：人

年份 单位	离退休人员 总数	离休人员	退休人员	退职人员	五七工 家属工人数
2000	176445	8218	160012	8215	
2005	215859	8010	199292	8557	
2010	341186	3326	250611	11444	75805
2011	356967	3573	267833	10873	74688
2012	390134	3501	302160	9785	74688
2013	410121	3203	336409		70509
2014	427887	2891	424996		68373
2015	450767	2595	381977		66195
2016	466901	2279	400685		63937
2017	484278	1995	420706		61577
2018	504697	1745	443618		59334
宝泉岭局	72082	266	62420		9396
红兴隆局	114566	462	105706		8398
建三江局	56090	136	50086		5868
牡丹江局	73272	355	69681		3236
北安局	57062	136	46016		10910
九三局	48937	104	40336		8497
齐齐哈尔局	36404	61	29566		6777
绥化局	21822	66	17262		4494
哈尔滨局	9993	39	8538		1416
总局直属	14469	120	14007		342

注：3-23表2009年离退休人员总数没包括“五七工”和“家属工”。2013年起不再单独统计退职人员人数。

3-24 年末按登记注册类型分的各行业从业人员劳动报酬

(2018年)　　单位：万元

行业	全部从业人员劳动报酬	国有单位	集体单位	其他单位
总　计	**2708909**	**1598362**	**52**	**1110495**
一、按国民经济行业分组				
(一)农、林、牧、渔业	1589989	1117545		472444
1.农业	1431179	1076303		354876
2.林业	6651	3339		3312
3.畜牧业	80526	582		79944
4.渔业	4732	46		4686
5.农、林、牧、渔服务业	66901	37275		29626
(二)采矿业	6679	3		6676
(三)制造业	187396	7658	23	179715
(四)电力、热力、燃气及水的生产和供应业	42056	29583		12473
(五)建筑业	79042	2803	29	76210
(六)批发和零售业	157904	6978		150926
(七)交通运输、仓储和邮政业	60153	9910		50243
(八)住宿和餐饮业	62072	4212		57860
(九)信息传输、软件和信息技术服务业	10654	10440		214
(十)金融业	22488	2656		19832
(十一)房地产业	5762	3279		2483
(十二)租赁和商务服务业	6928	3639		3289
(十三)科学研究和技术服务业	15115	11525		3590
(十四)水利、环境和公共设施管理业	52463	47281		5182
(十五)居民服务、修理和其他服务	47513	6569		40944
(十六)教育	147333	146939		394
(十七)卫生和社会工作	103943	103941		2
(十八)文化、体育和娱乐业	5899	3188		2711
(十九)公共管理、社会保障和社会组织	105520	80213		25307
二、按三次产业分组				
(一)第一产业	1523088	1080270		442818
(二)第二产业	314189	40046	23	274120
(三)第三产业	871632	478046	29	393557

3-25 各管理局分行业全部从业人员劳动报酬

单位：万元

年份 单位	合计	农林牧渔业	工业	建筑业	交通运输仓储和邮政业	批发、零售及住宿、餐饮业
2000	396155	192470	48625	18488	16003	37502
2005	650106	346371	80201	28968	19256	57292
2010	1446263	789944	178988	84080	47943	108954
2012	2019216	1025434	269969	212049	53864	149716
2013	2416085	1320827	277993	202006	49459	168871
2014	2361615	1315049	257225	127699	51631	183578
2015	2562975	1507054	256344	71284	53478	215022
2016	2577884	1524010	250642	71879	52556	228315
2017	2690381	1597448	240268	76081	59773	222283
2018	2708908	1589989	236131	79042	60153	219977
宝泉岭局	261881	135951	32955	9250	7718	17695
红兴隆局	531259	405858	21155	6472	9193	21333
建三江局	593907	410385	24842	10845	16425	55190
牡丹江局	288306	177878	21840	3696	7423	17942
北 安 局	160375	84356	13340	3266	5474	13203
九 三 局	223753	129455	18163	10529	2533	15804
齐齐哈尔局	197837	151417	6413	1453	2949	11435
绥 化 局	85270	55319	5234	2509	1680	6930
哈尔滨局	82381	36291	12288	567	1702	9705
总局直属	283939	3079	79901	30455	5056	50740

3-25续表

单位：万元

年份 单位	房地产业居民服务、修理和其他服务业	卫生和社会工作	教育、文化、体育和娱乐业	科学研究、技术服务业	公共管理、社会保障和社会组织	其他
2000	23596	11893	26587	1209	19781	
2005	20058	18841	37960	2864	22324	15971
2010	32222	32734	72819	10310	52434	35835
2012	41961	46843	81018	12684	65385	60293
2013	40078	54851	98489	14710	74069	114732
2014	43941	62990	108170	15467	108013	87854
2015	48902	79459	130858	13310	81937	105328
2016	46712	83833	131107	13551	89334	85945
2017	49661	93902	148066	15570	100224	87102
2018	53274	103943	153232	15115	105520	92532
宝泉岭局	5153	13819	20116	643	14811	3770
红兴隆局	6232	14570	19240	509	15861	10836
建三江局	13911	12214	26010	1302	7803	14980
牡丹江局	3591	12390	15270	498	10322	17456
北 安 局	8453	9535	8157	367	11750	2474
九 三 局	5263	8330	16960	438	7979	8299
齐齐哈尔局	3724	5360	6594	137	6632	1723
绥 化 局	2741	1260	2757	2	6443	395
哈尔滨局	3063	916	6704		10051	1094
总局直属	1143	25549	31424	11219	13868	31505

3-26 历年职工工资总额及指数

年 份	绝对数(万元)			指数% (以上年为100)		
	全部工资总额	#国有单位	#集体单位	全部工资总额	#国有单位	#集体单位
1980	53083	53083		112.4	112.4	
1981	49232	49232		92.7	92.7	
1982	53829	51536	2293	109.3	104.7	
1983	59919	57340	2579	111.3	111.3	112.5
1984	56220	54301	1919	93.8	94.7	74.4
1985	59625	58357	1268	106.1	107.5	66.1
1986	71514	70085	1429	119.9	120.1	112.7
1987	75577	74081	1496	105.7	105.7	104.7
1988	83782	82320	1462	110.9	111.1	97.7
1989	98052	96550	1502	117.0	117.3	102.7
1990	105714	104587	1127	107.8	108.3	75.0
1991	122926	121398	1528	116.3	116.1	135.6
1992	128583	127369	1214	104.6	104.9	79.5
1993	134022	132909	891	104.2	104.3	73.4
1994	159523	158477	907	119.0	119.2	101.8
1995	206936	204441	445	129.7	129.0	49.1
1996	225754	223234	352	109.1	109.2	79.1
1997	293753	289674	562	130.1	129.8	159.7
1998	293082	281792	3889	99.8	97.3	692.0
1999	255899	247033	2371	87.3	87.7	60.9
2000	247612	237619	1642	96.8	96.2	69.3
2001	255055	242167	1361	103.0	101.9	82.9
2002	271122	247702	1667	106.3	102.3	122.5
2003	289497	262480	826	106.8	105.9	49.6
2004	321104	282633	229	110.9	107.7	27.7
2005	323252	287772	128	100.7	101.8	55.9
2006	367043	305834	145	113.5	106.3	113.3
2007	418058	360559	121	113.9	117.9	83.4
2008	462402	401942	181	126.0	131.4	124.8
2009	535581	441496	137	116.0	110.0	76.0
2010	667263	549249	169	144.3	136.6	93.4
2011	773721	637378	1174	116.0	116.0	694.7
2012	904081	736852	1291	116.8	115.6	110.0
2013	1059542	852454	943	117.2	115.7	73.0
2014	1186860	933203	1117	112.0	109.5	118.5
2015	1202089	941372	47	101.3	100.9	4.2
2016	1203458	935344	157	100.1	99.3	334.0
2017	1232147	979026	3434	102.4	104.7	2187.3
2018	1247317	989192	32	101.2	101.0	0.9

3-27 历年职工平均工资及指数

年份	平均货币工资(元)			指数% (以上年为100)		
	全部职工	#国有职工	#集体职工	全部职工	#国有职工	#集体职工
1980	763	763		119.4	119.4	
1981	720	720		94.4	94.4	
1982	732	761	391	101.7	105.7	
1983	802	839	402	109.6	110.2	102.8
1984	763	783	442	95.1	93.3	110.0
1985	827	842	449	108.4	107.5	101.6
1986	971	986	556	117.4	117.1	123.8
1987	1004	1011	745	103.4	102.5	134.0
1988	1146	1151	887	114.1	113.8	119.1
1989	1363	1370	1041	118.9	119.0	117.4
1990	1445	1455	913	106.0	106.2	87.7
1991	1641	1646	1329	113.6	113.1	145.6
1992	1713	1718	1327	104.4	104.4	99.8
1993	1835	1843	1163	107.1	107.3	87.6
1994	2242	2248	1669	122.2	122.0	143.5
1995	3084	3077	2643	137.6	136.9	158.4
1996	3541	3544	2205	114.8	115.2	83.4
1997	4714	4730	3048	133.1	133.5	138.2
1998	4985	5024	3844	105.7	106.2	126.1
1999	5360	5366	4065	107.5	106.8	105.7
2000	5593	5621	4827	104.3	104.8	118.8
2001	6158	6138	5421	110.1	109.2	112.3
2002	6639	6544	7031	107.8	106.6	129.7
2003	7256	7060	5492	109.3	107.9	78.1
2004	8255	8026	7099	113.8	113.7	129.3
2005	9205	9012	6574	111.5	112.3	92.6
2006	10291	10094	7591	111.8	112.0	115.5
2007	11531	11291	7402	112.0	111.9	115.5
2008	13066	12806	8036	113.0	113.0	109.0
2009	14862	14305	10301	114.0	112.0	128.0
2010	17639	16947	14355	135.0	132.3	178.6
2011	20480	19850	27820	116.1	117.1	193.8
2012	24174	23202	24059	118.0	117.0	87.0
2013	27742	27004	26349	114.8	116.4	109.5
2014	30336	30304	26678	109.4	112.2	101.3
2015	32496	31318	23450	107.1	103.4	87.9
2016	33806	32555	58196	104.0	103.9	248.2
2017	35593	34389	131564	105.3	105.6	226.1
2018	37755	35797	29281	106.1	104.1	22.3

3-28 各管理局分行业全部职工工资总额

单位：万元

年份 单位	合计	农林牧渔业	工业	建筑业	交通运输仓储和邮政业	批发、零售及住宿、餐饮业
2000	247612	126718	28832	8089	2536	9213
2005	323252	175497	36032	6166	3343	8525
2010	667263	340418	88704	20325	5733	22269
2012	904081	472421	123762	31589	8386	29599
2013	1059542	520961	143922	23590	9902	43344
2014	1186860	596850	147019	23892	13703	69870
2015	1202089	595641	143824	14350	12590	69776
2016	1203458	604403	134013	21049	11144	70180
2017	1232147	606394	126785	19505	13823	65689
2018	1247319	596469	135370	20290	14671	59552
宝泉岭局	144630	73039	14616	2125	1017	2664
红兴隆局	225205	166084	7500	752	1750	891
建三江局	190203	101960	15914	3809	4392	2777
牡丹江局	104847	45915	6808	150	1392	903
北安局	76017	40828	2929	584	890	1496
九三局	108772	66460	4522	18	78	671
齐齐哈尔局	89958	68209	2195	231	29	33
绥化局	27882	15488	1365	38	67	269
哈尔滨局	30426	15447	989			1641
总局直属	249379	3039	78532	12583	5056	48207

3-28续表

单位：万元

年份 单位	房地产业居民服务、修理和其他服务业	卫生和社会工作	教育、文化、体育和娱乐业	科学研究、技术服务业	公共管理、社会保障和社会组织	其他
2000	14789	11434	25641	1061	19299	
2005	2140	18310	36792	2527	21645	12275
2010	5650	31234	66210	9771	48339	28610
2012	4948	43967	77004	10576	56002	45827
2013	5537	53229	94425	12746	66177	85709
2014	13778	59454	104449	14289	75105	68451
2015	8352	71659	124573	12107	69839	79380
2016	4603	76828	126143	12246	75307	67541
2017	9201	85160	139831	14153	83212	68393
2018	9783	93973	143533	13655	88441	71582
宝泉岭局	593	13678	19704	517	13377	3300
红兴隆局	1277	13853	17693	494	10923	3988
建三江局	2676	12177	25921	1290	7606	11681
牡丹江局	109	12005	14158	470	8401	14536
北安局	2977	9312	7868	355	7603	1175
九三局	219	8150	16518	427	7903	3806
齐齐哈尔局	10	5116	6368	126	6133	1508
绥化局	622	1254	2500	2	6027	250
哈尔滨局	287	797	3475		7476	314
总局直属	1013	17631	29328	9974	12992	31024

3-29 各管理局国有单位分行业职工工资总额

单位：万元

年份 单位	合计	农林牧渔业	工业	建筑业	交通运输仓储和邮政业	批发、零售及住宿、餐饮业
2000	237619	126178	22648	6505	2100	8366
2005	287772	173724	13189	3451	2833	4263
2010	549249	337076	21326	1756	4270	6970
2012	736852	467583	41332	4836	5600	8161
2013	852454	520961	29623	2170	6871	14287
2014	967253	584551	56845	1977	9399	14267
2015	941372	555291	25872	2097	10419	9501
2016	935344	564943	30613	1678	6799	8928
2017	979026	582710	29942	1548	6928	8912
2018	989194	562794	30413	2293	7973	8540
宝泉岭局	121312	69223	4554	762	523	1059
红兴隆局	216189	162413	4728	30	1717	706
建三江局	163386	90500	5762	963	3683	1375
牡丹江局	97800	43773	4060	118	1370	677
北 安 局	64985	35004	1844	338	534	604
九 三 局	107575	65961	4282		50	647
齐齐哈尔局	84584	64861	631	82	29	18
绥 化 局	22236	13078	225		67	12
哈尔滨局	24886	15347	413			182
总局直属	86241	2634	3914			3260

3-29续表

单位：万元

年份 单位	房地产业居民服务、修理和其他服务业	卫生和社会工作	教育、文化、体育和娱乐业	科学研究、技术服务业	公共管理、社会保障和社会组织	其他
2000	14402	11417	25641	1061	19299	
2005	2063	15363	36792	2448	21645	12001
2010	2870	31232	69210	8028	48339	18172
2012	2437	43967	76999	6879	55961	23097
2013	2126	53229	94311	8924	65884	54068
2014	3572	59317	104259	9814	74682	48571
2015	6299	71484	124573	9529	69770	56538
2016	2657	76827	126143	10492	61798	44467
2017	6670	85160	139831	10715	69343	37266
2018	8386	93971	143534	10083	74551	46656
宝泉岭局	379	13678	19704	517	7700	3213
红兴隆局	1161	13853	17693	344	9727	3817
建三江局	2449	12177	25921	1290	7606	11660
牡丹江局	109	12005	14158	451	8401	12678
北 安 局	2899	9312	7869	355	5499	727
九 三 局	219	8150	16518	369	7903	3476
齐齐哈尔局		5114	6368	126	5924	1431
绥 化 局	422	1254	2500		4472	206
哈尔滨局	115	797	3475		4327	230
总局直属	633	17631	29328	6631	12992	9218

主要统计指标解释

总户数 是指与人口数相应的户数。"户"以公安派出所核发的户口簿为准，一个户簿即一户。

农场总户数 指独立核算的农（牧）场辖区范围内总户数。

总人口 为全面反映和掌握黑龙江垦区系统总人口数，黑龙江垦区常住人口不仅包括某一时点（一般指年度最后一天，即年度12月31日24时）辖区范围内的常住人口，还应包括不在垦区辖区范围内居住，而本人是本系统正式职工的人口。垦区常住人口=垦区辖区范围内常住人口+垦区辖区范围外单位正式职工。

农场人口 指独立核算的农（牧）场辖区范围内的符合黑龙江垦区常住人口定义的人口数。

年初人口 指一月一日零时的人口数，当年年初人口数实际上就是上年年末人口数。年初人口＝上年初人口数＋上年内出生人数＋上年内迁入人数－上年内死亡人数－上年内迁出人数

年末人口 指十二月三十一日二十四时的人口数，实际上就是下一年的年初人口数。年末人口＝年初人口数＋年内出生人数＋年内迁入人数－年内死亡数－年内迁出人数

平均人口数 是指某一时期内各个时点的人口平均数。它综合反映一个时期的人口规模。平均人口数是计算出生率、死亡率、人均产值等指标的基础。常用的指标是年平均人口数，其计算方法是：

$$年平均人口=\frac{年初人口数+年末人口数}{2}$$

出生人口 是指一定时期（一般是一年）内出生的有生命标志的婴儿的总和。

出生人数 出生胎儿只要脱离母体时有过呼吸、心跳、脐带博动或随意肌肉收缩等任何一种生命现象的均列入出生统计。不包括死产数。如刚出生有生命而又很快死去的，则既作出生人数统计，又作死亡人数统计。统计出生人数时，无论婚生子与非婚生子女，都要包括在内。

出生率 又称粗出生率或总出生率，是指一定时期（通常为一年）内出生人数与同期平均人口数之比，以千分数表示。若出生人数计算期不是一年（或大于一年）的，需折算为年出生人数。公式：

$$人口出生率=\frac{年内出生人口数}{年内平均人口数}\times 1000‰$$

死亡人口 指一定时期（一般是一年）内丧失生命的人口数。凡丧失生命的人均包括在内。统计死亡人数时，不包括死产，但有生命现象的活婴出生后发生死亡，不论其生存时间长短，均应加以统计。

死亡率 又称粗死亡率或总死亡率。死亡率是一个国家或地区在一定时期（通常为一年）内的死亡人数与同期平均人口数之比，以千分比表示。公式为：

$$人口死亡率=\frac{年内死亡人口数}{年内平均人口数}\times 1000‰$$

死亡率一般按年计算，如统计期满一年或超过一年，年内死亡人数与同年平均人口数之比应折算成一年计算。

人口自然增长率 指一定时期内（通常为一年）某一地人口的净增（减）数与年平均人口数的比例，以千分数表示。公式为：

$$人口自然增长率(‰)=\frac{全年出生人口数-全年死亡人口数}{年平均人口数}\times 1000‰$$

或=年出生率（‰）－年死亡率（‰）

从业人员 指从事一定社会劳动并取得劳动报酬或经营收入的人员。包括：（1）在岗职工；（2）再就业的离退休人员；（3）私营业主；（4）个体户主；（5）私营和个体从业人员；（6）乡镇企业从业人员；（7）农村从业人员；（8）其他从业人员（包括宗教职业者、现役军人等）。这一指标反映了一定时期内全部劳动力资源的实际利用情况，是研究我国基本国情国力的重要指标。

单位从业人员 指在各级国家机关、政党机关、社会团体及企业、事业单位中工作，取得工资或其他形式的劳动报酬的全部人员。包括在岗职工、再就业的离退休人员、民办教师以及在各单位中工作的外方人员和港澳台方人员、兼职人员、借

用的外单位人员和第二职业者。不包括离开本单位仍保留劳动关系的职工。各单位的从业人员反映各单位实际参加生产或工作的全部劳动力。

农业从业人员 是指从事农业生产经营，并取得工资或其他形式劳动报酬的人员数。农垦农业从业人员指各农牧场从事农业生产的年末在册人数,不含季节性临时雇工人员。原则上以各单位 2013 年 7 月份按黑垦统联字［2013］2 号文件《关于进一步核准城镇就业人员人数情况的通知》精神确定的农业从业人员为依据。

在岗职工 指在本单位工作且与本单位签订劳动合同，并由单位支付各项工资和社会保险、住房公积金的人员，以及上述人员中由于学习、病伤、产假等原因暂未工作仍由单位支付工资的人员。

从业人员平均人数 指报告期内(年度、季度、月度)平均拥有的从业人员数。季度或年度平均人数按单位实际月平均人数计算得到，不得用期末人数替代。

从业人员工资总额 指根据《关于工资总额组成的规定》(1990 年 1 月 1 日国家统计局发布的一号令)进行修订，本单位在报告期内(季度或年度)直接支付给本单位全部从业人员的劳动报酬总额。包括计时工资、计件工资、奖金、津贴和补贴、加班加点工资、特殊情况下支付的工资，是在岗职工工资总额、劳务派遣人员工资总额和其他从业人员工资总额之和。

在岗职工工资总额 指本单位在报告期内直接支付给本单位全部在岗职工的劳动报酬总额。在岗职工工资总额由基本工资、绩效工资、工资性津贴和补贴、其他工资四部分组成。工资总额不包括病假、事假等情况的扣款。

工资总额是税前工资，包括单位从个人工资中直接为其代扣或代缴的房费、水费、电费、住房公积金和社会保险基金个人缴纳部分等。工资总额不论是计入成本的还是不计入成本的，不论是以货币形式支付的还是以实物形式支付的，均应列入工资总额的计算范围。

其他从业人员工资总额 指本单位在报告期内直接支付给本单位其他从业人员的全部劳动报酬。

04 固定资产投资

4-1 固定资产投资及构成

指 标	2000	2005	2010	2015	2016	2017	2018
一、投资总额(万元)	**219391**	**593665**	**2061482**	**1862754**	**1480817**	**1300146**	**959783**
按资金来源分							
国家预算内投资	60396	93632	340755	574891	561603	427537	365870
国内贷款	15918	27798	69943	180566	31860	254	1
利用外资	15900	187	7348	2900			
自筹资金	115166	399571	1144056	643434	644024	587732	380001
其他投资	17880	73468	448380	428278	268709	221318	200126
按用途分							
生产性建设	149840	396246	944962	1230632	889381	886782	637529
非生产性建设	69551	197419	1116520	632123	591436	413364	322254
#住宅	17777	56095	807164	230756	163419	140907	112743
按产业分							
第一产业	142051	171316	429583	616423	588971	582746	467046
第二产业	26545	247080	136005	144710	186242	175602	123697
第三产业	50797	175269	1496794	1101621	705604	541798	369039
二、构成(%)							
按资金来源分							
国家预算内投资	26.8	15.7	16.9	31.4	37.3	34.6	38.7
国内贷款	7.1	4.7	3.5	9.9	2.1		
利用外资	**7.1**	...	0.4	0.2			
自筹资金	51.1	67.2	56.9	35.2	42.8	47.5	40.2
其他投资	7.9	12.4	22.3	23.4	17.8	17.9	21.1
按用途分							
生产性建设	68.3	66.7	45.8	66.1	60.1	68.2	66.4
非生产性建设	31.7	33.3	54.2	33.9	39.9	31.8	33.6
#住宅	8.1	9.4	39.2	12.4	10.8	10.8	11.7
按产业分							
第一产业	64.7	28.9	20.8	33.1	39.8	44.8	48.7
第二产业	12.1	41.6	6.6	7.8	12.6	13.5	12.9
第三产业	23.2	29.5	72.6	59.1	47.6	41.7	38.4
三、新增固定资产	**183265**	**483168**	**1663907**	**1105633**	**1783733**	**883749**	**776391**

4-2 各管理局固定资产投资完成情况

(2018年)　　单位：万元

单 位	本年固定资产投资				比重(以投资总额为100)		
	合 计	公有控股经济	非公有控股经济	#个 体	公有控股经济	非公有控股经济	#个 体
总 计	**959783**	**589377**	**370406**	**220006**	**61.4**	**38.6**	**22.9**
宝泉岭局	124154	97425	26729	24741	78.5	21.5	19.9
红兴隆局	86486	70332	16154	16154	81.3	18.7	18.7
建三江局	237336	132433	104903	85779	55.8	44.2	36.1
牡丹江局	108929	67667	41262	24925	62.1	37.9	22.9
北 安 局	44665	32011	12654	10133	71.7	28.3	22.7
九 三 局	77665	52995	24670	20298	68.2	31.8	26.1
齐齐哈尔局	84734	48622	36112	36058	57.4	42.6	42.6
绥 化 局	16972	14812	2161	1807	87.3	12.7	10.6
哈尔滨局	114216	9131	105085	110	8.0	92.0	0.1
总局直属	64625	63949	676		99.0	1.0	

4-3 各管理局按用途分的固定资产投资

(2018年)　　单位：万元

单 位	生产性建设投资				非生产性建设			
	合 计	公有控股经济	非公有控股经济	#个 体	合 计	公有控股经济	非公有控股经济	#个 体
总 计	**637529**	**414875**	**222654**	**187355**	**322254**	**174502**	**147752**	**32652**
宝泉岭局	77146	51916	25230	23927	47008	45509	1499	814
红兴隆局	67769	52673	15096	15096	18717	17659	1058	1058
建三江局	185009	104860	80149	73400	52327	27573	24754	12379
牡丹江局	92922	52784	40138	24925	16006	14882	1124	
北 安 局	24053	19235	4818	3354	20613	12777	7836	6779
九 三 局	44365	30218	14147	9830	33300	22777	10523	10468
齐齐哈尔局	74225	38585	35641	35606	10509	10037	472	453
绥 化 局	11517	10116	1401	1107	5455	4696	759	700
哈尔滨局	13436	8046	5390	110	100780	1085	99695	
总局直属	47086	46442	644		17539	17507	32	

4-4 各管理局按用途分的固定资产投资

年份 单位	绝对数（万元）			比重 %（以投资总额为100）		
	生产性建设	非生产性建设	#住宅	生产性建设	非生产性建设	#住宅
2000	149840	69551	17777	68.3	31.7	8.1
2005	396246	197419	56095	66.7	33.3	9.4
2010	944962	1116520	807164	45.8	54.2	29.3
2015	1230632	632123	230756	66.1	33.9	12.4
2016	889380	591436	163419	60.1	39.9	10.8
2017	886782	413364	140907	68.2	31.8	10.8
2018	637529	322254	112743	66.4	33.6	11.7
宝泉岭局	77146	47008		62.1	37.9	
红兴隆局	67769	18717	1000	78.4	21.6	1.2
建三江局	185009	52327	1667	78.0	22.0	0.7
牡丹江局	92922	16006		85.3	14.7	
北安局	24053	20613	1292	53.9	46.1	2.9
九三局	44365	33300	8650	57.1	42.9	11.1
齐齐哈尔局	74225	10509	190	87.6	12.4	0.2
绥化局	11517	5455		67.9	32.1	
哈尔滨局	13436	100780	99695	11.8	88.2	87.3
总局直属	47086	17539	249	72.9	27.1	0.4

4-5 各管理局按产业分的固定资产投资

年份 单位	绝对数（万元）			比重 %（以投资总额为100）		
	第一产业	第二产业	第三产业	第一产业	第二产业	第三产业
2000	142051	26454	50797	64.7	12.1	23.2
2005	171316	247080	175269	28.9	41.6	29.5
2010	429583	136005	1496794	20.8	6.6	72.6
2015	616423	144710	1101621	33.1	7.8	59.1
2016	588970	186242	705604	39.8	12.6	47.6
2017	582746	175602	541798	44.8	13.5	41.7
2018	467046	123697	369039	48.7	12.9	38.4
宝泉岭局	68651	8495	47008	55.3	6.8	37.9
红兴隆局	65422	3742	17322	75.6	4.3	20.0
建三江局	138008	17882	81447	58.1	7.5	34.3
牡丹江局	84975	4742	19212	78.0	4.4	17.6
北安局	19708	849	24108	44.1	1.9	54.0
九三局	29265	6801	41599	37.7	8.8	53.6
齐齐哈尔局	44132	29355	11247	52.1	34.6	13.3
绥化局	11428	653	4891	67.3	3.8	28.8
哈尔滨局	4878	7980	101358	4.3	7.0	88.7
总局直属	580	43198	20848	0.9	66.8	32.3

4-6 各管理局按行业分固定资产投资

(2018年)

单位：万元

单位	(一)农林牧渔业投资				1. 农业			
	合计	公有控股经济	非公有控股经济	#个体	合计	公有控股经济	非公有控股经济	#个体
总局	**467046**	**306213**	**160833**	**140441**	**444109**	**291046**	**153063**	**136057**
宝泉岭局	68651	50163	18488	18296	67298	49210	18089	17897
红兴隆局	65422	50566	14856	14856	63317	48475	14842	14842
建三江局	138008	67762	70246	64101	136051	66963	69088	63453
牡丹江局	84975	49381	35593	23325	82089	48399	33689	22868
北安局	19708	16366	3342	3342	18434	15195	3239	3239
九三局	29265	19488	9777	8283	23942	18291	5651	5587
齐齐哈尔局	44132	37812	6320	6320	40750	34455	6295	6295
绥化局	11428	9327	2101	1807	10719	8649	2070	1776
哈尔滨局	4878	4768	110	110	930	830	100	100
总局直属	580	580			580	580		

4-6续表1

单位：万元

单位	其中：农机具购置				2. 林业			
	合计	公有控股经济	非公有控股经济	#个体	合计	公有控股经济	非公有控股经济	#个体
总局	**171903**	**44771**	**127132**	**122094**	**3725**	**3088**	**637**	**234**
宝泉岭局	21429	3587	17842	17842	723	723		
红兴隆局	14884	4264	10620	10620	648	634	14	14
建三江局	78940	20738	58201	54196	809	186	623	220
牡丹江局	37006	13600	23406	22668	10	10		
北安局	2707	50	2657	2657	812	812		
九三局	6337	1145	5192	5192	92	92		
齐齐哈尔局	8222	1127	7095	7095	233	233		
绥化局	2266	248	2018	1724	358	358		
哈尔滨局	112	12	100	100	40	40		
总局直属								

4-6续表2

单位：万元

单　　位	3. 畜牧业				4. 渔　业			
	合　计	公有控股经济	非公有控股经济	#个　体	合　计	公有控股经济	非公有控股经济	#个　体
总　　局	**18687**	**12021**	**6666**	**3683**	**524**	**58**	**466**	**466**
宝泉岭局	614	231	383	383	16		16	16
红兴隆局	1457	1457						
建三江局	723	575	148	42	425	38	387	387
牡丹江局	2876	972	1904	457				
北 安 局	441	359	82	82	21		21	21
九 三 局	5211	1105	4106	2676	20		20	20
齐齐哈尔局	3123	3105	18	18	27	20	7	7
绥 化 局	335	320	15	15	16		16	16
哈尔滨局	3908	3898	10	10				
总局直属								

4-6续表3

单位：万元

单　　位	(二)工　业				(三)建筑业			
	合　计	公有控股经济	非公有控股经济	#个　体	合　计	公有控股经济	非公有控股经济	#个　体
总　　局	**119784**	**62373**	**57411**	**46978**	**3914**	**2813**	**1101**	**1101**
宝泉岭局	8495	1753	6742	5631				
红兴隆局	2643	2643			1099	834	265	265
建三江局	17800	6798	11002	10362	82		82	82
牡丹江局	4742	738	4004	1600				
北 安 局	310	200	110	110	539	335	204	204
九 三 局	4897	4334	563	245	1904	1354	550	550
齐齐哈尔局	29065		29065	29030	290	290		
绥 化 局	653	653						
哈尔滨局	7980	2700	5280					
总局直属	43198	42554	644					

4-6续表4

单位：万元

单　位	(四)交通运输、仓储业				(五)信息传输、计算机服务			
	合　计	公有控股经济	非公有控股经济	#个　体	合　计	公有控股经济	非公有控股经济	#个　体
总　局	**27314**	**15806**	**11507**	**8035**	**1242**	**904**	**338**	**338**
宝泉岭局	7345	7345			7	7		
红兴隆局	45	45						
建三江局	9664	2343	7321	6354	29	29		
牡丹江局	907	907						
北 安 局	1315	630	685	685	204	4	200	200
九 三 局	6884	3527	3357	852	135		135	135
齐齐哈尔局	627	483	144	144	4	1	3	3
绥 化 局	58	58						
哈尔滨局	469	469						
总局直属					863	863		

4-6续表5

单位：万元

单　位	(六)批发和零售业				(七)住宿和餐饮业			
	合　计	公有控股经济	非公有控股经济	#个　体	合　计	公有控股经济	非公有控股经济	#个　体
总　局	**20888**	**18914**	**1974**	**1622**	**1243**	**21**	**1222**	**1199**
宝泉岭局	931	931			17	17		
红兴隆局								
建三江局	646		646	646	625		625	625
牡丹江局	320		320					
北 安 局	402		402	402	189	4	185	185
九 三 局	559		559	527	348		348	325
齐齐哈尔局	47		47	47	64		64	64
绥 化 局	185	185						
哈尔滨局								
总局直属	17798	17798						

4-6续表6

单位：万元

单位	(八) 房地产				(九)科学、技术服务业			
	合计	公有控股经济	非公有控股经济	#个体	合计	公有控股经济	非公有控股经济	#个体
总局	**113698**	**1859**	**111839**	**12144**	**1813**	**1781**	**32**	
宝泉岭局					41	41		
红兴隆局	1000		1000	1000	20	20		
建三江局	4139	1859	2280	2280	348	348		
牡丹江局								
北安局	24		24	24				
九三局	8650		8650	8650				
齐齐哈尔局	190		190	190				
绥化局								
哈尔滨局	99695		99695					
总局直属					1404	1372	32	

4-6续表7

单位：万元

单位	(十)水利、环境和公共设施业				(十一)居民服务和其他服务			
	合计	公有控股经济	非公有控股经济	#个体	合计	公有控股经济	非公有控股经济	#个体
总局	**101394**	**97505**	**3889**	**2892**	**38395**	**23596**	**14799**	**2588**
宝泉岭局	21967	21953	14	14	5814	4364	1450	800
红兴隆局	8927	8894	33	33	1087	1087		
建三江局	31289	30545	743		17870	7677	10194	
牡丹江局	9916	9916			4920	3576	1344	
北安局	8744	5891	2853	2600	4583	3513	1070	1066
九三局	10890	10890			2175	1453	722	722
齐齐哈尔局	5586	5341	245	245	1560	1541	19	
绥化局	2911	2911			385	385		
哈尔滨局	383	383						
总局直属	782	782						

4-6续表8

单位：万元

单　　位	(十二)教育				(十三)卫生、社会保障和福利业				(十四)文化、体育	
	合　计	公有控股经济	非公有控股经济	#个体	合　计	公有控股经济	非公有控股经济	#个体	合　计	公有控股经济
总　　局	**13545**	**11655**	**1890**	**1267**	**15345**	**14714**	**631**	**130**	**11636**	**10036**
宝泉岭局	3578	3578			4868	4833	35		750	750
红兴隆局	2902	2902			1509	1509			1048	1048
建三江局	4707	3418	1289	1267	5195	5070	125	10	4680	4375
牡丹江局	180	180			646	646			1941	1941
北 安 局	959	358	601		616	145	471	120	1766	546
九 三 局	614	614			98	98			105	96
齐齐哈尔局	596	596			2340	2340			6	
绥 化 局					13	13			1339	1280
哈尔滨局	9	9			59	59				
总局直属										

4-6续表9

单位：万元

单　　位	和娱乐业		(十五)公共管理和社会组织				(十六)农林牧渔服务业			
	非公有控股经济	#个体	合计	公有控股经济	非公有控股经济	#个体	合计	公有控股经济	非公有控股经济	#个体
总　　局	**1600**	**49**	**19745**	**19482**	**263**	**163**	**2784**	**1705**	**1079**	**1059**
宝泉岭局			1657	1657			34	34		
红兴隆局			784	784						
建三江局	306	26	780	780			1476	1430	46	26
牡丹江局			382	382						
北 安 局	1220	8	4040	3777	263	163	1265	241	1024	1024
九 三 局	9	9	11141	11141						
齐齐哈尔局	6	6	218	218			9		9	9
绥 化 局	59									
哈尔滨局			743	743						
总局直属										

4-7 各管理局新增固定资产及资金来源

(2018年)

单位：万元

单　位	本年新增固定资产	公有控股经济	非公有控股经济	#个　体	本年资金来　源	公有控股经济	非公有控股经济	#个　体
总　计	**776391**	**542810**	**233581**	**195903**	**945998**	**557544**	**388454**	**208691**
宝泉岭局	118551	91823	26729	24741	124154	97425	26729	24741
红兴隆局	86704	70242	16462	16462	81740	66231	15509	15509
建三江局	183054	91510	91544	72962	220970	124638	96331	77199
牡丹江局	78734	50421	28313	18915	108917	68414	40503	26615
北 安 局	32357	22823	9534	7013	38647	27864	10783	7173
九 三 局	69565	46027	23538	19098	77665	52995	24670	20298
齐齐哈尔局	83412	47780	35632	35578	84613	48622	35991	35937
绥 化 局	13804	12520	1284	1024	16451	14991	1461	1107
哈尔滨局	6453	6288	165	110	145146	9049	136097	110
总局直属	103757	103377	380		47695	47315	380	

4-8 各管理局按资金来源分的固定资产投资

单位：万元

年　份 单　位	投　资 总　额	国家预算内投资	国内贷款	利用外资	自筹资金	其他资金
2000	225260	60396	15918	15900	115166	17880
2005	594656	93632	27798	187	399571	73468
2010	2010481	340755	69943	7348	1144055	448380
2015	1830069	574891	180566	2900	643434	428278
2016	1506196	561603	31860		644024	268709
2017	1236841	427537	254		587732	221318
2018	945998	365870	1		380001	200126
宝泉岭局	124154	58767			60543	4845
红兴隆局	81740	46530			35211	
建三江局	220970	71587			127228	22154
牡丹江局	108917	53982	1		34317	20617
北 安 局	38647	22314			13538	2795
九 三 局	77665	29037			39319	9309
齐齐哈尔局	84613	45044			37796	1773
绥 化 局	16451	10179			4321	1951
哈尔滨局	145146	8358			831	135957
总局直属	47695	20073			26897	726

4-9 全社会房屋年末实有面积及构成

单位：万平方米

指　　标	2000	2005	2010	2015	2016	2017	2018
总　　计	**3808**	**4494.5**	**6534.2**	**8233.3**	**8254.7**	**8323.1**	**8371.3**
农业用房	230.7	247.5	289.3	347.6	361.1	363.7	366.3
畜牧用房	143.6	333.0	520.6	556.7	560.7	557.0	558.0
科学研究用房	6.7	6.5	7.1	13.3	89.9	7.9	8.8
文教卫生用房	245.6	287.5	349.0	446.0	338.1	448.1	427.6
住　宅	2315.5	2700.5	4215.3	5386.4	5391.8	5401.5	5444.6
其他用房	865.9	919.5	1152.9	1483.3	968.4	1544.9	1566.1
构成(%)							
农业用房	6.1	5.5	4.4	4.1	4.2	4.4	4.4
畜牧用房	3.8	7.4	8.0	6.8	6.8	6.7	6.7
科学研究用房	0.2	0.1	0.1	0.1	0.2	0.1	0.1
文教卫生用房	6.4	6.4	5.3	5.2	5.4	5.4	5.1
住　宅	60.8	60.1	64.6	65.9	65.4	64.9	65.0
其他用房	22.7	20.5	17.6	17.9	18.0	18.6	18.7

主要统计指标解释

全社会固定资产投资 指以货币形式表现的在一定时期内全社会建造和购置固定资产的工作量以及与此有关的费用的总称。它是反映固定资产投资规模、结构和发展速度的综合性指标，又是观察工程进度和考核投资效果的重要依据。全社会固定资产投资按登记注册类型可分为：国有、集体、个体、私营、股份制、外商、港澳台商、其他等。按照管理渠道可分为：基本建设、更新改造、房地产开发和其他固定资产投资四个部分，按照投资主体可分为：城镇、农村和房地产开发投资。

固定资产投资用途分 固定资产投资按其不同的经济用途，分为生产性和非生产性建设两类，其目的在于反映固定资产投资在各种不同用途的建设工程中的分配情况，以便研究固定资产投资的使用方向。

生产性建设 是指直接用于物质生产服务的建设，包括农林牧渔水利业建设；工业建设；建筑业建设；交通运输、仓储、邮电业建设；批发和零售业建设；住宿和餐饮业建设。

非生产性建设 指用于满足人民物质和文化生活福利需要的建设。包括:住宅建设，文化、教育、卫生建设，房地产和公用事业建设，生活服务事业建设，科学研究建设，综合技术服务事业建设等。

本年新增固定资产 指报告期内交付使用的固定资产价值。包括本年内建成投入生产或交付使用的工程投资和达到固定资产标准的设备、工具、器具的投资及有关应摊入的费用。

属于增加固定资产价值的其他建设费用，应随同交付使用的工程一并计入新增固定资产。

本年资金来源小计 指固定资产投资单位在报告期收到的，用于固定资产投资的各种货币资金。包括国家预算资金、国内贷款、债券、利用外资、自筹资金和其他资金。

国家预算资金 自 2011 年起，按照全国人大和国务院的要求，各级财政的所有资金，包括税收和非税收人，均必须纳入预算管理，我国已不存在预算外资金的概念，因此各级政府用于固定资产投资的财政资金均为预算资金。由于已经没有预算外资金，因此名称改为国家预算资金，旧的国家预算内资金的内容和现中央预算资金的内容基本一致。

国家预算包括一般预算、政府性基金预算、国有资本经营预算和社保基金预算。各类预算中用于固定资产的资金全部作为国家预算资金填报，其中一般预算中用于固定资产投资的部分包括基建投资、车购税、灾后恢复重建基金和其他财政投资。各级政府债券也应归入国家预算资金。

国内贷款 指报告期固定资产投资项目单位向银行及非银行金融机构借入的用于固定资产投资的各种国内借款，包括银行贷款、非银行金融机构贷款等。

利用外资 指报告期收到的用于固定资产建造和购置投资的境外资金（包括设备、材料、技术在内）。

包括外商直接投资、对外借款（外国政府贷款、国际金融组织贷款、出口信贷、外国银行商业贷款、对外发行债券和股票）及外商其他投资（包括补偿贸易和加工装配由外商提供的设备价款、国际租赁）。不包括我国自有外汇资金（包括国家外汇、地方外汇、留成外汇、调剂外汇和中国银行自有资金发行的外汇贷款等）。计算利用外资时，需要折算成人民币，折算进所使用的外汇汇率按现汇汇率计算，即按报告期末的汇率计算。

自筹资金 固定资产投资单位报告期收到的，由各企事业单位筹集用于固定资产投资的资金，包括各类企事业单位的自有资金和从其他单位筹集的用于固定资产投资的资金，但不包括各类财政性资金、从各类金融机构借入资金和国外资金。与原有的自筹资金相比，最大的变化是地方财政资金全部归为国家预算资金，自筹资金中不再含有财政资金。

其他资金来源 在报告期收到的除以上各种资金之外其他用于固定资产投资的资金。包括社会集资、个人资金、无偿捐赠的资金及其他单位拨入的资金等。

05 资源环境和能源

5-1 自然状况及资源

(2018年)

项　　目	单位	数量	项　　目	单位	数量
一、自然状况			水库数量	座	187
1.地理位置			水库容量	万立方米	111816
北　　纬	度	43°56'-50°21'	大型水库	座	2
东　　经	度	123°32'-134°33'		万立方米	30415
2.土地总面积	万公顷	553.65	八五二农场蛤蟆通水库	万立方米	15115
构成：山　　地	%	11.7	查哈阳农场太平湖水库	万立方米	15300
丘　　陵	%	29.0	中型水库	座	17
漫　　岗	%	24.6		万立方米	43249
平　　原	%	16.5	八五三农场清河水库	万立方米	2588
沼　　泽	%	18.2	八五二农场大索伦水库	万立方米	1650
3.气候			八五二尖山水库	万立方米	1130
年平均气温	摄氏度	1.7-4.8	云山农场云山水库	万立方米	5196
有效积温≥10	摄氏度	2300-2700	八五六农场青山水库	万立方米	4362
年降水总量	亿立方米	260	八五五农场红星水库	万立方米	1940
年平均降水量	毫米	430-600	海林农场双峰水库	万立方米	1163
相对湿度	%	66-74	二龙山农场跃进水库	万立方米	5757
全年日照时数	小时	2112-2628	引龙河农场青年水库	万立方米	4910
年无霜期	天	100-140	赵光农场工农水库	万立方米	1930
二、自然资源			尾山农场三七水库	万立方米	1238
1.土地资源			建设农场青石岭水库	万立方米	1470
耕地面积	万公顷	295.6	襄河农场襄河水库	万立方米	1401
水面面积	万公顷	25.86	格球山农场炮台山水库	万立方米	1286
#已养殖面积	万公顷	2.62	七星泡农场东风水库	万立方米	3031
林地面积	万公顷	92.05	红五月农场南阳河水库	万立方米	1614
草地面积	万公顷	33.82	大西江农场西江水库	万立方米	2583
2.林木资源			小(I)型水库	座	107
森林蓄积量	万立方米	9454.08		万立方米	3504
森林覆盖率	%	16.8	小(II)型水库	座	61
3.水利资源				万立方米	3148
河流入境水量	亿立方米	3000	4.矿产资源		
水资源总量	亿立方米	97.59	煤　炭	万吨	15000
(1)地表水量	亿立方米	56.66	石灰石	亿吨	10
(2)地下水量	亿立方米	40.93	黄　金	吨	15.4
#可开发量	亿立方米	33			

注：气候资料为多年平均值；矿产资源为以前调查数；林木资源和水利资源分别由林业局和水务局提供。

5-2 土地资源利用情况

单位:公顷

年 份 单 位	土 地 总面积	耕 地	林 地	#苗 圃	园 地	牧地草原
2000	5385957	2045117	790619	2298	2667	336986
2005	5439344	2268907	895467	2055	1899	355370
2010	5536308	2800938	916808	2370	2951	358918
2011	5536485	2853885	916743	2939	3428	353542
2012	5536483	2879660	917792	3248	3309	351651
2013	5536699	2885333	920230	3471	3222	349690
2014	5536583	2892305	922789	3759	3269	343505
2015	5536487	2902038	924929	4082	3384	342742
2016	5536279	2908927	920991	4118	3384	339316
2017	5537193	2917370	920202	4259	3375	339637
2018	5537012	2956354	920486	4293	3404	338196
宝泉岭局	575667	343967	84598	479	63	11124
红兴隆局	880854	497921	164300	667	2423	15574
建三江局	1234694	789883	176958	424	8	24092
牡丹江局	855719	467041	172013	492	230	44127
北 安 局	898616	336111	126964	1068	84	79593
九 三 局	565729	252750	84828	655	5	93449
齐齐哈尔局	265486	146556	47639	324	448	39851
绥 化 局	201849	92723	53157	94	92	21405
哈尔滨局	53427	26190	9953	88	33	8950
总局直属	4972	3212	76	1	17	32

5-2续表

单位:公顷

年 份 单 位	苇 塘	水 面	可垦荒地	宜林地	场址道路 及其他建 筑 占 地	其他土地
2000	36956	277967	562315		235584	1095448
2005	37297	268335	395013	17662	234451	964943
2010	33849	260797	185950	17091	232279	726727
2011	33849	256683	164635	17124	229672	708653
2012	32003	252261	155552	16751	227605	699899
2013	31792	252249	154478	16768	226591	696347
2014	29881	254241	156942	15713	227480	690458
2015	30264	256682	148291	15526	227538	685095
2016	30097	258467	145950	15672	227953	685523
2017	30093	258906	141758	16200	228079	681574
2018	30093	258628	137994	16205	226372	649281
宝泉岭局	926	41980	22122	1811	23719	45357
红兴隆局	11969	54145	25817	5984	58966	43756
建三江局	7352	48133	38327	5594	50270	94077
牡丹江局	3851	74188	9993	793	29545	53936
北 安 局	1	12891	18142	576	24182	300073
九 三 局	1480	9460	16867	104	15213	91572
齐齐哈尔局	3860	6985	1679	1322	9868	7277
绥 化 局	357	8601	5045		9124	11345
哈尔滨局	297	1932	2	21	4403	1646
总局直属		314			1081	241

5-3 各管理局平均气温

(2018年)　　单位：摄氏度

月　份	宝泉岭管理局	红兴隆管理局	建三江管理局	牡丹江管理局	北　安管理局	九　三管理局	齐齐哈尔管理局	绥　化管理局	哈尔滨管理局
一月	-19.6	-19.2	-18.9	-17.7	-19.6	-23.6	-22.4	-22.3	
二月	-16.4	-17.1	-16.3	-14.9	-23.5	-21.8	-18.7	-19.1	
三月	-5.2	-4.5	-4.9	-4.4	-6.7	-7.5	-5.9	-5.7	
四月	7.1	7.3	7.4	6.7	6.3	6.7	7.2	7.0	
五月	14.8	15.4	15.6	14.5	13.9	14.1	14.9	14.7	
六月	18.7	19.4	19.0	18.0	18.2	18.6	19.1	19.4	
七月	22.2	23.3	23.2	23.0	22.5	22.4	23.1	23.2	
八月	19.7	19.9	20.5	20.1	19.5	19.0	20	20.1	
九月	13.9	14.4	14.6	15.0	13.4	13.2	14	14.0	
十月	7.2	7.8	8.1	8.4	5.9	5.9	6.5	6.8	
十一月	-6.2	-3.8	-3.7	-2.4	-7.0	-7.0	-6.1	-5.4	
十二月	-16.4	-12.8	-13.4	-11.6	-15.3	-17.2	-16.2	-14.8	
全年	**3.3**	**4.2**	**4.3**	**4.6**	**2.3**	**1.9**	**3.0**	**3.2**	
比历年（+、-）	0.6	1.0	1.8	1.0	1.2	1.2	1.5	1.4	

注：5-3表至5-6表资料由总局农业局提供。

5-4 各管理局降水量

(2018年)　　单位：毫米

月　份	宝泉岭管理局	红兴隆管理局	建三江管理局	牡丹江管理局	北　安管理局	九　三管理局	齐齐哈尔管理局	绥　化管理局	哈尔滨管理局
一月	7.7	5.0	14.7	6.0	3.9	4.1	0.4	6.4	
二月	3.0	2.8	0.3	1.8	1.3	0.3	1.0	5.0	
三月	15.6	14.1	20.9	25.6	7.9	8.7	4.9	16.4	
四月	41.5	44.9	39.2	29.7	26.2	23.4	18.9	87.4	
五月	33.9	38.2	37.4	45.3	96.9	42.6	37.7	31.4	
六月	178.8	144.4	64.5	25.7	138.2	138.2	111.1	163.0	
七月	122.0	117.2	260.1	213.9	135.6	161.5	119.5	283.9	
八月	106.2	83.9	40.7	138.1	106.6	145.2	114.2	180.7	
九月	43.7	79.8	97.5	42.6	143.1	93.8	103.3	109.4	
十月	10.8	21.3	12.6	50.4	25.6	16.8	18.5	29.1	
十一月	21.4	44.0	41.4	34.4	14.5	5.1	6.3	18.5	
十二月	0.6	1.5	2.1	3.8	1.2	1.4	0.6	1.9	
全年	**585.2**	**597.1**	**631.4**	**617.3**	**701.0**	**641.1**	**536.4**	**933.1**	
比历年（+、-）	16.2	89.4	101.9	51.3	133.4	146.6	43.8	311.5	

5-5 各管理局日照时数

(2018年)　　单位:小时

月 份	宝泉岭管理局	红兴隆管理局	建三江管理局	牡丹江管理局	北 安管理局	九 三管理局	齐齐哈尔管 理 局	绥 化管理局	哈尔滨管理局
一月	178.8	137.0	168.5	171.0	162.1	137.1	201.6	143.2	
二月	209.8	188.1	233.6	220.3	204.6	194.5	221.1	153.3	
三月	247.9	239.4	249.2	243.6	241.5	255.3	263.2	223.2	
四月	229.6	212.2	253.6	229.9	225.0	259.5	244.4	195.4	
五月	325.2	303.1	198.4	248.8	295.2	304.1	297.6	284.6	
六月	251.2	234.7	199.9	222.9	210.0	238.8	225.0	154.3	
七月	200.8	231.6	198.8	202.6	232.3	260.8	240.6	157.4	
八月	205.2	212.0	219.0	177.3	229.0	253	240.5	222.2	
九月	251.3	232.3	231.6	236.6	209.8	224.3	207.2	188.7	
十月	223.9	260.2	221.8	210.9	184.0	194.9	184.7	179.2	
十一月	166.6	148.6	184.1	180.8	172.5	186.1	177.4	134.8	
十二月	161.8	149.1	178.1	188.1	152.8	178.6	157.9	154.9	
全年	**2652.1**	**2548.3**	**2536.6**	**2532.8**	**2518.8**	**2687.0**	**2661.2**	**2191.2**	
比历年(+、-)	242.9	28.1	183.6	113.8	-141.6	19.9	88.6	-118.6	

5-6 各管理局无霜期及≥10℃积温

(2018年)

单 位	初终霜日期(日/月)及无霜期(天)				≥10℃初终日期(日/月)及积温(℃)			
	终 日	初 日	无霜期	比历年	初 日	终 日	积 温	比历年
宝泉岭局	2/5	10/9	130	-7	7/5	7/10	2761.8	201.5
红兴隆局	2/5	10/10	160	17	6/5	7/10	2857.4	215.7
建三江局	2/5	8/10	158	22	6/5	7/10	2885.6	370.4
牡丹江局	23/4	8/10	167	16	4/5	9/10	2862.3	246.2
北 安 局	12/5	8/9	120	-1	2/5	6/10	2738.9	434.2
九 三 局	13/5	9/9	118	-4	3/5	7/9	2370.8	60.6
齐齐哈尔局	4/5	25/9	127	5	17/4	6/10	3039.2	645.8
绥 化 局	25/5	1/10	129	10	17/4	6/10	3041.7	590.2
哈尔滨局								

5-7 工业污染排放及处理利用情况

(2018年)

单　　位	工业企业数（个）	工业锅炉数（台）	工业窑炉数（座）	废水治理设施数（套）	废水治理设施处理能力（万吨/日）	工业废水处理量（万吨）	工业废水排放量（万吨）	化学需氧量产生量（吨）
总　　计	**169**	**327**	**8**	**29**	**2.54**	**281.82**	**233.56**	**11495.90**
宝泉岭局	28	44	4	13	1.76	217.22	137.20	8635.00
红兴隆局	20	36	1	3	0.08	3.05	17.02	108.21
建三江局	14	40					0.68	32.95
牡丹江局	23	40		4	0.55	33.84	36.95	189.69
北 安 局	23	53		1	0.12	4.34	11.96	105.97
九 三 局	15	33	2			1.95	5.48	17.11
齐齐哈尔局	10	19				20.27	20.27	2322.32
绥 化 局	13	25	1	3	0.01	0.80	3.50	40.09
哈尔滨局	23	37		5	0.03	0.36	0.52	44.56

注：5-7表至5-11表资料由总局环保局提供。

5-7续表1

单　　位	化学需氧量排放量（吨）	氨氮产生量（吨）	氨氮排放量（吨）	石油类产生量（吨）	石油类排放量（吨）	工业废气排放量（亿立方米）	废气治理设施数（套）
总　　计	**316.49**	**119.77**	**30.81**	**39.90**	**0.0007**	**230.72**	**393.00**
宝泉岭局	189.07	96.90	18.86	39.87		44.39	61.00
红兴隆局	16.44	5.16	0.77			20.12	63.00
建三江局	2.00	3.08	0.41			51.03	33.00
牡丹江局	23.29	2.98	1.16			47.68	81.00
北 安 局	13.78					13.39	59.00
九 三 局	3.43	0.23	0.21			37.32	37.00
齐齐哈尔局	62.16	9.71	8.82			6.04	10.00
绥 化 局	3.69	1.54	0.52			5.46	20.00
哈尔滨局	2.63	0.17	0.07	0.02	0.0007	5.28	29.00

5-7续表2

单　　位	废气治理设施处理能力(万立方米/时)	二氧化硫产生量(吨)	二氧化硫排放量(吨)	氮氧化物产生量(吨)	氮氧化物排放量(吨)	烟（粉）尘产生量(吨)	烟（粉）尘排放量(吨)
总　　计	**1047.22**	**11204.70**	**6304.72**	**6954.33**	**5003.21**	**135098.70**	**7717.58**
宝泉岭局	165.21	1400.38	876.49	1054.23	730.40	19228.95	1469.97
红兴隆局	58.70	2713.06	1303.36	936.64	505.33	12016.85	927.66
建三江局	129.78	2573.33	1517.31	2294.77	1395.28	60237.21	1931.90
牡丹江局	148.51	1138.75	1040.04	1108.41	1062.32	25394.90	890.69
北 安 局	323.64	846.05	545.94	364.26	343.39	3246.50	763.11
九 三 局	149.55	1320.19	491.52	661.74	497.51	4746.03	1048.91
齐齐哈尔局	36.90	382.54	146.45	180.91	180.91	2159.01	279.31
绥 化 局	12.35	461.05	227.73	159.74	152.25	1580.50	200.15
哈尔滨局	22.58	369.35	155.90	193.61	135.83	6488.76	205.90

5-7续表3

单　　位	一般工业固体废物产生量(万吨)	一般工业固体废物综合利用量(万吨)	其中：综合利用往年贮存量(万吨)	一般工业固体废物处置量(万吨)	其中：处置往年贮存量(万吨)	一般工业固体废物贮存量(万吨)
总　　计	**101.84**	**67.22**	**0.18**	**3.58**		**31.22**
宝泉岭局	43.20	12.00	0.13	0.13		31.20
红兴隆局	10.15	10.15				
建三江局	19.09	19.09	0.04	0.04		
牡丹江局	14.92	13.10		1.82		
北 安 局	4.70	4.70				
九 三 局	3.95	3.95	0.01			0.02
齐齐哈尔局	1.75	1.75				
绥 化 局	2.00	2.00				
哈尔滨局	2.08	0.49		1.59		

5-8　农业污染排放情况

(2018年)

单　　位	化学需氧量排放量(吨)	总氮排放量(吨)	总磷排放量(吨)	氨氮排放量(吨)
总　　计	**4729.62**	**264.78**	**23.19**	**23.83**
宝泉岭局	316.34	32.74	5.10	13.75
红兴隆局				
建三江局				
牡丹江局	0.38	0.25	0.01	0.08
北 安 局				
九 三 局	3585.04	187.24	18.04	7.82
齐齐哈尔局				
绥 化 局				
哈尔滨局	827.86	44.55	0.04	2.18

5-9　城镇生活污染排放情况

(2018年)

单　　位	生活用水总量(万吨)	废　水排放量(万吨)	生活主要污染物排放量(吨)				
			化　学需氧量	氨氮	二氧化硫	氮氧化物	烟粉尘
总　　计	**5347.467**	**4277.974**	**32919.892**	**4622.035**	**2978.4**	**893.096**	**5304.18**
宝泉岭局	655.577	532.66	4423.01	586.283	411	154.008	870.06
红兴隆局	745.3	595.27	4267.194	650.265	318.25	114.154	718.25
建三江局	519.1	414.28	5105.189	699.186	264.74	90.928	513.94
牡丹江局	976.64	780.322	5132.396	688.137	451.88	109.76	760.12
北 安 局	709.75	566.8	3028.918	443.123	461.4	117.826	773.02
九 三 局	670.8	535.4	2895.751	440.2	518.2	124.02	771.46
齐齐哈尔局	456.77	364.417	3825.861	522.607	228.95	82.48	414.95
绥 化 局	379	302.2	2519.953	350.044	163.16	64.24	315.96
哈尔滨局	234.53	186.625	1721.62	242.19	160.82	35.68	166.42

5-10 各地区自然保护区名录

(2018年)

自然保护区名称	地　　点	面积（公顷）	主要保护对象	批准日期	类　型	级　别
1. 洪河自然保护区	同江市抚远县洪河农场	21836	水禽、自然沼泽湿地	1984.1 1996.1	内陆湿地和水域生态系统	国家级
2. 兴凯湖自然保护区	密山市兴凯湖农场、八五七农场、虎林市、八五六农场、鸡西市、八五一〇农场	120761	珍贵稀有野生动、植物湿地生态环境	1990.4 1994.4	内陆湿地和水域生态系统	国家级
3. 挠力河自然保护区	宝清县、饶河县、富锦市五九七、八五二、八五三、红旗岭、饶河、八五九、胜利、红卫等	153881	湿地、水禽	2002.7	内陆湿地和水域生态系统	国家级
4. 虎口湿地自然保护区	虎林县八五八、八五六农场	14962	湿地、水禽	2018.1	内陆湿地和水域生态系统	省　级
5. 勤得利鲟鳇鱼自然保护区	同江市抚远县勤得利农场	43024	鲟鳇等水生动物、森林湿地水域	2018.1	野生动物	省　级
6. 乌苏里江自然保护区	抚远县八五九农场	22972	湿地、水禽	2012.4	内陆湿地和水域生态系统	省　级
7. 哈拉海自然保护区	齐齐哈尔市哈拉海农场	16564	湿地、水禽	2018.1	内陆湿地和水域生态系统	省　级
8. 水莲自然保护区	萝北县共青、名山、军川农场	8952	湿地、水禽	2003.9	内陆湿地和水域生态系统	省　级
10. 科洛河自然保护区	嫩江县山河、嫩江、七星泡农场	3150	湿地、水禽	2018.1	内陆湿地和水域生态系统	总局级
12. 友谊自然保护区	友谊农场	3177	湿地	2018.1	内陆湿地和水域生态系统	总局级
15. 跃进自然保护区	德都县二龙山农场	947	森林生态系统、动植物	2018	森林生态系统	管理局级
16. 育新自然保护区	海伦市海伦农场	2301	森林生态系统、动植物	2018.1	森林生态系统	管理局级
17. 青石岭自然保护区	北安市建设农场	4636	水、鱼、鸟及周围森林植被	2018.1	水域生态系统类型	管理局级
19. 沾河自然保护区	逊克县逊克农场	2468	火山遗迹、珍贵动植物	2018.1	地质遗迹	管理局级
20. 嘉荫次生林自然保护区	嘉荫县嘉荫农场	10133	天然次生林	2001.1	森林生态系统	管理局级
21. 王老好河然保护区	长水河农场	1467	湿地	2018.1	内陆湿地和水域生态系统	管理局级

5-11 生态垦区建设指标

(2018年)

指　　标	计量单位	完成情况
经济发展		
1. 环保投入占GDP比例	%	3.5
2. 受保护地区占国土面积比例(自然保护区)	%	8.01
3. 应当实施强制性清洁生产企业通过验收的比例	%	70
生态环境保护与建设		
4. 集中式饮用水源水质达标率	%	98
5. 主要污染物排放强度SO2	千克/万元GDP	1.2
6. 主要污染物排放强度COD	千克/万元GDP	2.32
7. 城市噪声满足功能区要求率	%	98
8. 化肥施用强度(折纯)	Kg/hm2	153
9. 农用塑料薄膜回收率	%	97
10. 规模化畜禽养殖场粪便综合利用率	%	95
11. 绿色食品(含有机食品)种植面积比率	%	83
12. 工业固体废物处置利用率	%	100
13. 工业用水重复利用率	%	46.5
14. 城市污水集中处理率	%	60
15. 城镇生活垃圾无害化处理率	%	80
16. 城镇绿化覆盖率	%	19.2
节能减排与资源利用		
17. 单位GDP能耗	吨标煤/万元	0.61
18. 单位GDP水耗	M3/万元	810
19. 秸秆综合利用率	%	93
20. 城市燃气普及率	%	86
社会进步		
21. 集中供热普及率	%	80
22. 城市化水平(城镇化率)	%	86.5
23. 公众对环境的满意率	%	95

5-12 分行业能源消费量(实物量)

(2018年)

指　　标	原煤(吨)	天然气(万立方米)	汽油(吨)	煤油(吨)	柴油(吨)	燃料油(吨)	液化石油气(吨)	润滑油(吨)	外购热力(百万千焦)	电力(万千瓦时)
能源消费量	3633008	2134	196078	2511	468656	2441	36483	6456	36823114	312101
一、第一产业	122334	1	17532	964	313510	1708	390	3582	905618	61321
二、第二产业	2862205	1534	44289	32	30877	245	10206	428	4048122	112251
1.工业	2855708	1534	8191	32	16356	152	10124	257	3990550	110038
2.建筑业	6497		36098		14521	93	82	171	57572	2213
三、第三产业	210284	254	100435	1040	112047	375	6423	1852	8486442	68398
1.交通运输、仓储和邮电通讯业	9394	2	72100	1024	84144	193	543	1585	145483	1611
2.批发零售业、住宿餐饮业	88418	51	10437	12	16282	54	5121	190	1568272	34477
3.其他	112472	201	17898	4	11621	128	759	77	6772687	32310
四、生活消费	438185	345	33822	475	12222	113	19464	594	23382932	70131
1.管理局以上	72735	300	8019	8	998		1311		3524710	10740
2.农场以下	365450	45	25803	467	11224	113	18153	594	19858222	59391

5-13 各管理局能源消费量

(2018年)

年　份 单　位	原煤(吨)	天然气(万立方米)	汽油(吨)	煤油(吨)	柴油(吨)	燃料油(吨)	液化石油气(吨)	润滑油(吨)	外购热力(百万千焦)	电力(万千瓦时)
2000	1922201	122	54970	398	226558	47132	11568	8440	6546158	89517
2005	2650825	167	56175	655	265944	2460	12689	5880	9566747	119862
2010	3513869	544	103234	1343	375630	461	22217	5788	19511821	253393
2011	3750265	1099	115592	2024	393444	396	22553	5548	26323271	298054
2012	3979541	1321	151615	1828	428861	3410	24028	5956	28738323	357560
2013	4419830	1499	159377	3649	437968	2108	29695	6496	32972821	375663
2014	3904866	2096	155923	4394	449668	4705	25255	6834	35151225	422663
2015	4116294	1147	149649	3652	451751	3019	26204	6361	33394198	334810
2016	4011715	4614	181148	4945	454696	2359	26596	7285	36061078	336154
2017	3896169	4991	161244	3834	467451	3971	29438	6461	37435529	310431
2018	3633008	2134	196078	2511	468656	2441	36483	6456	36823114	312101
宝泉岭局	407237	56	34920		76695		2023	660	4242231	40371
红兴隆局	894210	411	17231	172	63928	33	2082	960	3801557	41479
建三江局	280554		26249		105143	3	3132	883	7865975	64026
牡丹江局	545032	25	22918	1415	72364	791	8388	2681	6711962	40739
北 安 局	292252	11	22991	228	43644	1144	2469	755	2952014	19480
九 三 局	249753	162	8758	6	25825	39	4011	141	1838437	24394
齐齐哈尔局	135527	248	8195	654	23865	250	2686	117	1824062	15045
绥 化 局	120897		6724		19165		1266	226	1172709	9268
哈尔滨局	217801	16	1648	17	3849		321	33	2678357	7612
总局直属	489745	1205	46444	19	34178	181	10105		3735810	49687

主要统计指标解释

森林面积 指生长着乔木和竹林郁闭度在0.3度以上（不包括0.3）的林地面积，即有林地面积。它是反映森林资源总面积的重要指标。森林面积包括天然森林和人工林面积。但不包括灌木林地和疏林地面积。

森林覆盖率 通常是指森林面积与土地总面积之比，一般用百分数表示。但国家规定在计算森林覆盖率时，森林面积还包括灌木林面积、农田林网树占地面积以及四旁树木的覆盖面积。森林覆盖率，是反映一个国家或地区森林资源和绿化水平的重要指标。计算公式：

森林覆盖率(%)=森林面积/土地总面积×100%

森林蓄积量 指森林面积上生长着的林木树干材积总量。它是反映一个国家或地区森林资源总规模和水平的重要指标。

草地面积 指牧区和农区用于放牧牲畜或割草，植被盖度在5%以上的草原、草坡、草山等面积。包括天然的和人工种植或改良的草地面积。

淡水总面积 指江、河、湖泊、塘堰、水库等各种流水或蓄水的水面占地面积。

自然保护区 指为了保护自然环境和自然资源，促进国民经济的持续发展，将一定面积的陆地和水体划分出来，并经各级人民政府批准而进行特殊保护和管理的区域个数。根据保护对象，自然保护区分为自然生态系统类、野生生物类、自然遗迹类。风景名胜区、文物保护区不计在内。

矿产保有储存量 指探明的矿产储量（包括工业储量和远景储量）扣除已开采部分和地下损失量后的年底实有储量。它反映国家矿产资源的现状。

≥0℃积温 为稳定通过0℃的各日平均温度累计值。

有效积温 对植物生长发育起有效作用的高出的温度值。

平均气温 气温指空气的温度，我国一般以摄氏度为单位表示。气象观测的温度表是放在离地面约1.5米处通风良好的百叶箱里测量的，因此，通常说的气温指的是离地面1.5米处百叶箱的温度。计算方法：月平均气温是将全月各日的平均气温相加，除以该月的天数而得。年平均气温将12个月的月平均气温累加后除以12而得。

相对湿度 指空气中实际水汽压与当时气温下的饱和水气压之比。其统计方法与气温相同。

降水量 指从天空降落到地面的液态或固态（经融化后）水，未经蒸发、渗透、流失而在地面上积聚的深度。计算方法：月降水量是将全月各日的降水量累加而得。年降水量是将12个月的降水量累加而得。

日照时数 指太阳实际照射地面的时数。其计算方法与降水量相同。

水资源总量 指当地降水形成的地表和地下产水总量，即地表径流量与降水入渗补给量之和。

地表水资源量 指河流、湖泊以及冰川等地表水体中可以逐年更新的动态水量，即天然河川径流量。

地下水资源量 指地下饱和含水层逐年更新的动态水量，即降水和地表水入渗对地下水的补给量。

生活用水 包括城镇生活用水和农村生活用水。城镇生活用水由居民用水和公共用水（含第三产业及建筑业等用水）组成；农村生活用水除居民生活用水外，还包括牲畜用水在内。

一般工业固体废物产生量 系指未被列入《国家危险废物名录》或者根据国家规定的危险废物鉴别标准（GB5085）、固体废物浸出毒性浸出方法（GB5086）及固体废物浸出毒性测定方法（GB/T 15555）鉴别方法判定不具有危险特性的工业固体废物。计算公式是：

一般工业固体废物产生量=（一般工业固体废物综合利用量－其中：综合利用往年贮存量）+一般工业固体废物贮存量+（一般工业固体废物处置量－其中：处置往年贮存量）+一般工业固体废物倾倒丢弃量

一般工业固体废物综合利用量 指报告期内企业通过回收、加工、循环、交换等方式，从固体废物中提取或者使其转化为可以利用的资源、能源和其他原材料的固体废物量（包括当年利用的往年工业固体废物累计贮存量）。如用作农业肥料、生产建筑材料、筑路等。综合利用量由原产生固体废物的单位统计。

一般工业固体废物处置量 指报告期内企业将工业固体废物焚烧和用其他改变工业固体废物的物理、化学、生物特性的方法，达到减少或者消除其危险成分的活动，或者将工业固体废物最终置于符合环境保护规定要求的填埋场的活动中，所消纳固体废物的量。

一般工业固体废物贮存量 指报告期内企业以综合利用或处置为目的，将固体废物暂时贮存或堆存在专设的贮存设施或专设的集中堆存场所内的量。专设的固体废物贮存场所或贮存设施必须有防扩散、防流失、防渗漏、防止污染大气、水体的措施。

生活垃圾清运量 指报告期收集和运送到各生活垃圾处理厂(场)和生活垃圾最终消纳点的生活垃圾数量。生活垃圾指城市日常生活或为城市日常生活提供服务的活动中产生的固体废物以及法律行政规定的视为城市生活垃圾的固体废物。包括：居民生活垃圾、商业垃圾、集市贸易市场垃圾、街道清扫垃圾、公共场所垃圾和机关、学校、厂矿等单位的生活垃圾。

生活垃圾无害化处理率 指报告期生活垃圾无害化处理量与生活垃圾产生量的比率。在统计上，由于生活垃圾产生量不易取得，可用清运量代替。计算公式为：

$$\text{生活垃圾无害化处理率}=\frac{\text{生活垃圾无害化处理量}}{\text{生活垃圾产生量}}\times 100\%$$

单位GDP能耗 GDP，即国内（地区）生产总值。单位 GDP 能耗，即一个国家或地区生产（创造）一个计量单位（通常为万元）的 GDP 所使用的能源。能源消费的核算范围即包括全部三次产业的生产、经营及其他活动用能，也包括居民生活用能。

能源消费总量 指一定地域（行政或地理区域）内，国民经济各行业和居民家庭在一定时期消费的各种能源总和。能源消费总量分为三部分，即终端能源消费量、能源加工转换损失量和损失量。

终端能源消费量 所谓终端，指能源消费环节的最后一个环节，是相对能源加工转换过程而言的。终端能源消费量就是指能源消费环节的最后一个环节的能源消费，包括直接用作燃料、原材料、动力的各种未经过加工转换的一次能源直接消费，以及经过加工转换的各种二次能源消费。指一定时期内全国生产和生活消费的各种能源在扣除了用于加工转换二次能源消费量和损失量以后的数量。

终端能源消费量=第一产业消费+第二产业消费+第三产业消费+生活消费

06 人民生活

6-1　物质文化生活水平

指　　标	单　位	1985	1990	1995	2000	2005	2010	2015	2016	2017	2018
一、收　入											
垦区居民人均可支配收入	元	453	1217	2348	3337	6179	13267	23855	25421	27153	28789
职工年平均工资	元	827	1445	3084	5593	9205	17639	32496	33806	35593	37755
二、消费水平											
人均生活消费	元	327	816	1674	2511	3373	7761	12179	13108	14026	14844
消费品支出	元	307	701	1629	1815	2222	4757	10373	10379	11331	11955
服务性支出	元	20.00	115.00	38.10	695.70	1150.88	3003.30	1806.41	2711.13	2694.96	2889.00
三、储　蓄											
居民年末储蓄存款余额	亿元	2.01	13.35	33.73	65.63	118.25	224.33	495.17	440.43	477.64	471.57
人均储蓄存款余额	元	127	861	2172	4168	7456	13405	29620	26263	28543	28478
四、住　房											
年末住宅总面积	万平方米	1449	1768	2040	2316	2701	4215	5386	5392	5401	5445
平均每人居住面积	平方米	9.10	11.40	13.10	14.70	17.03	25.19	32.20	32.20	32.30	32.90
五、交　通											
每百人拥有汽车	辆						2.61	6.04	6.92	7.75	7.84
每百人拥有摩托车	辆	0.80	1.40	2.70	12.00	18.00	24.75	14.20	15.58	15.38	13.32
六、公用事业											
已安装自来水管理区	个		891	1410	1659	644	566	634	634	634	634
管理区自来水普及率	%		35.10	58.70	72.90	97.40	99.00	99.84	99.84	99.84	99.84
七、文　化											
每百人拥有彩色电视机	台	17.00	24.80	29.30	32.25	33.00	38.21	40.51	40.93	41.04	41.70
每百人拥有电脑	台						19.90	20.90	19.43	20.67	20.20
每百人每天有报纸	份	1.20	1.20	2.40	14.20	4.14	3.00	2.96	2.83	2.87	2.89
每百人每年有杂志	册	17.60	24.40	8.60	18.75	4.92	11.48	18.66	12.28	12.16	12.18
八、教　育											
学龄儿童入学率	%	98.80	99.70	100.00	100.00	100.00	100.00	100.00	100.00	100.00	100.00
每万人口有在校大学生数	人	14.70	19.50	27.50	47.30	131.84	173.61	182.00	179.62	178.51	169.08
九、卫　生											
每万人拥有医院病床数	张	50.70	57.90	60.00	49.78	46.36	57.31	68.40	69.80	75.10	75.02
每万人拥有医生人数	人	25.10	49.10	43.10	40.59	40.02	49.79	35.20	35.90	35.70	36.00
十、就　业											
每一劳动力负担人数	人	1.73	1.60	1.37	1.57	1.45	1.34	1.36	1.38	1.35	1.38

注：公用事业部分2004年前为生产队数，2005年后为管理区数，由总局建设局提供。

6-2 各管理局物质文化生活水平主要指标

年　　份 单　　位	垦区居民人均可支配收入(元)	职工年平均工资(元)	居民年末储蓄存款余额(万元)	人均储蓄存款余额(元)	人均居住面积(平方米)
2000	3337	5593	656293	4168	14.7
2005	6179	9205	1182537	7456	17.0
2010	13267	17639	2243266	13405	25.2
2011	16466	20480	2543774	14859	28.2
2012	20227	24174	2988718	17238	30.2
2013	22891	27742	3187065	18500	31.1
2014	25226	30336	4022813	23699	31.6
2015	23855	32496	4951705	29620	32.2
2016	25421	33806	4404349	26263	32.2
2017	27153	35593	4776423	28543	32.3
2018	28789	37755	4715722	28478	32.9
宝泉岭局	26620	33313	1074584	52697	34.4
红兴隆局	24579	35228	1173498	34857	31.9
建三江局	28065	41738	1546184	58726	30.4
牡丹江局	25263	33402	238572	11390	33.8
北 安 局	23479	19974	202222	10782	32.3
九 三 局	21793	33256	184112	12263	25.6
齐齐哈尔局	25599	37974	102694	7219	38.6
绥 化 局	23018	21371	47493	8023	38.2
哈尔滨局	30027	50414	48055	9611	26.7
总局直属		76657	98308	18400	48.9

注：①2014年及以前可支配收入数据为农场职工人均纯收入数据，两者指标、口径均不同。

6-2续表

年　　份 单　　位	自来水普及率(%)	学龄儿童入学率(%)	每万人拥有医院病床数(张)	每万人拥有医生数(人)	每一就业者负担人数(人)
2000	77.5	100	49.8	40.6	2.23
2005	95.1	100	46.4	40.0	2.13
2010	99.0	100	56.3	49.8	1.79
2011	99.3	100	59.6	50.7	1.79
2012	99.5	100	61.7	49.5	1.76
2013	99.5	100	65.3	37.4	2.03
2014	99.8	100	65.9	37.4	2.17
2015	99.8	100	68.4	35.2	2.24
2016	99.8	100	69.8	35.9	2.16
2017	99.8	100	75.1	35.7	2.15
2018	99.8	100	76.1	35.0	2.18
宝泉岭局	100.0	100	72.3	38.0	2.28
红兴隆局	100.0	100	56.9	33.2	2.14
建三江局	100.0	100	49.4	37.9	2.39
牡丹江局	100.0	100	74.5	39.9	2.27
北 安 局	100.0	100	47.5	30.0	2.29
九 三 局	100.0	100	69.9	26.9	2.02
齐齐哈尔局	96.7	100	63.1	30.9	2.46
绥 化 局	100.0	100	50.7	28.9	1.63
哈尔滨局	100.0	100	46.0	16.2	2.37
总局直属	100.0	100	558.7	112.1	1.36

6-3 垦区居民家庭基本情况

指　　标	单位	1985	1990	1995	2000	2005	2010	2015	2016	2017	2018
调查户数	户	**560**	**252**	**336**	**500**	**500**	**500**	**500**	**500**	**500**	**500**
调查人口											
1.常住人口	人	2392	956	1157	1528	1383	1382	1214	1245	1225	1243
2.平均每户常住人口	人	4.27	3.79	3.44	3.06	2.77	2.76	2.43	2.49	2.45	2.48
3.平均每户整、半劳动力	人	2.47	2.37	2.34	1.95	1.88	2.06	1.78	1.80	1.79	1.78
4.平均每个劳动力负担人口	人	1.73	1.60	1.37	1.57	1.45	1.34	1.36	1.38	1.37	1.39
平均每人全年收入											
1.总收入	元	1197.60	1456.04	6910.62	5545.60	15726.03	34622.31	38854.86	42318.39	43905.64	45221.81
2.可支配收入	元	453.29	1216.72	2348.00	3337.20	6179.40	13267.07	23855.22	25421.38	27152.58	28789.11
3.现金收入	元	894.45	1436.27	6056.55	5203.60	14610.91	33050.74	39639.24	43078.66	43197.14	44925.03
人均收入分组户数所占比重											
2000元以下	%	100.0	84.1	66.1	48.7	18.6	7.7	1.6	1.2	1.1	0.8
2000-4000元	%		15.9	33.9	51.3	14.8	9.1	2.7	2.4	2.3	2.0
4000-6000元	%					22.4	10.8	3.2	2.9	2.8	2.7
6000-8000元	%					17.4	12.0	4.2	4.1	4.0	3.9
8000-10000元	%					9.6	25.1	11.1	10.2	10.2	10.1
10000-12000元	%					17.2	6.8	10.2	10.7	10.6	10.7
12000-14000元	%						5.8	10.2	10.3	10.2	10.3
14000-16000元	%						3.8	10.3	10.9	11.0	11.2
16000-18000元	%						3.2	9.8	10.1	10.3	10.5
18000-20000元	%						3.2	10.3	10.5	10.6	10.6
20000元以上	%						12.5	26.4	26.7	26.9	27.2
平均每人全年支出											
1.总支出	元	1163.81	1122.40	6143.19	4929.28	13868.78	32151.35	32815.91	33669.64	36057.88	37697.31
生产经营费用支出	元	792.22	209.92	4357.84	1410.55	6965.64	15310.99	13681.73	13887.68	14265.00	14621.63
消费支出	元	327.23	816.36	1666.65	2510.75	3372.80	7760.69	12179.00	13108.29	14026.22	14844.02
其他支出	元	44.36	96.12	118.70	1007.98	3530.34	9079.67	6955.18	6673.67	7766.66	8231.66
2.现金支出	元	805.49	1296.69	5767.51	5402.13	13814.40	31488.42	30757.99	30983.45	32749.92	34263.71
生产经营现金费用支出	元	217.78	166.60	1847.60	1350.50	7437.57	17660.23	12049.09	12306.86	12252.32	12558.63
现金消费支出	元	315.02	788.70	1522.88	1809.40	3332.74	7644.68	11566.90	11852.79	12602.44	13337.23
其他现金支出	元	20.51	37.73	116.43	579.30	760.93	1599.82	7142.00	6823.80	7895.16	8367.85

注：①本表2014年及以前数据为农场职工人均纯收入数据，与2015年可支配收入指标、口径均不同。

6-4 垦区居民人均可支配收入

(2018年) 单位：元

指　　标	数　　量	指　　标	数　　量
可支配收入	**28789.11**	2.红利收入	30.26
一、工资性收入	**7276.47**	(1)集体分配的红利	6.22
1.工资	6558.00	(2)其他红利收入	24.04
2.实物福利	714.80	3.储蓄性保险净收益	13.65
3.其他	3.67	4.转让承包土地经营权租金净收入	614.07
二、经营净收入	**9744.87**	5.出租房屋财产性收入	121.48
1.第一产业经营净收入	8466.48	6.出租机械专利版权等资产的收入	3.07
(1)农业	7557.33	7.其他财产净收入	5.75
(2)林业	1.52	8.房屋虚拟租金	257.19
(3)牧业	897.71	**四、转移净收入**	**10741.68**
(4)渔业	9.92	1.转移性收入	13647.67
2.第二产业经营净收入	50.53	(1)离退休金、养老金	7708.70
(1)采矿业		(2)各项补贴收入	5333.53
(2)制造业	50.53	(3)其他	605.44
(3)电力热力燃气及水生产和供应业		2.转移性支出	2955.98
(4)建筑业		(1)个人所得税	5.39
3.第三产业净收入	1227.86	(2)社会保障支出	2823.00
(1)批发和零售业	553.81	①个人缴纳的养老保险	1599.31
(2)交通运输仓储和邮政业	265.28	②个人缴纳的医疗保险	1177.80
(3)住宿和餐饮业	135.96	③个人缴纳的失业保险	37.27
(4)房地产业		④其他社会保障支出	8.62
(5)租赁和商务服务业	51.94	(3)外来从业人员寄给家人的支出	0.53
(6)居民服务修理和其他服务业	69.06	(4)赡养支出	45.01
(7)其他	78.67	(5)其他转移性支出	82.05
(8)农林牧渔服务业	73.14	①经常性捐赠支出	4.62
三、财产净收入	**1026.09**	②经常性赔偿支出	
1.利息净收入	-19.38	③其他经常转移支出	77.43

6-5 垦区居民人均全年总收入

单位：元

指　　标	1985	1990	1995	2000	2005	2010	2015	2016	2017	2018
总收入	**1197.60**	**1456.04**	**6910.62**	**5545.60**	**15726.03**	**34622.31**	**38854.86**	**42318.39**	**43905.64**	**45221.81**
一、基本收入	**1157.24**	**1388.64**	**6686.65**	**5257.10**	**14594.87**	**30724.32**	**29203.92**	**29757.53**	**30389.60**	**30485.74**
(一)工资性收入	260.90	837.88	1272.76	2043.90	1648.15	2997.52	6494.32	6753.37	7196.28	7276.47
1.工资							5004.16	5301.57	5751.47	6558.00
2.实物福利							225.07	227.09	236.17	714.80
3.其他							1265.09	1224.71	1208.64	3.67
(二)经营性收入	896.34	550.76	5419.89	3211.90	12946.72	27726.80	22709.60	23004.16	23193.32	23209.27
1.农业	714.40	264.93	4766.50	2434.30	10495.49	23425.63	19250.44	19304.15	19375.86	19390.85
2.林业收入		4.15	0.03	0.40	24.73	11.37	10.20	5.87	5.71	5.73
3.牧业收入	92.70	163.98	324.78	329.10	1464.17	1952.01	1672.40	1726.85	1802.88	1804.30
4.渔业收入	2.37	0.07	6.93	4.20	1.29	11.51	28.95	34.66	35.87	35.89
5.工业收入			4.34	13.40	44.57		413.5	457.25	460.32	460.68
6.建筑业收入				59.50	14.54		45.3	44.52	40.25	40.18
7.批发和零售业	1.60	1.16	6.39	103.60	578.37	1389.72	502.98	659.17	666.90	667.42
8.交通运输仓储和邮政业	12.95	50.82	50.12	77.80	98.62	818.69	68.91	262.88	263.87	264.07
9.住宿和餐饮业							251.15	251.46	261.07	261.27
10.其他	18.97	47.94	254.80	189.56	224.94	113.09	465.77	257.35	280.59	278.88
二、转移性收入	**40.36**	**67.40**	**176.26**	**239.70**	**851.06**	**3551.76**	**8684.83**	**11307.06**	**12249.49**	**13647.67**
#家庭住户成员寄回和带回	1.67	1.05	9.97	12.80	22.11	46.42	86.01	90.77	93.56	99.37
养老金或离退休金							6425.30	6626.29	7191.33	7708.70
三、财产性收入			**47.71**	**49.40**	**280.1**	**346.23**	**966.11**	**1253.80**	**1036.57**	**1088.40**
#利息收入			37.00	18.10	26.91	18.24	10.61	13.27	13.58	14.40
股息和红利收入			0.27	3.66	27.87	49.43	66.39	65.53	64.26	67.55

注：①1994年以前的财产性收入含在转移性收入内。
②2014年及以前为农场职工家庭人均纯收入数据，与2015年可支配收入调查数据指标、口径均不同。
③2014年及以前住宿餐饮业数据包含在批发零售业之内。

6-6 垦区居民人均全年总收入和总支出

(2018年) 单位：元

指　标	数　量	指　标	数　量
总 收 入	**45221.81**	**五、非收入所得**	**459.76**
一、工资性收入	**7276.47**	**六、借贷性所得**	**2002.82**
1.工资	6558.00	**总 支 出**	**37697.31**
2.实物福利	714.80	**一、消费支出**	**14884.02**
3.其他	3.67	**二、生产经营费用支出**	**14621.63**
二、经营性收入	**23209.27**	**1.第一产业生产费用支出**	**13819.07**
1.第一产业经营收入	21236.77	(1)农业	12897.36
(1)农业	19390.85	(2)林业	5.99
(2)林业	5.73	(3)牧业	891.37
(3)牧业	1804.30	(4)渔业	24.35
(4)渔业	35.89	2.第二产业生产费用支出	290.63
2.第二产业经营收入	500.86	(1)采矿业	
(1)采矿业		(2)制造业	267.35
(2)制造业	460.68	(3)电力热力燃气及水生产和供应业	
(3)电力热力燃气及水生产和供应业		(4)建筑业	23.28
(4)建筑业	40.18	3.第三产业生产费用支出	321.54
3.第三产业经营收入	1471.64	(1)批发和零售业	147.65
(1)批发和零售业	667.42	(2)交通运输仓储和邮政业	15.63
(2)交通运输仓储和邮政业	264.07	(3)住宿和餐饮业	135.45
(3)住宿和餐饮业	261.27	(4)其他	22.81
(4)其他	278.88	**三、财产性支出**	**80.31**
三、财产性收入	**1088.40**	1.生活贷款利息支出	46.85
1.利息收入	14.40	2.其他财产性支出	33.46
2.红利收入	67.55	**四、转移性支出**	**2955.98**
3.转让承包土地经营权租金净收入	624.04	1.个人所得税	5.39
4.出租房屋财产性净收入	50.48	2.社会保障支出	2823.00
5.其他财产净收入	331.93	3.外来从业人员寄给家人的支出	0.53
四、转移性收入	**13647.67**	4.赡养支出	45.01
1.养老金或离退休金	7708.70	5.其他转移性支出	82.05
2.各项补贴合计	5333.53	**五、购置资产及非经常性转移支出**	**2679.68**
3.其他转移性收入	605.44	**六、借贷性支出**	**2475.69**

6-7 垦区居民人均全年消费性支出与构成

单位：元

指　　标	1985	1990	1995	2000	2005	2010	2015	2016	2017	2018
消费性支出(元)	**327.23**	**816.36**	**1666.70**	**2510.75**	**3372.80**	**7760.69**	**12179.00**	**13108.29**	**14026.22**	**14884.02**
一、食品	187.40	381.33	916.88	906.37	1214.28	2677.44	3193.57	3468.32	3730.91	3900.12
1.食品							2460.93	2664.96	2848.99	3006.91
2.烟酒							282.70	306.22	329.15	336.73
3.饮料							50.24	48.61	54.82	52.89
4.饮食服务							399.70	448.53	497.95	503.59
二、衣着	46.03	115.26	201.07	287.79	332.12	735.80	1126.41	1129.91	1281.39	1307.81
1.衣类			96.50	163.58	202.61	478.70	856.36	858.61	977.04	992.24
2.鞋类							270.05	271.30	304.35	315.57
三、居住	19.75	81.45	193.55	185.74	394.20	1017.32	2388.08	2520.90	2593.44	2675.85
四、生活用品及服务	41.81	93.20	84.61	206.00	195.10	480.38	612.27	733.29	776.18	830.52
五、交通通信	5.97	19.88	34.04	210.80	369.59	957.00	2378.68	2505.91	2687.02	2757.01
六、教育文化娱乐	15.26	67.84	127.55	367.80	524.49	1176.08	1474.66	1638.12	1709.68	1903.81
1.教育	7.49	26.16	31.72	80.35	101.59	278.03	1057.13	1171.08	1323.36	1387.45
2.文化娱乐							417.53	467.04	386.32	571.94
七、医疗保健	9.65	40.66	55.99	221.56	270.13	565.45	766.20	867.21	971.59	1213.99
八、其他商品和服务	1.36	16.74	52.95	124.68	72.88	151.20	239.14	244.63	276.01	294.91
消费支出中服务消费支出							1806.41	2013.50	2694.96	2889.00
消费支出构成(%)										
一、食品烟酒(恩格尔系数)	57.30	46.70	55.00	36.10	36.00	34.50	26.22	26.46	26.59	26.20
二、衣着	14.10	14.10	12.10	11.46	9.85	9.48	9.25	8.61	9.13	8.79
三、居住	6.00	10.00	11.60	7.40	11.69	13.11	19.61	19.23	18.49	17.98
四、家庭设备、用品及服务	12.80	11.40	5.10	8.20	5.78	6.19	5.03	5.59	5.54	5.58
五、交通通讯	1.80	2.40	2.00	8.40	10.96	12.33	19.53	19.12	19.16	18.53
六、文化教育娱乐用品及服务	4.70	8.30	7.60	14.65	15.55	15.15	12.11	12.50	12.19	12.79
七、医疗保健	2.90	5.00	3.40	8.82	8.01	7.29	6.29	6.62	6.93	8.15
八、其他商品和服务	0.40	2.10	3.20	4.97	2.16	1.95	1.96	1.87	1.97	1.98

6-8 垦区居民人均全年生活消费支出

(2018年) 单位：元

指　　标	数　量	指　　标	数　量
消费支出	**14884.02**	3.家用纺织品	58.17
一、食品烟酒	**3900.12**	4.家庭日用杂品	257.55
1.食品	3006.91	5.个人用品	166.49
(1)谷物	550.94	6.家庭服务	34.86
(2)薯类	40.11	**五、交通通信**	**2757.01**
(3)豆类	38.56	1.交通	1799.08
(4)食用油	140.10	(1)交通工具	705.33
(5)蔬菜和食用菌	334.31	(2)交通费	589.35
(6)肉类	670.50	(3)交通工具用燃料	352.36
(7)禽类	100.84	(4)交通工具使用及维修	152.04
(8)水产品	146.22	2.通信	957.93
(9)蛋类	78.15	(1)通信工具	330.98
(10)奶类	140.17	(2)通信服务	626.95
(11)干鲜瓜果类	419.91	**六、教育文化娱乐**	**1903.81**
(12)糖果糕点类	84.63	1.教育	1500.36
(13)其他食品	262.47	(1)学前教育	130.70
2.烟酒	336.73	(2)小学教育	153.28
(1)烟草	207.96	(3)初中教育	195.00
(2)酒类	128.77	(4)高中教育	279.31
3.饮料	52.89	(5)中专职高教育	16.65
4.饮食服务	503.59	(6)大专及以上教育	521.98
二、衣着	**1307.81**	(7)成人教育	203.44
1.衣类	992.24	2.文化娱乐	403.45
2.鞋类	315.57	(1)文娱耐用消费品	79.60
三、居住	**2675.85**	(2)其他文娱用品	87.58
1.租赁房房租	45.83	(3)文化娱乐服务	236.27
2.住房维修及管理	113.44	**七、医疗保健**	**1213.99**
3.水电燃料及其他	1033.72	1.医疗器具及药品	752.05
4.自有住房折算租金	1192.85	2.医疗服务	461.94
5.物业管理费	290.01	**八、其他用品和服务**	**294.91**
四、生活用品及服务	**830.52**	1.其他用品	172.43
1.家具及室内装饰品	113.99	2.其他服务	122.48
2.家用器具	199.46	**消费支出中服务消费支出**	**2889.00**

6-9 垦区居民人均全年现金收入与现金支出

(2018年) 单位：元

指　　标	数　　量	指　　标	数　　量
现金收入	**44925.03**	(1)农业	11221.94
一、现金工资性收入	**7009.78**	(2)林业	5.99
1.工资	6558.00	(3)牧业	751.37
2.其他工资性收入	451.78	(4)渔业	21.35
二、现金经营性收入	**23209.27**	2.第二产业经营现金费用支出	290.63
1.第一产业现金经营收入	21236.77	(1)采矿业	
(1)农业	19390.85	(2)制造业	267.35
(2)林业	5.73	(3)电力热力燃气及水生产和供应业	
(3)牧业	1804.30	(4)建筑业	
(4)渔业	35.89	3.第三产业经营现金费用支出	321.54
2.第二产业现金经营收入	500.86	(1)批发和零售业	147.65
(1)采矿业		(2)交通运输仓储和邮政业	15.63
(2)制造业	460.68	(3)住宿和餐饮业	135.45
(3)电力热力燃气及水生产和供应业		(4)其他	22.81
(4)建筑业	40.18	**三、现金财产性支出**	**80.31**
3.第三产业现金经营收入	1471.64	1.生活贷款利息支出	46.85
(1)批发和零售业	667.42	2.其他财产性支出	33.46
(2)交通运输仓储和邮政业	264.07	**四、现金转移性支出**	**2955.98**
(3)住宿和餐饮业	261.27	1.个人所得税	5.39
(4)其他行业	278.88	2.社会保障支出	2823.00
三、现金财产性收入	**1088.40**	3.外来从业人员寄给家人的支出	0.53
四、现金转移性收入	**13617.58**	4.赡养支出	45.01
五、非收入所得	**459.76**	5.其他转移性支出	82.05
六、借贷性所得	**2002.82**	**五、部分商业保险支出**	**176.19**
现金支出	**34263.71**	**六、购置资产及非经常性转移支出**	**2679.68**
一、现金消费支出	**13337.23**	1.购置资产支出	681.52
二、生产经营现金费用支出	**12558.63**	2.非经常性转移支出	1998.16
1.第一产业经营现金费用支出	12000.65	**七、借贷性支出**	**2475.69**

6-10 垦区居民人均可支配收入与支出情况

(1978-2018年)

单位：元

年 份	总收入	总支出	#生活消费支出	可支配收入	可支配收入指数(%)(上年=100)	可支配收入指数(%)(1978=100)
1978				246	100.0	100.0
1979				289	104.1	104.1
1980				327	105.8	110.1
1981				321	98.5	108.5
1982	370	330	288	351	103.9	112.7
1983	429	373	309	405	107.1	120.7
1984	466	384	317	440	103.7	125.2
1985	1198	1164	327	453	96.2	120.4
1986	994	894	366	507	104.4	125.7
1987	920	764	465	655	120.2	151.1
1988	1469	1164	553	789	105.5	159.4
1989	1885	1584	675	938	103.6	165.2
1990	1456	1122	816	1217	120.7	199.4
1991	1246	1149	888	1058	86.8	173.1
1992	1274	1116	825	1049	97.2	168.2
1993	2679	2210	983	1491	127.3	214.1
1994	4361	3870	1254	1831	104.9	224.6
1995	6911	6143	1674	2348	111.5	250.4
1996	6541	5893	2394	2832	111.7	279.8
1997	8128	6785	2644	3321	114.7	320.9
1998	5610	5066	2703	3448	104.8	336.3
1999	5462	4814	2463	3216	100.0	336.3
2000	5546	4929	2511	3337	104.8	352.4
2001	6062	5387	2675	3650	109.3	385.2
2002	6789	6275	2761	3863	106.5	410.2
2003	11180	10638	2912	4267	109.1	447.5
2004	13994	12198	3119	5593	125.1	559.8
2005	15726	13869	3373	6179	109.2	611.3
2006	18203	16200	4078	7064	112.3	686.5
2007	20968	18493	5144	8087	111.1	762.7
2008	26674	24883	6772	9525	112.2	855.7
2009	28696	27040	7358	10936	113.7	972.9
2010	34622	32151	7761	13267	116.8	1136.3
2011	41702	36103	8675	16466	117.3	1332.9
2012	50301	41858	9479	20227	116.7	1555.5
2013	55123	45449	10639	22891	113.2	1760.8
2014	60560	48898	11240	25226	110.2	1940.4
2015	38855	32816	12179	23855	107.2	2080.1
2016	42318	33670	13108	25421	106.6	2217.4
2017	43906	36058	14026	27153	106.8	2368.5
2018	45222	37697	14884	28789	106.0	2511.2

注：①2014年及以前为农场职工人均纯收入数据，与2015年的可支配收入数据指标、口径均不同。

6-11 垦区居民人均全年主要消费品消费量

品名	单位	1985	1990	1995	2000	2005	2010	2015	2016	2017	2018
粮食	公斤	161.71	210.10	229.13	125.45	154.27	131.78	115.38	112.03	119.78	118.30
油脂类	公斤	7.11	8.12	12.31	8.71	9.62	10.86	10.26	10.46	12.53	11.62
蔬菜及菜制品	公斤	142.23	140.33	150.75	187.99	70.31	63.36	46.87	47.98	52.43	49.17
肉类	公斤	8.60	10.86	11.82	15.57	15.17	16.79	18.35	19.60	18.43	18.24
禽类	公斤	1.06	2.32	1.86	2.03	2.52	2.64	2.69	2.96	3.05	3.72
水产品	公斤	2.75	3.42	5.24	5.70	5.18	5.23	6.24	6.57	7.33	7.49
蛋类及蛋制品	公斤	4.80	6.69	5.89	6.43	6.23	6.11	7.56	7.93	10.01	8.96
奶和奶制品	公斤							1.97	2.34	8.21	8.11
干鲜瓜果类	公斤		11.84	9.87	36.76	26.97	24.31	24.36	31.37	50.26	48.24
糖果糕点类	公斤	2.32	2.10	2.51	1.75	1.21	1.13	0.89	1.24	5.28	4.98
酒	公斤	4.60	7.58	9.75	12.98	13.64	15.09	13.11	13.75	12.34	19.39

6-12 垦区居民人均全年主要消费品消费量

(2018年)

品名	单位	数量	品名	单位	数量
粮食	公斤	118.30	虾贝蟹类	公斤	0.85
*谷物	公斤	102.84	蛋类及蛋制品	公斤	8.96
薯类	公斤	10.09	*鲜蛋	公斤	8.72
豆类	公斤	5.37	奶和奶制品	公斤	8.11
油脂类	公斤	11.62	*鲜奶	公斤	4.98
*植物油	公斤	11.56	酸奶	公斤	1.82
动物油	公斤	0.06	干鲜瓜果类	公斤	48.24
蔬菜及菜制品	公斤	49.17	*鲜瓜果	公斤	43.52
肉类	公斤	18.24	瓜果制品	公斤	1.27
*猪肉	公斤	12.59	坚果类	公斤	3.45
禽类	公斤	3.72	糖果糕点类	公斤	4.98
*鸡	公斤	2.16	饮料	公斤	13.89
水产品	公斤	7.49	烟叶	公斤	0.09
*鱼类	公斤	5.91	酒	公斤	19.39

6-13 垦区居民平均每百户固定资产投资情况

(2018年)

品名	单位	数量	品名	单位	数量
农业生产投资情况	--		4.农业设施	元	66644.49
一、主要农业生产性固定资产数量	--		5.农业机械	元	422701.66
1.生产性用房及建筑物	平方米	52.70	**非农业生产投资情况**	--	
2.大中型农用拖拉机	台	4.47	**一、非农产业固定资产数量**	--	
3.小型农用拖拉机	台	1.79	1.出租住房	平方米	92.68
4.农用排灌动力机械	台	2.10	2.出租商用建筑物	平方米	53.32
5.插秧机	台	4.46	**二、非农产业固定资产原价**	--	
6.收割机	台	1.49	**生活投资情况**	--	
二、农业生产性固定资产原价	--		**一、新建住房情况**	--	
1.生产性用房及建筑物	元	51777.80	1.新建住房竣工建筑面积	平方米	17.63
2.役畜	元		2.新建住房总费用	万元	2.99
3.产品畜	元		**二、期内住房大修或装修费用**	**万元**	**1.03**

6-14 垦区居民平均每百户年末耐用消费品拥有量

品名	单位	1985	1990	1995	2000	2005	2010	2015	2016	2017	2018
家用汽车	辆						7.40	14.95	16.98	19.09	19.18
摩托车	辆	3.22	5.16	9.23	37.20	49.00	68.40	35.15	38.25	37.88	32.50
助力车	台							15.35	16.60	17.44	17.63
洗衣机	台	50.89	46.83	52.08	75.20	74.00	92.60	93.25	89.25	90.64	91.19
电冰箱(柜)	台		1.98	7.74	24.80	28.00	75.60	88.50	85.85	87.22	91.31
微波炉	台					3.00	17.40	21.75	18.28	20.05	20.52
彩色电视机	台	72.50	32.14	64.88	98.90	96.00	105.60	100.30	100.45	101.10	101.21
空调	台							1.40	1.60	2.06	2.24
热水器	台					9.00	34.80	60.30	56.23	58.19	59.02
排油烟机	台			5.06	17.24	16.00	44.00	61.30	60.83	61.20	62.95
固定电话	线					82.00	81.20	57.70	57.88	58.20	57.98
移动电话	部					88.00	185.40	202.90	204.55	209.40	211.98
计算机	台						55.00	51.75	47.68	50.92	49.28
摄像机	台					1.00	7.40	4.20	4.60	4.62	4.31
照相机	台		5.56	7.44	11.62	17.00	23.40	25.60	19.80	19.15	18.10
健身器材	台							1.95	2.20	2.61	3.08
组合音响	套							3.00	2.40	2.76	2.67

6-15　垦区居民人均全年购买主要商品数量

品　　名	单 位	1985	1990	1995	2000	2005	2010	2015	2016	2017	2018
粮食	公斤	137.45	230.79	207.95	125.32	153.58	137.22	115.97	112.36	119.78	118.30
油脂类	公斤	5.54	6.41	9.70	8.58	9.62	10.86	10.26	10.46	12.53	11.62
蔬菜及菜制品	公斤	45.81	49.12	76.75	40.84	33.70	33.73	37.62	46.22	52.43	49.17
肉类	公斤	7.06	8.34	12.11	10.57	11.92	11.90	18.35	19.60	18.43	18.24
禽类	公斤	0.82	0.49	1.27	2.38	1.65	1.42	2.02	2.26	3.05	3.72
水产品	公斤	1.87	2.91	4.28	3.35	5.07	4.90	5.98	6.50	7.33	7.49
蛋类及蛋制品	公斤	1.41	1.29	2.46	6.43	5.05	5.03	6.85	7.23	10.01	8.96
奶和奶制品	公斤							1.97	2.34	8.21	8.11
干鲜瓜果类	公斤							24.36	31.37	50.26	48.24
糖果糕点类	公斤	2.08	1.9	1.74	1.75	1.21	1.13	0.89	1.24	5.28	4.98
酒	公斤	3.94	7.21	9.66	12.98	13.52	15.03	13.11	13.75	12.34	19.39

6-16　垦区居民房屋建设与使用情况

指　　标	单　位	1985	1990	1995	2000	2005	2010	2015	2016	2017	2018
户均年末使用面积	平方米	38.45	42.49	47.65	60.32	54.46	66.06	65.46	66.00	66.93	67.26
#私有房屋面积	平方米	7.95	18.37	43.14	60.32	54.46	66.06	62.92	64.50	65.23	65.40
户均年末拥有房屋价值	元	1351	2143	8263	18306	24043	74192	129243	129079	133072	141056
人均年末拥有房屋面积	平方米	9.00	11.20	13.84	19.21	24.91	33.92	33.50	33.65	33.70	33.97
#自有现住房面积	平方米							32.40	32.57	32.63	32.90
人均年末拥有房屋价值	元							53241.03	52229.82	54027.37	54003.32
户均本年新建(购)房屋											
1.新建(购)房屋面积	平方米	1.11	0.76	0.51	0.68	0.21	2.23	1.36	0.61	0.78	0.27
2.新建(购)房屋价值	元	82.32	138.10	148.81	185.00	112.00	4185.12	3178.00	1350.13	1942.16	671.29
3.每平方米价值	元	74.47	181.25	294.71	272.06	533.33	1880.11	2343.66	2213.33	2496.12	2486.26
人均本年新建(购)房屋面积	平方米	0.26	0.20	0.15	0.22	0.07	0.81	0.56	0.25	0.32	0.27

主要统计指标解释

住户 居住在一个住宅内，共同分享生活开支或收入的一群人。居住在同一房间内、不共同分享生活开支的人群，每个人都视为一个住户。住家保姆、住家家庭帮工视为单独的住户。

可支配收入 指调查户在调查期内获得的、可用于最终消费支出和储蓄的总和，即调查户可以用来自由支配的收入。可支配收入既包括现金，也包括实物收入。按照收入的来源，可支配收入包含四项，分别为：工资性收入、经营净收入、财产净收入和转移净收入。计算公式为：可支配收入 = 工资性收入 + 经营净收入 + 财产净收入 + 转移净收入

工资性收入 指就业人员通过各种途径得到的全部劳动报酬和各种福利，包括受雇于单位或个人、从事各种自由职业、兼职和零星劳动得到的全部劳动报酬和福利。

经营净收入 指住户或住户成员从事生产经营活动所获得的净收入，是全部经营收入中扣除经营费用、生产性固定资产折旧和生产税之后得到的净收入。计算公式为：经营净收入 = 经营收入 - 经营费用 - 生产性固定资产折旧 - 生产税

财产净收入 指住户或住户成员将其所拥有的金融资产、住房等非金融资产和自然资源交由其他机构单位、住户或个人支配而获得的回报并扣除相关的费用之后得到的净收入。财产净收入包括利息净收入、红利收入、储蓄性保险净收益、转让承包土地经营权租金净收入、出租房屋净收入、出租其他资产净收入和自有住房折算净租金等。

转移性收入 指国家、单位、社会团体对住户的各种经常性转移支付和住户之间的经常性收入转移。包括养老金或退休金、社会救济和补助、政策性生产补贴、政策性生活补贴、救灾款、经常性捐赠和赔偿、报销医疗费、住户之间的赡养收入，以及本住户非常住成员寄回带回的收入等。计算公式为：转移净收入 = 转移性收入 - 转移性支出

消费支出 指住户用于满足家庭日常生活消费需要的全部支出，包括用于消费品的支出和用于服务性消费的支出。根据用途不同，消费支出可划分为食品烟酒、衣着、居住、生活用品及服务、交通通信、教育文化娱乐、医疗保健、其他用品及服务八大类。根据来源不同，消费支出可划分为现金消费支出、实物消费支出（含自产自用、来自单位、来自政府和其他社会组织）。

居民年底储蓄存款余额 指农垦系统的居民存入银行及信用社储蓄的年底时点数（存入数扣除取出数的余额），不包括居民的手存现金。

恩格尔系数 指食物支出金额在消费性总支出金额中所占的比例。计算公式为：

$$恩格尔系数=\frac{食品支出金额}{消费性总支出金额}\times 100\%。$$

07 农林牧渔业

7-1 各管理局农林牧渔业总产值

(当年价格)　　单位：万元

年份 单位	农林牧渔业总产值	农业	#粮食主产品	林业	畜牧业	渔业
2012	8923297	6587032	5794039	99948	2176429	59890
2013	9468761	7023063	5912791	108458	2268437	68803
2014	9655405	7482788	6474658	90530	2016693	65394
2015	9573789	7731108	6782682	82737	1691242	68701
2016	8364244	7390540	6150156	83854	823948	65902
2017	8733780	7728872	6270137	100972	836512	67424
2018	7849002	6918520	5660437	99792	764237	66454
宝泉岭局	1116361	834190	739427	6766	265773	9632
红兴隆局	1348878	1214514	979144	23823	91818	18723
建三江局	2006003	1971331	1717924	2108	28093	4471
牡丹江局	1451118	1334202	1015326	3682	101926	11309
北 安 局	640923	522181	442334	49403	60553	8786
九 三 局	493745	387012	313078	5927	97928	2878
齐齐哈尔局	452858	374361	260530	685	74615	3196
绥 化 局	221804	200099	140910	1198	15665	4842
哈尔滨局	96353	72499	45320	6200	15213	2441
总局直属	20960	8132	6443		12652	176

注：2016年和2017年的畜牧业产值为第三次全国农业普查后的衔接数。

7-2 各管理局农林牧渔业总产值构成

(以农林牧渔业总产值为100)　　单位：%

年份 单位	农林牧渔业总产值	农业	#粮食主产品	林业	畜牧业	渔业
2012	100	73.8	64.9	1.1	24.4	0.7
2013	100	74.2	62.4	1.1	24.0	0.7
2014	100	77.5	67.1	0.9	20.9	0.7
2015	100	80.8	70.8	0.9	17.7	0.7
2016	100	88.4	73.5	1.0	9.9	0.8
2017	100	88.5	71.8	1.2	9.6	0.8
2018	100	88.1	71.8	1.3	9.7	0.8
宝泉岭局	100	74.7	66.2	0.6	23.8	0.9
红兴隆局	100	90.0	72.6	1.8	6.8	1.4
建三江局	100	98.3	85.6	0.1	1.4	0.2
牡丹江局	100	91.9	69.4	0.3	7.0	0.8
北 安 局	100	81.5	67.8	7.7	9.4	1.4
九 三 局	100	78.4	62.0	1.2	19.8	0.6
齐齐哈尔局	100	82.7	57.5	0.2	16.5	0.7
绥 化 局	100	90.2	63.5	0.5	7.1	2.2
哈尔滨局	100	75.2	46.8	6.4	15.8	2.5
总局直属	100	38.8	30.7		60.4	0.8

7-3 各管理局农林牧渔业总产值

(可比价格)　　单位：万元

年份 单位	农林牧渔业总产值	农业	#粮食主产品	林业	畜牧业	渔业
2012	8633158	6312248	5535822	100139	2160959	59812
2013	9435578	7109439	5992756	107730	2144573	73836
2014	9674693	7407148	6389128	88448	2115339	63758
2015	9552588	7738841	6803779	78465	1678317	56965
2016	8773716	7813587	6573204	83934	810625	65569
2017	8895002	7853909	6395174	93592	878903	68599
2018	8317093	7346954	6089654	99772	802970	67398
宝泉岭局	1190441	889568	794662	6765	284360	9748
红兴隆局	1422370	1280309	1044964	23814	99212	19034
建三江局	2191193	2152678	1899246	2108	31717	4690
牡丹江局	1538081	1417586	1098714	3675	105378	11442
北 安 局	650264	529690	449852	49400	62356	8819
九 三 局	502906	394417	320482	5927	99685	2877
齐齐哈尔局	471941	392083	278534	685	75965	3207
绥 化 局	228570	206220	147507	1198	16269	4882
哈尔滨局	99713	75941	48899	6200	15057	2515
总局直属		8462	6795		12970	184

注：2016年和2017年的畜牧业产值为第三次全国农业普查后的衔接数

7-4 各管理局农林牧渔业总产值指数

(以上年为100)　　单位：%

年份 单位	农林牧渔业总产值	农业	#粮食主产品	林业	畜牧业	渔业
2012	110.3	110.3	110.2	135.5	108.8	137.6
2013	105.7	107.9	103.4	107.8	101.9	123.3
2014	102.2	105.5	108.1	81.6	93.3	92.7
2015	100.2	99.9	99.7	105.4	100.8	120.6
2016	95.7	94.6	93.6	99.9	101.6	100.5
2017	105.5	106.3	104.0	111.6	101.0	104.1
2018	95.2	95.1	97.1	98.8	96.0	100.0
宝泉岭局	101.1	104.9	102.8	96.5	90.9	109.5
红兴隆局	75.5	74.7	96.2	97.5	78.3	92.4
建三江局	93.3	95.2	98.3	97.7	38.7	131.5
牡丹江局	89.6	102.1	95.4	68.2	33.9	99.9
北 安 局	105.4	108.4	102.6	106.7	84.2	106.7
九 三 局	105.9	113.1	100.3	80.1	86.0	109.4
齐齐哈尔局	97.0	101.1	88.1	88.6	80.0	113.0
绥 化 局	69.9	103.8	90.8	78.8	13.5	80.3
哈尔滨局	88.8	88.4	58.8	103.4	86.5	87.0
总局直属	105.7	112.8	94.7		101.7	97.5

7-5 各管理局国有经济农林牧渔业总产值

单位：万元

年份 单位	农林牧渔业总产值	农业	林业	畜牧业	渔业
2012	6525606	6406142	86804	8730	23930
2013	7007110	6872632	89568	11782	33129
2014	7436579	7320536	70819	11405	33819
2015	7689846	7585655	65231	12190	26770
2016	7221444	7120438	66997	7493	26515
2017	7472935	7362527	74325	8262	27821
2018	6834152	6723188	70627	13405	26932
宝泉岭局	846169	831865	5593		8711
红兴隆局	1225489	1189990	21736		13762
建三江局	1972783	1971321	1462		
牡丹江局	1196454	1193463	2850		140
北安局	547696	521073	26622	1	
九三局	392962	387012	4384		1567
齐齐哈尔局	375836	374361	685		790
绥化局	184288	182024	1094		1170
哈尔滨局	81471	71699	6200	2780	792
总局直属	11005	381		10624	

7-6 各管理局非国有经济农林牧渔业总产值

单位：万元

年份 单位	农林牧渔业总产值	农业	林业	畜牧业	渔业
2012	2397691	180890	13144	2167699	35960
2013	2461651	150432	18890	2256655	35675
2014	2218826	162252	19711	2005288	31575
2015	1883943	145453	17506	1679052	41932
2016	1142800	270102	16856	816455	39387
2017	1260845	366344	26648	828250	39603
2018	1014850	195332	29165	750831	39522
宝泉岭局	270192	2325	1173	265773	921
红兴隆局	123389	24524	2087	91818	4960
建三江局	33220	10	646	28093	4471
牡丹江局	254665	140739	831	101926	11169
北安局	93227	1108	22781	60552	8786
九三局	100783		1543	97928	1311
齐齐哈尔局	77021			74615	2407
绥化局	37516	18075	104	15665	3672
哈尔滨局	14882	800		12433	1649
总局直属	9955	7752		2028	176

注：7-5表和7-6表按当年价格计算。

7-7　农林牧渔业分项产值

(2018年)　　单位：万元

指　　标	现价产值	可比价产值	构成（%）
农林牧渔业总产值	**7849002**	**8317093**	**100.0**
一、农业产值	**6918520**	**7346954**	**88.1**
(一)主产品产值	5879177	6307610	85.0
1.谷物	5058452	5440054	86.0
#水稻	3910301	4344779	77.3
小麦	7006	7006	0.1
玉米	1110394	1057518	22.0
高粱	29897	29897	0.6
2.大豆	551592	596961	9.4
3.杂豆	18099	18099	0.3
4.薯类	32295	34540	0.5
5.油料	3135	3061	0.1
#白瓜籽	957	957	30.5
向日葵	574	500	18.3
花生	686	686	21.9
6.麻类	6870	6870	0.1
#亚麻	640	640	9.3
7.糖类	1622	1622	…
8.烟叶	688	688	…
9.药材	26204	26204	0.4
10.蔬菜	18424	17079	0.3
#叶菜类	6829	5772	37.1
瓜菜类	2458	2170	13.3
11.食用菌	11603	12239	0.2
12.瓜果类	34984	34984	0.6
#果用瓜	25108	25108	71.8
13.食用坚果	3652	3652	0.1
14.花卉园艺	3804	3804	0.1
15.饲料饲草	20372	20372	0.3
16.其他农业	87383	87383	1.5
(二)副产品产值	1039343	1039343	15.0
#粮食副产品	1027467	1027467	98.9

7-7续表 单位：万元

指　　标	现价产值	可比价产值	构成（%）
二、林业产值	**99792**	**99772**	**1.3**
(一)林木的培育和种植	40447	40447	40.5
1.育种育苗	11411	11411	28.2
2.造林	3668	3668	9.1
3.抚育和管理	25369	25369	62.7
(二)林产品采集	58060	58060	58.2
(三)林木采运	1285	1265	1.3
三、牧业产值	**764237**	**802970**	**9.7**
(一)牲畜的饲养	300983	295136	39.4
1.黄牛(含肉牛)	77480	75664	25.7
2.奶牛	44385	43345	14.7
3.马.驴.骡	3588	3588	1.2
4.羊	42671	38898	14.2
5.奶产品	129628	130410	43.1
#生牛奶	129627	130410	100.0
6.毛绒产品	3230	3230	1.1
(1)羊毛	2247	2247	69.5
(2)羊绒	984	984	30.5
(二)猪的饲养	235755	293227	30.8
(三)家禽的饲养	200722	187829	26.3
1.肉禽	160457	152817	79.9
2.禽蛋	40264	35012	20.1
(四)其他畜牧业	26778	26778	3.5
#兔	163	163	0.6
鹿茸	2942	2942	11.0
狐	3520	3520	13.1
四、渔业产值	**66454**	**67398**	**0.8**
1.鱼类	62153	63098	93.5
#鲤　鱼	26876	26532	43.2
鲢鳙鱼	9196	9196	14.8
鲫　鱼	14478	14478	23.3
2.虾蟹类	4300	4300	6.5

7-8 耕地面积增减变动情况

单位：公顷

指　　标	2010	2013	2014	2015	2016	2017	2018
一、年初耕地面积	**2649854**	**2879660**	**2885333**	**2892305**	**2903053**	**2908927**	**2917370**
二、年内增加面积	**158837**	**27525**	**85965**	**37453**	**49372**	**75087**	**122172**
三、年内减少面积	**7753**	**21852**	**78993**	**26705**	**43498**	**66645**	**83188**
1.国家基建占地	76		485	946	1176.4	22	12
2.场队基建占地	329		139	75	28	21	3
3.个人建房占地							
4.农业结构调整							
退耕还林							
退耕还草	104				413		4
退耕改园地							
退耕还湿池				2337.8	1145	734	
5.划归系统外							
6.其他减少	7244	21852	78369	23345.7	40735	65868	83169
四、年末耕地面积	**2800938**	**2885333**	**2892305**	**29053053**	**2908927**	**2917370**	**2956354**
1.水田	1285450	1568117	1512093	1464619.4	1490785	1561441	1604320
2.旱田	1515488	1317216	1380212	1438434	1418142	1355929	1352035
#水浇地	105433	73724	71454	77299.4	84471	93124	90355

7-9 各管理局耕地面积增减变动情况

单位：公顷

年份 单位	年初耕地面积	年内增加面积	年内减少面积	国家基建占地	场队基建占地	农业结构调整占地	#退耕还林
2012	2853886	32891	7116				
2013	2879660	27525	21852				
2014	2885333	85965	78993	485	139		
2015	2892305	37453	26705	946	75		
2016	2903053	49372	43498	1176	28		
2017	2908927	75087	66645	22	21	734	
2018	2917370	122172	83188	12	3	4	
宝泉岭局	341692	2377	102			4	
红兴隆局	491334	9560	2973				
建三江局	760857	81485	52459				
牡丹江局	467041	24275	24275				
北 安 局	335019	4182	3090	10			
九 三 局	252750	262	262				
齐齐哈尔局	146556						
绥 化 局	92723						
哈尔滨局	26206	10	26	2	3		
总局直属	3190	21					

7-9续表

单位：公顷

年份 单位	#退耕还草	划归系统外	其他减少	年末耕地面积	水田面积	旱田面积	#水浇地
2012			7116	2879660	1546101	1333559	75393
2013			21852	2885333	1568117	1317216	73724
2014			78369	2892305	1512093	1380212	71454
2015			23346	2903053	1464619	1438434	77299
2016	413		40735	2908927	1490785	1418142	84471
2017			65868	2917370	1561441	1355929	93124
2018	4		83169	2956354	1604320	1352035	90355
宝泉岭局	4		98	343967	213307	130660	19132
红兴隆局			2973	497921	257920	240001	6076
建三江局			52459	789883	710001	79882	
牡丹江局			24275	467041	301299	165743	785
北 安 局			3080	336111	3647	332464	4928
九 三 局			262	252750	9692	243058	10002
齐齐哈尔局				146556	72116	74440	40385
绥 化 局				92723	22808	69915	7443
哈尔滨局			22	26190	11835	14355	1519
总局直属				3212	1695	1517	85

7-10 各管理局主要农业机械年末拥有量

单位：台

年份 单位	农业机械总动力(万千瓦)	农用大中型拖拉机	#100马力以上	农用小型拖拉机	大中型拖拉机配套农具	小型拖拉机配套农具
2012	818.6	62309	6470	65130	116201	69770
2013	895.3	68750	7132	61761	126391	73014
2014	930.9	73028	7520	55178	138001	65426
2015	980.4	76502	8289	51911	143781	62051
2016	1045.1	80934	9710	49656	163133	59543
2017	1099.2	84509	10848	48102	173905	58508
2018	1137.5	90450	11675	43610	188952	55401
宝泉岭局	181.8	17340	1901	3383	30381	3512
红兴隆局	181.5	13530	1966	9433	24866	11779
建三江局	344.3	27254	2571	6559	67499	11079
牡丹江局	191.6	18433	1787	6274	35933	7543
北安局	75.9	3454	1301	8016	10318	10483
九三局	52.8	2213	882	3174	7296	5417
齐齐哈尔局	64.2	3936	856	4228	7303	3129
绥化局	25.2	2417	319	1470	3377	1635
哈尔滨局	13.8	1676	74	1002	1652	764
总局直属	6.5	197	18	71	327	60

7-10续表1

单位：台

年份 单位	机动水稻插秧机	水稻工厂化育秧设备(套)	农用排灌动力机械	#柴油机	农用水泵	喷灌机(套)
2012	69763	217	91413	59347	85240	9776
2013	72822	320	95291	59920	91806	10120
2014	74645	320	95757	58233	93012	10723
2015	75438	322	99568	60852	93513	10420
2016	78528	143	102263	60812	94377	11221
2017	82717	120	100851	58294	94267	11544
2018	85373	136	103020	52941	97561	12102
宝泉岭局	12367	27	16366	9568	16030	700
红兴隆局	11956	32	16708	9918	15307	3407
建三江局	35837	59	37718	14183	34568	924
牡丹江局	16001	7	20619	13939	19967	1896
北安局	137		399	174	141	33
九三局	206	3	1658	96	1503	480
齐齐哈尔局	6478	3	6559	3893	7633	3890
绥化局	1231	4	854	248	747	254
哈尔滨局	1069	1	1964	914	1455	466
总局直属	91		175	8	210	52

注：2015年及以后喷灌机中包含滴灌机械。

7-10续表2

单位：台

年份 单位	联合收获机	自走式	牵引式	水稻收获机	机动割晒机	其他收获机械
2012	26352	23970	2382	15722	5452	981
2013	28402	27110	1292	18555	5977	1002
2014	30362	29138	1224	20621	4993	948
2015	32020	30276	1744	21459	4196	878
2016	36068	34001	2067	25059	3165	794
2017	38426	36593	1833	27622	3087	794
2018	41688	39295	2393	31215	3149	881
宝泉岭局	5990	5827	163	4425	178	68
红兴隆局	6557	6065	492	4222	840	134
建三江局	15214	14669	545	13727	1019	17
牡丹江局	8647	8131	516	6363	1012	271
北安局	1075	988	87	77	62	67
九三局	921	873	48	290	16	60
齐齐哈尔局	1987	1528	459	1336	5	245
绥化局	738	734	4	349	8	
哈尔滨局	498	433	65	385	9	12
总局直属	61	47	14	41		7

7-10续表3

单位：台

年份 单位	机动脱粒机	谷物烘干机	种子包衣机	种子清选机	机动喷雾(粉)机	牧草播种机
2012	3382	485	290	934	17089	38
2013	3408	455	312	933	20722	35
2014	2625	492	243	927	25171	84
2015	2393	413	174	683	26184	196
2016	2212	533	140	590	28511	285
2017	2088	540	146	559	29176	319
2018	1870	587	120	522	28990	273
宝泉岭局	279	39	5	26	1920	
红兴隆局	492	257	23	130	2018	4
建三江局	208	55	17	58	22827	100
牡丹江局	624	47	2	52	1892	36
北安局	47	82	59	177	93	125
九三局	23	75	11	70	151	1
齐齐哈尔局	162	32	2	8	69	3
绥化局	13					1
哈尔滨局	16		1	1		3
总局直属	6				20	

7-10续表4

年份 单位	牧草收割机 (台)	牧草打捆机 (台)	铡草机 (台)	电动挤奶机 (部)	机动渔船 (艘)	农用汽车 (辆)	#农用载重汽车	农用运输车 (辆)
2012	477	170	3292	5903	335	4096	900	6350
2013	469	181	2907	5480	389	4257	879	6785
2014	466	197	2846	5322	429	4701	1166	6723
2015	440	158	2238	4300	354	5802	1124	4786
2016	440	157	2872	3877	401	6283	1102	4964
2017	411	169	1901	3376	366	6798	1193	4910
2018	347	187	1906	3031	361	6763	1281	5653
宝泉岭局	3	9	813	785	118	2072	147	611
红兴隆局	11	33	538	3	15	1328	439	1722
建三江局	4	4	132		89			1403
牡丹江局	51	1	233	545	73	527	128	232
北 安 局	1	17	98	354	22	1558	223	538
九 三 局	10	19	2	571	3	810	277	697
齐齐哈尔局	247	101	47	663	8	102	52	291
绥 化 局	8	1	31	19	28	328	8	13
哈尔滨局	12	2	12	88	5	19	5	122
总局直属				3		19	2	24

7-10续表5

单位：台

年份 单位	农产品加工机械	#碾米机	#磨面机	#榨油机	农用飞机 (架)	飞机场 (处)	推土机	挖掘机
2012	8120	2092	407	292	44	69	1202	1388
2013	6860	1949	422	260	47	72	1196	1371
2014	7705	1907	416	235	57	70	1202	1145
2015	764	147	92	49	72	69	282	128
2016	778	160	90	51	76	68	257	125
2017	765	132	87	47	80	68	258	127
2018	972	129	85	43	77	68	266	146
宝泉岭局	110	17	8	9		8	33	20
红兴隆局	85	35	4	4		10	45	19
建三江局						16	10	24
牡丹江局	309	13		2		10	31	5
北 安 局	34	8	8	12		13	20	22
九 三 局	30	3	1	4		7	52	11
齐齐哈尔局	50	16	6	6		3	42	26
绥 化 局	300	35	10	3		1	6	11
哈尔滨局	51		48	2			27	7
总局直属	3	2		1	77			1

注：2014年及以前年度农用运输车、农产品加工机械、推土机和挖掘机数据为全社会口径。

7-11 各管理局农业机械化情况

单位：公顷

年份 单位	机械耕整地面积	#水田机整地面积	机械播种面积	#水稻机播、机插面积	机械田间管理面积
2012	2865300	1543885	2831973	1520134	2711652
2013	2873258	1560881	2829632	1547916	2715483
2014	2951370	1519704	2918657	1516658	2756784
2015	2859131	1463916	2785687	1449769	2711155
2016	2845806	1482689	2802568	1474134	2681794
2017	2868613	1544367	2827602	1533072	2712928
2018	2885491	1561146	2850145	1553910	2733963
宝泉岭局	348276	212241	348109	212212	337900
红兴隆局	495261	255770	495102	254936	481983
建三江局	756530	680578	752668	678116	745817
牡丹江局	448353	294695	443804	292279	386392
北 安 局	331717	3557	305287	3033	324457
九 三 局	251894	9692	251031	9692	243663
齐齐哈尔局	134110	69051	136201	68158	128341
绥 化 局	91279	22768	91257	22768	71019
哈尔滨局	24937	11101	23639	11023	11524
总局直属	3134	1693	3047	1693	2867

7-11续表

单位：公顷

年份 单位	#飞机作业面积	#飞机施肥面积	#飞机防治病虫害面积	机械收获面积	#水稻机收面积
2012	1712158	1258906	1379644	2799046	1526858
2013	1779050	1377329	1443468	2800128	1549377
2014	1675624	1342201	1414116	2892648	1522145
2015	1563245	1183413	1342897	2806154	1460663
2016	1421342	1170630	1290900	2816810	1472907
2017	1452968	1181088	1318176	2840314	1526924
2018	1514264	1253305	1352251	2865472	1537322
宝泉岭局	215222	197559	184894	344483	209232
红兴隆局	249169	138868	199647	493701	238129
建三江局	586253	570916	573681	751966	678570
牡丹江局	187806	148620	177767	445918	293885
北 安 局	129679	86254	107725	321123	3453
九 三 局	116572	89765	83149	250976	9689
齐齐哈尔局	25615	19863	22900	140152	69051
绥 化 局	975		975	90259	22696
哈尔滨局	1460	1460		23796	10924
总局直属	1513		1513	3098	1693

7-12 各管理局农用肥料、农药、农膜、电力使用量

单位：吨

年份 单位	化肥施用总量		氮肥		磷肥		钾肥	
	实物量	折纯量	实物量	折纯量	实物量	折纯量	实物量	折纯量
2012	1175372	579642	449334	216984	318296	145130	222082	110750
2013	1212289	580459	458898	218450	324527	145692	240585	117953
2014	1240284	593272	461495	220291	330078	146448	240960	118611
2015	1214704	587229	453615	217002	322844	149457	239976	119208
2016	1167049	569813	437087	207515	308449	137203	236868	116115
2017	1152211	564008	424374	203809	308996	137854	235968	115110
2018	1157188	571852	423890	204309	308561	139589	234356	115781
宝泉岭局	165171	81867	71107	33179	45442	20588	31592	16306
红兴隆局	203144	97388	82228	41087	43365	20060	31288	14107
建三江局	293406	143126	95238	44667	72608	34524	82791	41515
牡丹江局	179274	91221	64777	26400	51885	21586	34937	17287
北 安 局	116942	58274	38998	21222	43111	18728	20629	9754
九 三 局	82965	42981	30581	16668	29083	14006	16225	8247
齐齐哈尔局	68496	32435	26388	14066	18349	7765	11149	5567
绥 化 局	34139	17703	10678	5245	1784	817	3850	1921
哈尔滨局	12526	6242	3374	1522	2654	1317	1799	986
总局直属	1125	615	521	253	280	198	96	91

7-12续表

单位：吨

年份 单位	复合肥		生物肥施用量	有机肥施用量	农药施用量	#化学除草剂	农膜使用量	农业用电量(万度)
	实物量	折纯量						
2012	185660	106778	14862	1351612	14793	11314	17375	60732
2013	188279	98364	15001	1395357	16155	12156	16567	59726
2014	207751	107922	14344	1562918	18033	13494	17633	50829
2015	198269	101562	8448	579653	15904	12088	16890	53798
2016	184645	108980	9428	508243	14473	10881	16167	55127
2017	182873	107235	9622	464051	15345	11233	15061	56510
2018	190381	112173	9837	459363	15627	12093	14294	61321
宝泉岭局	17030	11794	1847	59345	1504	1270	2034	7853
红兴隆局	46263	22134	3867	48124	2558	2051	2217	14331
建三江局	42769	22420	2779	1757	5275	3710	5408	25951
牡丹江局	27675	25948	614	17418	2163	1716	3843	4314
北 安 局	14204	8570		1513	1849	1462	14	1726
九 三 局	7076	4060	206	13568	1104	1034	108	1897
齐齐哈尔局	12610	5037		305793	529	291	343	2305
绥 化 局	17827	9720	289	631	492	456	198	1939
哈尔滨局	4699	2417	49	8215	137	94	116	847
总局直属	228	73	185	3000	17	10	15	158

7-13 各管理局农田水利化情况

年 份 单 位	机电井 (眼)	#已配套	排灌站 (座)	排灌能力 (立方米/秒)
1990	5027	3870	124	412
1993	7268	5632	119	258
1994	7413	5934	138	457
1995	10854	8610	129	548
1996	21775	19255	131	600
1997	28017	24034	144	682
1998	37213	31950	124	623
1999	40678	37534	127	682
2000	43320	39921	141	786
2001	45342	41489	146	807
2002	49462	43714	152	907
2003	45166	39464	165	943
2004	46987	41199	166	816
2005	48924	44007	168	887
2006	52747	47599	173	916
2007	61891	56757	202	991
2008	66571	60413	208	1349
2009	70539	64309	211	1488
2010	73936	67488	220	2027
2011	81711	74174	230	2513
2012	86544	79111	223	2497
2013	87417	80021	249	3159
2014	85917	79836	249	3243
2015	89349	83498	240	3252
2016	88294	82592	237	1156
2017	89718	84708	247	1311
2018	92407	86839	262	1598
宝泉岭局	17220	16868	31	375
红兴隆局	14474	13713	77	460
建三江局	34712	34518	32	406
牡丹江局	12201	9682	54	234
北 安 局	805	480	3	10
九 三 局	1875	1705	4	9
齐齐哈尔局	7471	6440	50	92
绥 化 局	1361	1335	4	5
哈尔滨局	2135	1945	6	7
总局直属	153	153	1	

7-14 灌溉、除涝、治水情况

指　　标	单 位	2010	2014	2015	2016	2017	2018
年底灌区数	处	282	345	343	342	342	343
设计0.067万公顷以上灌区	处	49	54	54	53	53	53
设计0.067万公顷以下灌区	处	233	291	289	289	289	290
设计灌溉面积	万公顷	189.29	215.5	220.27	217.56	220.94	220.83
有效灌溉面积	万公顷	155.74	182.65	187.86	185.57	190.06	192.03
江河引水灌溉	万公顷	9.04	11.47	11.36	10.77	11.03	11.31
水库塘坝蓄水灌溉	万公顷	5.44	4.89	4.84	4.96	5.05	5.26
江河提水灌溉	万公顷	15.65	18.11	18.02	18.78	18.92	21.36
机电井灌溉	万公顷	102.86	121.83	120.3	120.88	125.88	125.17
喷滴灌灌溉	万公顷	22.75	26.35	33.34	30.18	29.18	28.93
在有效灌溉面积中:							
机电灌溉面积	万公顷	141.26	166.29	171.66	169.84	173.98	175.46
涝区面积	万公顷	260.3	260.80	260.80	260.80	260.8	260.8
易涝耕地面积	万公顷	166.75	167.05	167.05	167.05	167.05	167.05
除涝面积	万公顷	142.1	144.17	144.57	144.71	144.84	144.85
三至五年	万公顷	124.24	123.31	124.23	120.754	119.58	119.5
五年以上	万公顷	17.86	20.86	20.34	23.951	25.23	25.35
除涝面积占易涝面积比重	%	85.21	86.3	86.54	86.63	86.70	86.71
堤防长度	公里	2856.72	3049.55	3058.89	3058.89	3058.89	3058.89
保护耕地面积	万公顷	89.38	93.73	90.47	90.47	90.47	91.38
保护人口	万人	93.37	95.68	93.98	93.98	93.98	93.09
水库	座	190	193	188	187	166	159
#大型水库	座	2	2	2	2	2	2
中型水库	座	16	16	16	17	17	16
水土流失面积	万公顷	68.42	68.42	68.42	68.42	68.42	68.42
治理水土流失面积	万公顷	37.05	29.09	30.04	32.89	35.56	38.44
占流失面积比重	%	54.17	43	43.91	48.07	51.97	56.18

注：7-14至7-15表资料由总局水务局提供。

7-15 各管理局灌溉、除涝、治水情况

年份 单位	水库座数 (座)	年底 灌区数 (处)	有效灌溉 面积 (万公顷)	#水田灌 溉面积	#喷滴灌 面积	#机电井 灌溉面积	当年实际 灌溉面积 (万公顷)	易涝耕地 面积 (万公顷)
2012	193	323	184.09	157.46	25.59	125.36	159.55	166.93
2013	193	54	185.37	158.80	25.53	126.52	161.00	167.05
2014	193	54	182.65	155.25	26.35	121.83	154.56	167.05
2015	188	54	187.86	153.49	33.34	120.30	149.56	167.05
2016	187	53	185.57	154.90	29.01	120.88	151.97	167.05
2017	166	53	190.06	155.53	28.13	125.88	158.51	167.05
2018	159	53	192.03	155.79	27.96	125.17	156.56	167.05
宝泉岭局	6	4	29.34	21.23	7.64	19.39	21.23	29.60
红兴隆局	44	16	30.48	25.58	4.21	19.07	25.59	37.60
建三江局	5	3	72.40	67.99	4.00	66.39	67.99	51.60
牡丹江局	29	9	34.24	29.53	1.36	15.45	29.53	29.20
北 安 局	25	5	4.20	0.36	2.30		0.38	9.51
九 三 局	28	2	4.63	0.97	3.29	0.97	0.97	0.95
齐齐哈尔局	6	7	11.47	6.54	3.88	2.33	7.21	2.76
绥 化 局	11	6	3.78	2.29	1.12	0.79	2.29	5.01
哈尔滨局	4	1	1.33	1.14	0.16	0.62	1.21	0.82
总局直属	1		0.16	0.16		0.16	0.16	

7-15续表

年份 单位	除涝面积 (万公顷)	三至五年	五年及 以上	堤防长度 (公里)	保护耕地 面积 (万公顷)	保护人口 (万人)	水土流失 面积 (万公顷)	治理水土 流失面积 (万公顷)
2010	142.10	124.24	17.86	2856.72	89.38	93.37	68.42	37.06
2012	143.71	123.77	19.94	2926.07	91.17	94.66	68.42	39.96
2013	143.48	123.37	20.11	3042.54	90.37	93.65	68.42	28.14
2014	144.17	123.31	20.86	3049.55	90.47	93.98	68.42	29.09
2015	144.57	124.23	20.31	3058.89	90.47	93.98	68.42	30.04
2016	144.71	120.75	23.95	3058.89	90.47	93.98	68.42	32.89
2017	144.84	119.58	25.26	3058.89	90.47	93.98	68.42	35.56
2018	144.85	119.50	25.35	3058.89	91.38	93.09	68.42	38.44
宝泉岭局	23.92	23.92		570.49	12.12	12.39	4.38	2.60
红兴隆局	34.73	20.61	14.12	1122.37	30.41	19.54	8.52	4.41
建三江局	42.90	37.84	5.06	282.01	8.77	4.56	4.69	2.21
牡丹江局	27.53	21.42	6.11	636.96	18.11	15.37	10.87	8.43
北 安 局	8.05	8.05		114.25	1.40	0.59	18.21	11.47
九 三 局	0.50	0.50		36.09	0.37	5.90	17.13	5.79
齐齐哈尔局	2.15	2.15		199.41	17.73	31.00	1.65	1.57
绥 化 局	4.54	4.48	0.06	97.31	2.47	3.74	2.81	1.84
哈尔滨局	0.53	0.53					0.16	0.12
总局直属								

7-16 各管理局主要农作物播种面积

单位：公顷

年份 单位	总播种面积	粮食作物		在粮食作物播种面积中				
		播种面积	占总播种面积%	谷物	水稻	小麦	玉米	高粱
1978	1739733	1529800	87.9	961472	16066	710579	187146	5144
1979	1873067	1695267	90.5	1063575	13359	850036	158944	5666
1980	1979466	1792200	90.5	1176699	12600	994600	139800	5737
1981	2003823	1827914	91.2	1170057	12008	1042224	92919	3375
1982	1867053	1703727	91.3	895802	12015	795348	59702	1988
1983	1930423	1758921	91.1	1139398	14846	1003805	80069	2131
1984	1841471	1689064	91.7	931291	18198	807498	82038	663
1985	1776333	1649451	92.9	900872	25977	814418	45185	93
1986	1731472	1617913	93.4	988708	36559	859662	71534	216
1987	1789005	1649684	92.2	925571	43328	758713	75804	234
1988	1608482	1428899	88.8	670148	36560	550714	50766	138
1989	1772186	1604916	90.6	918121	44427	763635	74705	363
1990	1817801	1636135	90.0	1006983	58401	786456	122182	271
1991	1836356	1646932	89.7	998233	68478	779710	117302	171
1992	1675355	1463223	87.3	868330	80901	682557	87005	872
1993	1830058	1634846	89.3	815628	105500	612565	67172	648
1994	1819826	1621119	89.1	835928	126805	532896	93949	916
1995	1776749	1609675	90.5	846297	178407	460556	169622	2247
1996	1867409	1732325	92.8	1156427	342894	499287	269373	2405
1997	1923167	1811557	94.2	1196837	530844	401375	232471	745
1998	1994437	1861392	93.3	1283230	658253	397761	203639	775
1999	1978736	1846120	93.3	1373003	686358	476386	186162	1568
2000	1980732	1818622	91.8	1081524	676635	299502	83388	1501
2001	2011437	1831757	91.1	1045046	677710	207770	115990	1161
2002	2012107	1792702	89.1	1074587	698925	128580	149664	3958
2003	1967419	1693944	86.1	910432	553540	124719	154178	2193
2004	2152183	1875886	87.2	1105061	686162	152599	225490	924
2005	2155968	1904847	88.4	1197993	737454	140178	252205	837
2006	2349243	2083721	88.7	1410757	872768	133647	301992	
2007	2396780	2151491	89.8	1557184	1000355	110038	402616	670
2008	2501994	2296413	91.8	1623454	1030062	114038	401657	929
2009	2643866	2544187	96.2	1830295	1092140	144604	588071	574
2010	2801189	2702869	96.5	2017606	1282393	112860	621620	560
2011	2842779	2744067	96.5	2229179	1454964	93520	680399	196
2012	2870592	2797784	97.5	2438180	1548497	34901	854478	138
2013	2879922	2803387	97.3	2469569	1567146	10014	890869	1359
2014	2872462	2831264	98.6	2348467	1500396	7601	839089	1263
2015	2861184	2825386	98.7	2365403	1464067	4872	895355	889
2016	2859504	2814323	98.4	2120223	1486671	4859	620865	7332
2017	2881868	2847233	98.8	2030567	1555363	17700	445978	9606
2018	2892983	2867795	99.1	2296084	1557869	7511	708568	21515
宝泉岭局	348276	347506	99.8	315505	212295		103032	150
红兴隆局	495583	490218	98.9	415709	255792	58	157947	1707
建三江局	753286	753029	100.0	716575	679886	128	36405	156
牡丹江局	451091	447387	99.2	405270	295312	167	109389	299
北安局	331978	329398	99.2	141187	3558	3749	132782	849
九三局	252050	244751	97.1	111768	9715	3328	80627	18072
齐齐哈尔局	140941	138077	98.0	108030	65450	72	42431	77
绥化局	91717	90475	98.6	58472	22797	9	35522	134
哈尔滨局	24922	23856	95.7	20657	11368		9241	48
总局直属	3139	3098	98.7	2911	1696		1192	23

注：1985-2007年的粮食作物中不含薯类。

7-16续表1

单位：公顷

年份 单位	谷子	其他谷物	#大麦	豆类	#大豆	薯类	油料	#油菜籽	麻类
1978	33774	8763	4867	557133	557133		37200	34467	2133
1979	26991	8579		624867	624867		4533	2333	1867
1980	17829	6133		613600	613600		5933	2261	1314
1981	12562	6969		657175	657175		5669	1273	948
1982	9079	17670	13913	807564	807564		7750	3605	645
1983	8435	30112	26313	618993	618993		6603	2222	500
1984	3566	19328	12167	757696	757696		6067	2267	467
1985	486	14713	10867	748579	748579	5425	14609	8302	696
1986	250	20487	18687	629205	629205	5007	28299	25856	617
1987	164	47328	44333	724113	724113	4511	46764	44885	1038
1988	63	31907	29333	758751	758751	4408	67556	66167	1161
1989	84	34907	32224	686795	686795	4703	51322	49248	657
1990	14	39659	36610	629152	629152	3859	59328	57833	439
1991		32572	30403	648699	648699	6037	57400	55796	324
1992	3	16992	15342	594893	592025	5655	85228	83529	18
1993	6	29737	28258	819218	810407	5129	60596	56809	50
1994	40	81322	79449	785191	754305	3693	64055	48320	54
1995	40	35425	34225	763378	746029	3363	47838	41212	380
1996	30	42438	41123	575898	567290	2382	32041	26210	77
1997		31402	31248	614720	607972	2116	21740	18780	67
1998		22802	22802	578162	571893	2701	34328	27256	161
1999	367	22162	21266	473117	452723	2187	76687	56632	1311
2000	182	20316	19530	737098	668210	2914	80684	50196	7196
2001	204	42211	38753	786711	709823	5297	47650	2077	34388
2002	123	93337	92154	718115	664521	6619	64533	801	38974
2003	90	75712	74942	783512	661744	10015	90804	1474	60523
2004	67	39819	39007	770825	663949	8959	80960	2195	61496
2005	2	67317	67223	706854	595631	16399	79222	1267	46125
2006		102350	102350	672964	539975	17827	88537		32187
2007	439	43066	42959	594307	473146	23882	70006		29991
2008	371	76398	76398	628770	538538	44188	67587		22700
2009	33	4873	4873	696891	664137	17001	21189		3874
2010	128	45		658930	624125	26333	14543		1250
2011	100			497164	456299	17724	20783		854
2012	166			340409	316545	19195	10631		551
2013	181			311280	284905	22538	5566	76	200
2014	118			462823	436264	19974	4915		899
2015	220			440915	420283	19068	4472		700
2016	273	223	5	675711	634767	18389	11536	21	2445
2017	591	1329	699	798655	774023	18011	6612	79	2119
2018	261	360	277	558226	545901	13485	2068	23	1136
宝泉岭局	4	24		31998	30828	3	25	23	
红兴隆局	144	61	29	74507	74116	2	404		
建三江局				36450	36277	4			
牡丹江局	84	19		40923	40158	1194	69		126
北 安 局		249	248	184119	183289	4092	116		1010
九 三 局	26			128996	128399	3987	153		
齐齐哈尔局				25949	17640	4098	704		
绥 化 局	3	7		31972	31883	31	553		
哈尔滨局				3125	3125	74	44		
总局直属				187	186				

7-16续表2 单位：公顷

年份 单位	甜菜	烟叶	药材	蔬菜瓜类 合计	蔬菜	瓜类	其他作物	#青饲料	#饲草
1978	10533	133	100	58933	56266	2667	100901	67600	
1979	10333	27	500	55467	52400	3067	105073	66133	
1980	22982	5	800	59203	55643	3560	97029	54067	
1981	22344	23	607	56008	52226	3782	90310	39889	
1982	24324	52	653	52386	49207	3179	77516	37094	
1983	31968	7	813	50123	45917	4206	81488	35121	
1984	33851	33	833	37293	34026	3267	73863	33000	
1985	37045	45	727	24898	21698	3200	43437	22600	
1986	30706	76	600	23736	20028	3708	24518	16887	
1987	34473	28	600	24057	18044	6013	27850	18413	
1988	51046	10	47	21442	17632	3810	33913	19454	
1989	41538	226	87	25187	18699	6488	43550	22690	
1990	50956	403	21	24022	21068	2954	42638	28667	
1991	51982	546	36	19897	16911	2986	53202	34703	
1992	49130	264	174	18184	15519	2665	53479	31852	
1993	47257	106	566	20010	16516	3494	61498	37830	
1994	53427	2	415	21643	16424	5219	55418	36940	
1995	51683		182	15794	11809	3985	47834	30810	
1996	48086	5	3	12968	9944	3024	39522	23748	
1997	45398	88	100	13010	9059	3951	29091	18848	
1998	46674	6	2773	19077	15368	3709	27325	16758	
1999	18943	37	2940	8418	5480	2938	22093	11431	
2000	12335	210	1949	14717	8246	6471	42105	13815	3490
2001	25601	305	2810	17299	10853	6446	46330	19857	11464
2002	32994	47	3941	19576	11705	7871	52721	26003	9602
2003	14967	57	10424	25246	16021	9225	61439	43838	8926
2004	12173	138	15888	18056	10680	7376	78627	41718	7533
2005	14702	40	14929	22251	13318	8933	57453	42016	1358
2006	18762	44	13969	24651	12131	12520	69545	52163	1215
2007	22554	54	15893	23812	12041	11771	59097	48943	331
2008	21755	157	12133	23854	14025	9829	57395	47207	502
2009	12738	203	5987	13737	7122	6615	41951	37798	576
2010	12375	239	8470	13865	6808	7057	47578	35874	1633
2011	17906	467	5641	12682	6449	6233	40379	35032	833
2012	15334	705	4931	8341	3994	4347	32315	24643	
2013	16705	744	4997	11358	4552	6806	36965	29484	333
2014		707	2072	7864	3594	4270	24741	20131	700
2015	14	300	2072	6147	3092	3055	22093	14092	1128
2016	184	147	1845	6535	2046	4489	22489	13007	2295
2017	861	107	2395	4354	1542	2812	18187	8715	3006
2018	695	123	3266	5404	1738	3666	12496	7337	2333
宝泉岭局			127	80	4	76	538	288	113
红兴隆局	3	19	273	2854	173	2681	1812	580	137
建三江局			53	53	47	6	151	101	
牡丹江局		11	493	517	195	322	2488	1298	384
北安局	62		169	147	140	7	1076	817	228
九三局			1764	58	36	22	5324	3861	1261
齐齐哈尔局	446		54	869	455	414	791	392	
绥化局	8	93	299	277	209	68	12		
哈尔滨局	176		34	508	468	40	304		210
总局直属				41	11	30			

7-17 各管理局主要农作物产品产量

单位：吨

年份 单位	粮食	#交售量	谷物	水稻	小麦	玉米
1978	2345727	1046229	1576444	39831	1018266	482387
1979	2686098	1330553	2068585	32401	1641213	362199
1980	3248751	1912481	2476467	35739	2052748	364534
1981	1768858	566732	1376864	17646	1253212	95887
1982	2348038	1226370	1342349	29748	1195097	92815
1983	3310967	1963993	2506506	32432	2244818	169216
1984	2740114	1409748	1783774	43596	1553092	153476
1985	2523653	1352367	1713948	72044	1520038	95392
1986	2990814	1708914	2030390	105584	1691502	192359
1987	3095582	1661438	2033181	122009	1595222	217155
1988	2571177	1263996	1481975	128103	1167808	116669
1989	3556477	2079103	2434079	167015	1973870	224654
1990	4602621	3007306	3482435	250726	2678139	444493
1991	3665609	2307705	2725918	274700	2041543	332033
1992	3748940	2268879	2934079	374382	2245505	279436
1993	4020256	2615917	2425519	508549	1597071	251228
1994	4144379	2745415	2483452	715899	1174573	424953
1995	5145803	3660850	3651251	1238760	1356677	969940
1996	7156390	5526525	5883478	2449896	1691549	1595375
1997	8519638	6833772	7010823	4049746	1475454	1376591
1998	8685468	7007850	7473844	4758487	1408724	1226452
1999	9052941	7437180	8070419	5175982	1607090	1197488
2000	8141318	6434761	6518426	5286365	645111	535983
2001	8607864	6981008	6820851	5274201	620391	791115
2002	8105875	6342259	6401178	4527726	485210	1005977
2003	7553359	6596891	5692853	4241574	268480	1004569
2004	9375115	8245476	7477942	5286192	558042	1484851
2005	10265095	9043548	8448308	5734267	610861	1839583
2006	11322488	10090187	9797336	6825046	585291	1939997
2007	12463848	11355394	11175179	7980678	507476	2512890
2008	14205932	12995003	12338535	8421787	560774	2990738
2009	16526330	15286855	14626455	9273179	777029	4550139
2010	18179839	16940364	16330285	10943942	565399	4816312
2011	20369839	19147649	18904030	12789134	534767	5577911
2012	21051884	19809823	19783276	13704198	212203	5865000
2013	21209471	19979322	20484245	13856705	56060	6563032
2014	21806897	20563905	20513039	13293509	38272	7170555
2015	21610952	20399390	20349350	12915103	15361	7412627
2016	20594598	19441301	19005860	13368146	20871	5575989
2017	20940592	19767919	18884917	14312061	64755	4425886
2018	22796351	21656533	21332271	14056925	30478	7091870
宝泉岭局	3035600	2998840	2957362	1951767		1004466
红兴隆局	4380764	4283547	4160971	2416987	190	1730293
建三江局	6680302	6428195	6582960	6219904	389	361481
牡丹江局	3759151	3666282	3646930	2617646	592	1026624
北安局	2088720	1976894	1557095	28634	14641	1506951
九三局	1437305	1342783	1054997	85915	14384	827982
齐齐哈尔局	1094156	1044273	1012813	611365	259	400748
绥化局	596893	589657	522664	193395	23	328400
哈尔滨局	148870	145129	142897	99320		43521
总局直属	27070	32294	26629	13813		12630
自1949年起累计	**413759430**	**344437513**	**354138428**	**203494753**	**56956823**	**88408167**

注：2015-2016年总局粮食总产量和单产水平均为国家统计局认定数据。

7-17续表1

单位：吨

年份 单位	高粱	谷子	其他	#大麦	豆类	大豆	杂豆
1978	7705	19399	8856	5925	750694	750694	
1979	7158	14047	11567		605377	605377	
1980	8559	5856	9031		770838	770838	
1981	2520	2287	5312		391508	391508	
1982	2259	3330	19100	17209	1005003	1005003	
1983	2463	2761	54816	50174	803931	803931	
1984	890	965	31755	26486	956175	956175	
1985	115	261	26098	22955	809705	809705	
1986	285	175	40485	38682	960424	960424	
1987	313	165	98317	95597	1062401	1062401	
1988	318	36	69041	65760	1089202	1089202	
1989	513	50	67977	64913	1122398	1122398	
1990	1029	11	108037	103747	1120186	1120186	
1991	253		77389	74679	939691	939691	
1992	2237	2	32517	30299	814861	811304	3557
1993	2574	8	66089	64192	1594737	1584474	10263
1994	3485	104	164438	162991	1660927	1621171	39756
1995	8549	26	77299	73182	1494552	1462054	32498
1996	11427		135231	131075	1272912	1257467	15445
1997	1598		107434	106818	1508815	1494345	14470
1998	4989		75192	75192	1211624	1199335	12289
1999	6979	1288	81592	79702	982522	949581	32941
2000	4607	372	45988	43800	1622892	1493855	129037
2001	5390	408	129346	126839	1787013	1636025	150988
2002	22608	560	359097	355641	1704697	1594186	110511
2003	12753	478	164999	161824	1860506	1659458	201048
2004	5678	229	142950	139864	1897173	1683111	214062
2005	5796	4	257797	257259	1816787	1546258	270529
2006			447002	447002	1525152	1300800	224352
2007	1841	988	171306	171000	1288669	1099642	189027
2008	6128	1072	358037	358037	1628727	1401814	226913
2009	4276	148	21684	21684	1798430	1718641	79789
2010	3656	726	250		1710548	1622101	88447
2011	1618	600			1346499	1239764	106735
2012	879	996			1136796	1070000	66796
2013	7677	771			674278	620924	53354
2014	10290	413			1207334	1148247	59087
2015	5334	925			1165016	1118455	46561
2016	39242	970	643	15	1498114	1412991	85123
2017	72987	2662	6565	3140	1947887	1893067	54820
2018	150269	1346	1383	1096	1386357	1358927	27430
宝泉岭局	1006	28	95		78216	75343	2873
红兴隆局	12661	666	174	89	219784	218964	820
建三江局	1186				97324	96965	359
牡丹江局	1459	530	79		104465	102775	1690
北安局	5855		1014	1007	511180	509400	1780
九三局	126606	110			358015	356698	1317
齐齐哈尔局	441				56776	38303	18473
绥化局	813	12	21		74043	73926	117
哈尔滨局	56				5546	5546	
总局直属	186				441	440	1
自1949年起累计	**602978**	**619009**	**4056699**	**3376779**	**58231484**	**55685656**	**2545828**

注：杂豆产量1991年以前含在其他谷物里，本表杂豆累计数是从1992年起累计，大麦累计数是从1978年起累计。

7-17续表2　　　　单位：吨

年　份 单　位	薯　类	油　料	#油菜籽	#向日葵	甜　菜	麻　类	烟　叶	蔬　菜	瓜　类
1978		8534	7401		59310	298	54	513907	10340
1979		1164	535		67731	312	20	530157	20769
1980		3317	962		194884	220	2	469098	13966
1981		1890	141		147096	98	12	314145	4617
1982		2111	164		231193	46	34	606060	22960
1983		3512	738		443406	67	6	652593	13640
1984		2738	207	2090	416433	834	13	453591	34227
1985		8513	4184	4035	405133	847	50	327236	44328
1986		12844	10191	2626	379570	838	84	333750	65370
1987		35348	33992	1356	455427	1907	48	300719	56068
1988		31115	29888	1195	729370	3043	13	286882	72248
1989	67505	48357	44940	2467	592554	1751	350	253503	99933
1990	66919	63607	61804	1707	988590	1043	635	322784	61476
1991	63801	61213	59753	1423	728592	712	528	179160	39123
1992	57173	85658	83899	1711	866393	61	317	232268	36496
1993	43233	39300	36292	36292	524383	140	119	180879	64447
1994	38151	38654	33589	1305	645152	80	2	202785	75561
1995	42174	55554	49522	2896	1036056	2031		194770	86225
1996	42906	31810	26295	1663	1047763	293	8	168107	63039
1997	39093	29415	25847	1365	1115768	258	181	197064	70110
1998	39969	34608	25961	2251	759729	75	20	232690	89574
1999	38222	78974	58421	6091	382447	1788	75	114744	95741
2000	50731	76698	37831	20670	307432	20237	405	175048	188553
2001	107111	69131	2351	27305	612372	108789	902	282490	193803
2002	147050	76175	1053	36185	973844	165110	87	330153	233107
2003	196172	102957	2238	26579	268794	168293	139	502168	294507
2004	246028	95081	3246	12819	357607	237066	293	369724	267068
2005	450810	113547	2290	21400	516002	214731	86	432312	367972
2006	501402	119821		25320	758524	188043	81	355916	480376
2007	669698	90274		19555	850796	99028	89	452823	475203
2008	238669	103807		21346	790566	86174	496	492484	392681
2009	101445	32851		11351	461963	18266	809	301799	293320
2010	139006	22313		2428	533580	5258	817	312886	322631
2011	119310	28960		2044	834173	4385	1525	318380	292134
2012	131812	17202		1894	759113	2840	2085	204204	222457
2013	50948	10497	233	1710	435866	772	1701	247939	272534
2014	86525	8414		1028		7676	1640	197557	182961
2015	96586	7028		930	630	2747	421	183319	121540
2016	90624	18593	441	3758	7875	14367	347	89096	126772
2017	107789	8757	178	1110	36735	14748	279	94835	103659
2018	77723	5019	55	654	25458	8221	286	91061	112243
宝泉岭局	22	60	55	5				90	2570
红兴隆局	9	435			90		57	4308	84493
建三江局	18							443	231
牡丹江局	7756	117				689	20	14786	8151
北 安 局	20445	130			1920	7532		8627	229
九 三 局	24293	230						578	471
齐齐哈尔局	24567	1410		649	21931			17132	11316
绥 化 局	186	2637			198		209	12286	4070
哈尔滨局	427				1319			32161	507
总局直属								650	205

注：薯类按5:1折粮计算。

7-18 各管理局主要农作物单位面积产量

单位：公斤/公顷

年份 单位	粮食								
		谷物							
			水稻	小麦	玉米	高粱	谷子	其他	
									#大麦
1978	1533	1640	2479	1433	2578	1498	574	1011	1215
1979	1584	1945	2425	1931	2279	1263	520	1348	
1980	1813	2105	2836	2064	2608	1492	328	1473	
1981	968	1177	2470	1202	1032	747	182	762	
1982	1378	1498	2476	1503	1555	1136	367	1081	1230
1983	1882	2200	2185	2236	2113	1156	327	1820	1905
1984	1622	1915	2396	1923	1871	1342	271	1643	2175
1985	1530	1903	2773	1866	2111	1237	537	1774	2115
1986	1849	2054	2888	1968	2689	1319	700	1976	2070
1987	1876	2197	2816	2103	2865	1338	1006	2077	2160
1988	1799	2211	3504	2121	2298	2321	571	2164	2265
1989	2220	2651	3765	2580	3000	1410	600	1950	2010
1990	2820	3458	4290	3405	3645	3810	795	2730	2834
1991	2226	2731	4012	2618	2831	1480		2376	2456
1992	2562	3379	4628	3290	3212	2565	667	1816	1975
1993	2459	2974	4820	2607	3740	3972	1333	2222	2272
1994	2556	2971	5646	2204	4523	3805	2600	2022	2052
1995	3197	4314	6943	2946	5418	3805	650	2182	2138
1996	4131	5088	7145	3388	5923	4751		3187	3187
1997	4703	5858	7629	3676	5922	2145		3421	3418
1998	4666	5824	7229	3542	6023	6437		3298	3298
1999	4904	5878	7541	3373	6433	4451	3510	3682	3748
2000	4477	6027	7813	2154	6428	3069	2044	2264	2243
2001	4699	6527	7782	2986	6821	4643	2000	3064	3273
2002	4522	5957	6478	3774	6722	5712	4553	3847	3859
2003	4459	6253	7663	2153	6516	5815	5311	2179	2159
2004	4998	6767	7704	3657	6585	6145	3418	3590	3586
2005	5398	7052	7776	4358	7294	6925	2000	3830	3827
2006	5434	6945	7820	4379	6424			4367	4367
2007	5793	7177	7978	4612	6241	2747	2250	3977	3980
2008	6186	7600	8176	4917	7446	6596	2889	4686	4686
2009	6496	7991	8491	5373	7737	7449	4485	4450	4450
2010	6726	8094	8534	5010	7748	6529	5672	5556	
2011	7423	8480	8790	5718	8198	8255	6000		
2012	7524	8114	8850	6080	6864	6370	6000		
2013	7566	8295	8842	5598	7367	5649	4260		
2014	7702	8735	8860	5035	8546	8147	3500		
2015	7905	9008	8842	3153	9353	7287	3855		
2016	7318	8964	8992	4295	8981	5352	3553	2883	3000
2017	7355	9300	9202	3659	9924	7598	4504	4940	4486
2018	7949	9291	9023	4058	10009	6984	5157	3842	3957
宝泉岭局	8735	9373	9194		9749	6707	7000	3958	
红兴隆局	8936	10009	9449	3276	10955	7417	4625	2852	3069
建三江局	8871	9187	9148	3039	9929	7603			
牡丹江局	8402	8999	8864	3545	9385	4880	6310	4158	
北 安 局	6341	11029	8048	3905	11349	6896		4072	4060
九 三 局	5873	9439	8844	4322	10269	7006	4231		
齐齐哈尔局	7924	9375	9341	3597	9445	5727			
绥 化 局	6597	8939	8483	2556	9245	6067	4000	3000	
哈尔滨局	6240	6918	8737		4710	1167			
总局直属	8738	9148	8144		10596	8087			

7-18续表　　　　　　　　　　　　　　　　　　　　　　　　　　单位：公斤/公顷

年份 单位	豆类			薯类	油料		甜菜	麻类	烟叶	蔬菜	瓜类
		大豆	杂豆			#油菜籽					
1978	1347	1347			229	215	5631	140	406	9134	3878
1979	969	969			257	229	6555	167	741	10118	6773
1980	1256	1256			559	425	8480	167	400	8430	3953
1981	596	596			333	111	6583	103	522	6015	1215
1982	1244	1244			272	45	9505	71	654	12317	7328
1983	1299	1299			532	332	13870	134	857	14212	3248
1984	1262	1262			451	91	12302	1786	394	13331	10478
1985	1082	1082			583	504	10936	1217	1111	12065	13853
1986	1526	1526			454	394	12361	1358	1105	13331	17631
1987	1467	1467			756	757	13211	1837	1714	13333	9330
1988	1436	1436			461	452	14288	2621	1300	13016	18961
1989	1635	1635		14354	942	913	14265	2665	1549	13557	15402
1990	1785	1785		17341	1072	1100	19401	1622	1576	15321	20811
1991	1449	1449		10568	1066	1071	14016	2198	967	10594	13102
1992	1370	1370	1240	10110	1005	1004	17635	3389	1201	14967	13695
1993	1947	1955	1165	8429	649	639	11096	2800	1123	10952	18445
1994	2115	2149	1287	10330	603	695	12075	1481	1000	12347	14478
1995	1958	1960	1873	12541	1161	1202	20046	5345		16493	21637
1996	2210	2217	1794	18013	993	1003	21789	3805	1600	16905	20846
1997	2454	2458	2144	18475	1353	1376	24577	3851	2057	21753	17745
1998	2096	2097	1960	14798	1008	952	16277	466	3333	15141	24150
1999	2077	2097	1615	17477	1030	1032	20189	1364	2027	20939	32587
2000	2202	2236	1873	17409	951	754	24924	2812	1929	21228	29138
2001	2271	2305	1964	20221	1451	1132	23920	3164	2957	26029	30066
2002	2374	2399	2062	22216	1180	1315	29516	4236	1851	28206	29616
2003	2375	2508	1651	19588	1134	1518	17959	2781	2439	31344	31925
2004	2461	2535	2003	27462	1174	1479	29377	3855	2123	34618	36208
2005	2570	2596	2432	27490	1433	1807	35097	4655	2150	32461	41192
2006	2266	2409	1687	28126	1353		40429	5842	1841	29339	38369
2007	2168	2324	1560	28042	1290		37723	3302	1648	37607	40371
2008	2590	2603	2515	5401	1536		36340	3796	3159	35115	39951
2009	2581	2588	2436	5967	1550		36267	4715	3985	42376	44342
2010	2596	2599	2541	5279	1534		43118	4206	3418	45959	45718
2011	2708	2717	2612	6732	1393		46586	5135	3266	49369	46869
2012	3340	3380	2799	6867	1618		49505	5154	2957	51128	51175
2013	2166	2179	2023	2261	1886	3066	26092	3860	2286	54468	40043
2014	2609	2632	2225	4332	1712			8538	2320	54969	42778
2015	2558	2566	2374	5030	1572		45000	3924	1403	59519	39706
2016	2217	2226	2079	4928	1612	21000	42799	5876	2361	43546	30184
2017	2439	2446	2226	5985	1324	2253	42419	6966	2735	60482	44054
2018	2484	2489	2226	5764	2427	2391	36630	7237	2325	52364	34901
宝泉岭局	2444	2444	2456	7333	2400	2391				22500	33816
红兴隆局	2950	2954	2097	4500	1077		30000		3000	24902	36913
建三江局	2670	2673	2075	4500						9426	38500
牡丹江局	2553	2559	2209	6496	1696			5468	1818	73930	28500
北安局	2776	2779	2145	4996	1121		30968	7457		63434	20818
九三局	2775	2778	2206	6093	1503					16056	21409
齐齐哈尔局	2188	2171	2223	5995	2003		49173			37653	27333
绥化局	2316	2319	1315	6000	4769		24750		2247	58785	59853
哈尔滨局	1775	1775		5770			7494			68720	12675
总局直属	2358	2366	1000							59091	51250

注：薯类自2008年起按5：1折粮计算。

7-19 各管理局无公害农产品种植面积

单位：公顷

年份 单位	认证个数 （个）	面积 合计	水稻	小麦	玉米	谷子	大豆	绿豆	马铃薯	甜菜	其他
2012	477	2567094	1322441	88697	582229	667	423886	734	22912	11270	114256
2013	348	2427310	1464455	35309	536234	666	270547	733	10815	10004	98548
2014	318	2268651	1364775	39631	490967	666	266544	733	17479	8004	82320
2015	321	2248651	1388928	30474	489346	400	247572	567	7249	8026	76090
2016	307	2193514	1353825	26498	478716	666	265667	733	9829	3870	68150
2017	306	2203733	1353343	32408	476745	666	259951	733	9829	500	69732
2018	248	2208441	1370845	6796	423405	1332	232954	1399	3482	500	167729
宝泉岭局	58	305163	169631		86941		36003		15		12573
红兴隆局	47	514930	253422		190120		57562				13827
建三江局	25	818122	650542		26733		33787				107060
牡丹江局	60	421189	278451		78729		47063	67	200	500	16179
北安局											
九三局	14	89191	8000	5466	22533		43907		667		8618
齐齐哈尔局											
绥化局	44	59845	10799	1330	18348	1332	14633	1332	2600		9471
哈尔滨局											
总局直属											

7-20 各管理局绿色食品原料标准化生产基地面积

单位：公顷

年份 单位	认证个数 （个）	面积 合计	水稻	小麦	玉米	谷子	大豆	绿豆	马铃薯	甜菜	其他
2012	63	597601	267800	20000	47600		178867		10000		73334
2013	63	597601	267800	20000	47600		178867		10000		73334
2014	60	986533	751866	6667	41333		176667		10000		
2015	63	1064201	828867	6667	92000		126667		10000		
2016	63	1064201	828867	6667	92000		126667		10000		
2017	52	955535	771534	6667	60667		106667		10000		
2018	39	855733	761734		60667		33333				
宝泉岭局	1	6667			6667						
红兴隆局	5	60000	46667				13333				
建三江局	15	581400	581400								
牡丹江局	17	194333	133667		54000		6667				
北安局	1	13333					13333				
九三局											
齐齐哈尔局											
绥化局											
哈尔滨局											
总局直属											

注：7-19至7-20表资料由总局绿办提供。

7-21 各管理局农作物受灾情况

单位：公顷

年份 单位	全部作物受灾面积	#粮食作物	占粮食播种面积比重(%)	全部作物成灾面积	占全部作物播种面积比重(%)	粮食作物成灾面积	占粮食播种面积比重(%)
2012	888330	875123	31.3	435106	15.2	427662	15.3
2013	1088531	1067655	38.1	748623	26.0	735067	26.2
2014	386849	382686	13.5	209289	7.3	208101	7.4
2015	455409	452372	16.0	279142	9.8	278343	9.9
2016	1151190	1120455	39.8	825271	28.9	813409	28.9
2017	518075	513460	18.0	302383	10.5	298003	10.5
2018	759969	754864	26.3	380547	13.2	380121	13.3
宝泉岭局	61268	58899	16.9	41017	11.8	41017	11.8
红兴隆局	214294	214294	43.7	73882	14.9	73881	15.1
建三江局	91835	91835	12.2	56288	7.5	56288	7.5
牡丹江局	36502	36469	8.2	29678	6.6	29648	6.6
北 安 局	147722	146315	44.4	90257	27.2	90091	27.4
九 三 局	94615	93549	38.2	30382	12.1	30371	12.4
齐齐哈尔局	54588	54578	39.5	10303	7.3	10298	7.5
绥 化 局	48813	48813	54.0	39754	43.3	39754	43.9
哈尔滨局	10332	10112	42.4	8986	36.1	8773	36.8
总局直属							

7-21续表

单位：公顷

年份 单位	在全部作物成灾面积中：						
	旱 灾	水 灾	涝 灾	风 灾	雹 灾	霜冻灾	病虫灾
2012	161693	11182	45057	180655	29859	1745	4315
2013	147	54879	609224	45292	21471		17591
2014	14796	723	150751	18697	10505	1333	7154
2015	87084	13243	100277	41533	21800	7094	5357
2016	363003	3004	121872	309268	17587	4309	5527
2017	58550	1885	89633	37237	51161	28319	34962
2018	27371	23208	130349	98422	20051	71376	7220
宝泉岭局	14704	128	13280	9934	1	2832	138
红兴隆局	608	102	24126	34012	3631	8126	3277
建三江局		1706	10843	38755		1574	3410
牡丹江局	7674	1714	10283	5514	2847		136
北 安 局	4188	920	32686	4959	10607	36842	14
九 三 局		32	15589	1149	1565	11802	245
齐齐哈尔局			103			10200	
绥 化 局		16511	16745	4099	1400		
哈尔滨局	197	2095	6694				
总局直属							

7-22 各管理局粮食销售留用情况

单位：吨

年份 单位 作物	垦区留粮	场内消费	种子	口粮	饲料	工业用粮	管局口粮
2012	1875474	1875474	203720	326562	1339192	6000	
2013	1759810	1759810	200270	298097	1253443	8000	
2014	1726663	1726663	222095	286077	1209991	8500	
2015	1541421	1541421	200318	269031	1063072	9000	
2016	1412836	1412836	191891	288924	932021		
2017	1548841	1548841	221529	592751	734561		
2018	1395461	1395461	172979	417890	804592		
宝泉岭局	243226	243226	20915	39646	182665		
红兴隆局	152759	152759	27511	50426	74822		
建三江局	250452	250452	25057	220966	4429		
牡丹江局	230317	230317	24095	73332	132890		
北 安 局	208264	208264	37049	3660	167555		
九 三 局	97447	97447	22428	6207	68812		
齐齐哈尔局	152009	152009	13374	19466	119169		
绥 化 局	54857	54857	1875	2432	50550		
哈尔滨局	6130	6130	675	1755	3700		
按作物分							
一、谷物小计	1225212	1225212	106149	411142	707921		
小 麦	6873	6873	1571	5302			
水 稻	492147	492147	90200	385198	16749		
玉 米	726040	726040	14296	20577	691167		
杂 粮	152	152	82	65	5		
二、豆类小计	168951	168951	65551	6729	96671		
大 豆	168022	168022	64625	6726	96671		
杂 豆	929	929	926	3			
三、薯 类	1298	1298	1279	19			
马铃薯	1298	1298	1279	19			

注：7-22表资料由总局粮食局提供，按粮食年度统计。

7-22续表

单位：吨

年份 单位 作物	商品粮	国家政策收购	国家临时储备	国家最低收购价粮收购	商品粮销售	加工销售	自营出口或出口供货
2012	22744792	1371092	1371092		17756611	3617089	
2013	22171990	1342019	1342019		17582701	3247270	
2014	21523015				20186913	1336102	
2015	21977478				20598040	1379438	
2016	19440706				18014364	1409342	17000
2017	19708046				18258319	1449727	
2018	21826300				20209613	1616687	
宝泉岭局	2792374				2317374	475000	
红兴隆局	4228005				4228005		
建三江局	6429850				5731648	698202	
牡丹江局	3528834				3116511	412323	
北安局	1880456				1873587	6869	
九三局	1339858				1315565	24293	
齐齐哈尔局	942147				942147		
绥化局	542036				542036		
哈尔滨局	142740				142740		
按作物分							
一、谷物小计	20413477				18822283	1591194	
小麦	23605				23219	386	
水稻	13732786				12168847	1563939	
玉米	6504426				6484426	20000	
杂粮	152660				145791	6869	
二、豆类小计	1336398				1335198	1200	
大豆	1309898				1308698	1200	
杂豆	26500				26500		
三、薯类	76425				52132	24293	
马铃薯	76425				52132	24293	

7-23 林业生产情况

指　　标	单　位	2010	2013	2014	2015	2016	2017	2018
一、年末实有造林面积	公顷	596591	600999	595919	594749	574575	555105	554788
按用途分:								
1. 用材林	公顷	308586	306708	297484	295628	275414	254868	251167
2. 经济林	公顷							
3. 防护林	公顷	272001	278736	282999	284265	283332	284160	287505
#农田防护林	公顷	229275	232482	229791	228196	221575	214205	216310
4. 薪炭林	公顷	8523	8487	8401	7826	7758	7435	7462
5. 其他林	公顷	7481	7068	7035	7030	8071	8642	8654
二、当年造林面积	公顷	11445	4128	2504	1251	1221	1226	1505
按用途分:								
1. 用材林	公顷	3956	840	689	540	538	770	1138
2. 经济林	公顷							
3. 防护林	公顷	6814	3202	1747	666	553	446	340
#农田防护林	公顷							
4. 薪炭林	公顷					123		27
5. 其他林	公顷	675	86	68	45	7	10	
三、当年迹地更新面积	公顷	6192	2944	2081	1744	1824	922	719
四、年末封山育林面积	公顷	32134	40622	45474	49804	47676	61153	40897
五、当年零星植树	百株	30952	78917	44695	75172	28188	38074	22298
六、年末实有育苗面积	公顷	1833	3045	3022	2958	2833	3129	2996
#当年新育面积	公顷	1149	1752	1709	1592	1416	1552	1304
七、当年幼林抚育作业面积	公顷次	22963	22907	12250	30913	11970	10755	12792
八、当年成林抚育面积	公顷	26007	38400	31902	24559	23671	23200	27297
九、当年低产林改造面积	公顷	1434	515	502	51	31		
十、林木出材量	立方米	81033	108312	109495	17560	66004	17403	11811
#抚育改造出材量	立方米	25218	28201	21377	7717	11797	4660	3332

7-24 各管理局林业生产情况

单位：公顷

年份 单位	当年造林 面积	用材林	薪炭林	防护林	当年迹地 更新面积	年末封山 育林面积	当年零星 植树 (百株)
2012	5959	1830		3603	7046	21421	64478
2013	4128	840		3202	2944	40622	78917
2014	2504	689		1747	2081	45474	44695
2015	1251	540		666	1744	49804	75172
2016	1221	538		553	1824	47676	28188
2017	1226	770		446	922	61153	38074
2018	1505	1138	27	340	719	40897	22298
宝泉岭局	8			8		407	
红兴隆局	127	78		49		333	5080
建三江局	221	42	27	152	5	5	5845
牡丹江局	303	276		27	130	12419	1309
北 安 局	84	22		62	279	20394	6891
九 三 局					174	6759	3155
齐齐哈尔局					79		
绥 化 局	760	720		40	40	580	14
哈尔滨局	2			2	12		4
总局直属							

7-24续表

单位：公顷

年份 单位	年末实有 育苗面积	#当年新育 面积	幼林抚育 作业面积 (公顷次)	成林抚育 面积	低产林 改造面积	林木 出材量 (立方米)	#抚育改造 出材量
2012	2756	1657	26245	34663	32	146501	46285
2013	3045	1752	22907	38400	515	108312	28201
2014	3022	1709	12250	31902	502	109495	21377
2015	2958	1592	30913	24559	51	17560	7717
2016	2833	1416	11970	23671	31	66004	11797
2017	3129	1552	10755	23200		17403	4660
2018	2996	1304	12792	27297		11811	3332
宝泉岭局	260	88	130	8113		89	
红兴隆局	667	226	115	1502		3020	3020
建三江局	261	80	1388	3062			
牡丹江局	179	101	4047	5369		6873	312
北 安 局	720	437	2595	3421		1309	
九 三 局	587	275	1459	830			
齐齐哈尔局	234	37	408				
绥 化 局	28						
哈尔滨局	60	60	2650	5000			
总局直属						520	

7-25 各管理局水果、食用菌生产情况

面积：公顷，产量：吨

年份 单位	年末果园 面积	#小苹果园	#梨园	#葡萄园	#李子园	水果产量 (不含果用瓜)	#小苹果	#梨
2012	2540	2087	47	60	29	16970	14834	672
2013	2707	2049	27	48	266	23053	15352	293
2014	2715	2051	27	54	266	24099	15764	319
2015	2745	2323	82	74	266	50645	42716	442
2016	937	485	79	107	261	18381	9566	370
2017	1126	554	151	93	318	22593	11377	1378
2018	964	386	87	159	323	18019	7455	1149
宝泉岭局	2			2		40		
红兴隆局	581	313	76	100	83	9558	6782	1064
建三江局								
牡丹江局	100	56	11	33		667	163	85
北 安 局								
九 三 局								
齐齐哈尔局	260			20	240	7124		
绥 化 局								
哈尔滨局								
总局直属	21	17		4		630	510	

7-25续表

单位：吨

年份 单位	#葡萄	#李子	食用菌 产量 (干鲜混合)	黑木耳 (干品)	香菇 (干品)	蘑菇类 (鲜品)	猴头	其它
2012	584	700	30189	2838	341	27010	408	26602
2013	754	6474	14697	2867	361	11469	409	11060
2014	916	6920	12506	1698	368	10441	338	10103
2015	1265	6222	13303	1294	637	11371	255	11116
2016	1952	6396	12680	3312	197	9170	277	8894
2017	3088	6735	8509	1655	236	6618	260	6358
2018	2448	6958	7001	951	85	5966		5966
宝泉岭局	40		1199	437	85	677		677
红兴隆局	458	1245	74	54		20		20
建三江局			166	166				
牡丹江局	419		154	49		105		105
北 安 局			95			95		95
九 三 局			90	90				
齐齐哈尔局	1411	5713	375	16		359		359
绥 化 局			111	111				
哈尔滨局			4738	28		4710		4710
总局直属	120							

7-26 各管理局畜牧业生产情况

单位：头

年份 单位	大牲畜年末存栏	#从事农事劳役的	黄牛	#能繁母牛	#当年生仔牛	奶牛	#能繁母牛	#当年生仔牛
2012	491793	235	246886	125248	56266	242410	144077	41119
2013	306911	155	139485	57516	27286	165679	91537	32192
2014	197304	41	45100	18231	7786	151317	74228	22801
2015	193941	14	36394	14778	6710	156100	79969	22453
2016	204255	36	45464	19562	9653	155024	84550	29508
2017	204382	36	57824	25009	12492	135636	66587	24524
2018	204888		68455	29644	14980	118441	56818	25639
宝泉岭局	12499		5809	2717	1291	6671	3259	1332
红兴隆局	31209		12065	6332	2125	3064	1534	647
建三江局	4949		4887	2526	1156			
牡丹江局	48316		8031	2849	2227	40285	18981	9139
北安局	30367		13887	6785	2839	15407	6277	2411
九三局	48902		17643	6429	4040	30911	14996	8394
齐齐哈尔局	12946		4001	1149	940	8745	4326	1010
绥化局	6182		1122	483	137	4850	2629	330
哈尔滨局	3687		1006	374	225	2681	1695	573
总局直属	5831		4			5827	3121	1803

7-26续表1

单位：头

年份 单位	马（匹）	#能繁母马	#当年生仔马	驴	骡	鹿年末存栏	#能繁母鹿	#梅花鹿
2012	1725	911	337	755	17	22514	5142	15952
2013	1290	599	158	449	8	15449	2560	11337
2014	761	269	94	125	1	10012	1294	7453
2015	621	313	85	819	7	9609	2322	7755
2016	1187	429	117	2573	7	8880	2457	7651
2017	1382	694	157	9533	7	8924	2583	7683
2018	1622	943	256	16363	7	7003	1963	6684
宝泉岭局				19		932	346	932
红兴隆局	2			16078		493		393
建三江局	62	39	9			907	405	882
牡丹江局						2001	583	1896
北安局	998	592	142	75		225	120	209
九三局	232	109	20	116		365	24	292
齐齐哈尔局	118	53	36	75	7	2012	455	2012
绥化局	210	150	49			68	30	68
哈尔滨局								
总局直属								

7-26续表2 单位：头

年份 单位	猪年末 存栏	能繁母猪	种公猪	仔猪	65公斤以 上肥猪及 架子猪	家禽年末 存栏 (百只)	#鹅 (百只)	#肉鸡 (百只)
2012	1816246	216353	13512	585383	1000998	129091	11355	52177
2013	1484886	162342	8234	378808	935502	87555	7879	32700
2014	997513	114598	7456	245024	630435	46664	2603	17358
2015	805885	93734	7096	216819	488236	112745	2495	82954
2016	768022	90644	2878	224601	449899	82858	2352	51067
2017	883264	101561	5161	260009	516533	86491	3008	53779
2018	705280	80098	3865	218124	403193	93830	2116	65573
宝泉岭局	351434	35487	1696	118388	195863	70175	119	57243
红兴隆局	134609	15142	634	37820	81013	8108	603	4022
建三江局	54811	6633	389	19068	28721	2096	221	443
牡丹江局	47982	6663	298	13541	27480	3273	157	293
北安局	27809	3751	222	6331	17505	562	114	32
九三局	25743	4245	216	5238	16044	872	19	28
齐齐哈尔局	38672	4859	221	9242	24350	5472	450	3448
绥化局	12355	2078	149	5193	4935	1080	402	36
哈尔滨局	9595	1240	40	3303	5012	2110	30	
总局直属	2270				2270	83		27

7-26续表3 单位：只

年份 单位	羊年末 存栏	山羊	#绒山羊	#能繁母羊	#当年生 仔山羊	绵羊	#能繁母羊	#当年生 仔绵羊
2012	1347026	720412	603772	355684	206968	626614	296959	173497
2013	573594	168712	84558	78249	31560	404882	188396	85937
2014	278340	72073	41115	27548	16672	206267	99781	52187
2015	265518	68049	33833	25011	14814	197469	91191	48085
2016	261706	55415	31506	25486	14187	206291	99291	48642
2017	245991	42976	23933	19843	11721	203015	93662	52065
2018	193755	34219	18121	15597	9841	159536	73546	39543
宝泉岭局	13282	2816	1478	1071	780	10466	5509	2267
红兴隆局	27531	10015	2492	4947	2846	17516	9376	4191
建三江局	24108	11080	11080	5640	4287	13028	6528	3817
牡丹江局	10971	3290	1106	1481	925	7681	3957	1866
北安局	27555	1406	507	93	128	26149	10716	5785
九三局	31153	1259	643	581	151	29894	14711	7423
齐齐哈尔局	43905	3344		1494	560	40561	14351	10743
绥化局	10366	436	292	208	164	9930	5441	2641
哈尔滨局	4819	523	523	82		4296	2957	810
总局直属	65	50				15		

7-26续表4

单位：只

年　份 单　位	家兔年末存　栏	貂年末存　栏	貉年末存　栏	狐年末存　栏	熊年末存　栏	鸵鸟年末存栏	山鸡年末存栏	养蜂箱数(箱)
2012	95099	39629	60664	73815	800	60	201	29725
2013	37084	51419	51666	67024	882	70	1860	30522
2014	14880	37865	40808	38994	780	380	8	26450
2015	9770	44831	14516	20881	664	300		38285
2016	6155	44957	9882	15294	555	336	7000	39019
2017	1527	23298	5194	15816	529	870		41126
2018	4445	14887	6450	6996	570	1182		29986
宝泉岭局		14500	3150	1140		32		283
红兴隆局			150	1980				24275
建三江局		287				650		1745
牡丹江局	50	100	135	350	570	500		1320
北 安 局	2395		450					542
九 三 局			56	487				1045
齐齐哈尔局								
绥 化 局			2509	3039				326
哈尔滨局	2000							450
总局直属								

7-26续表5

年　份 单　位	肉　类 总产量(吨)	出栏肥猪(头)	猪肉产量(吨)	出栏肉牛(头)	牛肉产量(吨)	出栏肉羊(只)	羊肉产量(吨)	出栏家禽(百只)
2012	535982	4399029	337378	534231	93702	1541661	25441	378413
2013	544060	4331685	328483	658852	111688	1656685	28161	352693
2014	324030	2646493	204954	341482	58412	775509	12818	228761
2015	229369	1642606	129815	190628	33742	379434	9334	270131
2016	260166	1532494	116926	84056	15785	292930	5827	612553
2017	295839	1582514	121908	119256	20250	339293	6547	685329
2018	273688	1499501	116032	109422	18713	346421	6709	590530
宝泉岭局	170186	739128	56412	10385	2112	31144	594	495631
红兴隆局	31396	267746	20707	13649	3345	38856	1002	34522
建三江局	8593	90451	6846	2257	384	18535	383	5091
牡丹江局	14309	106690	9134	27792	3634	22309	629	4517
北 安 局	8153	43055	3502	9704	1819	34983	591	5732
九 三 局	13923	87812	6831	28918	4341	40855	732	6896
齐齐哈尔局	20372	115650	8703	11870	1905	146818	2538	31446
绥 化 局	3685	25891	2064	3005	525	7990	165	4541
哈尔滨局	1828	15408	1175	791	131	4805	73	1835
总局直属	1244	7670	657	1051	517	126	3	318

7-26续表6

单位：吨

年　份 单　位	禽　肉 产　量	其他肉 产　量	生牛奶 产　量	生羊奶 产　量	羊毛产量 (公斤)	#绵羊毛	禽　蛋 产　量
2012	76462	2999	876408	85	2376774	2300654	79763
2013	72655	3073	851226	91	2142446	2088422	67188
2014	46321	1525	466405	2	1066370	1042952	42626
2015	55687	791	374586	2	589366	569097	33611
2016	120942	687	426787	32	542221	538101	30114
2017	146492	642	418404	2	485340	481954	28613
2018	131744	490	376142	2	401034	399450	29617
宝泉岭局	111041	26	17843		33606	33606	9850
红兴隆局	5990	352	10789		24281	24281	4955
建三江局	980				21323	21323	1548
牡丹江局	909	4	140466		21975	21750	4387
北 安 局	2198	43	49401		43230	41871	849
九 三 局	2008	10	106577		144531	144531	1289
齐齐哈尔局	7223	4	12875		67647	67647	1738
绥 化 局	920	11	4984	2	34641	34641	796
哈尔滨局	409	40	8427		9800	9800	3800
总局直属	67		24780				407

7-26续表7

单位：公斤

年　份 单　位	鹿　茸 产　量	羊　绒 产　量	天然蜂蜜 产　量	产奶牛年 平均头数 (头)	产奶牛年 平均产奶	成母奶牛年 平均头数 (头)	成母奶牛 平均产奶
2012	22900	329840	1317698	164114	5340	185817	4717
2013	20335	186690	1059813	142035	5993	154844	5497
2014	18024	38578	1182887	82193	5675	90034	5180
2015	19693	21159	1908512	67903	5516	77230	4850
2016	16737	32956	1852370	72100	5919	79938	5339
2017	16505	25940	1937005	63169	6624	69944	5982
2018	6700	24983	1419843	53766	6996	58162	6467
宝泉岭局	374	566	16070	3001	5946	3529	5056
红兴隆局	270	6168	1064896	1335	8082	1499	7197
建三江局	326	16366	43625				
牡丹江局	1053	369	80500	17210	8162	17908	7844
北 安 局	30	300	10000	9251	5340	9151	5398
九 三 局	488	504	174700	14691	7255	16860	6321
齐齐哈尔局	4004			2523	5103	2803	4593
绥 化 局	155	308	12052	1519	3281	2171	2296
哈尔滨局		402	18000	1663	5067	1668	5052
总局直属				2573	9631	2573	9631

7-27 各管理局水产品产量

单位：吨

年份 单位	水产品产量	虾蟹类	鱼类	产量		比重%(以鱼类为100)	
				天然生产	人工养殖	天然生产	人工养殖
2012	34500	800	33700	8143	25557	24.2	75.8
2013	36633	615	36018	10016	26002	27.8	72.2
2014	38903	648	38255	10181	28074	26.6	73.4
2015	33636	742	32894	8511	24383	25.9	74.1
2016	32680	829	31851	7854	23997	24.7	75.3
2017	32314	977	31337	8012	23325	25.6	74.4
2018	31490	930	30560	7652	22908	25.0	75.0
宝泉岭局	2609	12	2597	1530	1067	58.9	41.1
红兴隆局	7853	348	7505	1882	5623	25.1	74.9
建三江局	2475	15	2460	1029	1431	41.8	58.2
牡丹江局	5665	382	5283	984	4299	18.6	81.4
北 安 局	4785	2	4783	805	3978	16.8	83.2
九 三 局	1743	8	1735	55	1681	3.1	96.9
齐齐哈尔局	1470	119	1351	388	963	28.7	71.3
绥 化 局	3146	35	3111	198	2913	6.4	93.6
哈尔滨局	1595	9	1586	782	804	49.3	50.7
总局直属	150		150		150		100.0

7-28 各管理局淡水养鱼生产情况

面积：公顷，产量：吨

年份	淡水养鱼	池塘面积	水库面积	其他面积	池塘养鱼	水库养鱼	其他养鱼
2012	22907	5852	16777	278	13071	12239	247
2013	22889	5285	17260	344	12546	13193	263
2014	24823	5778	17642	1403	15076	12857	133
2015	24241	4979	17278	1984	11787	12037	552
2016	24274	4936	17390	1948	11413	12005	579
2017	24595	5077	17610	1908	11330	11409	566
2018	24218	5164	16058	2997	10258	11104	1546
宝泉岭局	954	436	437	82	404	638	25
红兴隆局	7096	1515	4422	1159	2967	2257	398
建三江局	1659	184	392	1083	509	56	866
牡丹江局	5059	1182	3877		2427	1872	
北 安 局	3212	277	2925	10	567	3393	18
九 三 局	2700	178	2519	2	439	1226	15
齐齐哈尔局	1157	666	411	80	620	319	24
绥 化 局	1405	477	929		1749	1164	
哈尔滨局	949	229	139	581	461	143	200
总局直属	27	20	7		115	35	

7-29 家庭农(林牧渔)场基本情况

年份 单位	一、经营组织数量(个)									
	合计	家庭农场	独户	#有机独户	联户	开发性	家庭林场	家庭牧场	家庭渔场	外引户家庭农林牧渔场
2012	329139	305077	285183	155900	9433	10336	3183	8894	190	11795
2013	316452	293623	271434	155178	12047	10139	2937	8800	159	10834
2014	291483	270998	247534	147383	16342	7552	2778	7116	170	10421
2015	284976	262541	240817	148799	14194	7530	2748	5648	176	13863
2016	281679	261221	239735	150310	14352	7134	2245	4015	179	14019
2017	271048	250138	232661	149973	10976	6501	3219	2901	350	14440
2018	271496	252834	233304	158460	14017	5513	1871	1652	215	14924
宝泉岭局	31504	30881	30880	28604	1		496	62	17	48
红兴隆局	53959	51895	51751	33621		144	423	310	14	1317
建三江局	45622	38815	34153	31741	1189	3473	480	28	10	6289
牡丹江局	44041	37312	36499	29653		813		138	60	6531
北 安 局	27007	26705	16247	5656	10157	301	45	240	16	1
九 三 局	24505	24269	21091	2968	2460	718	10	19	6	201
齐齐哈尔局	22417	21595	21466	16454	65	64	32	310	41	439
绥 化 局	15305	14442	14442	5997			373	458	32	
哈尔滨局	6458	6256	6191	3449	65		12	83	16	91
总局直属	678	664	584	317	80			4	3	7

7-29续表1

年份 单位	二、 承租耕地面积(公顷)									
	合计	家庭农场	独户	#有机独户	联户	开发性	家庭林场	家庭牧场	家庭渔场	外引户家庭农林牧渔场
2012	2838923	2664101	2301073	1586909	189114	176899	1789	7954	44	165035
2013	2840021	2659932	2305436	1615491	179048	175448	1361	7697	56	160663
2014	2756989	2586192	2199668	1570580	247176	141441	1182	4740	58	164817
2015	2845068	2624456	2180879	1593703	293852	149725	668	5028	47	214869
2016	2839153	2619773	2227258	2227258	259131	133384	479	2498	37	216366
2017	2811098	2593880	2253471	1677287	223327	117082	1413	4230	141	211434
2018	2894437	2661408	2303918	1751777	233702	123788	230	1084	1	231714
宝泉岭局	347441	346923	346784	328220	139					517
红兴隆局	494286	478354	475742	352356		2612				15933
建三江局	778999	659699	538137	518749	22310	99252				119300
牡丹江局	431760	347676	335783	297361		11893		147		83938
北 安 局	331922	331384	161417	63024	166440	3526	220	265		54
九 三 局	248968	244473	198644	32797	41414	4415	10			4485
齐齐哈尔局	141602	136530	132179	92304	2261	2090				5072
绥 化 局	91449	90777	90777	50416				671		
哈尔滨局	25139	22809	22104	14983	705					2330
总局直属	2869	2783	2350	1568	433			1	1	85

7-29续表2

年份 单位	三、劳动力情况(人) 合计	家庭农场	独户	#有机独户	联户	开发性	家庭林场	家庭牧场	家庭渔场	外引户家庭农林牧渔场
2012	659055	605957	529496	303053	55685	18388	4559	21389	506	26644
2013	636957	586078	512088	296452	53044	18738	3503	18736	556	25089
2014	596788	553855	472830	298344	63979	17301	3023	14933	401	24576
2015	591232	547705	456967	279488	76742	13996	3151	11899	390	28087
2016	581929	543750	454154	283847	75334	14262	2497	9023	409	26250
2017	564814	526347	463568	294968	50170	12609	2163	6457	447	29400
2018	540767	506061	435806	284466	59355	10900	1229	4093	321	29063
宝泉岭局	65378	65051	65042	58959	9		25	177	30	95
红兴隆局	120048	114824	114595	69076		229	640	955	20	3609
建三江局	90112	76466	65087	60648	3166	8213	36		10	13600
牡丹江局	60533	49605	48662	39618		943		298	100	10530
北 安 局	72726	71997	29354	10099	42218	425	74	625	29	1
九 三 局	58460	58247	44639	5805	12654	954	6	3	5	199
齐齐哈尔局	40070	38776	37898	25533	742	136	32	472	22	768
绥 化 局	24549	22794	22794	9924			386	1274	95	
哈尔滨局	8056	7544	7370	4578	174		30	267		215
总局直属	835	757	365	226	392			22	10	46

7-29续表3

年份 单位	四、应交利费(万元) 合计	家庭农场	独户	#有机独户	联户	开发性	家庭林场	家庭牧场	家庭渔场	外引户家庭农林牧渔场
2012	852666	788088	715786	524202	51840	15530	774	3149	127	60528
2013	943964	872529	788886	561475	71935	9483	328	4493	162	62285
2014	969245	898369	797401	594808	91090	11061	269	2139	88	68380
2015	1165149	1053743	887049	680637	125831	40863	168	2198	146	108894
2016	1224609	1107743	987796	763741	113368	6579	71	978	135	115682
2017	1322527	1181427	1064457	823390	105660	11310	15796	708	180	124416
2018	1420535	1263528	1150313	906411	99143	14072	15773	562	93	140579
宝泉岭局	178222	177862	177771	169449	91				7	353
红兴隆局	258894	248641	248636	193923		5				10253
建三江局	391949	306875	286992	278481	11961	7922	15763		5	69306
牡丹江局	242045	185831	182248	158074		3583		27		56187
北 安 局	147481	147316	76937	34912	69937	442		135		30
九 三 局	102191	99779	82933	14550	15247	1599			10	2402
齐齐哈尔局	51571	50058	48196	29414	1341	521	2	68	53	1390
绥 化 局	37590	37410	37410	21102			8	162	10	
哈尔滨局	8969	8179	7973	5696	206			170	7	613
总局直属	1623	1577	1217	810	360				1	45

7-30 家庭农场土地规模经营情况

单位：户，公顷

年份 单位	总计		一、水田									
	户数	耕地面积	户数	面积	5公顷以下		5-10公顷		10-20公顷		20公顷以上	
					户数	面积	户数	面积	户数	面积	户数	面积
2012	312305	2828953	136584	1519623	35108	119446	49600	384072	37596	553709	14280	462396
2013	304423	2827386	138180	1540631	34536	114840	49111	370174	39540	580169	14993	475448
2014	278715	2748782	127771	1495247	30585	109988	43206	324808	38323	550770	15657	509681
2015	276360	2836390	120087	1461278	28562	112235	39192	321734	37148	548574	15185	478734
2016	275220	2836043	114738	1461106	25269	99635	37272	309793	37023	547039	15174	504639
2017	264541	2842476	117361	1506000	25459	79281	32068	248593	42903	629065	16931	549061
2018	267686	2896349	122127	1564804	36980	128273	38089	371288	40601	768389	6457	296854
宝泉岭局	30929	347441	19305	212163	5117	19187	8435	82582	5327	94985	426	15410
红兴隆局	53148	496574	23012	256515	6772	24590	9394	94134	6387	117567	459	20224
建三江局	45104	778999	38805	705154	5957	21354	9495	91076	18524	373691	4829	219033
牡丹江局	43835	432377	21945	275307	4346	17875	7797	77374	9342	162035	460	18022
北安局	26706	331438	138	3659	20	109	23	226	56	1034	39	2291
九三局	24470	249166	932	9716	479	1119	154	1909	273	5516	26	1172
齐齐哈尔局	22034	141602	9991	66800	7671	24628	1734	15167	397	7561	189	19444
绥化局	14442	90743	4466	22568	3467	11029	792	6847	190	3911	17	781
哈尔滨局	6347	25139	3212	11408	2994	8108	132	1219	82	1828	4	253
总局直属	671	2868	321	1514	157	274	133	755	23	261	8	224

7-30续表

年份 单位	二、旱田													
	户数	面积	5公顷以下		5-10公顷		10-30公顷		30-60公顷		60-100公顷		100公顷以上	
			户数	面积	户数	面积	户数	面积	户数	面积	户数	面积	户数	面积
2012	176153	1309330	100829	287916	49328	351939	20052	338453	4243	163979	1087	80784	614	86258
2013	167064	1286755	93584	274720	47098	335136	21039	324518	3653	140002	967	71840	723	140540
2014	152003	1253535	81869	221314	42036	311614	22465	364973	3971	160419	991	67751	671	127463
2015	156769	1375112	83924	237256	42637	336845	23715	394745	4052	157380	1020	81240	1421	167646
2016	161764	1374938	84179	238129	44758	344074	25806	410690	3647	146859	882	71743	2492	163443
2017	153632	1336475	82853	210476	38780	284295	26163	426733	3988	155706	1027	79397	821	179869
2018	150261	1331545	91667	290937	33073	300121	18901	361809	3357	146316	3156	185030	107	47331
宝泉岭局	13302	135278	6118	22759	3842	35854	2929	56049	360	15332	53	5283		
红兴隆局	30462	240059	18167	61935	7513	68763	4137	76049	546	23197	96	9054	3	1061
建三江局	6500	73845	2929	10576	1761	15769	1546	29973	217	9481	44	5445	3	2601
牡丹江局	24265	157071	16235	39095	4913	45327	2668	45764	304	12590	144	13693	1	601
北安局	26569	327779	14173	53940	6165	57171	2975	62206	833	35940	2373	97368	50	21154
九三局	23538	239450	14787	50070	4867	42651	2864	57771	687	32520	299	38738	34	17701
齐齐哈尔局	12044	74802	10191	30054	1095	10724	449	10492	207	11163	100	10947	2	1422
绥化局	10086	68176	6134	15997	2499	20792	1233	21763	181	5056	26	2347	13	2221
哈尔滨局	3145	13731	2724	6021	297	2562	85	1622	17	802	21	2154	1	570
总局直属	350	1354	209	491	121	507	15	120.4	5	235.33				

7-31 家庭农场土地承包经营情况

单位：户，公顷

年份 单位	固定在1年以内											
	总计		一、水田									
	户数	耕地面积	户数	面积	5公顷以下		5-10公顷		10-20公顷		20公顷以上	
					户数	面积	户数	面积	户数	面积	户数	面积
2012	261765	2288316	114999	1237604	30398	104929	39401	298268	33844	492454	11356	341952
2013	253391	2318294	115093	1248521	29457	100779	38308	280574	35331	515784	11997	351384
2014	243272	2341056	109569	1247663	27275	97956	34277	247714	34510	493094	13507	408899
2015	246826	2473936	103356	1222526	25217	101029	30977	243202	34011	492714	13151	385581
2016	249037	2508675	99677	1243281	21954	88696	29614	233942	34562	504593	13547	416050
2017	240946	2552521	107137	1333077	22508	70365	28821	221701	40493	586845	15315	454165
2018	245679	2620558	110291	1371192	32269	112560	35094	343201	37859	712933	5069	202499
宝泉岭局	28559	313410	16935	178132	4727	17521	7547	73411	4324	75309	337	11891
红兴隆局	52617	489245	22712	252883	6595	24004	9331	93486	6340	116584	446	18809
建三江局	40701	657029	34707	588385	5161	18192	8605	82255	17268	347777	3673	140160
牡丹江局	43315	422039	21561	267803	4167	16817	7727	76608	9234	159595	433	14784
北安局	19833	276170	76	1532	17	96	18	176	34	604	7	657
九三局	24040	242707	674	5597	449	974	65	912	146	3125	14	585
齐齐哈尔局	20055	125328	9285	57062	7474	23771	1342	12379	338	6464	131	14448
绥化局	9572	68384	810	6986	528	2802	194	2000	71	1403	17	781
哈尔滨局	6316	23379	3210	11298	2994	8108	132	1219	81	1812	3	159
总局直属	671	2868	321	1514	157	274	133	755	23	261	8	224

7-31续表1

单位：户，公顷

年份 单位	固定在1年以内													
	二、旱田													
	户数	面积	5公顷以下		5-10公顷		10-30公顷		30-60公顷		60-100公顷		100公顷以上	
			户数	面积	户数	面积	户数	面积	户数	面积	户数	面积	户数	面积
2012	147198	1050712	85690	245977	39540	272802	17586	293435	3189	125248	818	60104	375	53147
2013	139119	1069773	77052	222524	38152	263271	19372	294514	3210	122654	810	59888	523	106922
2014	134762	1093392	73897	199865	35396	253133	20530	331450	3549	144056	874	58953	516	105936
2015	143966	1251409	78454	223178	37390	286007	22286	371548	3730	144163	886	71427	1220	155087
2016	150642	1265394	79054	225496	40295	300335	24742	390089	3346	133745	770	63276	2435	152453
2017	140205	1219444	75271	196767	34659	253830	24865	407503	3794	147337	950	72724	666	141284
2018	139885	1249366	85777	272612	29736	273002	18046	334800	3143	139043	3085	177210	98	41303
宝泉岭局	13302	135278	6118	22759	3842	35854	2929	56049	360	15332	53	5283		
红兴隆局	30230	236362	18040	61493	7459	68191	4105	63953	533	22648	91	8378	2	302
建三江局	6195	68644	2801	10057	1683	14963	1471	28269	203	8822	35	4288	2	2246
牡丹江局	24036	154236	16122	38643	4867	44847	2613	44672	291	11990	142	13484	1	601
北安局	19758	274638	10384	40628	3832	37829	2480	52709	679	31386	2337	93854	46	18232
九三局	23366	237110	14667	49437	4845	42460	2851	57520	678	32105	291	37887	34	17701
齐齐哈尔局	10770	68266	9181	28288	888	9215	405	9585	200	10871	96	10307		
绥化局	8762	61397	5543	14825	1903	16583	1097	20410	180	5011	26	2347	13	2221
哈尔滨局	3116	12081	2712	5991	296	2553	80	1513	14	642	14	1382		
总局直属	350	1354	209	491	121	507	15	120	5	235				

7-31续表2

单位：户，公顷

年　份 单　位	固定在2-5年											
	总　计		一、水田									
	户数	耕地面积	户数	面积	5公顷以下		5-10公顷		10-20公顷		20公顷以上	
					户 数	面积	户数	面 积	户数	面 积	户数	面 积
2012	28245	233565	13400	126279	3238	8607	8280	72212	1631	26576	251	18884
2013	36377	293649	14481	141791	2829	6075	8931	76190	2208	31557	513	27969
2014	24422	223142	12521	118822	2797	7528	7201	62441	2004	28222	519	20631
2015	18487	195372	11414	120586	2947	9539	6364	62856	1665	29505	438	18686
2016	17296	183750	10552	111394	2824	9225	6221	64616.8	1275	22966.9	232	14585.1
2017	13685	143830	5698	57034	2339	6649	1844	16760	1183	22451	332	11174
2018	14407	131007	7230	73308.1	3724	11581.7	1785	17207.5	1507	30522.4	214	13996.5
宝泉岭局	2370	34032	2370	34032	390	1666	888	9171	1003	19676	89	3519
红兴隆局	398	3623	274	2384	167	558	59	617	42	857	6	352
建三江局	693	17662	622	16105	179	865	134	1431	203	4772	106	9037
牡丹江局	101	1566	2	310					1	24	1	286
北 安 局	5493	43648	5	98					5	98		
九 三 局	422	6073	256	4052	30	145	89	997	126	2375	11	536
齐齐哈尔局	49	759	45	745	19	122	17	145	8	211	1	267
绥 化 局	4870	22360	3656	15581	2939	8226	598	4846	119	2509		
哈尔滨局	11	1285										
总局直属												

7-31续表3

单位：户，公顷

年　份 单　位	固定在2-5年													
	二、旱田													
	户数	面积	5公顷以下		5-10公顷		10-30公顷		30-60公顷		60-100公顷		100公顷以上	
			户数	面积	户数	面积	户数	面积	户数	面积	户数	面积	户数	面积
2012	14845	107287	9186	24794	4545	43953	738	14947	233	9399	100	7533	43	6661
2013	21896	151858	14375	45897	6230	53900	901	17963	229	10163	98	6832	63	17102
2014	11901	104320	6155	17461	4145	42666	1289	22958	199	8485	71	5168	42	7582
2015	7073	74786	2982	8308	3218	35501	606	11555	116	6258	72	5685	79	7478
2016	6744	72356	3165	9300	2803	31866	537	12031	131	6925	68	5225	40	7008
2017	7989	86796	3441	5778	3358	25123	913	12664	87	4092	53	4425	137	34713
2018	7287	57699	3567	11001	2869	22863	642	10785	156	4671	47	4532	6	3847
宝泉岭局														
红兴隆局	124	1238	71	243	28	311	20	435	4	175	1	74		
建三江局	71	1556	27	110	22	236	15	343	3	140	3	373	1	355
牡丹江局	99	1256	32	135	29	297	34	646	4	177				
北 安 局	5488	43549	2723	8703	2171	17613	426	7803	132	3559	32	2950	4	2922
九 三 局	166	2021	119	628	21	181	11	205	9	415	6	592		
齐齐哈尔局	4	14	3	7	1	7								
绥 化 局	1324	6778	591	1171	596	4209	136	1353	1	44				
哈尔滨局	11	1285	1	3	1	9			3	161	5	542	1	570
总局直属														

7-31续表4

单位：户，公顷

年份 单位	固定在6-10年											
	总计		一、水田									
	户数	耕地面积	户数	面积	5公顷以下		5-10公顷		10-20公顷		20公顷以上	
					户数	面积	户数	面积	户数	面积	户数	面积
2012	11383	137929	709	14243	82	304	112	1156	242	3561	273	9222
2013	4026	48859	412	6495	105	379	86	870	132	1717	89	3530
2014	3395	42502	244	5080	61	201	32	430	71	1086	80	3363
2015	3732	34199	321	5890	46	156	109	1003	117	2112	49	2619
2016	2618	26985	414	7721	63	214	140	1737	146	2557	65	3212
2017	4053	38269	1006	22488	136	412	272	2230	313	5086	285	14759
2018	1756	18042	407	9059	77	376	88	823	164	3222	78	4639
宝泉岭局	68	1334	11	507	9	23			1	19	1	465
红兴隆局	220	4473	199	3438	6	27	48	398	97	1781	48	1232
建三江局	185	4055	166	3631	53	301	36	384	61	1328	16	1617
牡丹江局	827	5913										
北安局	2	67	2	67					1	16	1	51
九三局	449	1924	27	1306	9	25	4	40	3	62	11	1179
齐齐哈尔局												
绥化局	5	276	2	110					1	16	1	94
哈尔滨局												
总局直属												

7-31续表5

单位：户，公顷

年份 单位	固定在6-10年													
	二、旱田													
	户数	面积	5公顷以下		5-10公顷		10-30公顷		30-60公顷		60-100公顷		100公顷以上	
			户数	面积	户数	面积	户数	面积	户数	面积	户数	面积	户数	面积
2012	10674	123686	4220	10211	3858	27528	1537	26787	753	26602	144	11115	162	21442
2013	3614	42364	1421	4095	1446	11133	460	7344	150	4794	35	3179	102	11819
2014	3151	37422	1178	3304	1364	10419	342	5611	147	4772	17	1384	103	11932
2015	3411	28309	1224	3522	1370	10761	559	7166	125	3939	28	1678	105	1242
2016	2204	19264	735	1292	1037	7624	307	4434	103	3455	15	1058	7	1400
2017	3058	15781	2362	4217	377	2675	232	3962	65	2531	15	1291	7	1104
2018	1379	8982	1142	3544	131	1377	76	1860	22	1011	8	1191		
宝泉岭局	57	826	27	84	16	157	8	183	5	209	1	194		
红兴隆局	21	1035	2	12	2	21	11	280	3	177	3	544		
建三江局	49	425	33	121	6	61	7	119	3	124				
牡丹江局	827	5913	672	2968	98	1057	45	1184	10	467	2	237		
北安局														
九三局	422	618	408	359	9	81	3	57	1	34	1	87		
齐齐哈尔局														
绥化局	3	166					2	37			1	129		
哈尔滨局														
总局直属														

7-31续表6

单位：户，公顷

年份 单位	固定在11-15年											
	总计		一、水田									
	户数	耕地面积	户数	面积	5公顷以下		5-10公顷		10-20公顷		20公顷以上	
					户数	面积	户数	面积	户数	面积	户数	面积
2012	2311	26704	1105	19675	12	17	583	3201	344	5449	166	11008
2013	2362	27408	1093	19769	16	16	596	3465	333	5515	148	10772
2014	2348	19790	691	12009	16	16	475	2404	125	1940	75	7650
2015	2278	21975	679	15470	11	6	380	2304	162	2662	126	10498
2016	2587	29127	943	21783	27	67	509	3338	210	3355	197	15024
2017	2326	37637	1196	32880	46	152	568	3901	316	5215	266	23612
2018	2668	47683	1648	40989	311	1102	629	5487	431	8824	277	25575
宝泉岭局												
红兴隆局												
建三江局	1243	36824	1053	34611	176	703	283	3067	369	7686	225	23155
牡丹江局	46	826	40	622	11	66	7	83	21	433	1	39
北安局	228	3030	57	2029	3	13	5	51	17	332	32	1634
九三局	1	116										
齐齐哈尔局	1148	6836	498	3727	121	321	334	2287	24	373	19	747
绥化局												
哈尔滨局	2	52										
总局直属												

7-31续表7

单位：户，公顷

年份 单位	固定在11-15年													
	二、旱田													
	户数	面积	5公顷以下		5-10公顷		10-30公顷		30-60公顷		60-100公顷		100公顷以上	
			户数	面积	户数	面积	户数	面积	户数	面积	户数	面积	户数	面积
2012	1206	7029	99	154	1007	4491	74	1062	24	872	1	99	1	352
2013	1269	7640	104	173	1004	4344	134	1684	24	872	1	99	2	468
2014	1657	7782	493	432	1004	4343	134	1684	24	872	1	99	1	352
2015	1599	6505	1051	1834	458	2992	75	1147	15	532				
2016	1644	7344	1065	1776	477	3088	81	1239	19	698	1	76	1	466
2017	1158	4757	884	1786	209	1355	56	889	7	270	1	117	1	340
2018	1029	6694	703	1979	237	1849	73	1520	11	461	4	540	1	345
宝泉岭局														
红兴隆局														
建三江局	190	2213	92	378	49	507	40	863	7	294	2	171		
牡丹江局	15	203	7	30	3	29	4	95	1	50				
北安局	171	1001	141	359	20	218	8	136	1	34	1	253		
九三局	1	116									1	116		
齐齐哈尔局	650	3109	463	1212	165	1094	19	374	2	83			1	345
绥化局														
哈尔滨局	2	52					2	52						
总局直属														

7-31续表8

单位：户，公顷

年份 单位	固定在16年以上											
	总计		一、水田									
	户数	耕地面积	户数	面积	5公顷以下		5-10公顷		10-20公顷		20公顷以上	
					户 数	面积	户数	面 积	户数	面 积	户数	面 积
2012	8601	142439	6371	121823	1378	5588	1224	9236	1535	25669	2234	81330
2013	8267	139176	7101	124054	2129	7591	1190	9074	1536	25596	2246	81793
2014	5278	122292	4746	111672	436	4287	1221	11819	1613	26428	1476	69139
2015	5037	110908	4317	96806	341	1505	1362	12369	1193	21581	1421	61351
2016	3682	87507	3152	76927	401	1433	788	6160	830	13567	1133	55767
2017	3531	70219	2324	60521	430	1702	563	4000	598	9468	733	45352
2018	3176	79059	2551	70256	599	2653	493	4570	640	12888	819	50145
宝泉岭局												
红兴隆局	65	2373	15	740	1	5	4	31	4	107	6	598
建三江局	2247	63012	2224	62616	435	1568	425	3924	587	11675	777	45448
牡丹江局	188	3891	176	2940	115	690	27	299	25	655	9	1297
北 安 局	325	2677										
九 三 局	5	204										
齐齐哈尔局	333	6755	136	3960	48	389	37	316	24	452	27	2802
绥 化 局												
哈尔滨局	13	147										
总局直属												

7-31续表9

单位：户，公顷

年份 单位	固定在16年以上													
	二、旱田													
	户数	面积	5公顷以下		5-10公顷		10-30公顷		30-60公顷		60-100公顷		100公顷以上	
			户 数	面积	户数	面 积	户数	面 积	户数	面 积	户数	面 积	户数	面 积
2012	2230	20616	1634	6780	378	3166	117	2223	44	1859	24	1934	33	4656
2013	1166	15121	632	2030	266	2488	172	3014	40	1519	23	1841	33	4229
2014	532	10620	146	252	127	1053	170	3271	52	2234	28	2148	9	1661
2015	720	14102	213	414	201	1583	189	3329	66	2488	34	2449	17	3839
2016	530	10580	160	265	146	1161	139	2897	48	2036	28	2107	9	2115
2017	1222	9698	895	1928	177	1312	97	1714	35	1476	8	840	10	2428
2018	681	8804	478	1802	100	1030	64	1449	25	1130	12	1557	2	1835
宝泉岭局														
红兴隆局	51	1633	29	115	10	104	4	82	4	165	3	408	1	758
建三江局	23	397	7	19	5	43	9	218	1	47	1	70		
牡丹江局	66	950	41	167	8	92	10	232	5	249	2	210		
北 安 局	325	2677	253	1282	44	454	16	374	11	494	1	73		
九 三 局	5	204	1	5	1	10	2	46			1	143		
齐齐哈尔局	198	2796	136	187	32	327	22	477	4	175	3	553	1	1077
绥 化 局														
哈尔滨局	13	147	11	26			1	21			1	100		
总局直属														

7-32　垦区基本田种植情况

单位：户，公顷

年　份 单　位	基本田		水田		旱田	
	户数	面积	户数	面积	户数	面积
2012	297859	437496	106139	152614	191927	284882
2013	263755	433555	105351	154252	158837	279304
2014	245437	373799	99269	114909	146355	258890
2015	243583	355158	97021	74646	146587	280513
2016	221027	367094	92056	99736	129453	267358
2017	140160	317503	29052	74091	111460	243412
2018	133138	130000	16122	9968	117016	120032
宝泉岭局	7294	3397	4271	2358	3023	1039
红兴隆局	582	633	537	573	45	60
建三江局						
牡丹江局	16386	17042	7053	3924	9333	13118
北 安 局	62227	37355			62227	37355
九 三 局	25248	50000	892	1277	24356	48723
齐齐哈尔局	1311	4836			1311	4836
绥 化 局	18503	13952	3027	1694	15476	12258
哈尔滨局	1160	2461	50	47	1110	2415
总局直属	427	322	292	94	135	228

7-33　垦区基本田货币化情况

单位：人、公顷、万元

年　份 单　位	基本田货币化总计			其中：					
				水田			旱田		
	人数	面积	金额	人数	面积	金额	人数	面积	金额
2018	398697	141473	62573	170889	35838	31896	213931	105481	27927
宝泉岭局	79336	22796	11194	32661	13354	4913	29705	9443	3664
红兴隆局	120677	65788	15156	27689	12823	4417	92988	52965	10739
建三江局	72899		20352	65598		17964	7301		2388
牡丹江局	33429	18562	8997	16957	3357	3677	18565	15051	5187
北 安 局	53470	24821	5074				53470	24821	5074
九 三 局	62	42	16				62	42	16
齐齐哈尔局	33635	6761	1102	25391	5004	772	8244	1756	330
绥 化 局	4452	2078	535	2527	1108	140	2925	970	395
哈尔滨局	737	626	147	66	193	13	671	433	134
总局直属									

主要统计指标解释

农林牧渔业总产值 是以货币表现的农林牧渔业的全部产品产量和对农林牧渔业生产活动进行的各种支持性服务活动的价值。它用价值形态反映一定时期农林牧渔业生产的总规模和总成果。农林牧渔业总产值统计范围是辖区内各种经济类型的全部农林牧渔业生产单位和非农行业单位附属的农林牧渔业生产活动单位，但不包括农业科学实验机构进行的农业生产。核算范围是本辖区内在一定时期内生产的农业、林业、牧业、渔业产品的价值量和对农林牧渔业生产活动进行的各种支持性服务活动的价值的总和。执行日历年度，对于收获期延长到次年年初的个别农产品(如甘蔗)，依然把延期收获的部分算在本年度内。根据农业生产的特点，农林牧渔业总产值的核算采用“产品法”进行计算，即用产品产量乘以价格求出各种产品的产值，然后把他们加总求得各业的产值，最后各业相加求出农林牧渔业总产值。

农产品现行价格 指农林牧渔业产品生产地当年实际价格。采用农产品生产价格，即生产者第一手出售农产品的价格，来源于农产品生产价格调查。生产价格调查资料中没有涵盖到的少数农产品，可以用集贸市场价格资料代替；没有市场价格的农作物用生产成本代替。按现价计算的产值主要反映生产的总规模和水平。

农林牧渔业商品产值 指本生产年度内全部农业生产单位和农户生产出来的农产品总产量中可供社会需要的商品产值，即农产品商品量作价计算的货币总额。包括出售给国家、城镇居民的或职工之间相互交换的商品产值，自产自用农产品价值不包括在内。

耕地 指专门用于种植农作物，并经常耕锄的田地。包括熟地、当年新开荒地、连续撂荒未满三年的耕地和当年的休闲地(轮歇地)。以种植农作物为主并附带种植桑树、茶树、果树和其它林木的土地及沿海、沿湖地区已围垦利用的“海涂”、“湖田”等也包括在内。但不包括专业性的桑园、果园、茶园、果木苗圃、林地、芦苇地、天然草原以及利用枯水季节的河滩、水库空闲地种植农作物的不固定土地。南方小于一米、北方小于两米宽的渠、路、田埂包括在耕地中。

林地 指用来成片种植林木的土地面积。包括天然生长和人工植造的用材林、经济林、防护林、薪炭林和特种用途林等用地，以及未成林的造林地、疏林地、灌木林地、采伐迹地火烧迹地、苗圃地和国家规定的预备造林地。

绿色食品 指遵循可持续发展原则，按照特定生产方式生产，经专门机构认定，许可使用绿色食品标志商标的无污染的安全、优质、营养类食品。由于与环境保护有关的事物通常都冠之以“绿色”，为了更加突出这类食品出自良好的生态环境，因此定名为“绿色食品”。

绿色食品分为A级绿色食品和AA级绿色食品二种。A级绿色食品，系指在生态环境质量符合规定标准的产地，生产过程中允许限量使用限定的化学合成物质，按特定的生产操作规程生产、加工，产品质量及包装经检测、检查符合特定标准，并经专门机构认定，许可使用 A 级绿色食品标志的产品。AA 级绿色食品，系指在生态环境质量符合规定标准的产地，生产过程中不使用任何有害化学合成物质，按特定的生产操作规程生产、加工，产品质量及包装经检测、检查符合特定标准，并经专门机构认定，许可使用AA级绿色食品标志的产品。

有机食品 是指来自于有机农业生产体系，根据国际有机农业生产要求和相应的标准生产加工的，并通过独立的有机食品认证机构认证的一切农副产品，包括粮食、蔬菜、水果、奶制品、禽畜产品、蜂蜜、水产品、调料等。

它是真正的源自自然、富营养、高品质的安全环保生态食品。

无公害农产品 指产地环境、生产过程、最终产品质量符合无公害农产品标准和规范，经中国无公害农产品管理机构审定，许可使用无公害农产品标志的安全、优质、面向大众消费的农产品及其加工产品。

本年造林面积 指调查年度内(1 月 1 日至 12 月 31 日)在荒地、荒山、沙丘等一切可以造林的土地上，采用人工播种、植苗、飞机播种等方法新植的成片禾木林和灌木林，经验收符合“造林技术规程”要求株数，成活率达 85%以上的面积。四旁植树如一侧在四行以上，连续面积 0.066 公顷(1 亩)以上，应统计在造林面积内。不包括补植面积、治沙种草面积、经济林垦复面积、迹地更新面积和低产林改造面积。零星植树不折算造林面积。

年末实有造林面积 指在调查年度年末时实际存活的人工造林面积，不包括天然林面积。它等于年初造林实有面积加上本年内增加的面积(当年新植面积或划入面积等)减去本年内减少面积(当年采伐面积或划出面积)。

畜禽存栏数 指报告期初、期末各种经济类型生产单位和住户饲养的全部禽畜存栏数量。除科学研究单位专门用于试验研究的牲畜和但不包括茶园、果园、桑园面积。

播种面积和产量的统计年度 凡是在本日历年度内(自 1 月 1 日至 12 月 31 日)收获的农作物(包括上年秋冬播和本年春播、夏播以及南方地区的晚秋播而在本年收获的全部作物)，都要统计。有些收割期较长的作物，虽在当年冬季就开始收割，但需“跨年”延至来年春季才能收割完(如甘蔗)，仍应计算为本年的农作物播种面积和产量。本年内不能收获的多年生作物，以本年新植和过去存留的面积计算为本年的播种面积。

播种面积 指播种季节结束时实际播种或移植有农作物的面积。凡是实际种植有农作物的面积，不论种植在耕地上还是非耕地上，也不论面积大小，均应如实统计播种面积。科研单位除在小块地上(一般不超过一亩)所进行的专门用于小样试验研究部分外，其所进行的大田试验部分(包括制种田)以及农业大专院校附属教学实习农场中作为教学实习用的大田生产部分，也要统计在内。

农作物总产量 指调查年度内全社会生产的各种农产品的数量，不论是耕地上与非耕地上的农作物产量都应统计在内。不仅要把国有农场、机关、学校、科研单位附属的国有经济和集体经济的农作物产量统计在内，还要把职工自留地、园田地、饲料地以及其他经营生产的农作物产量统计在内。各种主要农作物产量按国家统一规定计算：①谷物一律按脱粒后的原料计算(玉米按脱粒后的粒子计算)。②豆类按去豆荚后的干豆计算。③棉花按去籽后的皮棉计算。④花生按带壳的干花生计算。⑤麻类除亚麻以麻杆计算，苎麻以刮皮后的干麻计算，苘麻和线麻以熟麻皮计算外，其余一律以生麻皮计算。如果原来就习惯按熟麻皮计算的，亦要按比例折成生麻皮上报，一般情况是 1 斤熟麻皮可折成 2 斤生麻皮。⑥甜菜以根块计算。⑦甘蔗以蔗杆计算，包括糖蔗和果蔗。⑧烤烟与晒烟均以干烟叶计算。⑨薯类，实际统计工作中有两种方式，一种是作蔬菜类按鲜品计算，另一种是作折粮薯类按 5 公斤鲜薯折 1 公斤粮食计算，黑龙江垦区 1985 年以前和 2008 年以后薯类按后一种即折粮进行统计计算。

农产品交售量 指一定时期内(一年)农业生产单位和农户生产的农产品总量中扣除作种籽、饲料、生活用粮和储备以后，作为商品可向全社会出售的农产品数量。包括本年生产本年内已销售商品量和本年生产本年待售(要结转下年销售)部分。

军马外，不分大小、公母、品种、用途一律包括在内。专业运输组织的运输用牲畜也应包括在内，但批发零售贸易部门库存的和运输途中的活牲畜不进行统计。

禽畜出栏数 指报告期内各种经济类型的生产单位和住户饲养的可供食用并已屠宰或出售的全部畜禽数量。包括交售给国家、集市上出售以及农牧民自食的部分。但不包括出售的仔畜和幼畜，也不包括个别地区习惯吃的“烤小猪”或“乳猪”。出栏肉牛中也包括淘汰的低产老化奶牛和耕牛的出栏数。

生牛奶产量 指报告期内各种经济类型生产单位和住户饲养的奶牛所生产的全部奶产量。包括出售给国家和乳制品加工企业、农贸市场交易及农牧民自食部分。不论是纯种牛、杂种牛、黄牛和兼用牛所产的奶均要计算为产量。牛犊直接吮食部分不计入产量。

肉类总产量 指报告期内可供食用并已出售或屠宰的全部畜禽肉产量，即屠宰后除去头蹄下水后带骨肉的重量，也叫胴体重。包括屠宰后出售的胴体肉数量和出售的活育肥畜(禽)所折合的胴体肉总数量(折合胴体肉系数为：猪 0.7，牛 0.5，羊 0.4，禽 0.5，兔 0.4)。不论是农牧民自食的，还是交售给国家或加工企业，以及在农贸集市上的肉产量都应统计在内。

水产品总产量　指本年度内捕捞的水产品(包括人工养殖并捕获的水产品和捕捞天然生长的水产品)数量。可分为海水产品和淡水产品两大类。海水产品包括海水的鱼类、虾蟹类、贝类和藻类。淡水产品包括淡水的鱼类、虾蟹类和贝类，不包括淡水水生植物。

淡水养殖面积　指已放养鱼苗、鱼种等水产品苗种并进行人工饲养和管理的池塘、湖泊、水库、河沟及其他淡水水域的养殖面积。不包括稻田养殖面积。有些池塘、湖泊、水库、河沟，虽然指定专人管理，也放养了一些鱼苗，但起捕的鱼类中，人工养殖的淡水鱼不足 30%的不计为养殖面积。对一些大江、大河、大湖投放鱼种或灌江纳苗，只进行一般的繁殖保护，增殖水产资源的，不计为淡水养殖面积。

淡水养殖产量　指在淡水湖泊、水库、河沟、池塘及其他淡水养殖水域中捕获的人工养殖的水产品数量，包括稻田养殖产量。养殖与捕捞的划分原则是：人工投放鱼、虾、蟹、贝、藻等苗种并经常饲养管理的水产品生产划为养殖(养殖产量一律以捕获的产量计算，虽养成而未捕获仍继续放养的不应包括在内)；捕捞天然生长的水产品生产划为捕捞。

08 工业

8-1　工业总产值和指数

年　份	绝对数(万元)				指数(%)(以上年为100)			
	工业总产值	国有经济	集体经济	其他经济	工业总产值	国有经济	集体经济	其他经济
1985	86192	84153	1861	178	112.1	110.6	164.6	
1990	266873	261825	3202	1846	104.6	104.8	83.5	85.9
1995	529307	490357	500	38450	125.6	119.5	56.4	219.0
1999	679918	379162	24476	276280	103.6	91.1	100.2	125.1
2000	674349	362556	10088	301705	101.0	94.9	45.7	113.3
2001	740401	291434	8093	440874	110.5	82.1	76.4	141.4
2002	940686	266764	8270	665652	129.5	88.7	91.7	154.8
2003	1230311	515353	8384	706574	123.6	182.7	95.9	100.4
2004	1574572	91414	669	1482489	121.9	16.9	7.6	199.8
2005	2159869	75550	635	2083684	133.9	80.7	92.7	137.2
2006	2470653	138111	1132	2331410	112.3	179.4	174.9	109.8
2007	2743733	151802	821	2591110	108.9	107.8	71.1	109.0
2008	3240989	128981	930	3111078	109.6	78.8	105.1	111.4
2009	4009994	150035	1049	3858910	133.6	127.5	117.2	134.7
2010	5314829	218030	1114	5095685	120.3	131.9	97.9	119.9
2011	6624570	484565	7041	6132964	118.3	210.9	580.0	114.2
2012	8197040	339950	8860	7848230	119.9	71.6	124.2	123.3
2013	9388886	277486	9004	9102396	109.6	80.9	102.7	111.9
2014	9199041	280352	9808	8908881	106.7	110.3	117.6	106.4
2015	8360198	325755	9921	8024522	96.9	123.9	107.8	96.0
2016	8161616	456909	9402	7695305	103.2	141.3	95.5	101.6
2017	6688997	453760	9030	6226207	90.1	99.9	96.6	89.5
2018	6376589	395137		5981452	97.7	92.3		98.4

注：工业总产值绝对数按当年现行价格计算,指数按可比价格计算。

8-2　工业企业单位数和从业人数

年　份	工业企业及生产单位数(个)	国有经济	集体经济	其他经济	从业人数(人)	国有经济	集体经济	其他经济
1985	901	770	115	16	132341	127130	4869	342
1990	1189	957	61	171	156115	149175	4811	2129
1995	941	908	15	18	133092	126683	1203	5206
1998	651	480	56	115	111667	76837	7667	27163
2000	477	314	17	146	54693	42802	2659	9232
2001	448	273	22	153	51009	37213	3121	10675
2002	448	191	16	241	48092	20728	1883	25481
2003	415	146	16	253	47644	20021	801	26822
2004	391	92	4	295	49366	7474	224	41668
2005	401	81	1	319	52621	6815	150	45656
2006	416	66	2	348	57794	6940	176	50678
2007	427	82	1	344	57051	6301	150	50600
2008	482	96	1	385	58481	5696	143	52642
2009	532	113	1	418	67413	7148	134	60131
2010	678	128	1	549	73782	8432	120	65230
2011	946	142	4	800	80883	9974	272	70637
2012	1232	169	11	1052	85401	8117	543	76741
2013	1282	177	2	1103	86095	7203	145	78747
2014	1249	171	3	1075	78403	7246	115	71042
2015	1244	177	3	1064	72538	8147	136	64255
2016	1243	171	3	1069	70399	8747	45	61607
2017	1243	180	3	1060	66197	8372	60	57765
2018	1199	179	2	1018	55846	7979	6	47861

8-3　各管理局工业企业单位情况

单位：个

年份 单位	工业企业及生产单位数	按经济类型分				按轻重工业分	
		国有经济	集体经济	外商及港澳台投资经济	其他经济	轻工业	重工业
2000	477	314	17	5	141	225	252
2005	401	81	1	3	316	222	179
2009	532	113	1	9	409	302	230
2010	678	128	1	10	539	396	282
2011	946	142	4	11	789	554	392
2012	1232	169	11	11	1041	848	384
2013	1282	177	2	13	1090	899	383
2014	1249	171	3	11	1064	881	368
2015	1244	177	3	9	1055	713	531
2016	1243	214	3	9	1017	713	530
2017	1243	180	3	9	1051	717	526
2018	1199	179	2	8	1015	696	503
宝泉岭局	180	21		1	151	101	79
红兴隆局	269	24			263	133	136
建三江局	152	20		1	139	120	32
牡丹江局	168	22		2	148	101	67
北 安 局	102	37		1	66	53	49
九 三 局	93	14			85	56	37
齐齐哈尔局	85	13		1	72	52	33
绥 化 局	58	15			46	30	28
哈尔滨局	76	12	1		70	39	37
总局直属	16	1	1	2	11	11	5

8-4　各管理局工业企业总产值

单位：万元

年份 单位	工业总产值	按经济类型分				按轻重工业分	
		国有经济	集体经济	外商及港澳台投资经济	其他经济	轻工业	重工业
2000	481110	362556	10088	41017	67449	374360	106750
2005	1711067	75550	635	29557	1605326	1501742	209325
2009	3451084	164772	1049	305856	2979408	3037455	413629
2010	4785632	235831	1114	320396	4228291	4180681	604951
2011	6634243	541952	7041	351057	5734193	5705349	928895
2012	8716080	393189	30399	374804	7917690	7673520	1042561
2013	8729733	277486	9004	412949	8030294	7718263	1011470
2014	8351671	280353	9808	422234	7639276	7557178	794493
2015	7499639	325755	9921	241069	6922894	6382048	1117591
2016	7320544	397147	9402	431882	6482113	6299268	1021275
2017	6035091	453756	9030	468129	5104176	5133264	901827
2018	5755130	395137		394659	4965334	4898588	856541
宝泉岭局	566954	46087		93	520774	461772	105182
红兴隆局	467655	39765			427889	256247	211408
建三江局	504234	17122		4702	482410	437091	67144
牡丹江局	464362	60986		1200	402176	300086	164276
北 安 局	124659	38877			85782	71399	53260
九 三 局	144989	24746			120244	80002	64988
齐齐哈尔局	176936	8946		3618	164372	125120	51816
绥 化 局	104775	12015			92760	63541	41234
哈尔滨局	164179	10059			154120	72628	91551
总局直属	3036387	136535		385046	2514806	3030704	5683

注：本表按当年价格计算。

8-5　各管理局工业企业增加值

单位：万元

年份 单位	工业企业增加值	按经济类型分				按轻重工业分	
		国有经济	集体经济	外商及港澳台投资经济	其他经济	轻工业	重工业
2001	125285	80164	3233	8455	33433	91469	33816
2005	272997	22281	149	8848	241719	198806	74192
2008	455520	26850	166	70108	358396	341740	113780
2009	578368.5	40564	264	77929	459612	453752	124616
2010	825299	69330	251	65419	690300	631846	193453
2011	1343458	97152	1829	77993	1166484	1037849	305609
2012	1927625	99041	8860	85857	1733867	1560794	366831
2013	1746262	85685	2077	86187	1572313	1443728	302534
2014	1608825	91389	2267	82578	1432592	1353062	255763
2015	1576108	112640	2560	69312	1391596	1195292	380816
2016	1557300	115479	2401	96857	1342563	1166556	390744
2017	1444306	127100	2422	99153	1215631	1066468	377838
2018	1061104	118806		84339	857959	769305	291799
宝泉岭局	96174	15587		12	80575	64338	31836
红兴隆局	137051	11202			125849	72142	64909
建三江局	133960	18515		1175	114270	102255	31704
牡丹江局	137610	22256		290	115064	87993	49617
北安局	51859	15586			36273	29189	22670
九三局	38990	10016			28974	19267	19723
齐齐哈尔局	30063	2697		923	26443	14826	15236
绥化局	39828	5485			34343	23884	15944
哈尔滨局	50292	3823			46469	21282	29010
总局直属	345278	13640		81940	249699	334128	11150

8-6　各管理局个体工业总产值及增加值

(2018年)

单位：万元

单位	工业总产值	轻工业	重工业	工业增加值	轻工业	重工业
总计	**621457**	**368560**	**252897**	**203362**	**115257**	**88105**
宝泉岭局	27005	9789	17216	11665	3770	7895
红兴隆局	58437	35330	23107	20172	12265	7907
建三江局	38264	17995	20269	13730	6588	7143
牡丹江局	181071	96525	84546	52764	27523	25241
北安局	40744	22812	17932	16914	7881	9033
九三局	106076	78037	28039	27777	20084	7693
齐齐哈尔局	41095	27383	13712	10430	6257	4173
绥化局	16171	13264	2907	14349	12520	1829
哈尔滨局	112594	67425	45169	35561	18370	17191
总局直属						

8-7　工业企业主要经济指标

(2018年)　　单位：个，万元

类　别	工业企业单位数	#亏损企业	工业增加值	工业总产值	工业销售产值	资产总计	流动资产年平均余额
总　计	**1199**	**58**	**1061104**	**5755130**	**5841838**	**6602732**	**3398852**
#公有控股经济	220	25	505373	3619455	3678157	4631432	2868850
#大中型工业企业	18	8	444665	3515020	3586642	4298365	2763151
#大型	4	1	357552	3038152	3089955	2835309	2320914
#产业化龙头工业企业	53	4	422552	3469652	3553876	4042787	2673556
一、按口径分							
规模以上工业	159	24	688627	4544430	4632345	5292136	3083034
规模以下工业	1040	34	372477	1210700	1209493	1310596	315818
二、按轻重工业分							
轻工业	696	34	769305	4898589	4988529	5358981	3122559
重工业	503	24	291799	856541	853309	1243751	276293
三、按企业登记注册类型分							
国　有	179	18	118806	395137	398433	1079151	121182
集　体	2	1				173	183
股份合作	9		3657	15199	15159	14125	1081
有限责任公司	123	12	358407	3017963	3068246	3402613	2616849
股份制	30	2	22337	84707	80709	102624	34740
私　营	838	23	469507	1823187	1842504	1613425	441402
港澳台投资	3		923	3618	3618	7957	566
外商投资	5	1	83417	391041	408928	372989	181696
四、按工业行业分							
采矿业	50	1	44028	135785	135782	137475	55885
煤炭采选业	6		12974	34606	34606	40910	19507
有色金属矿采选业	2	1	10539	28384	28889	7805	4398
非金属矿采选业	40		20355	72185	71677	88393	31933
制造业	931	37	869782	5217627	5313076	5615971	3203698
食品加工业	492	20	602298	4251768	4330298	4646486	2829586
谷物磨制	367	17	258909	1337401	1364576	1832870	570549
饲料加工	27		7788	27273	26558	17187	7417
植物油加工	28		243120	2367334	2401505	2318763	2052317
制　糖							
屠宰及肉类加工	17	2	52954	365556	363388	202998	93129
其他农副食品加工	53	1	39527	154204	174271	274668	106174
食品制造业	41	3	108503	478415	495690	459003	208535
方便食品制造业	11		1105	11420	11420	5032	632
液体乳及乳制品制造业	8	1	90706	412500	431157	389554	188198

8-7续表1

单位：个，万元

类　　别	工业企业单位数	#亏损企业	工　业增加值	工　业总产值	工业销售产值	资产总计	流动资产年平均余额
其他食品制造	22	2	16692	54495	53113	64417	19705
饮料制造业	45	1	15081	54249	51100	88151	28953
酒精及酒的制造业	28		10303	31710	31677	35447	17153
软饮料制造	16	1	4091	21129	18013	52408	11673
纺织业	17	1	5225	14308	14308	15058	2366
服装鞋帽制造业	1						
皮革毛皮羽绒制品业	2						
木材加工及制品业	46		20914	72809	72465	16900	6485
家具制造业	9		2284	4996	4996	2477	805
造纸及纸制品业	3						
造　纸	3						
印刷和记录媒介复制	10		2221	6998	6719	1092	315
文教体育用品制造	1		1286	2950	2950	164	112
炼焦业	4		1239	3520	3520	8729	7392
化学原料及化学制品	43	4	9073	30571	29526	69345	6974
肥料制造	33	3	6193	24014	23009	61182	4737
农药制造	5	1	796	3442	3402	7084	1923
医药制造业	10	3	16955	47792	47353	105442	47600
中药饮品加工	1					10674	6564
中成药制造业	7	3	16955	47792	47353	88596	38604
橡胶制造业							
塑料制品业	12		3040	11672	11672	4560	2012
非金属矿物制品业	102	2	41508	136987	135774	95136	28131
水泥制造业	12		4350	17763	17734	22917	12786
砖瓦石材等建材业	58	1	15859	42707	41038	27297	6249
有色金属冶炼及加工	3		668	3963	4027	10212	3185
金属制品业	24		5788	22870	23328	6796	1474
通用机械制造业	10		2441	7725	7725	7328	942
专用设备制造业	43	2	27797	53638	59232	71695	27300
农林牧渔机械制造	43	2	27797	53638	59232	71695	27300
交通运输设备制造业	3		193	1552	1552	625	260
其他制造业	10		3267	10844	10842	6771	1273
电力燃气水生产供应业	218	20	147294	401718	392979	849286	139269
电力热力生产与供应	165	13	137921	378636	371893	816284	136520
电力生产	12		21605	74374	70555	215850	44591
水的生产和供应业	53	7	9373	23081	21086	33001	2749

8-7续表2　　单位：万元

类　别	流动资产合　计	#存货	#产成品	固定资产合　计	固定资产原　价	累计折旧
总　计	**3988931**	**1400608**	**413540**	**2220154**	**2917762**	**1104901**
#公有控股经济	3025988	1070901	348143	1343093	1953083	774130
#大中型工业企业	2902342	1060110	341665	1171920	1708847	679009
#大型	2133361	832924	238060	510625	905441	407029
#产业化龙头工业企业	2945932	1108115	337920	890685	1329664	551402
一、按口径分						
规模以上工业	3494921	1274078	391528	1489317	2129456	858953
规模以下工业	494010	126531	22012	730837	788306	245948
二、按轻重工业分						
轻工业	3601378	1326296	393139	1444511	1997452	795721
重工业	387553	74313	20402	775643	920309	309180
三、按企业登记注册类型分						
国　有	469916	113066	61155	568449	650337	211952
集　体	157	32	10	16	275	259
股份合作	7807	3896	742	5460	4498	1556
有限责任公司	2491400	932646	265052	681947	1071840	447903
股份制	39570	18723	9464	51656	77046	36160
私　营	783805	270863	45382	738197	808009	263641
港澳台投资	738	107	12	6467	10922	4455
外商投资	191386	60539	31112	162454	289610	138530
四、按工业行业分						
采矿业	52693	12563	7414	83710	102619	27475
煤炭采选业	13373	2744	10	27216	38408	11765
有色金属矿采选业	4649	993	844	2908	6034	3829
非金属矿采选业	34626	8817	6560	53263	57948	11652
制造业	3738411	1362051	405623	1536626	2099138	834950
食品加工业	3263182	1210863	347972	1121685	1465707	556840
谷物磨制	1162547	374444	98165	608764	635619	204280
饲料加工	8156	1995	702	8633	8122	2603
植物油加工	1874653	751364	191498	301411	539815	249636
制　糖						
屠宰及肉类加工	98532	29479	17209	71069	92916	26894
其他农副食品加工	119295	53581	40398	131808	189235	73427
食品制造业	228064	74460	35278	207175	362751	170781
方便食品制造业	953	59	14	3703	5153	2419
液体乳及乳制品制造业	198465	62958	32006	171331	303883	145916

8-7续表3　　单位：万元

类　别	流动资产合　计	#存货	#产成品	固定资产合　计	固定资产原　价	累计折旧
其他食品制造	28646	11443	3258	32141	53715	22446
饮料制造业	34625	13687	5114	43090	63534	25257
酒精及酒的制造业	18173	8098	3091	12565	17593	6593
软饮料制造	16325	5462	2023	30355	45762	18656
纺织业	7882	2428	578	6350	13764	8524
服装鞋帽制造业						
皮革毛皮羽绒制品业						
木材加工及制品业	7194	952	720	8828	17694	10072
家具制造业	1017	62		1319	1480	800
造纸及纸制品业						
造　纸						
印刷和记录媒介复制	541	117	10	551	1105	560
文教体育用品制造	112			52	90	38
炼焦业	7400	1171	172	1329	1746	417
化学原料及化学制品	30121	4034	562	18156	18689	5353
肥料制造	26654	3430	340	15807	16468	5155
农药制造	2760	546	176	1984	1850	138
医药制造业	57904	24193	4063	34791	49011	17447
中药饮品加工	7391	913	661	2206	2678	407
中成药制造业	48081	22314	3234	29377	46333	17040
橡胶制造业						
塑料制品业	2143	1087	217	2417	2820	566
非金属矿物制品业	37173	7756	5719	55146	61758	24742
水泥制造业	15253	1473	500	5179	9954	6027
砖瓦石材等建材业	10257	2699	2273	16765	19999	5496
有色金属冶炼及加工	3409	1220	593	5036	5020	2283
金属制品业	2806	122	71	3936	4392	1314
通用机械制造业	2075	751		3298	3327	748
专用设备制造业	50619	18961	4522	19106	19777	7102
农林牧渔机械制造	50619	18961	4522	19106	19777	7102
交通运输设备制造业	544			81	122	21
其他制造业	1600	188	32	4281	6353	2086
电力燃气水生产供应业	197826	25995	504	599818	716004	242476
电力热力生产与供应	191462	25738	462	575869	683676	229166
电力生产	58811	4659	89	135961	126111	22169
水的生产和供应业	6364	257	42	23949	32329	13310

8-7续表4

单位：万元

类　别	固定资产净　值	固定资产净值年平均余　额	负债总计	#流动负债	#长期负债	所有者权益总　计
总　计	**1812861**	**1636080**	**4951808**	**4253134**	**600682**	**1651922**
#公有控股经济	1178953	1108978	3915146	3301811	566040	717284
#大中型工业企业	1029839	983474	3615028	3062278	552749	683337
#大型	498412	472195	2183812	1927454	256358	651497
#产业化龙头工业企业	778262	783044	3405449	3096304	299515	657244
一、按口径分						
规模以上工业	1270502	1186759	4214785	3599362	583815	1077351
规模以下工业	542358	449320	737022	653772	16866	574571
二、按轻重工业分						
轻工业	1201731	1119618	4157295	3786807	317573	1202300
重工业	611130	516461	794513	466327	283108	449621
三、按企业登记注册类型分						
国　有	438385	376996	993261	679844	293963	86273
集　体	16	16	157	157		16
股份合作	2942	1041	5667	2696		8457
有限责任公司	623936	632146	2877334	2570702	273872	525894
股份制	40886	43649	89121	88921		13504
私　营	544369	436134	860134	790097	27430	753290
港澳台投资	6467	6685	4710	4710		3248
外商投资	151080	137853	116294	110877	5417	256695
四、按工业行业分						
采矿业	75144	44480	74556	66632	7602	62919
煤炭采选业	26643	26810	18537	18340		22373
贵金属矿采选业	2205	2297	5469	5469		2335
非金属矿采选业	46297	15322	50500	42774	7602	37893
制造业	1264188	1191896	4272111	3883223	319934	1343860
食品加工业	908867	865857	3800337	3475924	297755	846149
谷物磨制	431339	415099	1548479	1479385	42656	284390
饲料加工	5519	6028	5685	5464		11503
植物油加工	290179	303070	2010528	1759632	250897	308235
制　糖						
屠宰及肉类加工	66023	41343	76586	75563	1023	126412
其他农副食品加工	115808	100317	159059	155880	3179	115609
食品制造业	191970	172836	174846	155191	6618	284157
方便食品制造业	2734	5513	1390	281		3642
液体乳及乳制品制造业	157967	145636	132983	127080	5517	256571

8-7续表5　　单位：万元

类　别	固定资产净　值	固定资产净值年平均余　额	负债总计	#流动负债	#长期负债	所有者权益总　计
其他食品制造	31269	21687	40472	27830	1101	23945
饮料制造业	38277	41313	96520	92793	10	-8369
酒精及酒的制造业	11000	12969	15742	15402		19705
软饮料制造	27106	28175	80524	77136	10	-28116
纺织业	5241	1511	14116	13564	460	942
服装鞋帽制造业						
皮革毛皮羽绒制品业						
木材加工及制品业	7623	5985	6006	4848		10894
家具制造业	680	512	433	428		2044
造纸及纸制品业						
造　纸						
印刷和记录媒介复制	545	360	418	418		674
文教体育用品制造	52	52	91	91		73
炼焦业	1329	1354	6394	6394		2335
化学原料及化学制品	13336	9979	13286	10794	29	56060
肥料制造	11313	9604	11799	9684	29	49383
农药制造	1712	272	1088	1088		5996
医药制造业	31564	18506	51612	37501	11574	53830
中药饮品加工	2271	2256	10436	9496	940	238
中成药制造业	29293	16250	35713	25080	10634	52883
橡胶制造业						
塑料制品业	2254	1669	1680	1680		2880
非金属矿物制品业	37016	36488	41652	39999	1337	53484
水泥制造业	3927	7113	13490	12153	1337	9426
砖瓦石材等建材业	14503	10505	15242	15030		12056
有色金属冶炼及加工	2736	5488	8212	5091	2152	2000
金属制品业	3077	2669	2983	2608		3814
通用机械制造业	2579	908	3951	2532		3377
专用设备制造业	12676	22689	48120	32113		23576
农林牧渔机械制造	12676	22689	48120	32113		23576
交通运输设备制造业	101	60	320	120		305
其他制造业	4267	3661	1135	1135		5635
电力燃汽水生产供应业	473528	399704	605141	303278	273146	245142
电力热力生产与供应	454510	385464	587040	293655	271989	229244
电力生产	103941	102049	78934	66827	3065	136916
水的生产和供应业	19019	14240	18101	9623	1158	15898

8-7续表6　　　　　　　　　　　　　　　　　　　　　　　　　　　　单位：万元

类　　别	#实收资本	国家资本	集体资本	法人资本	个人资本	港澳台资本	外商资本
总　计	**1295615**	**425060**	**17970**	**486441**	**320130**	**25250**	**20763**
#公有控股经济	691800	405420	8867	235035	17228	25250	
#大中型工业企业	633977	358083		237425	13218	25250	
#大型	335341	179541		130550		25250	
#产业化龙头工业企业	587877	339635		124788	80518	25250	17685
一、按口径分							
规模以上工业	921253	391326	3430	330741	149743	25250	20763
规模以下工业	374362	33734	14540	155700	170387		
二、按轻重工业分							
轻工业	1044972	372432	13621	371597	241309	25250	20763
重工业	250643	52628	4349	114844	78822		
三、按企业登记注册类型分							
国　有	144769	106902	845	23678	13344		
集　体	154		154				
股份合作	5002	1057	868	547	2529		
有限责任公司	521580	239742	7000	220571	54267		
股份制	52964	23920	3430	18547	7067		
私　营	486733	4425	5673	217926	241023		17685
港澳台投资	3078						3078
外商投资	78620	49014		4356		25250	
四、按工业行业分							
采矿业	17660	247		4507	12906		
煤炭采选业	2400			1000	1400		
有色金属矿采选业	2250	165			2085		
非金属矿采选业	13011	82		3507	9422		
制造业	1118045	386276	16866	391358	277532	25250	20763
食品加工业	869316	308930	12261	322947	207492		17685
谷物磨制	464383	82615	12261	185530	166292		17685
饲料加工	7519			1669	5851		
植物油加工	144739	130527		203	14009		
制　糖							
屠宰及肉类加工	136680			130900	5780		
其他农副食品加工	115995	95788		4646	15561		
食品制造业	94366	49184	868	8638	10426	25250	
方便食品制造业	2642	50		755	1837		
液体乳及乳制品制造业	79005	49014	868	1896	1978	25250	

8-7续表7

单位：万元

类　　别	#实收资本	国家资本	集体资本	法人资本	个人资本	港澳台资本	外商资本
其他食品制造	12719	120		5987	6612		
饮料制造业	34080	11300		14746	4956		3078
酒精及酒的制造业	17377	50		12716	4611		
软饮料制造	16703	11250		2030	345		3078
纺织业	3073	656	12		2406		
服装鞋帽制造业							
皮革毛皮羽绒制品业							
木材加工及制品业	6895			4340	2555		
家具制造业	1588			528	1060		
造纸及纸制品业							
造　纸							
印刷和记录媒介复制	503			51	452		
文教体育用品制造	36			36			
炼焦业	2050				2050		
化学原料及化学制品	21956	2381		7399	12176		
肥料制造	15902	2340		3649	9913		
农药制造	5950			3750	2200		
医药制造业	26313	277		15610	10425		
中药饮品加工	200			200			
中成药制造业	26113	277		15410	10425		
橡胶制造业							
塑料制品业	2819		154	840	1825		
非金属矿物制品业	31906	12670	3430	7241	8565		
水泥制造业	4243			3745	498		
砖瓦石材等建材业	8281			928	7354		
有色金属冶炼及加工	1122				1122		
金属制品业	2771			1220	1551		
通用机械制造业	3215			1194	2021		
专用设备制造业	13858	878		4691	8290		
农林牧渔机械制造	13858	878		4691	8290		
交通运输设备制造业	182		140	42			
其他制造业	1995			1835	160		
电力燃气水生产供应业	159910	38537	1105	90576	29692		
电力热力生产与供应	146908	36002	625	83370	26911		
电力生产	86398			71250	15148		
水的生产和供应业	13002	2535	480	7206	2781		

8-7续表8　　　　　　　　　　　　　　　　　　　　　　　　　　　单位：万元

类　　别	主营业务收　　入	#主营业务成　　本	#主营业务税金及附加	营业费用	管理费用	#税　金
总　计	**7285046**	**6639541**	**35188**	**174568**	**151043**	**1564**
#公有控股经济	5240801	4858588	14677	125979	94433	251
#大中型工业企业	5175249	4820734	11601	122443	86441	11
#大型	4415523	4122543	8478	104996	54988	
#产业化龙头工业企业	5116630	4745818	11188	128196	83807	101
一、按口径分						
规模以上工业	6194344	5728850	14887	151122	111968	393
规模以下工业	1090703	910691	20301	23446	39075	1171
二、按轻重工业分						
轻工业	6418627	5904680	20908	157316	119368	1141
重工业	866419	734861	14280	17252	31675	424
三、按企业登记注册类型分						
国　有	583552	527782	4183	5577	15516	162
集　体			1		36	
股份合作	13377	10616	175	221	115	
有限责任公司	4431564	4185455	9126	51381	70212	178
股份制	89918	76080	2924	2056	3990	592
私　营	1732011	1515908	15381	44161	47294	633
港澳台投资	3180	2745	61			
外商投资	416180	307699	3276	70809	13099	
四、按工业行业分						
采矿业	133571	112093	1646	5345	5921	9
煤炭采选业	33465	31204	30	110	110	
有色金属矿采选业	28889	22891	1067	1125	3073	
非金属矿采选业	70607	57438	548	4110	2738	9
制造业	6717236	6137047	28864	164681	133152	1307
食品加工业	5753353	5391287	13032	78756	93190	791
谷物磨制	1498492	1357396	5100	35280	39902	152
饲料加工	29683	24523	99	511	569	
植物油加工	3713979	3555041	4551	25968	35745	
制　糖						
屠宰及肉类加工	339069	309952	826	8805	6883	
其他农副食品加工	172131	144375	2455	8192	10091	639
食品制造业	510953	385483	5111	73055	16494	245
方便食品制造业	3770	2807	58	250	181	
液体乳及乳制品制造业	441867	326673	4046	71711	14588	245

8-7续表9　单位：万元

类　别	主营业务收　入	#主营业务成　本	#主营业务税金及附加	营业费用	管理费用	#税　金
其他食品制造	65316	56002	1007	1094	1725	
饮料制造业	47134	42738	1373	1755	2571	
酒精及酒的制造业	31977	27277	1096	980	1340	
软饮料制造	13747	14117	278	775	1231	
纺织业	12227	10454	1	159	275	
服装鞋帽制造业						
皮革毛皮羽绒制品业						
木材加工及制品业	64947	50834	1519	885	2597	11
家具制造业	6186	5156	185	215	107	62
造纸及纸制品业						
造　纸						
印刷和记录媒介复制	6719	3734	97	34	330	
文教体育用品制造	2950	2950	2	2	1	
炼焦业	3520	3025	2	90	147	
化学原料及化学制品	26278	22372	359	664	1643	
肥料制造	22358	19459	279	462	1527	
农药制造	2132	1750	79	153	72	
医药制造业	41969	32062	452	2593	4294	
中药饮品加工						
中成药制造业	40973	31315	452	2593	4294	
橡胶制造业						
塑料制品业	11472	9489	349	126	250	
非金属矿物制品业	130145	100639	3799	2692	5677	118
水泥制造业	16285	13400	158	377	586	1
砖瓦石材等建材业	41214	32934	578	1942	1262	118
有色金属冶炼及加工	5258	3811	52	74	430	10
金属制品业	20355	15251	520	233	488	
通用机械制造业	6525	5334	120	147	196	
专用设备制造业	55858	43029	1678	3078	3244	64
农林牧渔机械制造	55858	43029	1678	3078	3244	64
交通运输设备制造业	552	464	13	20	32	
其他制造业	10837	8937	202	104	1188	5
电力燃气水生产供应业	434239	390402	4678	4542	11970	249
电力热力生产与供应	410816	371233	4258	3846	11032	211
电力生产	69727	57616	541	848	3301	41
水的生产和供应业	23423	19169	420	696	938	37

8-7续表10　单位：万元

类　别	财务费用	#利息支出	本年应交增值税	利润总额	亏损企业亏损总额	利税总额	从业人员平均人数(人)
总　计	**163216**	**170895**	**82019**	**112761**	**68416**	**229967**	**46949**
#公有控股经济	149020	163160	40049	23685	56204	78411	22400
#大中型工业企业	143894	158529	36224	20581	50900	68407	18715
#大型	95146	124016	23346	55445	8242	87269	11079
#产业化龙头工业企业	144296	157975	26458	22842	40771	60488	12774
一、按口径分							
规模以上工业	155140	164801	44715	51740	55563	111342	26591
规模以下工业	8076	6094	37304	61021	12853	118626	20358
二、按轻重工业分							
轻工业	153408	164515	54573	68501	62104	143982	30149
重工业	9809	6380	27446	44260	6311	85986	16800
三、按企业登记注册类型分							
国　有	28868	28281	9092	130	10834	13405	8072
集　体				-37	37	-36	6
股份合作	154	118	36	1689		1900	229
有限责任公司	118346	132582	14812	14147	39657	38085	11962
股份制	2794	2693	529	1585	6455	5038	1279
私　营	12833	6873	40148	68966	11339	124494	20839
港澳台投资	172	172		211		271	148
外商投资	-125		17399	25458	10	46133	4206
四、按工业行业分							
采矿业	438	301	2415	8566	358	12626	2299
煤炭采选业	50		1592	1961		3583	716
有色金属矿采选业	196	153		1510	358	2577	505
非金属矿采选业	150	106	823	5096		6466	1073
制造业	154750	165014	56408	92190	62522	177461	35881
食品加工业	148844	160530	31105	31133	54854	75269	19971
谷物磨制	47995	32415	20888	-1667	38020	24321	9661
饲料加工	64		1	2053		2153	469
植物油加工	94719	124041	2467	21718		28737	3687
制　糖							
屠宰及肉类加工	696	62	6353	9772	8494	16951	4009
其他农副食品加工	5370	4012	1396	-744	8341	3107	2145
食品制造业	507	467	20915	35086	143	61111	5487
方便食品制造业	81	81	183	393		633	200
液体乳及乳制品制造业	155	264	18414	28655	55	51115	4612

8-7续表11　　单位：万元

类　别	财务费用	#利息支出	本年应交增值税	利润总额	亏损企业亏损总额	利税总额	从业人员平均人数(人)
其他食品制造	270	122	2318	6039	88	9363	675
饮料制造业	3475	3345	294	-3834	6384	-2167	1266
酒精及酒的制造业	637	479	268	1850		3213	719
软饮料制造	2838	2866	26	-5751	6384	-5447	533
纺织业	57	20	77	917	10	995	449
服装鞋帽制造业							
皮革毛皮羽绒制品业							
木材加工及制品业	38	38	127	6164		7809	1024
家具制造业	25	7	0	338		523	97
造纸及纸制品业							
造　纸							
印刷和记录媒介复制			2	1046		1145	136
文教体育用品制造				117		119	
炼焦业	12	12		196		198	57
化学原料及化学制品	187	23	51	1377	493	1787	825
肥料制造	152	20	50	1027	486	1356	733
农药制造	35	3		43	7	122	41
医药制造业	255	37	1964	2492	160	4908	1376
中药饮品加工							
中成药制造业	255	37	1964	2492	160	4908	1306
橡胶制造业							
塑料制品业	83	30		1367	37	1717	118
非金属矿物制品业	262	51	1262	10250	290	15310	2652
水泥制造业	52	0	473	1916		2547	678
砖瓦石材等建材业	119	51	231	1925	275	2735	1232
有色金属冶炼及加工	47	42	98	75		224	137
金属制品业	9	7	182	1289		1990	423
通用机械制造业	12		105	395		620	220
专用设备制造业	899	367	90	3458	151	5227	1288
农林牧渔机械制造	899	367	90	3458	151	5227	1288
交通运输设备制造业			86	22		121	15
其他制造业	40	40	50	302		554	340
电力燃气水生产供应业	8029	5580	23196	12005	5535	39880	8769
电力热力生产与供应	7823	5510	23040	11300	4891	38598	7812
电力生产	2127	1297	6368	5948		12857	680
水的生产和供应业	206	70	156	705	644	1282	957

8-8 主要工业产品产量

年　份 单　位	原　煤 (万吨)	黄　金 (千克)	大　米 (万吨)	小麦粉 (万吨)	食用植物油 (万吨)	豆　粕 (万吨)	机制糖 (吨)	淀　粉 (吨)
1985	157.2	88.4	1.2	25.5	1.9		53242	
1990	178.5	139.0	3.0	29.5	5.4		87674	
1995	136.3	751.0	9.0	27.2	7.3		95325	
1999	103.6	877.0	39.3	23.6	7.7		83533	
2000	82.7	570.1	58.1	22.4	9.2	39.7	15091	
2001	31.7	507.7	65.7	31.9	8.5	34.1	38768	
2002	3.2	478.0	123.6	32.9	10.6	43.4	48841	
2003	7.3	470.0	126.8	32.5	16.9	103.0	10047	
2004	10.6	250.4	146.2	29.8	21.7	121.9	20389	
2005	33.0	173.3	160.2	31.0	49.3	240.5	16915	
2006	49.5	248.0	195.7	25.7	54.9	269.7	32438	
2007	36.8	234.0	230.9	22.1	43.6	203.7	41145	26086
2008	31.4	193.0	238.7	17.7	42.1	179.6	31011	65243
2009	46.5	207.0	289.6	20.2	79.5	354.3	32127	48350
2010	53.5	166.0	359.5	23.5	104.3	474.2	33172	44564
2011	66.8	150.0	466.5	28.1	112.6	489.0	37699	65287
2012	9.6	195.0	618.9	32.7	123.7	533.6	31144	56076
2013	56.0	186.0	615.4	22.4	172.1	681.3	18728	14996
2014	15.0	207.0	487.0	13.7	182.5	663.9	935	32383
2015	14.8	170.0	402.4	7.7	174.2	613.6		29913
2016	14.7	172.0	387.1	8.9	176.6	593.9		53484
2017	14.7	161.0	391.2	5.8	157.8	565.6		52004
2018	14.5	161.0	280.1	5.8	140.0	526.6		36599
宝泉岭局			18.0		0.0	0.0		
红兴隆局		161.0	17.6	0.4	0.1			
建三江局			104.9	0.3	0.2			
牡丹江局	14.5		74.7	0.4	0.5			
北 安 局				2.0	0.2	0.1		700
九 三 局			0.7	2.1	1.0	0.6		
齐齐哈尔局			29.4		0.1	0.2		
绥 化 局			3.1					
哈尔滨局			12.6					
总局局直			19.0	0.7	137.9	525.7		35899

8-8续表1

年份 单位	乳制品 (吨)	#液体乳	白酒 (吨)	啤酒 (吨)	大麦芽 (吨)	饲料 (万吨)	豆制品 (吨)	锯材 (万立方米)	机制纸及纸板 (吨)
1985	5262		9540	11900		1.3		12.1	25347
1990	28321		13893	39740		8.7		7.7	35104
1995	27662		9785	27573		12.5	4534	2.2	23268
1999	27914		15384	24488		10.5	5820	3.7	16872
2000	44045	7152	15882	20281	23059	7.2	4313	0.8	14658
2001	65618	19293	17723	11531	38824	12.4	8543	4.6	20887
2002	128877	76790	16100	7610	54037	10.4	10206	4.1	21627
2003	225129	179438	24826	15823	108403	12	17301	5.6	20389
2004	170623	122801	20539	11000	113571	13.4	18043	7.3	23213
2005	177921	123791	29143	7250	159031	17.4	29714	11.7	25612
2006	162549	110992	30087	9880	161175	18.5	21921	14.5	29855
2007	193179	124380	29852	1850	261280	18.4	24345	17.8	43981
2008	261092	179850	33986	18	200595	24.2	28753	20.1	52575
2009	357241	276266	38844		251132	30.5	40622	29.1	47924
2010	304581	231959	44306		218722	34.3	52071	25.7	37197
2011	282439	206795	54464.914		221336	42.0	66287	27.9803	36144
2012	300380	229715	71545		186991	60.3	92040	45.2	28651
2013	304941	258619	95145		55765	56.2	73786	37.5	5595
2014	277660	235098	71958		54515	35.5	29291	27.5	4324
2015	271127	227016	55059			36.1	23342	18.4	3017
2016	303856	258114	53006			37.1	29626	14.8	2923
2017	291453	244197	54086			37.1	35499	11.1	2929
2018	281662	246488	38737			19.3	42893	5.6	207
宝泉岭局	927		1274			1.6		0.8	207
红兴隆局			5803			0.5		1.5	
建三江局			1436						
牡丹江局	36		1633			1.7			
北 安 局			3771			2.0	1030	2.0	
九 三 局	1666		12807			7.0	15149	1.0	
齐齐哈尔局	3110		3102			5.1	1700		
绥 化 局	1920		6980			0.3		0.4	
哈尔滨局			1930			1.0			
总局局直	274003	246488					25014		

8-8续表2

年份 单位	发电量 (万千瓦时)	焦炭 (万吨)	尿素 实物量 (万吨)	复合肥料 实物量 (吨)	酒精 (吨)	化学 原料药 (吨)	中成药 (吨)
1985	26136	4.3	8.8		3938		87
1990	47219	14.2	10.9		6791	111	384
1995	59192	14.8	20.9	230	8548	82	193
1999	53258	4	21.4	4542	7744	318	976
2000	43971	3.3	9.9	4784	1294	2391	2046
2001	48575	3.8	8.7	5168	2637	513	3235
2002	48775	2.8	16.1	7413	1238	2765	6756
2003	53439	12.5	11.3	4515	506	3530	8587
2004	57341	20.8	11.8	4877	948	3584	7376
2005	51646	21.4	19.8	4630	122	3268	11706
2006	61674	19.7	17.3	3950	4569	1587	12275
2007	58034	20.6	18.5	7134	15485	2055	13622
2008	54018	18.7	20.5	7660	16616	2536	11914
2009	47622	17.2	23.4	13637	9584.8	537	3567
2010	46779	19.8	28.2	15166	16096	759	2498
2011	57664.9	12.8	31.0	31140	16148	408	2708
2012	77153		32.1	59064	37141	920	4206
2013	98259		26.4	68899	45368	1288	4949
2014	102361		4.3	50470	50494	1753	1739
2015	121886	0.2	20.2	63888	41624	1439	2016
2016	154676	0.2	15.6	63917	47087	1057	1796
2017	136275	0.2		51195	47184	4859	2005
2018	144159			24517	50153	3994	1835
宝泉岭局	17603			4819	49551		
红兴隆局	1293			1289	602		
建三江局	35471			5929			
牡丹江局	51091			7519		17	614
北安局	795						
九三局				115			
齐齐哈尔局				4020			468
绥化局	37906			151		3043	
哈尔滨局				24			753
总局局直				651		934	

8-8续表3

年　份 单　位	水　泥 (万吨)	砖 (万块)	瓦 (万片)	小　型 拖拉机 (台)	机引耕 作机械 (台)	种　植 机　械 (台)	联　合 收获机 (台)	场上作 业机械 (台)
1985	24.4	81909	1911	5879	231		900	
1990	38.8	83135	1525	356	461		220	
1995	45.6	51254	337	56	2192	1681		1222
1999	63.2	56622	95	1233	1669	266	567	1962
2000	77	23876	87	294	1585	1026	1163	1951
2001	76	51691	173	120	893	1876	65	1801
2002	79.0	49929	934	452	689	414	31	2394
2003	108.1	54538	319		1745	2138	39	1332
2004	139.3	53202	1614		857	1623		330
2005	134.8	59314	348	15	13269	1334	69	307
2006	149.9463	63768	878	53	12815	31059		9386
2007	112.1	79518	46		13980	21251		9540
2008	128.3	89984	46		10300	33850		9863
2009	163.8	105133	646		11654	20763		10253
2010	189.6	138615	53		4597	38222		1061
2011	220.8	163989	79		17963	64378		1962
2012	199.7	209212	39		25307	52620		6064
2013	158.4	181842	62		29620	55269		16520
2014	105.1	141844	12		29071	51864		18859
2015	51.4	85656	8	35.0	24386	56380		6417
2016	40.7	67920	8	35	27359	82301	830	5190
2017	41.9	75450	8		26181	78556	596	4784
2018	37.7	39660	5		27530	85062	749	4731
宝泉岭局	14.3	3853						
红兴隆局	7.1	10955	5		1000		310	
建三江局								
牡丹江局	16.3	3879			220	1680		3672
北 安 局		7996						
九 三 局		5974			65			155
齐齐哈尔局		3610			520			
绥 化 局		2243						
哈尔滨局		1150			25505	83302	89	904
总局局直					220	80	350	

8-9　主要工业产品生产、销售与库存

(2018年)

产品名称	计量单位	年　初 库存量	本年累计 生 产 量	本年累计 销 售 量	累计自用 及 其 他	盘盈(+) 盘亏(-)	年　末 库存量
原煤	吨		145000	145000			
发电量	万千瓦时	1429	144159	136013	6346		3229
#火电	万千瓦时		52252	50360	1892		
自来水产量	万吨		4787	4739	38	-10	
大米	吨	71116	2801010	2803139			68987
小麦粉	吨	6083	57766	57227			6622
米、面制品	吨	517	4736	5137			116
食用植物油	吨	90690	1399511	1388893			101308
豆粕	吨	105894	5266032	5183203			188723
鲜冷藏冻肉	吨	9413	242930	235739			16604
酱	吨	7767	45112	44259			8620
配混合饲料	吨	6091	193478	193650			5919
糕点	吨		2695	2695			
饼干	吨						
乳制品	吨	20518	281662	286138			16042
#乳粉	吨	18667	32906	39609			11964
速冻食品	吨		7661	7661			
罐头	吨	5	2308	2310			3
酱油	吨	240	28098	28264			74
豆制品	吨	1002	42893	42541	63		1291
淀粉	吨	74443	36599	58933	68	886	52927
发酵酒精	千升		62691	57557			5134
饮料酒	千升	1152	44541	44340			1353
#白酒	千升	1152	43161	42960			1353

8-9续表　　(2018年)

产品名称	计量单位	年初库存量	本年累计生产量	本年累计销售量	累计自用及其他	盘盈(+)盘亏(-)	年末库存量
软饮料	吨	59328	440485	439559			60254
#包装饮用水	吨	58539	414020	414025			58534
服装	万件		6.6	6.6			
锯材	立方米	2345	56152	56645			1852
家具	件		19649	19649			
人造板	立方米		22844	22844			
机制纸及纸板	吨	50	207	207			50
合成氨	吨						
化肥(实物量)	吨	275	25294	25481			88
#尿素	吨						
化肥(折纯量)	吨		2879	2879			
#尿素	吨						
化学原料药	吨	540	3994	3963			571
中成药	吨	1763	1835	1856			1742
热力	百万千焦		23944693	23944693			
水泥	吨	53943	376683	375730	10526		44370
水泥熟料	吨		14026		14026		
砖	万块	4795	39660	38645			5810
建筑用石灰	吨		195497	195497			
黄金	千克		161	161			
拖拉机附件	千元		38246	38246			
中小农具	台	10763	10348	17678			3433
土地耕整机械	台	9000	27530	24641	542		11347
种植施肥机械	台	23417	85062	84515	82		23882
收获机械	台	167	749	780			136
场上作业机械	台	216	4731	4373			574

8-10　主要工业产品生产能力利用率(全口径)

产品名称	生产能力			年产量			生产能力利用率(%)		
	计量单位	2018年	2017年	计量单位	2018年	2017年	2018年	2017年	增减点
小麦粉(处理小麦)	吨/年	249880	290910	吨	43004	34993	22.9	16.0	6.9
挂　面	吨/年	31910	32260	吨	5715	8049	17.9	25.0	-7.1
大米(处理水稻)	吨/年	17859326	18763030	吨	2836966	3622958	24.4	29.7	-5.3
大豆食用油(处理大豆)	吨/日	51900	51944	吨	1586218	1744819	63.7	58.9	4.8
大豆酱(处理大豆)	吨/年	22650	22650	吨	39399	42714	57.4	62.2	-4.8
机制糖(处理甜菜)	吨/日			吨					
屠宰禽量	万只/年	26429	15361	吨	85399	86804	21.5	37.7	-16.2
乳制品	吨/年	79579	66304	吨	31926	42366	40.1	63.9	-23.8
#奶粉(处理鲜奶)	吨/日	1410	1052	吨	27876	38293	21	38.6	-17.6
液态奶	吨/日	1365	1557	吨	246488	244197	54.7	47.5	7.2
淀　粉	吨/年	175030	105030	吨	35899	52144	29.8	49.6	-19.8
大麦芽	吨/年			吨					
白　酒	吨/年	60861	57421	吨	26276	41972	43.2	73.1	-29.9
酒　精	吨/年	80000	61040	吨	65412	48713	81.8	79.8	2.0
配混合饲料	吨/年	562800	575200	吨	163299	342339	29	59.5	-30.5
甜菜干粕	吨/年			吨					
豆　粕	吨/年	8165300	8169800	吨	5272967	5600879	64.6	68.6	-4.0
黄　金	千克/年	528	528	千克	161	161	30.5	30.5	
锯　材	立方米/年	151603	239176	立方米	45196	218332	29.8	91.3	-61.5
机制纸	吨/年	26200	25500	吨	307	3029	1.2	11.9	-10.7
发电量(装机容量)	千瓦	5564000	6050000	万千瓦时	132802	104097	2.4	1.7	0.7
尿　素	吨/年			吨					
复合肥	吨/年	216500	216500	吨	10440	41985	4.8	19.4	-14.6
种衣剂	吨/年		2000	吨					
水　泥	吨/年	3505000	3505000	吨	348935	344143	10	9.8	0.2
红　砖	万块/年	566250	526350	万块	64816	129873	11.4	24.7	-13.3
亚　麻	吨/年	92000	102450	吨	7363	9308	8	9.1	-1.1
甲　醇	吨/年			吨					

注：8-10资料由总局工信委提供。

主要统计指标解释

工业　指从事自然资源的开采，对采掘品和农产品进行加工和再加工的物质生产部门。具体包括：(1) 对自然资源的开采，如采矿、森林采伐等（但不包括禽兽捕猎和水产捕捞）；(2) 对农副产品的加工、再加工，如粮油加工、食品加工、纺织、制革等；(3) 对采掘品的加工、再加工，如炼铁、炼钢、化工生产、机器制造、木材加工等，以及电力、自来水、煤气的生产和供应等；(4) 对工业品的修理、翻新，如机器设备的修理、交通运输工具的修理等。

轻工业　指主要提供生活消费品和制作手工工具的工业。按其所使用的原料不同，可分为两大类：(1) 以农产品为原料的轻工业，是指直接或间接以农产品为基本原料的轻工业。主要包括食品制造、饮料制造、烟草加工、纺织、缝纫、皮革和毛皮制作、造纸以及印刷等工业；(2) 以非农产品为原料的轻工业，是指以工业品为原料的轻工业。主要包括文教体育用品、化学药品制造、合成纤维制造、日用化学制品、日用玻璃制品、日用金属制品、手工工具制造、医疗器械制造、文化和办公用机械制造等工业。

重工业　是指为国民经济各部门提供物质技术基础的主要生产资料的工业。按其生产性质和产品用途，可以分为下列三类：(1) 采掘（伐）工业，是指对自然资源的开采，包括石油开采、煤炭开采、金属矿开采、非金属矿开采和木材采伐等工业；(2) 原材料工业，指向国民经济各部门提供基本材料、动力和燃料的工业。包括金属冶炼及加工、炼焦及焦炭、化学、化工原料、水泥、人造板以及电力、石油和煤炭加工等工业；(3) 加工工业，是指对工业原材料进行再加工制造的工业。包括装备国民经济各部门的机械设备制造工业、金属结构、水泥制品等工业，以及为农业提供的生产资料如化肥、农药等工业。

根据上述划分原则，修理业中以重工业产品为修理作业对象的划为重工业，反之划为轻工业。

工业总产值（当年价格）　指工业企业在报告期内生产的以货币形式表现的工业最终产品和提供工业劳务活动的总价值量。

（1）工业总产值计算应遵循的原则

①工业生产的原则。即凡是企业在报告期内生产的最终产品和提供的劳务，均应包括在内。其中的最终产品，不管是否在报告期内销售，只要是报告期内生产的，就应包括在内。凡不是工业生产的产品，均不得计入工业总产值。

②最终产品的原则。即企业生产的成品价值必须是本企业生产的，经检验合格不需再进行任何加工的最终产品。企业对外销售的半成品也应视为最终产品计入工业总产值。而在本企业内各车间转移的半成品和在制品只能计算其期末期初差额价值。

③“工厂法”原则。即以法人工业企业作为一个整体计算工业总产值，是其报告期内生产的最终产品和提供劳务的总价值量。

（2）工业总产值的内容

包括三部分：生产的成品价值、对外加工费收入、自制半成品在制品期末期初差额价值。

工业增加值　指工业企业在报告期内以货币形式表现的工业生产活动的最终成果，是企业全部生产活动的总成果扣除了在生产过程中消耗或转移的物质产品和劳务价值后的余额，是企业生产过程新增加的价值。

固定资产原价　指固定资产的成本，包括企业在购置、自行建造、安装、改建、扩建、技术改造某项固定资产时所发生的全部支出总额。

固定资产合计　指企业为生产商品、提供劳务、出租或经营管理而持有的，使用寿命超过一个会计年度的有形资产。包括使用期限超过一年的房屋、建筑物、机器、机械、运输工具以及其他与生产、经营有关的设备、器具、工具等。固定资产合计是时点指标，表示固定资产经过扣减折旧、减值准备等后的期末余额。

资产　指企业过去的交易或者事项形成的、由企业拥有或者控制的、预期会给企业带来经济利益的资源。资产一般按流动性（资产的变现或耗用时间长短）分为流动资产和非流动资产。其中流动资产可分为货币资金、交易性金融资产、应收票据、应收账款、预付款项、其他应收款、存货等；非流动资产可分为长期股权投资、固定资产、无形资产及其他非流动资产等。

负债　指企业过去的交易或者事项形成的，预期会导致经济利益流出企业的现时义务。负债一般按偿还期长短分为流动负债和非流动负债。

营业收入　指企业经营主要业务和其他业务所确认的收入总额。营业收入合计包括“主营业务收入”和“其他业务收入”。

营业成本　指企业经营主要业务和其他业务所发生的成本总额。包括企业（单位）在报告期内从事销售商品、提供劳务等日常活动发生的各种耗费。包括“主营业务成本”和“其他业务成本”。

销售费用　指企业在销售商品和材料、提供劳务的过程中发生的各种费用，包括保险费、包装费、展览费和广告费、商品维修费、预计产品质量保证损失、运输费、装卸费等以及为销售本企业商品而专设的销售机构（含销售网点、售后服务网点等）的职工薪酬、业务费、折旧费等经营费用。

管理费用　指企业为组织和管理企业生产经营所发生的费用，包括企业在筹建期间内发生的开办费、董事会和行政管理部门在企业经营管理中发生的，或者应当由企业统一负担的公司经费等。

财务费用　指企业为筹集生产经营所需资金等而发生的筹资费用，包括企业生产经营期间发生的利息支出（减利息收入）、汇兑损失（减汇兑收益）以及相关的手续费等。

营业利润　指企业从事生产经营活动所取得的利润。执行 2006 年《企业会计准则》的企业，营业利润为营业收入减去营业成本、营业税金及附加、销售费用、管理费用、财务费用、资产减值损失，再加上公允价值变动收益和投资收益。

利润总额　指企业在一定会计期间的经营成果，是生产经营过程中各种收入扣除各种耗费后的盈余，反映企业在报告期内实现的盈亏总额。

应交增值税　指企业按税法规定，从事货物销售或提供加工、修理修配劳务等增加货物价值的活动本期应交纳的税金。

总资产贡献率　该指标反映了企业全部资产的获利能力，是企业管理水平和经营业绩的集中体现，是评价和考核企业盈利能力的核心指标。其计算公式为：

总资产贡献率（%）

＝（利润总额＋税金总额＋利息支出）／平均资产总额×12／累计月数×100%

资本保值增值率　反映企业净资产的变动状况，是企业发展能力的集中体现。其计算公式为：

资本保值增值率（%）＝报告期期末所有者权益／上年同期末所有者权益×100%

所有者权益＝资产总计－负债总计

资产负债率　该指标既反映企业经营风险的大小，又反映企业利用债权人提供的资金从事经营活动的能力。其计算公式为：

资产负债率(%)＝负债总额／资产总额×100%

资产与负债均为报告期末数。

流动资产周转率　是指一定时期内流动资产的周转次数。是一个反映经营状况的指标，也是一个资金利用效果指标，反映再生产循环的速度。其计算公式为：

流动资产周期率＝产品销售收入／全部流动资产平均余额×12／累计月数

式中的全部流动资产平均余额为期初和期末的流动资产之和的算术平均值。

成本费用利润率　是企业全部生产投入与实现利润的对比关系，反映工业投入的生产成本及费用的经济效益，同时，也反映企业降低成本所取得的经济效益。其计算公式为：

成本费用利润率（%）＝利润总额／成本费用总额×100%

式中成本费用总额是指产品销售成本、销售费用、管理费用和财务费用之和。

工业全员劳动生产率　是工业企业平均每个职工在单位时间内创造的工业生产最终成果，反映企业的生产效率和劳动投入的经济效益。其计算公式为：

工业全员劳动生产率（元／人）＝工业增加值／全部从业人员平均人数×12／累计月数

工业产品销售率 是指工业企业在一定时期内工业销售产值（或产品销售量）占现价工业总产值（或产品生产量）的百分比。它反映生产与销售衔接程度，是研究工业企业生产经营好坏的重要指标之一。其计算公式是：

工业产品销售率（%）＝报告期工业销售产值（或产品销售量）／报告期工业总产值（现价）（或产品生产量）×100%

09 建筑业

9-1 建筑企业基本情况

指　　标	单　位	2000	2005	2010	2015	2016	2017	2018
施工企业单位数	个	152	226	232	327	330	311	297
年末从业人数	个	23477	27728	50121	27931	27961	23913	21097
年平均人数	个	26513	29154	42756	27731	27946	27046	24637
固定资产原值	万元	30548	71656	170768	298838	314822	358337	288258
建筑业总产值	万元	105108	296838	1192187	1558298	1614212	1699724	1047027
年内施工的单位工程数	个	902	2882	3317	5440	4995	5152	4567
验收交工的单位工程数	个	790	2753	2833	4033	4023	4251	3911
#优良工程个数	个	301	395	911	1785	1742	1590	1451
验收鉴定的单位工程优良品率	%	38.1	14.3	32.2	44.3	43.3	37.4	37.1
房屋建筑施工面积	万平方米	123	200.5	645.6	343.3	339.7	407.3	137.2
房屋建筑竣工面积	万平方米	78.5	149.7	524.6	220.8	212.6	178.5	109.8
房屋面积竣工率	%	63.8	74.7	81.3	64.3	62.6	43.8	80.0
利润总额	万元	2675	20518	98229	107383	124495	135462	78235
全员劳动生产率	元/人	39644	101817	278835	561934	577618	628457	506487
按总产值计算	元/人	39644	101817	278835	561934	577618	628457	506487
按增加值计算	元/人	18556	34158	95445	203582	21413	209523	175942
产值利润率	%	2.5	6.7	8.2	6.9	7.7	8.0	7.5

9-2 各管理局建筑业总产值

(2018年) 单位：万元

单位	建筑业总产值	公有控股经济	非公有控股经济	#个体	#在系统外完成产值	公有控股经济	非公有控股经济	#个体
总计	**1047789**	**387607**	**659420**	**375728**	**247306**	**220798**	**26508**	**7784**
宝泉岭局	86828	16461	70367	38128	480		480	
红兴隆局	139485	13070	126415	63789	12801	7	12794	2990
建三江局	169398	33745	135654	53251	10322	10322		
牡丹江局	60552	2791	57761	39879	1600		1600	950
北安局	43927	3306	40621	17608	2750		2750	
九三局	125492		125492	117436	639		639	639
齐齐哈尔局	29856	3310	26546	18478	3205		3205	3205
绥化局	40284		40284	26320				
哈尔滨局	2477		2477	840				
总局直属	348728	314924	33804		215508	210468	5040	

9-3 各管理局工程施工及竣工个数

(2018年) 单位：个

单位	单位工程施工个数	#公有控股经济	#新开工	#公有控股经济	单位工程竣工个数	#公有控股经济	#优良单位工程	#公有控股经济
总计	**4567**	**940**	**3828**	**386**	**3911**	**529**	**1451**	**38**
宝泉岭局	1290	95	1273	95	1256	94	66	5
红兴隆局	383	47	364	30	368	33	281	5
建三江局	1134	161	976	38	997	120	446	27
牡丹江局	130	5	118	5	124	5	34	
北安局	202	15	158		158		110	
九三局	350		350		350		309	
齐齐哈尔局	134	1	121	1	116	1	69	1
绥化局	68		66		64		10	
哈尔滨局	7		7		6			
总局直属	869	616	395	217	472	276	126	

9-4 各管理局房屋施工及竣工面积

(2018年) 单位：平方米

单位	本年房屋建筑施工面积	公有控股经济	非公有控股经济	#个体	本年房屋建筑竣工面积	公有控股经济	非公有控股经济	#个体
总计	**1371826**	**458329**	**913497**	**430433**	**1098156**	**298457**	**799699**	**413009**
宝泉岭局	166607	24447	142160	73731	140829	24447	116382	73731
红兴隆局	221825		221825	173105	221825		221825	173105
建三江局	182963		182963	34082	101485		101485	21470
牡丹江局	120930		120930	41800	119350		119350	41350
北安局	18920	465	18455	9700	18920	465	18455	9700
九三局	75349		75349	71699	75349		75349	71699
齐齐哈尔局	47216		47216	21816	42854		42854	17454
绥化局	27500		27500	4500	27500		27500	4500
哈尔滨局	5419		5419		5419		5419	
总局直属	505097	433417	71680		344625	273545	71080	

9-5 各管理局建筑业从业人员数

(2018年) 单位：人

单位	期末从业人员	公有控股经济	非公有控股经济	#个体	#工程技术人员	公有控股经济	非公有控股经济	#个体
总计	**22297**	**8013**	**14284**	**8534**	**4925**	**1965**	**2960**	**1178**
宝泉岭局	1682	241	1441	871	391	107	284	108
红兴隆局	3988	271	3717	3150	610	118	492	363
建三江局	2562	341	2221	1151	815	257	558	223
牡丹江局	1201		1201	863	352		352	213
北安局	1329	179	1150	520	258		258	118
九三局	356		356	245	56		56	29
齐齐哈尔局	2506	1120	1386	1191	184	20	164	85
绥化局	995		995	491	108		108	34
哈尔滨局	156		156	52	57		57	5
总局直属	7522	5861	1661		2094	1463	631	

9-6 建筑企业主要机械设备年末拥有量

指　　标	单 位	2000	2005	2010	2013	2015	2016	2017	2018
年末自有机械设备原值	万元	32094	61656	169436	207231	261025	314822	358337	288258
年末自有机械设备总台数	台	2941	2751	4518	5068	6301	6894	6382	5037
#起重机	台	156	252	570	673	483	562	474	463
载重汽车	辆	166	253	548	838	1230	1215	1075	1006
推土机	台	345	296	470	616	848	877	806	727
挖掘机	台	264	253	571	842	989	1036	902	848
铲运机	台	40	39	51	58	59	60	60	60
自有机械设备总功率	万千瓦	9.9	14	21.7	23.7	34.6	37.8	35.0	32.0
技术装备率	元/人	8526	22236	39629	30154	42663	53520	62945	51480

9-7 各管理局固定资产原值及机械情况

(2018年)

单位：台

单　　位	固定资产原值(万元)	#公有控股经济	自有机械设备总台数	#公有控股经济	#起重机	#公有控股经济
总　　计	**288258**	**75699**	**5037**	**1468**	**463**	**24**
宝泉岭局	17770	1887	1224	933	38	6
红兴隆局	54028	30973	622	70	152	8
建三江局	94500	12574	1476	193	95	8
牡丹江局	15055		335	18	52	
北 安 局	21962	3806	275		23	
九 三 局	18422		134		17	
齐齐哈尔局	6759	1476	94	14	8	
绥 化 局	8165		90		26	
哈尔滨局	3190		152		9	
总局直属	48406	24983	635	240	43	2

9-7续表

单位：台

单位	#推土机	#公有控股经济	#挖掘机	#公有控股经济	#载重汽车	#公有控股经济
总计	**727**	**62**	**848**	**119**	**1006**	**87**
宝泉岭局	64	7	85	6	75	14
红兴隆局	88	20	103	26	106	15
建三江局	349	22	410	72	531	38
牡丹江局	51	2	69	4	75	12
北安局	56		57		104	
九三局	23		31		35	
齐齐哈尔局	22	5	17	3	37	3
绥化局	18		18		14	
哈尔滨局	3		4		2	
总局直属	53	6	54	8	27	5

9-8 各管理局资产、利润及拖欠工程款情况

(2018年)

单位：万元

单位	资产总额	#公有控股经济	利润总额	#公有控股经济	期末拖欠工程款	#公有控股经济
总计	**1013563**	**639498**	**78235**	**11280**	**223291**	**209643**
宝泉岭局	59851	19625	11813	512	12633	12313
红兴隆局	53370	22087	12482	2004	5543	520
建三江局	125368	27400	24057	3898		
牡丹江局	25946		5311		569	
北安局	31245	9454	4953	56	5358	5358
九三局	28104		1997			
齐齐哈尔局	16405	1995	5060	1210		
绥化局	11190		6795			
哈尔滨局	6410		216		1100	
总局直属	655674	558937	5552	3600	198088	191452

主要统计指标解释

建筑业总产值（自行完成施工产值） 指以货币表现的建筑业企业在一定时期内生产的建筑业产品和服务的总和。建筑业总产值包括建筑工程产值、安装工程产值和其他产值三部分内容。

竣工产值 一般是以单位工程为对象，当该工程按照设计所规定的工程内容全部完成，达到了设计规定的交工条件，经有关部门检查验收鉴定合格的单位工程价值，即为竣工产值。竣工产值包括范围应是报告期内竣工单位工程从开工到竣工的全部自行完成的价值，如果一个单位工程跨两个年度施工，其竣工价值应当包括上年度完成的价值。

单位工程施工个数 指报告期内施过工的全部单位工程数量，包括本年新开工、上期施工跨入本期继续施工、上期停工缓建本期复工、本期开工又停缓建和本期竣工的单位工程数量。

新开工单位工程个数 指报告期内新开工的单位工程个数。它不包括在上期施工跨入报告期继续施工的单位工程，也不包括上期停工缓建本期复工的单位工程个数。

单位工程竣工个数 指报告期内按设计所规定的工程内容全部完成，达到了使用条件，经有关部门验收鉴定合格的全部单位工程个数，其数量多少可以反映在一定时期内国民经济各部门提供可使用工程规模，也是反映建筑施工企业生产成果、检查竣工计划的重要指标和依据。

优良单位工程个数 指按现行国家质量等级标准，经政府工程质量监督部门验收鉴定，评为优良工程的单位工程个数。

房屋建筑施工面积 指报告期内施过工的全部房屋建筑面积，它包括本期新开工的面积、上期跨入本期继续施工的房屋面积、上期停缓建在本期恢复施工的房屋面积、本期竣工的房屋面积以及本期施工后又停缓建的房屋面积。

房屋建筑竣工面积 指在报告期内房屋建筑按照设计要求已全部完工，达到了使用条件，经检查验收鉴定合格的房屋建筑面积。

年末自有施工机械设备总台数 指年末本企业（或单位）自有的直接用于工程施工的各种机械设备的台数。但不包括附属辅助生产机械设备、运输机械设备、生产试验机械设备的台数。

期末拖欠工程款 是指建筑企业是在报告期末应向发包单位收取的工程款，取自会计科目“应收账款”中的明细科目“应收工程款”。

$$技术装备率=\frac{自有机械设备净值}{年末从业人数}\times 100\%$$

$$动力装备率=\frac{自有机械设备总动力}{年末从业人数}\times 100\%$$

$$劳动生产率=\frac{总产值(或增加值)}{年末从业人员平均人数}\times 100\%$$

10 交通运输和通讯业

10-1 运输企业客(货)运量和旅客(货物)周转量

年份	客运量(万人)	旅客周转量(万人公里)	货运量(万吨)	货运周转量(万吨公里)
1990	719	29178	768	30933
1995	643	29220	896	58242
1999	642	30178	1103	63690
2000	633	29378	1118	50882
2001	671	30918	1025	59625
2002	781	36429	1161	64781
2003	679	30650	1294	67067
2004	864	59474	1803	147844
2005	882	52308	1877	126138
2006	925	57146	1838	97250
2007	948	58157	1855	111809
2008	942	57536	1808	111016
2009	970	59261	1898	116819
2010	954	54476	1947	127250
2011	1023	65329	2006	130142
2012	1040	66645	2055	133691
2013	1060	67781	2110	136155
2014	1125	62846	1538	197945
2015	926	61230	1601	176074
2016	760	46291	2023	164787
2017	646	38230	1872	144430
2018	522	29581	1436	109090

注：10-1至10-17资料由总局交通局提供。

10-2 各管理局客运市场基本情况

单位：条

年份 单位	营运线路合计	跨地(市)	地(市)内	#县内
2000	454	72	382	218
2005	510	74	436	244
2010	589	97	447	271
2011	583	88	281	214
2012	578	93	245	240
2013	547	91	238	218
2014	519	107	211	201
2015	499	107	205	187
2016	481	107	199	174
2017	470	104	197	168
2018	431	103	190	138
宝泉岭局	46	4	36	6
红兴隆局	79	10	47	22
建三江局	48	6	14	28
牡丹江局	71	12	12	47
北安局	41	4	26	11
九三局	28	8	9	11
齐齐哈尔局	28	4	14	10
绥化局	18	3	12	3
哈尔滨局	4		4	
总局直属	68	52	16	

10-3 各管理局运输企业客(货)运量和旅客(货物)周转量

年 份 单 位	客 运 量 (千人)	旅客周转量 (千人公里)	货 运 量 (千吨)	#汽 车 货运量	货物周转量 (千吨公里)	#汽 车 货物周转量
2000	6325	293780	11179	11179	508820	508820
2005	8820	523080	18770	18770	1261380	1261380
2010	9540	544758	19470	19470	1272500	1272500
2011	10230	653290	20060	20060	1301420	1301420
2012	10400	666450	20550	20550	1336910	1336910
2013	10600	677810	21100	21100	1361550	1361550
2014	11250	628460	15380	15380	1979450	1979450
2015	9260	612300	16010	16000	1760740	1760740
2016	7600	462910	20230	20230	1647870	1647870
2017	6460	382300	18720	18720	1444300	1444300
2018	5220	295810	14360	14360	1090900	1090900
宝泉岭局	580	33500	880	880	66240	66240
红兴隆局	860	48820	1810	1810	135750	135750
建三江局	900	50980	1320	1320	98950	98950
牡丹江局	690	39280	670	670	49960	49960
北 安 局	450	26040	480	480	36820	36820
九 三 局	270	15410	310	310	23120	23120
齐齐哈尔局	420	24290	2380	2380	177830	177830
绥 化 局	180	10060	1420	1420	106630	106630
哈尔滨局	50	2330	4290	4290	347660	347660
总局直属	820	45100	800	800	47940	47940

10-4 各管理局公路里程及公路硬化情况

(2018年)　　单位：公里

单 位	合 计	硬化路面				硬化率 (%)
		里 程	水 泥	沥 青	渣 油	
合 计	**25198.17**	**11491.62**	**10871.69**	**619.93**	**23.40**	**45.6**
宝泉岭局	3474.89	1663.21	1647.85	15.36		47.9
红兴隆局	4454.93	1783.17	1742.74	40.43		40.0
建三江局	5525.74	2233.70	2229.65	4.06		40.4
牡丹江局	3353.22	1832.19	1821.49	10.70		54.6
北 安 局	2658.19	1253.60	1242.27	11.34		47.2
九 三 局	1767.61	832.01	830.33	1.68		47.1
齐齐哈尔局	1886.88	787.93	703.28	84.65	23.40	41.8
绥 化 局	1423.32	555.27	528.85	26.42		39.0
哈尔滨局	282.40	179.53	125.23	54.30		63.6
总局直属	371.00	371.00		371.00		100.0

10-5 各管理局营运载客汽车

(2018年)

单 位	客运车辆总计		客运班车合计		出租客车	
	(辆)	(客位)	(辆)	(客位)	(辆)	(客位)
合 计	**5549**	**38469**	**520**	**18353**	**5029**	**20116**
宝泉岭局	645	4233	57	1881	588	2352
红兴隆局	846	5880	85	2836	761	3044
建三江局	1025	6409	68	2581	957	3828
牡丹江局	814	5107	92	2219	722	2888
北 安 局	444	3130	40	1514	404	1616
九 三 局	988	5005	28	1165	960	3840
齐齐哈尔局	393	2919	41	1511	352	1408
绥 化 局	226	1481	19	653	207	828
哈尔滨局	82	449	4	137	78	312
总局直属	86	3856	86	3856		

10-6 各管理局营运载货汽车

(2018年)

单 位	货运车辆总计		普通载货汽车		专用载货汽车	
	(辆)	(吨位)	(辆)	(吨位)	(辆)	(吨位)
合 计	**6205**	**86263**	**6029**	**83485**	**176**	**2778**
宝泉岭局	318	2608	313	2522	5	86
红兴隆局	1239	14146	1234	14082	5	64
建三江局	719	7353	719	7353		
牡丹江局	271	2990	271	2990		
北 安 局	663	6996	663	6996		
九 三 局	195	1403	195	1403		
齐齐哈尔局	978	15500	970	15282	8	218
绥 化 局	606	11690	606	11690		
哈尔滨局	1058	21167	1058	21167		
总局直属	158	2410			158	2410

10-7　营运载客汽车按标记客位分组

(2018年)

单　位	客运班车合计		大　型		中　型		小　型	
	(辆)	(客位)	(辆)	(客位)	(辆)	(客位)	(辆)	(客位)
合　计	**520**	**18353**	**356**	**14560**	**147**	**3620**	**17**	**173**
宝泉岭局	57	1881	43	1547	13	326	1	8
红兴隆局	85	2836	39	1548	46	1288		
建三江局	68	2581	58	2311	10	270		
牡丹江局	92	2219	26	965	52	1108	14	146
北 安 局	40	1514	30	1302	8	193	2	19
九 三 局	28	1165	27	1148	1	17		
齐齐哈尔局	41	1511	30	1232	11	279		
绥 化 局	19	653	17	619	2	34		
哈尔滨局	4	137	4	137				
总局直属	86	3856	82	3751	4	105		

10-8　各管理局汽车修理业务基本情况

年　份 单　位	汽车修理业 (户)	一类	二类	三类	摩托车	从业人员 (人)	#管理人员	#技术人员
2000	380	12	36	309	23	1684	332	610
2005	389	2	24	280	83	1364	313	591
2010	443	4	23	372	44	502	221	77
2011	386	2	25	332	27	1246	245	1001
2012	378	2	27	316	33	1195	260	935
2013	401	2	28	323	48	1222	231	964
2014	419	2	27	330	60	1201	245	956
2015	343	1	27	315	53	1197	241	956
2016	429	2	28	349	50	1232	250	825
2017	441	2	28	361	50	1274	259	829
2018	449	2	28	369	50	1210	247	963
宝泉岭局	66		6	58	2	259	66	193
红兴隆局	90		8	70	12	276	18	258
建三江局	92	1	7	79	5	352	98	254
牡丹江局	35		4	20	11	80	7	73
北 安 局	39		1	20	18	33	4	29
九 三 局	76	1		75		95	2	93
齐齐哈尔局	46		1	43	2	99	46	53
绥 化 局								
哈尔滨局	5		1	4		16	6	10

10-9 垦区按技术等级分的公路里程到达情况

(2018年) 单位：公里

单 位	总 计	等级公路	高速公路	一 级	二 级	三 级	四 级	等外公路
上年年底到达数	**25370.91**	**13603.82**	**371.00**	**24.22**	**568.95**	**9345.39**	**3294.27**	**11767.09**
本年年底到达数	**25198.17**	**13516.34**	**371.00**	**25.23**	**578.44**	**9248.86**	**3292.81**	**11681.83**
1.国道	712.82	712.82	188.96	2.99	436.91	62.08	21.89	
2.省道	1594.40	1583.51	182.04	2.88	25.47	1118.22	254.91	10.89
3.县道	333.17	333.17			27.74	276.99	28.44	
4.乡道	5918.73	5682.49		12.08	51.80	4269.73	1348.88	236.24
5.专用公路	9571.13	1162.24		1.212	14.01	808.67	338.34	8408.90
6.村道	7067.92	4042.11		6.07	22.52	2713.16	1300.36	3025.81

10-10 各管理局按技术等级分的公路里程到达情况

(2018年) 单位：公里

单 位	总 计	等级公路	高速公路	一 级	二 级	三 级	四 级	等外公路
合 计	**25198.17**	**13516.34**	**371.00**	**25.23**	**578.44**	**9248.86**	**3292.81**	**11681.83**
宝泉岭局	3474.89	1869.15		10.16	31.75	1571.24	256.00	1605.74
红兴隆局	4454.93	2057.22		1.42	172.37	1509.77	373.66	2397.70
建三江局	5525.74	2578.24		13.65	288.98	2020.08	255.52	2947.50
牡丹江局	3353.22	2036.42			15.14	1607.76	413.51	1316.81
北 安 局	2658.19	1723.77			14.66	1238.63	470.48	934.42
九 三 局	1767.61	1083.04			31.99	496.77	554.28	684.57
齐齐哈尔局	1886.88	953.53			19.32	398.45	535.77	933.35
绥 化 局	1423.32	656.00			4.23	295.35	356.42	767.33
哈尔滨局	282.40	187.99				110.81	77.18	94.41
总局直属	371.00	371.00	371.00					

10-11 垦区按路面类型分的公路里程到达情况

(2018年) 单位：公里

单位	公路里程	有铺装路面(高级)			未铺装路面(中级、低级、无路面)				
		合计	沥青混凝土	水泥混凝土	合计	渣油	砂石	砖铺	无路面
上年年底到达数	**25370.91**	**11558.67**	**611.07**	**10947.60**	**13812.24**	**23.40**	**2020.27**	**1.48**	**11767.09**
本年年底到达数	**25198.17**	**11491.62**	**619.93**	**10871.69**	**13706.56**	**23.40**	**1999.85**	**1.48**	**11681.83**
1. 国道	712.82	690.19	239.22	450.97	22.63	18.27	4.36		
2. 省道	1594.40	1492.66	189.60	1303.06	101.74		90.86		10.89
3. 县道	333.17	228.07	26.79	201.28	105.10		105.10		
4. 乡道	5918.73	4902.44	118.40	4784.04	1016.29		778.57	1.48	236.24
5. 专用公路	9571.13	924.43	12.55	911.88	8646.70		237.80		8408.90
6. 村道	7067.92	3253.82	33.37	3220.45	3814.10	5.13	783.16		3025.81

10-12 各管理局按路面类型分的公路里程到达情况

(2018年) 单位：公里

单位	公路里程	有铺装路面(高级)			未铺装路面(中级、低级、无路面)				
		硬化小计	沥青混凝土	水泥混凝土	合计	渣油	砂石	砖铺	无路面
合计	**25198.17**	**11491.62**	**619.93**	**10871.69**	**13706.56**	**23.40**	**1999.85**	**1.48**	**11681.83**
宝泉岭局	3474.89	1663.21	15.36	1647.85	1811.68		205.94		1605.74
红兴隆局	4454.93	1783.17	40.43	1742.74	2671.76		274.05		2397.70
建三江局	5525.74	2233.70	4.06	2229.65	3292.03		344.53		2947.50
牡丹江局	3353.22	1832.19	10.70	1821.49	1521.03		204.23		1316.81
北安局	2658.19	1253.60	11.34	1242.27	1404.58		470.16		934.42
九三局	1767.61	832.01	1.68	830.33	935.60		251.02		684.57
齐齐哈尔局	1886.88	787.93	84.65	703.28	1098.95	23.40	142.20		933.35
绥化局	1423.32	555.27	26.42	528.85	868.06		99.25	1.48	767.33
哈尔滨局	282.40	179.53	54.30	125.23	102.87		8.46		94.41
总局直属	371.00	371.00	371.00						

10-13 各管理局道路客货运站及客运班车通达情况

(2018年)

单　　位	客运站							站务情况		
	客运站数量(个)	一级站	二级站	三级站	四级站	五级站	简易站及招呼站	站务人员(人)	平均日发班次(班次)	平均日旅客发送量(人次)
合　　计	**734**	**1**	**8**	**41**		**6**	**678**	**461**	**701**	**17929**
宝泉岭局	111		1	10			100	97	81	1445
红兴隆局	143		4	5			134	95	101	3700
建三江局	107	1	1	12		1	92	121	78	2689
牡丹江局	99			9			90	59	211	2741
北 安 局	91			2			89	27	52	970
九 三 局	103		1	1		3	98	27	31	5000
齐齐哈尔局	34		1	1			32	24	53	1174
绥 化 局	33			1			32	3	26	80
哈尔滨局	13					2	11	8	6	130
总局直属									62	

10-14 垦区分路线公路桥梁到达情况

(2018年)

路线名称	桥梁合计		临时性		半永久性		永久性	
	(米)	(座)	(米)	(座)	(米)	(座)	(米)	(座)
合　　计	**43350**	**1495**		**6**			**43280**	**1489**
干　　线	24258	442					24258	442
国　　道	4536	117					4536	117
省　　道	19722	325					19722	325
县　　道	1283	48					1283	48
乡　　道	11112	598		2			11090	596
专用公路	261	5					261	5
村　　道	6436	402		4			6388	398

路线名称	桥梁中：危险桥梁		桥梁按跨径分					
			大　桥		中　桥		小　桥	
	(米)	(座)	(米)	(座)	(米)	(座)	(米)	(座)
合　　计	**3361**	**137**	**9878**	**61**	**15281**	**254**	**18191**	**1180**
干　　线	786	25	8668	52	11720	179	3870	211
国　　道	59	3	1128	8	1777	31	1631	78
省　　道	727	22	7541	44	9943	148	2238	133
县　　道	524	11	388	2	227	5	668	41
乡　　道	1147	48	603	5	2292	46	8216	547
专用公路			175	1			86	4
村　　道	904	53	43	1	1041	24	5351	377

10-15 垦区公路桥梁到达情况(省道)

(2018年)

路线编号	路线名称起讫地点	桥梁合计		其中				桥梁按跨径分					
				永久性		危险桥梁		大桥		中桥		小桥	
		(米)	(座)	(米)	(座)	(米)	(座)	(米)	(座)	(米)	(座)	(米)	(座)
	省道合计	**20412.78**	**326**	**20412.78**	**326**	**819.00**	**24**	**8153.10**	**44**	**10028.03**	**149**	**2231.65**	**133**
S101	哈尔滨—北安	52.00	1	52.00	1					52.00	1		
S12	建三江—鸡西	14834.68	163	14834.68	163			6073.80	35	8555.44	122	205.44	6
S201	珍宝岛—当壁镇	1078.44	33	1078.44	33	136.50	6	376.00	3	392.84	7	309.60	23
S202	名山—兴凯湖	203.86	7	203.86	7					85.14	1	118.72	6
S204	四季屯—鹤岗	501.76	16	501.76	16	100.00	2	162.00	1	138.54	3	201.22	12
S211	黑河—双城	931.64	9	931.64	9	84.80	1	718.60	1	84.80	1	128.24	7
S214	前进—胡吉吐莫	109.80	5	109.80	5	88.20	3			78.20	2	31.60	3
S303	长水河农场—讷河	77.00	3	77.00	3							77.00	3
S304	绥棱—拉哈	312.20	14	312.20	14	142.40	4			159.90	4	152.30	10
S306	四合—勤得利农场	145.91	5	145.91	5	10.10	1			97.03	2	48.88	3
S307	东安镇—同江	350.22	19	350.22	19					82.30	1	267.92	18
S308	小佳河—亮子河	1066.87	23	1066.87	23	26.80	2	552.90	2	198.44	3	315.53	18
S309	建兴—新林												
S314	虎林—鸡西	379.10	9	379.10	9	119.80	2	269.80	2			109.30	7
S501	友谊—宝清	77.40	5	77.40	5							77.40	5
S506	宝清—八五二农场	68.40	3	68.40	3	30.40	1			30.40	1	38.00	2
S507	同江—忠仁镇	120.00	5	120.00	5	80.00	2			73.00	1	47.00	4
S511	环山乡—团结镇	18.00	1	18.00	1							18.00	1
S513	佳木斯—桦南	20.50	1	20.50	1							20.50	1
S515	联兴乡—科洛镇	15.00	1	15.00	1							15.00	1
S519	八五零农场—云山农场	50.00	3	50.00	3							50.00	3

10-16 垦区公路桥梁到达情况(县道)

(2018年)

路线编号	路线名称起讫地点	桥梁合计		其中				桥梁按跨径分					
				永久性		危险桥梁		大桥		中桥		小桥	
		(米)	(座)	(米)	(座)	(米)	(座)	(米)	(座)	(米)	(座)	(米)	(座)
	县道合计	**1283.24**	**48**	**1283.24**	**48**	**523.80**	**11**	**388.00**	**2**	**227.20**	**5**	**668.04**	**41**
X025	拉哈—甘南	656.00	13	656.00	13	388.00	2	388.00	2	88.00	2	180.00	9
X116	向阳—前卫	23.50	2	23.50	2							23.50	2
X122	虎林—八五二	46.50	3	46.50	3							46.50	3
X126	庆丰—同化												
X190	沾河—81125部队												
X205	勤得利支线	12.50	1	12.50	1							12.50	1
X206	饶河农场—西通	29.90	2	29.90	2							29.90	2
X207	前进—寒葱沟	271.44	14	271.44	14	115.80	8			42.70	1	228.74	13
X208	前锋农场—瓦其卡	40.00	3	40.00	3	20.00	1					40.00	3
X242	佳抚公路建三江支线	53.30	5	53.30	5							53.30	5
X243	佳抚公路创业农场支线												
X244	依饶公路五九七支线	33.00	2	33.00	2					26.00	1	7.00	1
X247	绥北公路赵光农场支线												
X248	依饶公路朝阳支线	23.40	1	23.40	1							23.40	1
X249	依饶公路八五二支线	93.70	2	93.70	2					70.50	1	23.20	1

10-17 垦区通信人员数量及电话装机量

(2018年)

单位	通信分公司(个)	通信中心(个)	通信人员数量(人)	电话装机总数(部)	电话装机比率户均(%)
总计	**9**	**139**	**1348**	**203153**	**40.5**
农垦通信有限公司			31		
宝泉岭通信分公司	1	14	218	26122	33.1
红兴隆通信分公司	1	34	267	45235	47.3
建三江通信有限责任公司	1	15	57	18687	19.0
牡丹江通信分公司	1	20	203	41973	68.7
北安通信分公司	1	16	172	21551	37.1
九三通信分公司	1	14	137	19377	48.3
齐齐哈尔通信分公司	1	12	101	14670	39.9
绥化通信分公司	1	9	75	9307	49.8
哈尔滨通信分公司	1	5	87	6231	21.6

注：10-17至10-18资料由总局通信公司提供。

10-18 垦区通信设备拥有量

(2018年)

单位	光缆线路(皮长公里)	微波线路(波道公里)	电缆线路(皮长公里)	程控交换机实占容线(线)	会议电视系统(套)	宽带用户(户)
总计	**21353.5**	**73**	**3964.7**	**166392**	**131**	**174758**
农垦通信有限公司	3157.0				13	821
宝泉岭通信分公司	3052.2		15.9	2496	15	30058
红兴隆通信分公司	3463.9		954.9	1440	17	36441
建三江通信有限责任公司	2730.1		384.2	44072	15	23023
牡丹江通信分公司	3485.8				13	31193
北安通信分公司	1989.9		1004.4	42806	15	16207
九三通信分公司	1511.1		469.6	20933	12	14465
齐齐哈尔通信分公司	945.1	13	1002.0	38717	11	10993
绥化通信分公司	583.8	60	68.4	2928	9	7440
哈尔滨通信站	434.6		65.2	13000	10	4114

主要统计指标解释

客运线路 指持有道路运证管理机构合法的有效道路线路证明，已开通班车、旅游客运线路的条数、班次数。道路客运线路班次的统计范围是经各级道路运政管理机构批准的客运线路，不包括通过本辖区的过境线路。

营运载客汽车 指持有道路运政管理机构核发的道路运输证的客运汽车。计算单位：辆、客位。客位以道路运政管理机构核发的道路运输证中的核定数为准。大型客车：车身长度＞9m；中型客车：6m＜车身长度≤9m；小型客车：车身长度≤6m。

营运载货汽车 指持有道路运政管理机构核发的道路运输证的载货汽车，包括普通载货汽车和专用载货汽车，不包括牵引车和挂车。计算单位：辆、吨位。重型货车：是指标记吨位8吨及以上的货车；大型货车：是指标记吨位4吨以上的货车；中型货车：是指标记2吨以上4吨以下的货车；小货车：是指标记吨位2吨及以下的货车。

普通载货汽车 指具有一般构造栏板式、平板式及箱式货运汽车，包括自卸车、半挂车、厢式车等。

专用载货汽车 指具有特殊构造及附属设备从事专门用途的货运汽车，如罐车、集装箱车、大型物件运输车、冷藏车等。

运输管理机构个数 机构个数的统计以组织人事管理关系为依据。在同级机构中运输管理与维修管理机构分设的，应按实际个数分别统计。对于组织人事关系统一管理，而多名称的，即“一套人马、多块牌子”应统计为一个机构。地（市）级：指地、市、州、盟的道路运政管理机构。县（区）级：指县、县级市、县级区、旗的道路运政管理机构。派驻机构或分站：指各级交通主管部门或道路运政管理机构派驻在乡（镇）、口岸、车站等地，从事道路运政管理工作的分支机构。

运政部门人员 指各级道路运政管理机构实际在册人员数，包括运政管理人员和生活后勤服务人员，不包括离退休人员。

管理人员 指从事道路运政管理工作的人员，包括各类运政业务管理、计统、财务以及政治工作人员等。管理人员按其所在机构分，应与机构设置相一致。道路运政管理与其他管理（如水运管理、养路费征收管理）合署设置的机构，其“运政部门人员”和“管理人员”只统计实际从事道路运政管理工作的有关人员。

养护里程 是指用汽车养路费以及部分通行费（非经营性收费公路的通行费）养护的公路里程。

宽带IP业务 是为用户提供的一种高速、稳定接入因特网及企业局域网间高速互联的新业务。用户可通过宽带网络享受到高速上网浏览、高速软件下载、播放视频点播节目、远程教育、视频会议、多媒体信息通信等时尚信息服务。

会议电视系统 是一种以传送视频图像信息为主的通信业务，其基本特征是：可以在两个或两个以上地点实时传递点对点的活动图像和声音；还可以看到图像，可以“面对面”交谈，适合于召开各种会议和现场交流。

程控交换机 是利用电子计算机控制的交换机，它一预先编好的程序控制交换机的接续动作。

11 批发零售业和住宿餐饮业

11-1 批发零售贸易业商品购进、销售、库存情况

(2018年) 单位：万元

项 目	商品购进总 额	商品销售总 额	批 发销售额	零 售销售额	年 末库存额
总 额	**5691509**	**7703630**	**5221088**	**2482542**	**1032018**
一、按国民经济行业分组					
农、林、牧产品批发	1450430	2067842	2065544	2298	331894
#谷物、豆及薯类批发	1075999	1440846	1440846		161654
种子批发	46808	271802	271802		71952
饲料批发	18376	39747	38682	1065	4123
食品、饮料及烟草制品批发	307475	359828	340591	19237	55011
纺织、服装及家庭用品批发	6150	14697	14517	180	10240
文化、体育用品及器材批发	2647	4310	3030	1280	1356
医药及医疗器材批发	16264	25276	25176	100	2239
矿产品、建材及化工产品批发	2190678	2494786	2269141	225645	171975
#石油及制品批发	1491250	1525856	1309012	216844	98552
化肥批发	533445	707777	703238	4539	59586
农药批发	59437	97725	95843	1882	3878
机械设备、五金产品及电子产品批发	110204	140298	140018	280	8994
#农业机械设备批发	51061	63942	63942		3917
汽车、摩托车及零配件批发	13362	16355	16355		433
其他批发业	198814	355226	352136	3090	224447
综合零售	445088	709213	4398	704815	59960
#百货零售	174604	271508	3594	267914	29101
超级市场零售	46811	71502	560	70942	3664
其他综合零售	179240	252079	244	251835	15456
食品、饮料及烟草制品零售	321718	530625	2362	528263	39630
#粮油零售	60807	114112	770	113342	6047
纺织、服装及日用品零售	245824	394411	992	393419	46228
文化、体育用品及器材零售	27404	39536	456	39080	5708
医药及医疗器材零售	53791	83746	480	83266	11878
汽车、摩托车、燃料及零配件零售	65342	101533	247	101286	10292
家用电器及电子产品零售	55699	84704	255	84449	12649
五金、家具及室内装饰材料零售	116872	160861	392	160469	34522
货摊、无店铺及其他零售业	77109	136738	1353	135385	4995
二、按企业规模分					
限额以上企业	3593529	4500428	4191893	308535	694789
限额以下企业	2097980	3203202	1029195	2174007	337229

11-2 各管理局批发零售贸易业商品购进、销售、库存情况

年份 单位	商品购进 总额	商品销售 总额	批发	零售	年末 库存额
2000	868760	903114	602545	300569	159734
2005	687933	1101469	427904	673565	199696
2010	3615414	4003617	2517486	1486131	784838
2012	5591228	6910091	4920081	1990010	1502089
2013	5996753	8415733	6666618	1749115	1204800
2014	6334420	9403674	7546472	1857202	1596931
2015	7760160	9430174	7435804	1994370	1365770
2016	6354043	7919078	5799712	2119366	990509
2017	6437125	8059177	5749537	2309640	1117851
2018	5691509	7703630	5221088	2482542	1032018
宝泉岭局	573328	825852	380303	445549	71671
红兴隆局	171897	396858	152882	243976	7687
建三江局	418828	655214	313786	341428	61322
牡丹江局	517940	686608	259995	426613	36911
北安局	256395	623329	364050	259279	20546
九三局	177195	192388	38859	153529	34307
齐齐哈尔局	228465	372484	148366	224118	47511
绥化局	110884	164244	59325	104919	20887
哈尔滨局	32423	73667	24126	49541	2974
总局直属	3204154	3712986	3479396	233590	728202

11-3 各管理局批发零售贸易业商品购进、销售、库存情况

(国有经济)

单位：万元

年份 单位	商品购进 总额	商品销售 总额	批发	零售	年末 库存额
2000	541216	580982	514167	66815	81736
2005	202019	444464	276757	167707	130650
2010	323854	415620	398792	16828	89754
2012	892817	1108620	1100387	8233	193487
2013	639160	1046440	1028285	18155	112822
2014	518431	799625	745163	54462	104778
2015	596403	759429	696606	62823	131125
2016	465059	628862	570166	58696	15945
2017	391612	469530	436036	33494	41215
2018	528777	633262	597707	35555	62926
宝泉岭局	62575	88815	87971	844	4058
红兴隆局	11476	16536	15465	1071	315
建三江局	10891	21956	21956		444
牡丹江局	64255	91146	85826	5320	2045
北安局	19272	46175	41247	4928	310
九三局	8894	9414	9050	364	351
齐齐哈尔局	6633	9380	7246	2134	33
绥化局	22354	27868	6974	20894	835
哈尔滨局	290	360	360		
总局直属	322137	321612	321612		54535

11-4　各管理局批发零售贸易业商品购进、销售、库存情况

（私营经济）　　单位：万元

年份 单位	商品购进 总额	商品销售 总额	批发	零售	年末 库存额
2000	60060	56670	36317	20353	13445
2005	35836	45731	37563	8168	7124
2009	72635	117036	113726	3310	12209
2010	126844	202277	184756	17520	14184
2012	235562	415050	371621	43429	16121
2013	250002	488173	441398	46775	31345
2014	259349	479405	435505	43900	32296
2015	339901	565187	523873	41314	34507
2016	323058	576668	539319	37349	31906
2017	423462	738104	691308	46796	15846
2018	381124	673678	629895	43783	12026
宝泉岭局	98152	132232	130551	1681	2024
红兴隆局	40032	95802	77278	18524	1982
建三江局	14206	18424	18217	207	30
牡丹江局	48368	56584	55645	939	3982
北 安 局	112586	279323	275143	4180	561
九 三 局	36	41	41		
齐齐哈尔局	20568	26646	19359	7287	65
绥 化 局	38459	51134	43707	7427	2681
哈尔滨局	6738	11477	7939	3538	180
总局直属	1979	2015	2015		521

11-5　各管理局批发零售贸易业商品购进、销售、库存情况

（个体经济）　　单位：万元

年份 单位	商品购进 总额	商品销售 总额	批发	零售	年末 库存额
2000	267484	265462	52061	213401	64554
2005	440129	598125	100621	497504	60880
2010	911343	1290956	338516	952439	174598
2012	1021581	1701802	370387	1331415	139741
2013	1147957	1888655	430048	1458607	170651
2014	1312492	2045626	553873	1491753	148648
2015	1452587	2193626	598101	1595525	284885
2016	1628998	2428259	673007	1755252	251890
2017	1586951	2662420	668189	1994231	251747
2018	1850647	2907812	754570	2153242	278268
宝泉岭局	407013	596671	157275	439396	65556
红兴隆局	118328	280449	56068	224381	5278
建三江局	392336	613335	273413	339922	60822
牡丹江局	379139	510073	90218	419855	29081
北 安 局	118217	260289	20218	240071	16115
九 三 局	166342	180975	27810	153165	33891
齐齐哈尔局	201234	335668	121761	213907	47413
绥 化 局	47412	80445	3903	76542	17318
哈尔滨局	20626	49907	3904	46003	2794
总局直属					

11-6 各管理局社会消费品零售额

单位：万元

年份 单位	社会消费品零售额	按销售地区分		
		市(管理局)	县(农场)	县(农场)以下
2000	354250	54007	194136	106107
2005	588552	93476	370140	124936
2010	1165385	175948	771957	217481
2012	1584715	236621	1069250	278844
2013	1776466	268850	1198284	309333
2014	1981366	302940	1344053	334373
2015	2178033	506856	1377827	293350
2016	2341252	489316	1526990	324945
2017	2511941	516391	1636104	359447
2018	2662270	605633	1713726	342911
宝泉岭局	607822	142198	396372	69252
红兴隆局	304486	50507	191027	62952
建三江局	342494	75940	254363	12191
牡丹江局	304807	12161	223880	68766
北 安 局	226431	2515	182426	41491
九 三 局	202392	107294	79635	15463
齐齐哈尔局	265558		199700	65859
绥 化 局	119475		115501	3974
哈尔滨局	73787		70823	2964
总局直属	215018	215018		

11-6续表

单位：万元

年份 单位	按行业分			
	批发业	零售业	住宿业	餐饮业
2000	280071		30737	
2005	517062		62467	
2010	51190	948505	165690	
2012	51581	1293730	239404	
2013	58520	1444805	38526	241882
2014	133904	1545195	44979	257288
2015	288583	1556399	38526	294525
2016	236887	1739867	39681	324817
2017	244401	1878091	39819	349630
2018	281616	1950118	45287	385249
宝泉岭局		445550	679	161593
红兴隆局	8445	250943	8343	36754
建三江局	220	316819	8364	17092
牡丹江局	3854	262690	2797	35467
北 安 局		168439	13734	44258
九 三 局	12946	154275	8808	26363
齐齐哈尔局	41134	196611	179	27636
绥 化 局		105250	2185	12040
哈尔滨局		49542	200	24046
总局直属	215018			

注：2006年以前零售业的零售额含在批发业中;2013年以前餐饮业含在住宿业中。

11-7 各管理局批发零售贸易业基本情况

单位：人，平方米，万元

年　　份 单　　位	经营单位 个　　数	年末固定 资产原值	营业用房 面　　积	年末从业 人员人数	全年劳动 报　　酬	销售总额 营业收入
2000	446	118947	399255	40703	44811	903114
2005	254	202317	1394706	40342	41563	1101469
2010	357	212003	1030102	11107	23279	2164874
2012	491	530426	2901560	52292	101811	6789488
2013	648	625789	2873663	50194	128369	8415733
2014	899	754479	2802414	50135	135893	9399914
2015	886	933426	2870155	50324	157121	9437466
2016	900	980042	2464245	49604	167093	7919078
2017	803	1243053	2397455	47947	161401	8030723
2018	788	1239478	2281538	47876	1579044	7414263
宝泉岭局	136	84397	323995	4188	105480	825852
红兴隆局	125	58031	300430	8475	150921	338772
建三江局	89	129761	449529	10939	379648	633892
牡丹江局	68	55644	183871	4790	112149	492015
北 安 局	68	55312	171799	3318	70207	623329
九 三 局	20	38363	176620	2524	84183	192861
齐齐哈尔局	55	35261	180556	2365	80391	372484
绥 化 局	96	39943	115515	2180	48279	164244
哈尔滨局	25	16089	73655	1641	54058	73667
总局直属	106	726677	305568	7456	493729	3697147

11-8 各管理局住宿和餐饮业基本情况

单位：人，平方米，万元

年　　份 单　　位	经营单位 个　　数	年末固定 资产原值	营业用房 面　　积	年末从业 人员人数	全年劳动 报　　酬	销售总额 营业收入
2000	108	1399	168720	8182	7892	33870
2005	51	61680	691769	18717	16817	102748
2010	62	148606	846156	20449	30488	249503
2012	85	243077	1096242	24977	46016	393887
2013	84	266767	1140848	23766	49569	457360
2014	75	283700	1165969	23031	52133	458399
2015	74	281146	1193454	22703	57901	510662
2016	74	297703	1276077	23622	61222	544972
2017	77	296315	1292219	23249	60882	585851
2018	74	291503	1278735	23063	620723	631592
宝泉岭局	11	34053	120119	2637	71470	168138
红兴隆局	20	45178	245300	3445	62409	53360
建三江局	15	70606	316824	6140	172256	130197
牡丹江局	6	27181	121907	2997	67274	74397
北 安 局	6	17492	95295	2433	61819	56281
九 三 局	2	17484	66814	2079	73861	50100
齐齐哈尔局	4	11026	77365	1438	33964	46361
绥 化 局	4	17263	52989	696	21021	17166
哈尔滨局	4	18380	137084	877	42990	30323
总局直属	2	32840	45038	321	13659	5269

主要统计指标解释

批发业 指批发商向批发、零售单位及其他企事业、机关单位批量销售生活用品和生产资料的活动，以及从事进出口贸易和贸易经纪与代理的活动。批发商可以对所批发的货物拥有所有权，并以本单位、公司的名义进行交易活动；也可以不拥有货物的所有权，而以中介身份做代理销售商。还包括各类商品批发市场中固定摊位的批发活动。

零售业 指百货商店、超级市场、专门零售商店、品牌专卖店、售货摊等主要面向最终消费者（如居民等）的销售活动。包括以互联网、邮政、电话、售货机等方式的销售活动，还包括在同一地点，后面加工生产，前面销售的店铺（如前店后厂的面包房）。不包括：谷物、种子、饲料、牲畜、矿产品、生产用原料、化工原料、农用化工产品、机械设备（乘用车、计算机及通信设备等除外）等生产资料的销售（列入批发业）；非零售单位附带的零售活动，如汽车修理单位销售汽车零件（列入单位主业所对应的行业类别中）；商业零售单位所在商厦的物业管理（列入物业管理）；商业零售单位所在的商品市场、商业大厦的市场管理活动（列入市场管理）。

批发和零售业商品购进、销售、库存额 指各种登记注册类型的批发和零售业企业(单位)以本企业(单位)为总体的，从国内、国外市场购进的商品总量，销售和出口的商品总量，库存的商品总量等情况。该指标可以反映商品流转过程中商品的购进、销售、库存之间的比例关系和存在的问题。

商品购进额 指从本企业以外的单位和个人购进（包括从国外直接进口）作为转卖或加工后转卖的商品金额（含增值税）。本指标反映批发和零售业从国内外市场上购进商品的总价。商品购进包括：（1）从工农业生产者、批发和零售业企业、住宿和餐饮业企业、出版社或报社的出版发行部门和其他服务业企业购进的商品；（2）从机关团体、事业单位购进的商品；（3）从海关、市场管理部门购进的缉私和没收的商品；（4）从居民收购的废旧商品等。不包括：（1）企业为本单位自身经营用，不是作为转卖而购进的商品，如材料物资、包装物、低值易耗品、办公用品等；（2）未通过买卖行为而收入的商品，如接受其他部门移交的商品、借入的商品、收入代其他单位保管的商品、其他单位赠送的样品、加工回收的成品等；（3）经本单位介绍，由买卖双方直接结算，本单位只收取手续费的业务；（4）销售退回和买方拒付货款的商品；（5）商品溢余。

商品销售额 指对本单位以外的单位和个人出售的商品金额（包括售给本单位消费用的商品，含增值税），在批发和零售业中，本指标反映在国内市场上销售商品以及出口商品的总价。商品销售包括：（1）售给城乡居民和社会集团消费用的商品；（2）售给农业、工业、建筑业、服务业等国民经济各行业用于生产、经营用的商品，包括售予批发和零售业作为转卖或加工后转卖的商品；（3）对国（境）外直接出口的商品。商品销售不包括：（1）未通过买卖行为付出的商品，如随机构变动移交给其他企业单位的商品、借出的商品、归还受其他单位委托代保管的商品、付出的加工原料和赠送给其他单位的样品等；（2）经本单位介绍，由买卖双方直接结算，本单位只收取手续费的业务；（3）购货退回的商品；（4）商品损耗和损失；（5）出售本单位自用的废旧物资。

商品库存额 对于批发和零售业法人单位和个体经营户，是指报告期末取得所有权的全部商品金额（含增值税）；对于批发和零售业产业活动单位，是指报告期末实际在库且归属法人具有所有权的全部商品金额（含增值税）。这个指标反映批发和零售业的商品库存情况，以及对市场商品供应的保证程度。库存商品包括：（1）存放在本单位（如门市部、批发站、采购站、经营处）的仓库、货场、货柜和货架中的商品；（2）挑选、整理、包装中的商品；（3）已记入购进而尚未运到本单位的商品，即发货单或银行承兑凭证已到而货未到的商品；（4）寄放他处的商品，如因购货方拒绝付款而暂时存在购货方的商品；（5）委托其他单位代销（未作销售或调出）尚未售出的商品；（6）代其他单位购进尚未交付的商品。库存商品不包括：（1）所有权不属于本单位的商品，如商品已作销售但买方尚未取走的商品，代替他人保管、运输、加工的商品，代其他单位销售（未做购进或调入）而未售出的商品；（2）委托外单位加工的商品（包括本单位所属加工厂和其他生产单位加工生产尚未收回成品的商品）；（3）外贸企业代理其他单位从国外进口，尚未付给订货单位的商品；（4）代国家储备部门保管的商品。

社会消费品零售总额 指企业（单位、个体户）通过交易直接售给个人、社会集团非生产、非经营用的实物商品金额，以及提供餐饮服务所取得的收入金额。个人包括城乡居民和入境人员，社会集团包括机关、社会团体、部队、学校、企事业单位、居委会或村委会等。社会消费品零售总额包括：给城乡居民作为生活消费用的商品和修建房屋用的建筑材料的金额，以及售给来华的外国人、华侨、港澳台同胞的消费品金额；售给社会集团用作非生产、非经营使用与公共消费的商品金额。不包括：城市居民间或居民委托信托商店卖出的商品；售给农业、工业、建筑业等行业用于生产的商品。

住宿业 指有偿为顾客提供临时住宿的服务活动。不包括提供长期住宿场所的活动，如出租房屋、公寓等（列入房地产开发经营）。

餐饮业 指在一定场所，对食物进行现场烹饪、调制，并出售给顾客主要供现场消费的服务活动。

营业额 指住宿和餐饮业单位在经营活动中因提供服务或销售商品等取得的收入。包括：客房收入、餐费收入、商品销售额（含增值税）和其他收入。其中，客房收入指住宿和餐饮业单位在经营活动中因提供住宿服务取得的收入。餐费收入指住宿和餐饮业单位因为顾客提供就餐服务取得的收入，包括经烹饪、调制加工后出售的各种食品，如主食、炒菜、凉拌菜等的收入。

12 对外经济贸易

12-1 进出口贸易总额

年份 单位	按人民币计算(万元)			按美元计算(万美元)		
	进出口总额	出口总额	进口总额	进出口总额	出口总额	进口总额
1990	48379.1	44073.2	4305.9	11174.9	10262.9	912.0
1995	93877.5	44301.8	49575.7	11284.1	5325.1	5959.0
2000	57874.3	55978.8	1895.5	6998.1	6768.9	229.2
2005	369722.0	194886.1	174835.9	46100.0	24300.0	21800.0
2010	1389951.2	415334.1	974617.1	205358.9	61363.7	143995.2
2012	1496872.2	518287.7	978584.5	240654.7	83326.0	157328.7
2013	1533928.5	556728.7	977199.8	251463.7	91267.0	160196.7
2014	1605717.5	604581.8	1001135.7	258986.7	97513.2	161473.5
2015	1621565.5	421402.1	1200163.4	250241.6	65031.2	185210.4
2016	1617798.7	55624.1	1562174.6	233112.2	8015.0	225097.2
2017	2145570.8	71502.0	2074068.8	330087.8	11000.3	319087.5
2018	2085020.1	68020.2	2016999.9	315434.2	10290.5	305143.7
宝泉岭局	1313.4	1313.4		198.7	198.7	
红兴隆局	396.6	396.6		60.0	60.0	
建三江局						
牡丹江局	4257.5	4257.5		644.1	644.1	
北 安 局	8060.2	8060.2		1219.4	1219.4	
九 三 局						
齐齐哈尔局						
绥 化 局	3007.6	3007.6		455.0	455.0	
哈尔滨局						
总局直属	2067984.8	50984.9	2016999.9	312857.0	7713.3	305143.7

12-2 主要年份按贸易方式分的进出口贸易总额

项目	1990	1995	2000	2010	2014	2015	2016	2017	2018
按人民币计算(万元)									
进出口总额	48379.1	93877.5	57874.3	1389951.2	1605717.5	1621565.5	1617798.7	2145570.8	2085020.1
出口总额	44073.2	44301.8	55978.8	415334.1	604581.8	421402.1	55624.1	71502.0	68020.2
出口供货	35693.7	35392.3	37419.2	271715.4	444152.5	307724.2			
自营出口	1623.1	8625.6	5746.0	60732.2	74484.3	50380.6	55624.1	71502.0	68020.2
边贸易货	1090.7	277.9	9433.6	82886.5	85945.0	63297.3			
补偿贸易	5665.7		3380.0						
进口总额	4305.9	49575.7	1895.5	974617.1	1001135.7	1200163.4	1562174.6	2074068.8	2016999.9
自营进口	2474.0	49405.2	1357.9	974617.1	1001135.7	1200163.4	1562174.6	2074068.8	2016999.9
边贸易货	1831.9	170.5	537.6						
按美元计算(万美元)									
进出口总额	11174.9	11284.1	6998.1	205358.9	258986.7	250241.6	233112.2	330087.8	315434.2
出口总额	10262.9	5325.1	6768.9	61363.7	97513.2	65031.2	8015.0	11000.3	10290.5
出口供货	8526.1	4254.9	4524.7	40144.7	71637.5	47488.3			
自营出口	305.8	1036.8	694.8	8972.9	12013.6	7774.8	8015.0	11000.3	10290.5
边贸易货	231.0	33.4	1140.7	12246.1	13862.1	9768.1			
补偿贸易	1200.0		408.7						
进口总额	912.0	5959.0	229.2	143995.2	161473.5	185210.4	225097.2	319087.5	305143.7
自营进口	524.0	5938.5	164.2	143995.2	161473.5	185210.4	225097.2	319087.5	305143.7
边贸易货	388.0	20.5	65.0						

12-3 主要年份按类别分的出口商品总额

单位：万美元

类别	1990	1995	2000	2010	2013	2014	2015	2016	2017	2018
出口金额	**10262.9**	**5325.1**	**6768.9**	**61363.7**	**91267.0**	**97513.2**	**65031.2**	**8015.0**	**11000.3**	**10290.5**
粮油食品类	9567.7	5000.5	6148.0	29645.9	39863.1	45741.5	33748.6	2988.9	3102.7	2541
土畜产品类	400.1		323.7	22308.0	34806.1	38832.1	23383.3	4322.7	7035.2	7062.2
轻工产品类	121.2	293.0	139.8	4691.3	6980.1	7337.6	5265.7	85.2	220	73.6
工艺品类	35.9		40.0	650.0	2080.0	2103.0	500.0	500.7	515	520
医药保健类	50.0		7.0	3150.5	2480.1	140.0	93.0	104.8	109.1	93.7
化工产品类	37.4		35.4		445.0	356.0	178.0			
非金属矿产品类	17.1			781.4	3755.0	2578.0	464.0			
机械设备类	0.2			136.6	857.6	425.0	1398.6	12.7	18.3	
其　　它	33.3		75.0							

12-4 主要年份按类别分的进口商品总额

单位：万美元

类别	2015			2016			2017			2018		
	合计	自营	易货	合计	自营	易货	合计	自营	易货	合计	自营	易货
进口总额	**185210**	**185210**		**225097**	**225097**		**319088**	**319088**		**305144**	**305144**	
成套设备及技术引进												
航空设备												
汽车及摩托车												
农、林、牧业机械	418	418										
起重挖掘机械												
轻　　工												
钢　　材												
石油及产品												
化工原料												
其　　它	184792	184792		225097	225097		319088	319088		305144	305144	

12-5 主要年份商品出口数量和金额

单位：吨，人民币万元

品 名	2000		2010		2015		2016		2017		2018	
	数量	金额	数量	金额	数量	金额	数量	金额	数量	金额	数量	金额
黄大豆	122793.0	27318.3	114455.0	41052.3	81527.0	35564.8	853.2	348.5				
其他杂豆	41533.0	10367.3	104637.7	5366.1	83014.7	59690.5	135.5	134.0				
豆 粉		389.5	4428.9	4304.7	3748.1	6122.9	3176.6	5551.3	2163.8	3317.8	2902.5	4504.1
大 米	57135.0	10473.0	47160.0	18183.9	42492.0	22506.3	10750.0	5832.4	17983.4	8509.8	11902.6	5594.7
面 粉	4160.0	631.0	600.0	338.4								
奶 粉			925.0	2199.7								
蕃茄酱	1750.0	880.8			1800.0	1483.9						
白瓜籽			8910.0	9922.4	3124.0	5504.1			50.0	71.5		
蔬 菜	2000.0	62.9	45379.0	14156.7	18917.0	5844.3	1025.7	2538.7	1296.0	3627.7	509.0	1313.4
大麻籽												
黑木耳		79.4				63.5						
猪肉罐头	200.0	280.4										
水 果												
饼 干												
精 盐												
快餐面												
甜菜粕	16000.0	1284.3	5854.6	6260.7								
山野菜	45.0	14.1	820.0	2903.6	738.4	5743.2	397.0	6113.4	298.0	4108.7	197.0	2893.8
玉米胚芽饼												
羊 草			5650.0	541.5	26000.0	3272.4						
其他合成香料												
糖 武	120.0	206.8	550.5	9801.9	158.7	4006.6	293.0	7064.9	325.0	6643.0	294.0	4164.3
糠 醛	200.0	87.7	4000.0	6971.4	1000.0	1153.4						
卫生筷子		806.3										
纸制品												

12-6 主要商品出口数量和金额

(2018年)

品名	单位	数量	金额(万元)	品名	单位	数量	金额(万元)
糙米	吨	11020	4997.2	糖甙	吨	294	4164.3
大米	吨	882	597.5	中草药	吨	59	619.4
有机挂面	吨	3	4.0	肠衣	吨	4717658	40499.5
豆浆粉	吨	403	545.9	有机酸菜	吨	170	171.9
无糖豆粉	吨	1403	2123.1	速冻南瓜	吨	509	1313.4
纯豆粉	吨	1097	1504.4	豆饼粉	吨	2513	955.1
大豆意大利面	吨	1	4.0	火柴梗	吨	106	89.9
山野菜	吨	197	2893.8	装饰砖	立方米	29040	396.6
柳编	万件	45	3437.2	热干菜	吨	89	933.9
果汁	吨	3408	2439.1				

12-7 主要年份按国别和地区分的出口商品总额

(自营出口部分)

单位：万美元

国别(地区)	1990	2000	2010	2013	2014	2015	2016	2017	2018
总　计	**257.2**	**694.8**	**8972.9**	**9203.6**	**12013.6**	**7774.8**	**8015.0**	**11000.3**	**10290.5**
亚洲国家和地区	257.2	527.9	5715.5	5281.6	7830.6	4974.4	4410.1	7142.8	2106.3
香　港	163.7				10.0	29.8	20.1	60.0	
韩　国	3.7	31.6	2151.3	2753.2	3954.2	1397.9	3016.8	3729.3	1450.8
日　本	69.4	429.7	1710.4	1560.9	2032.5	1965.3	385.4	215.2	198.7
泰　国							462.4	220.0	249.0
新加坡	24.1	6.6		57.9	54.9	46.8	139.3	29.9	46.2
阿联酋					16.6		12.9	13.7	12.0
欧洲国家		53.0	2368.6	2506.8	1637.4	1347.2	413.4	2630.9	3700.3
意大利							15.6	340.5	111.5
瑞　士									

12-8 利用外资情况

单位：万美元

年份	签订合同数(个)	实际利用外资额	对外借款	#政府贷款	外商直接投资	#合资经营	外商其他投资	#补偿贸易
1978-2018	**596**	**107753.3**	**23168**	**11949**	**74121.3**	**53214.9**	**9931**	**6788**
1980	1	1350.0					1350.0	1350.0
1985	4	3631.0	3519.0		112.0	112.0		
1990								
1995	6	3534.0			1489.0	1489.0	2045.0	2045.0
1996	9	708.0			708.0	708.0		
1997	4	37.0			37.0	37.0		
1998	5	594.0			594.0	594.0		
1999	4	7597.0	7040.0	7040.0	557.0	557.0		
2000	10	2042.0	1259.0	1259.0	291.0	291.0	492.0	492.0
2001	25	3166.0	1456.0	1456.0	1377.0	1377.0		
2002	9	1211.0			130.0	130.0	1081.0	
2003	12	3411.0			1344.0	1344.0	2067.0	
2004	30	1389.0			1389.0	1389.0		
2005	36	3333.0	494.0	494.0	2839.0	2839.0		
2006	33	3267.0			3267.0	3267.0		
2007	39	4292.7			4292.7	4292.7		
2008	37	4604.0			4604.0	1935.0		
2009	36	4967.0			4967.0	4967.0		
2010	12	5194.7			5194.7	4249.0		
2011	53	8441.1			8441.1	8441.1		
2012	53	9355.7			9355.7	3417.3		
2013	50	7000.0			7000.0	4700.0		
2014	52	10016.5			10016.5	3723.0		
2015	16	1898.6			1898.6	399.0		
2016	10	650.1			650.1	111.8		
2017	7	736.0			736.0	75.5		
2018	3	152.9			152.9	91.5		

主要统计指标解释

出口总值 指各进出口贸易公司和赋有经营进出口的企业的出口（包括代理出口）、补偿贸易出口、来料加工产品的出口总额（实际统计按工缴费的收入统计）。

进口总值 指各进出口贸易公司及有经营进出口权的企业进口总额（其中包括代理进口）。

海关进出口总额 指实际进出我国国境的货物总金额。包括对外贸易实际进出口货物、来料加工装配进出口货物，国家间、联合国及国际组织无偿援助物资和赠送品，华侨、港澳台同胞和外籍华人捐赠品，租赁期满归承租人所有的租赁货物，进料加工进出口货物，边境地方贸易及边境地区小额贸易进出口货物（边民互市贸易除外），中外合资经营企业、中外合作经营企业、外商独资经营企业进出口货物和公用物品，到、离岸价格在规定限额以上的进出口货样和广告品（无商业价值、无使用价值和免费提供出口的除外），从保税仓库提取在中国境内销售的进出口货物，以及其他进出口货物。进出口总额用以观察一个国家在对外贸易方面的总规模。我国规定出口货物按离岸价格统计，进口货物按到岸价格统计。

利用外资 指我国各级政府、部门、企业、中国银行和其他单位通过对外借款，吸收客商直接投资和商品信贷及其他方式，从国外和港澳地区筹措的资金。

对外借款 是我国利用外资的主要部分，包括我国通过外国政府贷款、国际金融组织贷款，外国银行的买方信贷和现汇货款以及对外发行债券和股票等方式，从国外和港澳地区借用的资金。

外商直接投资 是指外国企业和经济组织或个人（包括华侨、港澳同胞以及我国在境外注册的企业）按我国有关政策、法规、在我国境内开办独资企业、与我国境内的企业或经济组织共同举办合资企业、合作经营企业或合作开发资源的投资以及客商从企业得到收益的再投资。

现汇贸易 又称自由外汇贸易。是指两个国家或地区间在贸易结算时，使用可以自由兑换货币的现汇国家所进行的或是采用记帐贸易现汇结算的对外贸易，都属于现汇贸易。

易货贸易 亦称换货贸易。是指不以货币直接结算的贸易。它是在双方等值的基础上，把出口货物和进口货物直接结合起来，以不使用货币直接结算的贸易方式。它分狭义和广义的易货贸易两种。

代理 是许多国家商人在从事进出口业务中习惯采用的一种贸易做法。是指代理人按照本人的授权，代表本人与第三人订立合同或作其他法律行为，而由本人直接享有由此而产生的权利与承担相应的义务。

补偿贸易 是指在信贷基础上进行的、进口与出口相结合的贸易方式，即进口设备，然后以回销产品和劳务所得价款，分期偿还进口设备的价款及利息。

13 教育科技和文艺事业

13-1 各级各类学校数

单位：所

年 份	普通高等学校	中等学校	中等专业学校			普通中学
				中等技术学校	中等师范学校	
1992	2	249	7	6	1	186
1993	2	245	6	5	1	183
1994	2	227	6	5	1	170
1995	2	215	6	5	1	164
1996	2	208	7	6	1	163
1997	2	197	7	6	1	158
1998	2	195	7	6	1	159
2000	2	169	7	6	1	145
2001	2	153	5	5		145
2002	2	152	5	5		144
2003	4	148	2	2		142
2004	4	144	2	2		138
2005	4	140	2	2		134
2006	4	135	2	2		131
2007	4	135	2	2		131
2008	4	130	2	2		126
2009	4	130	2	2		126
2010	4	131	2	2		124
2011	3	132	2	2		125
2012	3	134	2	2		126
2013	3	132	2	2		124
2014	3	134	2	2		126
2015	3	134	2	2		126
2016	3	132	2	2		124
2017	3	132	2	2		124
2018	3	133	2	2		124

13-1续表

单位：所

年 份	十二年一贯制学校	高 中	初 中	九年一贯制学校	职业中学	小 学	幼儿园
1992		51	135		56	348	200
1993		52	131		56	320	193
1994		50	120		51	299	199
1995		49	115		45	291	198
1996		45	118		38	243	215
1997		44	114		32	236	208
1998		42	117		29	230	212
2000		38	107		17	187	217
2001		31	114		3	159	85
2002	11	22	83	28	3	156	87
2003	8	22	82	30	4	146	86
2004	6	20	88	24	4	140	85
2005	3	20	84	27	4	134	88
2006	5	20	57	49	2	101	78
2007	4	20	47	60	2	69	109
2008	2	17	57	50	2	78	117
2009	2	17	40	67	2	59	116
2010	2	17	34	71	5	47	116
2011	2	17	38	68	5	49	109
2012	2	17	19	88	6	28	116
2013	2	17	18	87	6	26	119
2014	2	17	19	88	6	26	118
2015	2	17	19	88	6	26	118
2016	2	17	19	86	6	26	119
2017	2	17	19	86	6	26	122
2018	2	17	19	86	6	26	124

注：13-1至13-24表资料由总局教育局提供。

13-2 各级各类学校教职工数

单位：人

年份	普通高等学校	中等学校	中等专业学校			普通中学
				中等技术学校	中等师范学校	
1992	2998	17722	1136	972	164	13039
1993	2524	17182	1323	1171	152	12482
1994	2626	15773	1304	1202	102	11782
1995	2516	16369	1318	1182	136	12416
1996	2513	17233	1532	1398	134	13448
1997	2501	16934	1504	1362	142	13308
1998	2497	18287	1550	1408	142	14817
2000	2341	17320	1531	1399	132	14499
2001	2174	15107	1215	1215		13548
2002	1960	15344	1211	1211		13795
2003	2705	14829	895	895		13632
2004	2969	14402	390	390		13710
2005	3129	14067	398	398		13366
2006	2389	13194	351	351		12776
2007	2441	13072	370	370		12635
2008	2202	13190	370	370		12665
2009	2603	12987	384	384		12495
2010	2558	12948	291	291		12570
2011	2362	13135	388	388		12676
2012	2489	12539	399	399		12044
2013	2507	10605	400	400		10047
2014	2512	17231	387	387		16660
2015	2484	16728	379	379		16165
2016	2407	16156	370	370		15647
2017	2359	15511	361	361		15014
2018	2331	14806	353	353		14366

13-2续表

单位：人

年份	高中	初中	十二年一贯制学校	九年一贯制学校	职业中学	小学	幼儿园
1992	3972	9067			3547	13143	3204
1993	3780	8702			3377	12890	2723
1994	3574	8208			2687	12727	2571
1995	3948	8468			2635	13397	2934
1996	4276	9172			2253	14844	3044
1997	4231	9077			2122	14514	2891
1998	4129	10688			1920	14491	2685
2000	3968	10531			1290	13488	2905
2001	3706	9842			344	11770	1469
2002	3774	10021			338	11541	1451
2003	3729	9903			302	11251	1470
2004	3706	10004			302	11286	1430
2005	3613	9753			303	10821	1385
2006	3453	9323			67	10014	1195
2007	3415	9220			67	9855	1513
2008	3343	9322			155	10112	1485
2009	3298	9197			108	10051	1571
2010	3318	9252			87	9894	1834
2011	3346	9330			71	9819	2011
2012	3231	8813			96	9500	2646
2013	3040	7007			158	6971	2738
2014	3047	2137	442	11034	184	2363	3007
2015	2991	2123	438	10613	184	2262	3167
2016	2965	2142	431	10109	139	2151	3263
2017	3015	2062	377	9560	136	2036	3286
2018	2923	1925	360	9108	87	1886	3258

13-3　各级各类学校教师数

单位：人

年　份	普　通 高等学校	中等学校	中　等 专业学校	中　等 技术学校	中　等 师范学校	普通中学
1992	531	9285	416	359	57	7149
1993	554	8863	389	343	46	6868
1994	613	8390	424	376	48	6680
1995	603	9159	436	384	52	7421
1996	639	10111	566	498	68	8330
1997	633	10136	557	498	59	8468
1998	619	11113	577	518	59	9502
2000	627	10862	540	478	62	9654
2001	586	9551	415	415		8901
2002	567	9875	416	416		9227
2003	1593	9748	297	297		9253
2004	1084	9639	157	157		9284
2005	1264	9471	175	175		9098
2006	1331	9179	179	179		8966
2007	1444	9100	198	198		8868
2008	1482	9169	198	198		8864
2009	1546	9075	214	214		8765
2010	1502	9057	147	147		8853
2011	1465	9274	220	220		8956
2012	1565	9381	233	233		9072
2013	1591	8539	234	234		8190
2014	1629	8577	246	246		8198
2015	1623	8536	241	241		8164
2016	1595	8398	233	233		8054
2017	1569	8107	226	226		7777
2018	1560	7827	220	220		7542

13-3续表

单位：人

年　份	高　中	初　中	职业中学	小　学	幼儿园
1992	1827	5322	1720	7489	2075
1993	1719	5149	1606	9283	1953
1994	1650	5030	1286	8953	1863
1995	1897	5524	1302	9321	2035
1996	2110	6220	1215	10123	2253
1997	2093	6375	1111	10004	2142
1998	2199	7303	1034	9680	2064
2000	2128	7526	668	9220	2138
2001	2105	6796	235	8100	920
2002	2202	7025	232	7900	921
2003	2306	6947	198	7815	953
2004	2394	6890	198	7824	952
2005	2278	6820	198	7609	899
2006	2347	6619	34	7321	741
2007	2287	6581	34	7219	973
2008	2347	6517	107	7415	952
2009	2308	6457	96	7381	980
2010	2393	6460	57	7316	1130
2011	2431	6525	71	7335	1209
2012	2433	6639	76	6963	1394
2013	2352	5838	115	6115	1366
2014	2469	5729	133	5999	1484
2015	2477	5687	131	5819	1553
2016	2487	5567	111	5589	1644
2017	2432	5345	104	5215	1659
2018	2401	5141	65	4856	1663

13-4 各级各类学校在校学生数

单位：人

年 份	普通高等学校	中等学校	中等专业学校			普通中学
				中等技术学校	中等师范学校	
1992	3331	137115	4251	3639	612	106019
1993	3839	136984	4553	3912	641	106222
1994	4209	132572	5595	4778	817	104013
1995	3998	136035	5707	4990	717	108803
1996	3924	140798	7066	6010	1056	113849
1997	4122	140703	8407	7641	766	114037
1998	4666	153981	9251	8459	792	128853
2000	7933	158302	8080	7196	884	137667
2001	6505	146009	9088	9088		134413
2002	8895	150469	10311	10311		138028
2003	12121	152010	10196	10196		139907
2004	17090	152903	9302	9302		141506
2005	20659	148277	7221	7221		138911
2006	21432	136818	4935	4935		131625
2007	24115	130259	4108	4108		125834
2008	27032	125510	3353	3353		120903
2009	28174	117563	2680	2680		114119
2010	29054	113587	3189	3189		109696
2011	27588	118042	3752	3752		105357
2012	27466	134294	8175	8175		125231
2013	28029	82685	8380	8380		73494
2014	29679	82591	9741	9741		72225
2015	30135	77319	6026	6026		70582
2016	30124	75269	4384	4384		69942
2017	29871	75085	5148	5148		68942
2018	28196	70851	2632	2632		67506

13-4续表

单位：人

年 份	高 中	初 中	职业中学	小 学	幼儿园
1992	22407	83612	26845	170664	39780
1993	21178	85044	26209	174313	39087
1994	20636	83377	22964	170991	33250
1995	21354	87449	21525	171081	32350
1996	21686	92163	19883	170435	34411
1997	22793	91244	18259	170850	36996
1998	23331	105522	15877	153174	35351
2000	25473	112194	12555	146177	33413
2001	26695	107718	2508	135853	22894
2002	29302	108726	2130	131388	22999
2003	36157	103750	1907	134198	24265
2004	36693	104813	2095	131703	26806
2005	36640	102271	2145	128320	24803
2006	36120	95505	258	119267	21554
2007	35619	90215	317	108471	30405
2008	34991	85912	1254	106808	27920
2009	34515	79604	764	102484	27180
2010	34227	75469	702	96746	28346
2011	33947	71410	8973	92402	26348
2012	31633	87598	888	85925	25274
2013	30547	42947	811	63066	19123
2014	30427	41798	625	60630	20060
2015	30608	39974	711	59046	20737
2016	30666	39276	943	57819	20385
2017	30532	38410	995	55250	20483
2018	29365	38141	713	52482	19094

13-5 各级各类学校招生数

单位：人

年份	普通高等学校	中等学校	中等专业学校			普通中学
				中等技术学校	中等师范学校	
1992	1168	47852	1749	1529	220	34558
1993	1427	49051	1906	1630	276	35753
1994	1263	49564	2005	1727	278	36824
1995	1301	52331	2144	1898	246	39848
1996	1323	48446	2680	2410	270	36062
1997	1464	46169	3095	2825	270	34585
1998	1615	62953	3234	2962	272	55336
2000	3400	46516	2131	1843	288	37812
2001	2218	44467	2864	2864		40931
2002	3149	46527	3425	3425		42464
2003	3315	40833	2904	2904		37571
2004	6542	42554	2791	2791		39245
2005	5903	39268	1706	1706		37024
2006	7280	39180	1121	1121		37979
2007	8370	37280	1466	1466		35661
2008	9571	32444	948	948		31121
2009	8688	32619	894	894		31047
2010	7881	33498	1383	1383		31870
2011	8330	32997	1244	1244		31046
2012	8603	39780	4322	4322		35261
2013	8758	25672	2519	2519		22827
2014	8984	23889	1515	1515		22100
2015	9043	23248	1741	1741		21228
2016	9043	22877	1170	1170		21306
2017	8685	23455	1692	1692		21567
2018	8585	21113	865	865		20113

13-5续表

单位：人

年份	高中	初中	职业中学	小学	幼儿园
1992	6799	27759	11545	28656	16637
1993	7130	28623	11392	29055	18033
1994	7599	29225	10735	27338	
1995	7196	32652	10339	29255	21228
1996	7976	28086	9704	27439	24116
1997	7503	27082	8489	27138	23459
1998	8262	47074	4383	28918	20969
2000	7872	29940	6573	27075	20266
2001	10117	30814	672	24722	16870
2002	11983	30481	638	23735	16434
2003	13628	23943	358	26800	17648
2004	12943	26302	518	24153	18518
2005	12326	24698	538	21900	16688
2006	12554	25425	80	18114	13716
2007	11331	24330	153	16669	20831
2008	11403	19718	375	16243	19167
2009	11764	19283	678	15345	17993
2010	11079	20791	245	15535	18061
2011	11378	19670	707	15147	16452
2012	10621	24640	197	15776	14326
2013	10330	12497	326	11014	11898
2014	10382	11718	274	9402	13059
2015	10230	10998	279	9739	12757
2016	10137	11169	401	10059	11093
2017	10288	11279	196	8975	12104
2018	9197	10916	135	8860	9511

13-6 各级各类学校毕业生数

单位：人

年 份	普 通 高等学校	中等学校	中 等 专业学校			普通中学
				中 等 技术学校	中 等 师范学校	
1992	895	45315	1476	1198	278	36597
1993	881	44718	1223	1047	176	35244
1994	927	46653	1243	1198	45	37693
1995	1482	43211	1612	1297	315	35230
1996	1376	46253	1773	1487	286	37659
1997	1188	43376	1768	1520	248	35746
1998	1021	49335	1976	1730	246	40938
2000	1204	43818	2934	2664	270	36856
2001	912	43348	1894	1894		34872
2002	859	35203	2664	2664		31505
2003	3438	35785	3690	3690		31239
2004	2364	42977	3010	3010		39001
2005	2814	40915	3708	3708		36211
2006	5974	43212	2631	2631		40433
2007	6144	38322	1434	1434		36803
2008	7386	37354	1157	1157		35871
2009	7931	37041	1066	1066		35822
2010	8301	35436	1037	1037		34317
2011	8044	36001	858	858		33564
2012	8624	35529	2167	2167		32804
2013	7339	34806	1296	1296		33111
2014	7879	24027	1261	1261		22471
2015	8391	27532	5336	5336		22011
2016	9041	24582	2726	2726		21690
2017	8744	24681	1459	1459		22186
2018	8810	22066	890	890		20919

13-6续表

单位：人

年 份	高 中	初 中	职业中学	小 学
1992	8872	27725	7242	27812
1993	8351	26893	8251	28626
1994	7449	30244	7717	29225
1995	6402	28828	6369	32652
1996	7348	30311	6821	28086
1997	6530	29216	5862	27082
1998	7339	33599	6421	47074
2000	7091	29765	4028	29940
2001	7572	27300	6582	11065
2002	7959	23546	1034	30481
2003	6877	24362	856	23983
2004	10565	28436	966	26439
2005	11176	25035	996	25128
2006	11867	28566	148	12239
2007	11526	25277	85	24375
2008	12018	23853	326	19734
2009	11914	23908	153	19314
2010	11215	23102	82	20836
2011	11322	22242	1579	20081
2012	10761	22043	558	24470
2013	10446	22665	399	12594
2014	10116	12355	295	11700
2015	9944	12067	185	11006
2016	9937	11753	166	7526
2017	10321	11865	1036	11272
2018	10153	10766	257	11035

13-7 各级各类成人学校基本情况

(2018年)

各类学校	学校数(所)	毕业生数(人)	招生数(人)	在校学生数(人)	教职工数(人)	#专任教师	兼任教师(人)
总　　计	**52**	**14094**	**930**	**52014**	**512**	**304**	**222**
一、成人高等学校	1	376	310	688	140	90	5
广播电视大学							
职工高等学院							
管理干部学院	1	56			140	90	5
教师进修学院							
普通高校办函授部		320	310	688			
二、成人中等学校	51	13718	620	51326	372	214	217
中等专业学校	1	176	620	2447	372	214	217
教师进修学校							
职业技术培训学校	50	13542		48879			

13-8 各级各类成人学校在校学生数

单位：人

各类学校	1995	2000	2005	2010	2011	2012	2013	2014	2015	2016	2017	2018
成人高等学校	5633	4020	1508	3700	3975	125903	5513	3379	1262	1549	734	688
广播电视大学	2184	1071	643	682	1122	3600	2212					
职工高等学院	400											
管理干部学院	374	613	655	1013	1202	991	832	730	180	286	56	
教师进修学院	2199	2108										
普通高校办函授部	476	228	210	2005	1651	2185	2469	2649	1082	1263	678	688
成人中等专业学校	10286	2251	1071	153410	122387	119127	113039	34884	139941	89827	80702	51326

13-9 中等专业学校分科在校生人数

单位：人

年 份	合 计	中等技术学校						中等师范学校
			农 科	林 科	医 药	财 经	其 他	
1992	4251	3639	1784	612	540	640	63	612
1993	4553	3912	1759	666	767	720		641
1994	5595	4778	1897	1085	1008	788		817
1995	5707	4990	1255	812	756	706	1461	717
1996	7066	6010	2721	1531	844	914		1056
1997	8407	7641	3083	1908	1036	1100	514	766
1998	9251	8459	3602	1691	1296	1090	780	792
2000	8080	7196	2455	1330	1281	1350	780	884
2001	9088	9088	3816	1800	1064	1245	1163	
2002	10311	10311	3956	2507	900	1145	1803	
2003	10196	10196	3599	2513	934	1045	2105	
2004	9302	9302	3340	2438	1034	1170	1320	
2005	7221	7221	3920	665	1172	310	1154	
2006	4935	4935	2679	352	670	211	1023	
2007	4108	4108	1877	215	534	245	1237	
2008	3353	3353	1530	175	435	200	1013	
2009	2680	2680	1222	140	348	159	811	
2010	3189	3189	1454	166	414	189	966	
2011	3752	3752	1710	195	487	222	1138	
2012	8175	8175	3726	425	1061	483	2480	
2013	8380	8380	3891	435	1086	495	2473	
2014	9741	9741	4522	505	1262	575	2877	
2015	6026	6026	2797	312	781	356	1780	
2016	4384	4384	2035	227	568	259	1295	
2017	5148	5148	2390	266	666	304	1522	
2018	2632	2632	1221	136	340	171	764	

13-10 中等专业学校分科招生数

单位：人

年 份	合 计	中等技术学校						中等师范学校
			农 科	林 科	医 药	财 经	其 他	
1992	1749	1529	911	160	138	308	12	220
1993	1906	1630	600	150	480	400		276
1994	2005	1727	458	520	330	419		278
1995	2144	1898	248	267	238	706	439	246
1996	2680	2410	1170	520	320	400		270
1997	3095	2825	891	520	400	500	514	270
1998	3234	2962	1354	380	460	502	266	272
2000	2131	1843	593	230	172	650	198	288
2001	2864	2864	1081	948	213	421	201	
2002	3425	3425	1980	700	155	410	180	
2003	2904	2904	1551	145	434	405	369	
2004	2791	2791	1142	712	268	295	374	
2005	1706	1706	855	104	228	101	418	
2006	1121	1121	491	107		101	422	
2007	1466	1466	763	47	128	98	430	
2008	948	948	516	30	83	63	256	
2009	894	894	486	28	78	60	242	
2010	1383	1383	751	43	120	92	377	
2011	1244	1244	675	38	108	82	341	
2012	4322	4322	2345	132	375	285	1185	
2013	2519	2519	1366	77	218	166	692	
2014	1515	1515	821	46	131	100	417	
2015	1741	1741	943	53	150	115	480	
2016	1170	1170	634	36	101	77	322	
2017	1692	1692	916	52	146	111	467	
2018	865	865	468	26	71	56	244	

13-11 中等专业学校分科毕业生数

单位：人

年 份	合 计	中等技术学校						中等师范学校
			农 科	林 科	医 药	财 经	其 他	
1992	1476	1198	581	168	118	320	11	278
1993	1223	1047	392	83	252	320		176
1994	1243	1198	381	88	417	312		45
1995	1612	1297	640	189	68	400		315
1996	1773	1487	473	360	234	420		286
1997	1768	1520	435	568	203	314		248
1998	1976	1730	522	568	200	440		246
2000	2934	2664	1535	470	333	210	116	270
2001	1894	1894	753	450	430	160	101	
2002	2664	2664	1480	455	319	260	150	
2003	3669	3669	2049	710	400	261	249	
2004	3010	3010	1175	1062	198	170	405	
2005	3708	3708	1578	1306	202	50	572	
2006	2631	2631	1119	420	434	30	628	
2007	1434	1434	748	133	108	81	364	
2008	1157	1157	603	107	87	65	295	
2009	1066	1066	555	98	80	60	273	
2010	1037	1037	539	95	77	58	268	
2011	858	858	446	78	63	46	225	
2012	2167	2167	1126	197	159	116	569	
2013	1296	1296	673	118	95	69	341	
2014	1261	1261	654	115	92	66	334	
2015	5336	5336	2767	486	389	279	1415	
2016	2726	2726	1414	248	199	143	722	
2017	1459	1459	756	132	106	77	388	
2018	890	890	461	81	60	40	248	

13-12 中等专业学校分类别专任教师数

单位：人

年 份	合 计	中等技术学校						中等师范学校
			农 科	林 科	医 药	财 经	其 他	
1992	416	359	190	63	33	65	8	57
1993	399	353	175	61	40	77		46
1994	424	376	182	67	50	77		48
1995	436	384	109	47	41	77	110	52
1996	566	498	273	112	41	72		68
1997	557	498	248	95	42	71	42	59
1998	577	518	233	102	50	72	61	59
2000	540	478	203	102	47	67	59	62
2001	415	415	170	105	46	45	49	
2002	416	416	168	96	42	50	60	
2003	297	297	69	96	43	30	59	
2004	157	157	40	20	24	10	63	
2005	175	175	46	20	24	10	75	
2006	179	179	42	20	25	5	87	
2007	198	198	64	20	24	8	82	
2008	198	198	64	20	24	8	82	
2009	214	214	69	22	27	8	88	
2010	147	147	47	15	18	8	59	
2011	220	220	70	22	26	12	90	
2012	233	233	74	23	27	13	96	
2013	234	234	74	23	27	13	97	
2014	246	246	76	25	29	15	101	
2015	241	241	74	24	28	15	100	
2016	233	233	71	23	27	14	98	
2017	226	226	69	22	26	13	96	
2018	220	220	68	22	25	13	92	

13-13　普通高等学校教职工数

单位：人

年　份	教职工总　数	校本部教职工	专任教师	教辅人员	行政人员	工勤人员
1992	2998	1572	416	222	411	523
1993	2524	1605	554	154	392	505
1994	2626	1778	613	275	386	504
1995	2516	1594	603	214	327	450
1996	2513	1557	639	202	313	403
1997	2501	1543	633	199	314	397
1998	2497	1515	619	202	312	382
2000	2341	1391	627	88	257	419
2001	2174	1274	586	74	249	365
2002	1960	1042	567	209	134	132
2003	2705	1593	880	197	199	317
2004	2969	1882	1084	251	279	268
2005	3129	2154	1264	294	334	262
2006	2389	2034	1331	240	251	212
2007	2441	2116	1444	213	249	210
2008	2512	2202	1482	237	290	193
2009	2603	2300	1546	275	297	182
2010	2558	2260	1502	257	300	201
2011	2628	2362	1465	226	279	392
2012	2489	2185	1565	218	296	106
2013	2507	2217	1591	238	299	89
2014	2512	2430	1629	231	302	81
2015	2484	2238	1623	229	306	80
2016	2407	2179	1595	222	289	73
2017	2359	2174	1569	231	295	79
2018	2331	2170	1566	230	294	80

13-14　普通中等专业学校教职工数

单位：人

年　份	教职工总　数	校本部教职工	专任教师	教辅人员	行政人员	工勤人员
1992	1136	1125	416	85	195	429
1993	1323	1199	399	103	194	503
1994	1304	1304	424	138	203	539
1995	1318	1221	436	119	231	435
1996	1532	1451	566	129	223	533
1997	1504	1457	557	147	257	496
1998	1550	1511	577	139	271	524
2000	1531	1418	540	133	259	486
2001	1215	1103	415	106	153	429
2002	1211	1102	416	109	152	425
2003	895	856	297	114	115	330
2004	390	386	157	53	66	110
2005	398	394	175	53	60	106
2006	351	347	179	50	69	49
2007	370	370	198	52	67	53
2008	367	367	198	50	67	52
2009	384	384	214	57	67	46
2010	389	389	220	50	73	46
2011	388	388	220	50	82	36
2012	399	399	233	46	82	36
2013	400	400	234	46	82	38
2014	387	387	246	34	76	31
2015	379	379	241	33	75	30
2016	370	370	233	33	74	30
2017	361	361	226	34	74	27
2018	353	353	220	34	73	26

13-15　各级学校教师负担学生数

单位：人

年份	高等学校		中等学校		小学	
	教师数	平均每个教师负担学生数	教师数	平均每个教师负担学生数	教师数	平均每个教师负担学生数
1992	531	6.3	7565	14.6	9489	18.0
1993	554	6.9	8863	15.5	9283	18.8
1994	613	6.9	8390	15.8	8953	19.1
1995	603	6.6	9159	14.9	9321	18.4
1996	639	6.1	10111	13.9	10123	16.8
1997	633	6.5	10136	13.9	10004	17.1
1998	619	7.5	11620	13.7	9680	15.8
2000	627	12.7	10862	14.6	9220	15.9
2001	586	11.1	9551	15.3	8100	16.8
2002	567	15.7	9875	15.2	7900	16.6
2003	880	13.8	9748	15.6	7815	17.1
2004	1084	15.8	9639	15.9	7824	16.8
2005	1264	16.3	9521	15.6	7609	16.9
2006	1331	16.1	9179	14.9	7321	16.3
2007	1444	16.7	9100	14.3	7219	15.0
2008	1482	18.2	9169	13.7	7415	14.4
2009	1546	18.2	9075	13.0	7381	13.9
2010	1502	19.4	9057	12.5	7316	13.2
2011	1465	18.8	9247	12.8	7335	12.6
2012	1565	17.6	9381	14.3	6963	12.3
2013	1591	17.6	8539	9.6	6048	10.4
2014	1629	18.3	8577	9.6	5999	10.1
2015	1623	18.6	8536	9.1	5819	10.1
2016	1595	18.9	8398	9.0	5589	10.3
2017	1569	19	8197	9.1	5215	10.6
2018	1560	18.0	7827	9.0	4856	10.8

13-16　平均每万人口在校学生数和大中小学学生构成

年份	各级学校在校学生数占垦区人口%	平均每万人口中			大中小学学生占学生总数%		
		大学生（人）	中学生（人）	小学生（人）	大学生（人）	中学生（人）	小学生（人）
1992	18.2	21	706	1095	1.1	38.8	60.0
1993	20.2	24	699	1147	1.2	42.0	55.3
1994	19.7	27	705	1160	1.4	33.8	55.6
1995	19.9	26	872	1145	1.3	41.9	55.0
1996	20.1	26	876	956	1.4	40.1	56.0
1997	26.4	26	731	1095	1.3	36.1	54.1
1998	20.6	30	826	982	1.6	44.9	53.5
2000	20.0	51	882	937	2.5	48.1	49.4
2001	18.5	42	936	871	2.3	50.6	47.1
2002	18.6	57	965	842	3.1	51.8	45.1
2003	19.8	81	933	894	4.1	51.0	44.9
2004	19.2	109	901	839	5.7	46.9	47.9
2005	19.8	138	989	855	6.9	49.9	43.2
2006	17.8	137	844	765	7.8	48.3	43.9
2007	16.4	151	786	677	9.2	48.5	41.3
2008	16.2	168	733	647	10.4	48.4	41.2
2009	14.8	170	691	621	11.5	46.6	41.9
2010	14.5	176	665	586	12.1	47.5	40.4
2011	14.4	167	638	560	11.6	49.6	38.8
2012	15.1	166	758	521	11.5	52.5	36.0
2013	10.0	170	445	382	17.0	44.7	38.3
2014	10.5	180	438	367	18.3	44.4	37.3
2015	10.1	182	428	358	18.9	44.1	37
2016	9.9	182	424	350	19.1	44.3	36.6
2017	9.7	181	418	335	19.4	44.7	35.9
2018	9.7	171	409	318	19	45.6	35.4

13-17 各管理局各类学校数

单位：所

年份 单位	普通高等学校	中等专业学校	中等技术学校	中等师范学校	普通中学	十二年一贯制学校
2000	2	7	6	1		
2005	4	2	2		132	3
2010	4	2	2		124	2
2011	3	2	2		125	
2012	3	2	2		127	2
2013	3	2	2		124	2
2014	3	2	2		126	2
2015	3	2	2		126	2
2016	3	2	2		124	2
2017	3	2	2		124	2
2018	3	2	2		124	2
宝泉岭局		1	1		16	
红兴隆局					16	
建三江局					17	
牡丹江局					16	
北 安 局		1	1		17	
九 三 局					13	
齐齐哈尔局					9	
绥 化 局					9	
哈尔滨局					9	
总局直属	3				2	2

13-17续表

单位：所

年份 单位	高中	初中	九年一贯制学校	职业中学	小学	幼儿园
2000	38	107		17	187	217
2005	18	84	26	4	134	88
2010	17	34	71	5	47	116
2011	17	38	68	5	49	109
2012	17	19	88	6	28	116
2013	17	18	87	6	26	119
2014	17	19	88	6	26	118
2015	17	19	88	6	26	118
2016	17	19	86	6	26	119
2017	17	19	86	6	26	122
2018	17	19	86	6	26	124
宝泉岭局	3	1	12		2	14
红兴隆局	2	10	4	2	10	17
建三江局	2		15	1	2	20
牡丹江局	1		15			20
北 安 局	3		14			15
九 三 局	2	5	6	2	7	13
齐齐哈尔局	2	2	5		3	7
绥 化 局	1		8			8
哈尔滨局	1	1	7	1	2	9
总局直属						1

13-18 各管理局各类学校教职工数

单位：人

年份 单位	普通高等学校	中等学校	中等专业学校			普通中学
				中等技术学校	中等师范学校	
2000	2341	17320	1531	1399	132	14499
2005	3129	14066	398	398		13366
2010	2558	13040	389	389		12564
2011	2362	13159	388	388		12676
2012	2489	12539	399	399		12044
2013	2507	10605	400	400		10047
2014	2512	17231	387	387		16660
2015	2484	16728	379	379		16165
2016	2407	16156	370	370		15647
2017	2359	15511	361	361		15014
2018	2331	14806	353	353		14366
宝泉岭局		2159	155	155		2004
红兴隆局		1769				1717
建三江局		2991				2962
牡丹江局		1889				1889
北安局		2273	198	198		2075
九三局		1440				1440
齐齐哈尔局		720				720
绥化局		697				697
哈尔滨局		508				502
总局直属	2331	360				360

13-18续表

单位：人

年份	十二年一贯制学校	高中	初中	九年一贯制学校	职业中学	小学	幼儿园
2000		3191	11308		1290	13488	2905
2005		3613	9753		302	10821	1385
2010		3311	9259		87	9894	1834
2011		3340	9336		95	9819	2010
2012		3231	8813		96	9500	2646
2013		3040	7007		158	6971	2738
2014	442	3047	2137	11034	184	2363	3007
2015	438	2991	2123	10613	184	2262	3167
2016	431	2965	2142	10109	139	2151	3263
2017	377	3015	2062	9560	136	2036	3286
2018	360	2973	1925	9108	87	1886	3258
宝泉岭局		478	160	1366		110	410
红兴隆局		510	916	291	52	768	513
建三江局		525		2437	29	91	922
牡丹江局		326		1563			504
北安局		423		1652			246
九三局		319	504	617		460	294
齐齐哈尔局		188	271	261		366	144
绥化局		130		567			113
哈尔滨局		74	74	354	6	91	102
总局直属	360						10

13-19 各管理局各类学校教师数

单位：人

年份 单位	普通高等学校	中等学校	中等专业学校	中等技术学校	中等师范学校	普通中学
2000	627	10862	540	478	62	9654
2005	1264	9521	175	175		9148
2010	1502	9130	220	220		8853
2011	1465	9247	220	220		8956
2012	1565	9381	233	233		9072
2013	1591	8539	234	234		8190
2014	1629	8577	246	246		8198
2015	1623	8536	241	241		8164
2016	1595	8398	233	233		8054
2017	1569	8107	226	226		7777
2018	1560	7827	220	220		7542
宝泉岭局		1156	81	81		1075
红兴隆局		1122				1084
建三江局		1317				1296
牡丹江局		841				841
北安局		1109	139	139		970
九三局		904				904
齐齐哈尔局		518				518
绥化局		312				312
哈尔滨局		322				316
总局直属	1560	226				226

13-19续表

单位：人

年份 单位	高中	初中	职业中学	小学	幼儿园
2000	2128	7526	668	9220	2138
2005	2278	6870	198	7609	899
2010	2393	6460	57	7316	1130
2011	2431	6525	71	7335	1209
2012	2433	6639	76	6963	1394
2013	2352	5838	115	6115	1366
2014	2469	5729	133	5999	1484
2015	2477	5687	131	5819	1553
2016	2487	5567	111	5589	1644
2017	2432	5345	104	5215	1659
2018	2401	5141	65	4856	1663
宝泉岭局	373	702		527	163
红兴隆局	334	750	38	598	228
建三江局	454	842	21	1077	481
牡丹江局	270	571		569	264
北安局	304	666		571	182
九三局	231	673		551	133
齐齐哈尔局	162	356		444	75
绥化局	72	240		212	76
哈尔滨局	66	250	6	211	56
总局直属	135	91		96	5

13-20 各管理局各类学校在校学生数

单位：人

年份 单位	普通高等学校	中等学校	中等专业学校	中等技术学校	中等师范学校	普通中学
2000	7933	158302	8080	7196	884	137667
2005	20659	148277	7221	7221		138911
2010	29054	113587	3189	3189		109696
2011	27588	110330	3752	3752		105357
2012	27466	128294	8175	8175		119231
2013	28029	82685	8380	8380		73494
2014	29679	82594	9741	9741		72225
2015	30135	77319	6026	6026		70582
2016	30124	75269	4384	4384		69942
2017	29871	75085	5148	5148		68942
2018	28196	70851	2632	2632		67506
宝泉岭局		13068	1515	1515		11553
红兴隆局		10613				10005
建三江局		13617				13617
牡丹江局		7498				7498
北 安 局		7580	1117	1117		6463
九 三 局		6968				6864
齐齐哈尔局		4084				4084
绥 化 局		2474				2474
哈尔滨局		2731				2730
总局直属	28196	2218				2218

13-20续表

单位：人

年份 单位	高中	初中	职业中学	小学	幼儿园
2000	25473	112194	12555	146177	33413
2005	36640	102271	2145	128320	21555
2010	34227	75469	702	96746	28346
2011	33947	71410	1221	92402	26348
2012	31633	87598	888	85925	25274
2013	30547	42947	811	63066	19123
2014	30427	41798	628	60630	20060
2015	30608	39974	711	59046	20377
2016	30666	39276	943	57819	20385
2017	30532	38410	995	55250	20483
2018	29365	38141	713	52482	19094
宝泉岭局	4891	6662		6079	2646
红兴隆局	4229	5776	608	5925	2679
建三江局	5550	8067		15592	5694
牡丹江局	3159	4339		8296	2780
北 安 局	2984	3479		4978	1525
九 三 局	2854	4010	104	3503	1827
齐齐哈尔局	2297	1787		2848	657
绥 化 局	1140	1334		1424	631
哈尔滨局	653	2077	1	2823	595
总局直属	1608	610		1014	60

13-21 各管理局各类学校招生数

单位：人

年份 单位	普通高等学校	中等学校	中等专业学校	中等技术学校	中等师范学校	普通中学
2000	3400	42475	2131	1843	288	37031
2005	5903	39268	1706	1706		37024
2010	7881	33498	1383	1383		31870
2011	8330	32574	1244	1244		31048
2012	8603	39780	4322	4322		35261
2013	8758	25672	2519	2519		22827
2014	8984	23889	1515	1515		22100
2015	9043	23238	1741	1741		21218
2016	9043	22877	1170	1170		21306
2017	8685	23455	1692	1692		21567
2018	8585	21113	865	865		20113
宝泉岭局		3560	510	510		3050
红兴隆局		2922				2787
建三江局		4787				4787
牡丹江局		2457				2457
北 安 局		2324	315	315		2009
九 三 局		1801				1801
齐齐哈尔局		1363				1363
绥 化 局		618				618
哈尔滨局		704				704
总局直属	8585	537				537

13-21续表

单位：人

年份 单位	高中	初中	职业中学	小学	幼儿园
2000	7091	29940	3313	27075	20266
2005	12326	24698	538	21900	13742
2010	11079	20791	245	15535	18061
2011	11378	19670	282	15147	16452
2012	10621	24640	197	15776	14326
2013	10330	12497	326	11014	11898
2014	10382	11718	274	9402	13059
2015	10230	10988	279	9739	12757
2016	10137	11169	401	10059	11093
2017	10288	11279	196	8975	12104
2018	9197	10916	135	8860	9511
宝泉岭局	1522	1528		1117	1831
红兴隆局	1333	1454	135	1172	695
建三江局	1880	2907		2521	3692
牡丹江局	910	1547		1294	1265
北 安 局	945	1064		735	810
九 三 局	952	849		613	352
齐齐哈尔局	786	577		435	570
绥 化 局	314	304		285	113
哈尔滨局	210	494		547	179
总局直属	345	192		141	4

13-22 各管理局各类学校毕业生数

单位：人

年份 单位	普通 高等学校	中等学校	中等 专业学校	中等 技术学校	中等 师范学校
2000	1204	43818	2934	2664	270
2005	2814	40915	3708	3708	
2010	8301	36461	1037	1037	
2011	8044	34517	858	858	
2012	8624	35529	2167	2167	
2013	7339	34806	1296	1296	
2014	7879	24027	1261	1261	
2015	8391	27532	5336	5336	
2016	9041	24582	2726	2726	
2017	8744	24681	1459	1459	
2018	8810	22066	890	890	
宝泉岭局		3684	485	485	
红兴隆局		3285			
建三江局		4103			
牡丹江局		2729			
北 安 局		2714	405	405	
九 三 局		2231			
齐齐哈尔局		1216			
绥 化 局		651			
哈尔滨局		701			
总局直属	8810	752			

13-22续表

单位：人

年份 单位	普通中学	高中	初中	职业中学	小学
2000	36856	7091	29765	4028	29940
2005	36211	11176	25035	996	25128
2010	34317	11215	23102	82	20836
2011	33564	11322	22242	95	20081
2012	32804	10761	22043	558	24470
2013	33111	10446	22665	399	12594
2014	22471	10116	12355	295	11700
2015	22011	9944	12067	185	11006
2016	21690	9937	11753	166	11270
2017	22186	10321	11865	1036	11272
2018	20919	10153	10766	257	11035
宝泉岭局	3199	1612	1587		1468
红兴隆局	3087	1581	1506	198	1461
建三江局	4103	1768	2335		2939
牡丹江局	2729	1347	1382		1567
北 安 局	2309	1130	1179		1067
九 三 局	2172	992	1180	59	883
齐齐哈尔局	1216	566	650		598
绥 化 局	651	383	268		320
哈尔滨局	701	213	488		534
总局直属	752	561	191		198

13-23 各管理局中学毕业生和小学毕业生升学率

年份 单位	高中毕业生升学率			初中毕业生升学率			小学毕业生升学率		
	毕业生人数（人）	升入高等学校（人）	升学率（%）	毕业生人数（人）	升入高级中学人数（人）	升学率（%）	毕业生人数（人）	升入初级中等学校（人）	升学率（%）
2000	7091	4453	62.8	29765	12266	41.2	29940	29940	100.0
2005	11176	8944	80.0	25035	14490	57.8	25128	25128	100.0
2010	11215	9344	83.3	23102	11536	49.9	20836	20836	100.0
2011	11322	8641	76.3	22242	11645	52.4	19670	19670	100.0
2012	10761	9456	87.8	22043	10823	49.1	24470	24470	100.0
2013	10446	9246	88.5	22665	10545	47.4	12594	12594	100.0
2014	10116	8927	88.2	12355	10424	84.3	11700	11700	100.0
2015	9944	8900	89.5	12067	10257	85.0	11006	11006	100.0
2016	9937	8934	89.9	11753	10137	86.3	11270	11270	100.0
2017	10321	10144	98.3	11865	10288	86.7	11272	11272	100.0
2018	10153	9620	94.8	10766	9197	85.4	11035	11035	100.0
宝泉岭局	1612	1627	100.0	1587	1522	95.9	1468	1468	100.0
红兴隆局	1581	1538	97.3	1506	1333	88.5	1461	1461	100.0
建三江局	1768	1698	96.0	2335	1880	80.5	2939	2939	100.0
牡丹江局	1347	1225	90.9	1382	910	65.8	1567	1567	100.0
北安局	1130	1090	96.5	1179	945	80.2	1067	1067	100.0
九三局	992	918	92.5	1180	952	80.7	883	883	100.0
齐齐哈尔局	566	501	88.5	650	786	100.0	598	598	100.0
绥化局	383	296	77.3	268	314	100.0	320	320	100.0
哈尔滨局	213	201	94.4	488	210	43.0	534	534	100.0
总局直属	561	526	93.8	191	345	100.0	198	198	100.0

注：升入高等学校人数中含部分往届毕业生。

13-24 各管理局小学学龄儿童入学率

年份 单位	学龄儿童数（人）	已入学学龄儿童数（人）	入学率（%）
2000	144987	144987	100.0
2005	122107	122107	100.0
2010	92451	92451	100.0
2011	89064	89064	100.0
2012	82676	82676	100.0
2013	58177	58177	100.0
2014	54939	54939	100.0
2015	53738	53738	100.0
2016	52752	52752	100.0
2017	50461	50461	100.0
2018	48361	48361	100.0
宝泉岭局	5662	5662	100.0
红兴隆局	5459	5459	100.0
建三江局	14374	14374	100.0
牡丹江局	7720	7720	100.0
北安局	4655	4655	100.0
九三局	2964	2964	100.0
齐齐哈尔局	2574	2574	100.0
绥化局	1354	1354	100.0
哈尔滨局	2651	2651	100.0
总局直属	948	948	100.0

13-25 广播、电视自办节目播出情况

(2018年)

单 位	有线广播站(个)	广播人口覆盖率(%)	有线电视站(个)	自办电视节目平均每周播放时间(小时)		电视人口覆盖率(%)	有线电视总用户数(万户)	转播电视节目套数(套)
				小 计	新 闻			
总 计	**103**	**93.8**	**112**	**55:55**	**20:20**	**94.2**	**28.34**	**88**
宝泉岭局	13	96.3	13	6:30	2:10	96.6	5.65	88
红兴隆局	12	95.4	12	6:30	1:00	95.8	4.49	88
建三江局	16	94.8	16	5:00	1:00	95.1	4.79	88
牡丹江局	13	94.1	13	6:30	2:10	94.2	3.86	88
北 安 局	15	93.5	15	7:00	2:10	93.8	3.17	88
九 三 局	12	94.2	12	6:20	1:50	94.7	3.33	88
齐齐哈尔局	7	92.5	11	6:30	2:10	92.5	1.56	88
绥 化 局	7	92.0	9	2:30	2:30	92.5	0.85	88
哈尔滨局	7	91.5	10	2:05	2:05	92.4	0.64	88
总局直属	1		1	7:00	3:15			88

注：13-25表资料由总局文化委员会提供。

13-25续表

单 位	电视转播台(座)	电视发射机(部)	千瓦发射机(部)	广播电视事业机构(个)	职工人数(人)	卫星地面站(座)
总 计	**45**	**170**	**151**	**10**	**779**	**82**
宝泉岭局	9	27	27	1	119	9
红兴隆局	7	31	26	1	97	7
建三江局	9	38	34	1	150	9
牡丹江局	6	28	21	1	88	12
北 安 局	4	12	10	1	90	16
九 三 局	7	26	26	1	26	9
齐齐哈尔局	2	4	4	1	30	
绥 化 局	1	4	3	1	28	2
哈尔滨局				1	27	10
总局直属				1	124	8

13-26 杂志和报纸出版情况

年　份	杂志 种数（种）	杂志 每期平均印数（册）	杂志 总印数（万册）	杂志 总印张数（万印张）	报纸 种数（种）	报纸 每期平均印数（份）	报纸 总印数（万册）	报纸 总印张数（万印张）
1992	6	50600	55.0	192.2	5	65800	1345.8	1332.3
1993	6	56100	58.0	199.7	5	67900	1497.1	1417.4
1994	7	24517	24.6	74.3	4	60000	1081.3	277.5
1995	7	16000	13.4	41.9	4	68836	1347.0	671.7
1996	4	23000	17.0	68.8	2	47136	1547.0	612.0
1997	6	22750	19.7	82.6	2	51000	1653.1	720.0
1998	6	21200	29.1	85.7	2	67400	2046.1	2046.0
1999	5	18559	14.6	68.3	2	72500	2023.6	2024.0
2000	5	15560	11.0	58.4	1	55000	1650.0	1650.0
2001	4	12580	7.6	38.9	1	40050	1335.1	1335.0
2002	4	15416	9.3	48.1	1	48000	1598.4	1598.4
2003	4	12486	7.5	38.2	1	49000	1631.7	1631.7
2004	4	8325	5.0	26.1	1	36500	1216.3	1216.3
2005	4	13000	7.8	40.7	1	38100	1269.0	1269.0
2006	4	12600	7.8	38.6	1	42300	1387.8	1387.8
2007	4	11400	7.6	35.7	1	44450	1541.8	1541.8
2008	4	12100	7.8	36.5	1	46485	1612.7	1612.7
2009	4	17900	11.5	53.8	1	48800	1756.0	1756.0
2010	4	19733	22.0	88.1	1	50807	1829.1	1829.1
2011	4	23052	25.7	102.9	1	58348	2100.6	2100.6
2012	4	30945	34.5	138.1	1	61151	2201.4	2201.4
2013	4	33277	37.1	148.5	1	64148	2309.3	2309.3
2014	4	23565	28.3	113.3	1	61675	2183.3	2183.3
2015	4	25610	31.2	124.9	1	52834	1807.0	1807.0
2016	4	16909	20.6	82.5	1	50604	1731.0	1731.0
2017	4	16745	20.4	81.7	1	51393	1758.0	1758.0
2018	4	16867	20.5	81.9	1	51017	1746.0	1750.0

13-27 科学研究与技术开发机构、人员、经费及资产情况

项　目	单位	2017 合计	2017 自然科学技术领域	2017 社会人文科学领域	2017 科学技术情报	2018 合计	2018 自然科学技术领域	2018 社会人文科学领域	2018 科学技术情报
总局直属独立研究与开发机构									
机构数	个	19	18	1		20	19	1	
职工人数	人	627	611	16		2587	2575	12	
#科技人员	人	473	463	10		1089	1081	8	
管理人员	人	140	135	5		1483	1479	4	
工　人	人	13	13			15	15		
经费收入额	万元	18272.8	17496.0	776.8		13482.2	13457.2	25.0	
#国　拨	万元	8342.5	7659.2	683.3		3881.2	3856.2	25.0	
基本建设投资额	万元	736.5	736.5			495.0	495.0		
#设备及工器具购置	万元	322.5	322.5			215.5	215.5		
年末固定资产原值	万元	26206.4	26091.3	115.1		27034.5	26899.4	135.1	

注：13-27至13-29表资料由总局科技局提供。

13-28　科学研究与技术开发项目科技奖励情况

项　　目	2005	2010	2012	2013	2014	2015	2016	2017	2018
本年开展的研究与开发项目	187	165	181	163	148	126	64	64	80
本年完成并通过鉴定的研究与开发项目	50	61	35	32	64	41	20	36	49
获奖的研究、开发项目	34	40	46	67	47	51	57	32	53
获国家星火奖									
获科技奖	34	28	46	59	47	51	40	42	10
#国家级科技奖									
省级科技奖	5	6	5	12	4	8	9	6	5
总局级科技进步奖	29	22	41	47	43	43	31	36	48
获农业部丰收奖		12		8			17		

13-29　垦区获得黑龙江省科学技术奖励名单

(2018年)

序号	获奖等级	项目名称	奖励名称	主要完成单位	主要完成人
1	二等奖	寒地优质稻米生产加工提质增效关键技术	科技进步类	黑龙江八一农垦大学	李佐同、翟爱华、曹龙奎、李红宇、洪秀杰、 戴凌燕、胡军、安红宇、王智慧
2	二等奖	主要农作物调优栽培信息化技术	科技进步类	黑龙江省农垦科学院、黑龙江省前进农场、黑龙江省友谊农场、黑龙江省八五二农场	刘卫东、张伟、慕永红、武洪峰、马增奇、 王立涛、刘彬、杜雅刚、卢百谦
3	二等奖	黑龙江省规模化奶牛节本增效生态养殖技 术推广应用	科技进步类	黑龙江八一农垦大学、东北农业大学、黑龙江禾丰牧业有限公司、黑龙江省九三农垦德胜奶牛养殖专业合作社	徐闯、曹阳、王彦杰、张爱忠、杨威、张冰冰、付世新、郑家三、张迪
4	三等奖	家畜健康养殖环境与个体行为信息智能处 理及感知理论研究	自然科学类	黑龙江八一农垦大学	谢秋菊、闫丽、尹国安、刘金明、张长凤
5	三等奖	灌区水资源利用优化调度研究	科技进步类	黑龙江省农垦总局水利工程管理总站、东北农业大学	徐淑琴、宋军、母成波、李宝林、李敬超、 苏仲静、孙东伟

主要统计指标解释

科技活动 指在所有科学技术领域内，即自然科学、农业科学、医药科学、工程与技术科学、人文与社会科学（简称科学技术领域）中与科技知识的产生、发展、传播和应用密切相关的有组织的科技活动。所谓有组织的科技活动，指在一个机构的范围之内，并列入这一机构的工作计划，由这一机构的人员有计划地进行的科技活动。目前科技活动统计包括研究与试验发展、研究与试验发展成果应用及科技服务三类活动。

研究与试验发展（R&D） 指为了增进知识，以及利用这些知识去开创新的用途而进行的系统的创造性的工作。它具备四种基本条件：创造性、新颖性或创新、科学方法的运用和新知识的产生。它包括三种类型：基础研究、应用研究和试验发展。

（1）基础研究 指不直接考虑用途，以揭示客观事物的本质、运动规律，获得新发现、新学说为目的或对已有的规律、发现、学说作系统性的补充而进行的理论研究或实验。其成果以科学论文、科学著作为主要形式。

（2）应用研究 指利用基础研究所发现的知识，确定特定的目标，为了明确基础研究成果的实用化的可能性，探索新方法（原理性）而进行的独创性研究，及时对已经实用化的技术探索新的应用方法（原理性）而进行的研究。应用研究实际上并不直接产生新的（或改进）产品或工艺，其成果为科学论文、科学著作、原理性模型和专利等。

（3）试验发展 指利用基础研究、应用研究及实际经验所获得的知识，为生产新的材料、产品和装置，建立新的工艺、系统和服务，对已生产和建立的上述各项进行实质性的改进而从事的系统性工作。其成果为一种具有新产品或新技术基本特点的原型，可达到设计定型的新产品或新工艺、实验报告等。垦区的科研项目与课题大多属试验发展类。

科研单位个数 指专门从事科学研究、科学试验、技术推广的专门科研单位。

科技活动机构 指调查范围内有建制的从事科技活动的科研机构。包括国有科学研究与技术开发机构、科技情报与文献机构，全日制普通高等学校附属科技活动机构、大中型工业企业附属的技术开发机构。全日制普通高等学校附属的科技活动机构指经学校上级主管部门正式批准的以科技活动为主，相对稳定的开展科技活动的机构。大中型工业企业附属的技术开发机构（也称企业办科技机构）指企业自办或与外单位合办，管理上同生产系统相对独立的，或单独核算的专门技术开发机构，如企业办研究所或开发中心、开发部等。

（1）有经常性研究开发任务的机构 指所从事的技术开发任务是按经常性计划安排实施的，而不是承担间断性或零散任务的企业办技术开发机构。

（2）有稳定经费来源的机构 指能从各种渠道较稳定地获得技术开发经费，如科技三项费用、技术开发贷款。留利中的生产发展基金，新产品试制基金，企业固定资产折旧基金按规定允许使用的资金，按国家规定摊入生产成本的费用等，这样的企业办技术开发机构视为有稳定经费来源。

（3）有一定测试条件的机构 指在技术开发工作中有一定试验、测试条件，或技术开发工作中的试验、测试可在企业内部进行的企业办技术开发机构。

从业人员 指由本机构年末直接组织安排工作并支付工资的各类人员总数，包括固定职工、国家有编制的合同制职工、招聘人员和返聘的离退休人员。不包括离退休人员，停薪留职人员。

科技活动人员 是指调查单位在报告年度直接从事科技活动，以及专门从事科技活动管理和为科技活动提供直接服务的人员。不包括全年累计从事科技活动的实际工作时间占全年制度工作时间10%以下（不包括10%）的人员。科技活动人员包括科技研发人员、科技推广人员、科技管理及服务人员。

研究与发展成果应用 指为解决研究与发展活动阶段产生的新产品、新装置、新工艺、新技术、新方法、新系统和服务等能投入生产或在实际中运用所存在的技术问题而进行的系统性活动，它不具有创新成分。此类活动包括为达到生产顺利进行以及为形成生产规模和应用领域而进行的适应性试验、小批量试生产等。活动成果最终形式多是可供生产和实际使用的带有技术、工艺参数规范的图纸、技术标准和操作规范等。研究与发展成果应用包括：

（1）农业领域里新品种的区域试验；工业领域里为形成新产品的生产规模而进行的工业性试验。

（2）仿制国内外技术先进的新产品而进行的设计与试制工作。

（3）为满足本部门的技术需求而对引进国内外新方法所进行的分析研究、消化吸收工作。

（4）为解决试验发展阶段新产品、新装置、新工艺能投入生产而进行的定型设计与试制工作。

普通高等学校 指通过国家普通高等教育招生考试，招收高中毕业生为主要培养对象，实施高等学历教育的全日制大学、独立设置的学院、独立学院和高等专科学校、高等职业学校及其他机构。

大学、独立设置的学院主要实施本科及本科层次以上的教育。独立学院主要实施本科层次的教育。高等专科学校、高等职业学校实施专科层次的教育。其他机构是指承担国家普通招生计划任务不计校数的机构，包括普通高等学校分校、大专班等。

成人高等学校 指通过国家成人高等教育招生考试，招收具有高中毕业或同等学力的人员为主要培养对象，利用函授、业余、脱产等多种形式，对其实施高等学历教育的学校。包括：职工高等学校、农民高等学校、管理干部学院、教育学院、独立函授学院、广播电视大学、其他机构。其他机构是指承担国家成人招生计划任务不计校数的机构。

中等专业学校 通常是在九年制义务教育结束后进行，在级别上相当于高中，但普通高中侧重基础知识的传授，毕业后一般参加普通高考，是为升入大学做准备。而中专更重视专业技能的培训，毕业后一般都已经掌握了相应的职业技能，步入社会可以胜任某种职业。目前的中专有公办与民办之分，包括：普通中专，职业中专，成人中专,中技（同等中专学历）。

普通中学 指高、初中合一或高中、初中分设的中学，也包括中小学合一，以中学为主的学校，但这类学校的学生要分开统计，即小学校的学生数要统计到小学学生中去。

一贯制学校 指在一所学校连续实施中小学教育的机构。其中包括实施九年义务教育的九年一贯制学校和实施高中教育的十二年一贯制学校。

教职工总数 指垦区在各类学校中工作的在册全部职工人数。包括本部、科研机构、校办工厂农（林）场和附属机构的人员。但不包括离退休人员，学校办集体所有制单位人员等。

在校学生数 指年初开学以后、具有学籍的在校生人数，但普通中学不包括毕业生在校补习或复读的学生数。农垦学校个数和在校生数的规定：在农垦系统办的学校中，高中、职高、初中、小学多制合一的，其学校个数为1，并填在普通中学栏内，但在学校生数应分别统计。

升学率 被升入高一级学校的人数与应届毕业学生总人数之比。反应某一教育的学生继续接受高一级教育的比例。

14 卫生和其他

14-1　卫生机构数

单位:个

年份	总计	医院	疗养院、所	门诊部、所	卫生所	卫生监督所	妇幼保健所、站	个体开业诊所	其它卫生机构
1990	3265	147	1	2916	2755	98	78	18	7
1992	3271	158	1	2866	2721	101	94	44	7
1993	3261	123	1	2800	2644	100	99	131	7
1994	3250	127	1	2784	2739	105	102	124	7
1995	3185	136	1	2736	2698	104	100	101	7
1996	3042	126	1	2709	2651	103	97		6
1997	3053	116	1	2726	2674	110	97		3
1998	2978	116	1	2662	2607	102	96		1
2000	2829	116	1	2511	2460	105	95		1
2001	2666	116	1	2349	2146	105	95		
2002	2524	122	1	2241	1937	90	70		
2003	2587	123	1	2286	2141	95	82		
2004	2577	122	1	2260	2105	101	93		
2005	2313	115	1	1870	1806	115	99		
2006	2397	116	1	1947	1854	116	111		
2007	2601	116	1	2179	2144	112	89		
2008	2564	116	1	2132	2090	114	92		
2009	2581	116	1	2166	1994	101	97	10	
2010	2285	116	1	1839	1686	116	97		
2011	2336	123	1	1762	1574	118	97		
2012	1870	123	1	1412	1376	118	97		
2013	1689	123	1	1327	1127	118	97	24	
2014	1551	123	1	1137	1109	118	97	76	
2015	1508	125	1	1063	1051	118	76	58	67
2016	1516	123	1	1073	1060	121	79	97	23
2017	1218	123	1	650	631	121	79	114	88
2018	1039	123	1	616	544	119	59	94	27

14-2　卫生机构人员数

单位:人

年份	总计	卫生技术人员	#医生	#中医	#西医师	#西医士	#护师、护士	每千人口医生数
1990	19185	14903	7628	252	4024	3350	3748	4.8
1992	20508	15994	7007	231	4096	2676	3562	4.5
1993	19458	15441	6795	222	4384	2189	3399	4.3
1994	18409	14498	6553	210	4241	2097	3233	4.2
1995	18436	14426	6758	164	4520	2074	3456	4.4
1996	17638	14052	6832	151	4578	2101	3506	4.4
1997	17290	13889	7145	136	5080	1928	3729	4.6
1998	16464	13251	6933	108	5144	1679	3617	4.4
2000	14079	11487	6392	88	5174	1130	3289	4.1
2001	13472	11022	6237	192	5002	507	2939	4.1
2002	12735	10535	6161	69	5066	986	2880	3.9
2003	12052	10053	6621	85	4862	874	2715	4.2
2004	11704	9836	6202	80	4806	821	2629	3.3
2005	12096	10103	6347	76	4918	840	2690	4.0
2006	12322	10427	7766	46	5134	786	2661	4.9
2007	12498	10767	7209	40	5321	690	2814	4.4
2008	13228	11482	6553	139	5374	1040	3088	4.1
2009	13173	11290	6278	127	5044	1107	3104	4.0
2010	14202	12143	8333	150	5079	978	4497	5.0
2011	14397	13617	7351	143	5116	1024	5276	5.1
2012	14889	12709	8427	164	5082	1484	4685	5.0
2013	13783	12514	6440	155	5106	994	4470	4.9
2014	14170	12371	6354	169	5068	1017	4427	3.7
2015	14318	12843	5891	175	4406	1046	4506	3.4
2016	15257	12719	5999	197	4860	982	4965	2.6
2017	16683	14046	6237	246	4897	1013	5288	3.7
2018	16059	13570	5801	187	4573	1041	4901	3.5

注：14-1至14-9表资料由总局卫生局提供。

14-3 卫生机构床位数

单位:张

年 份	总 计	医 院	#综合医院	疗养院、所	每千人口医院床位数
1990	9324	9004	8278	320	5.6
1995	9301	8981	8661	320	6.0
1996	9133	8813	8563	320	5.6
1997	8891	8571	8321	320	5.7
1998	8558	8238	7988	320	5.4
2000	7838	7518	7268	320	5.1
2001	7334	7014	6680	320	4.7
2002	7217	6897	6647	320	4.3
2003	7194	6874	6624	320	4.1
2004	6970	6650	6400	320	5.6
2005	7352	7032	6677	320	4.5
2006	7483	7163	6798	320	4.7
2007	7724	7404	6959	320	4.7
2008	8274	7974	7374	300	4.8
2009	8959	8659	7151	300	5.4
2010	11416	9590	8849	300	6.4
2011	10207	9258	8431	300	6.1
2012	11604	10487	8407	300	5.5
2013	12370	12070	11710	300	7.2
2014	11181	10777	9877	300	6.2
2015	11443	11438	11438	300	6.6
2016	11776	11771	10419	300	6.1
2017	12428	12128	11268	300	7.4
2018	12177	11854	11113	300	7.4

14-4 各管理局卫生机构、床位、人员数

年份 单位	机构数 (个)	医院床位数 (张)	人员合计 (人)			
				卫生技术人员	其他技术人员	管理及工勤人员
2000	2829	7518	14079	11487	194	2398
2004	2577	6650	11704	9836	207	1661
2005	2313	7032	12096	10103	437	1556
2006	2397	7163	12322	10427	359	1536
2007	2601	7404	12498	10767	389	1342
2008	2564	7974	13228	11482	407	1339
2009	2581	8659	13173	11290	350	1533
2010	2285	9590	14202	12143	626	1562
2011	2336	9258	14397	13617	662	1576
2012	1870	10487	14889	12709	481	1499
2013	1596	12070	13783	12514	528	1931
2014	1551	11181	14170	12371	718	1983
2015	1508	11443	15563	12843	998	2194
2016	1516	11776	15257	12719	686	1722
2017	1133	12128	15828	14046	752	1873
2018	1039	12177	16059	13570	677	1812
宝泉岭局	139	1475	2118	1744	70	304
红兴隆局	209	1914	2835	2412	154	269
建三江局	109	1300	2493	2185	45	263
牡丹江局	161	1560	2039	1694	170	175
北安局	84	890	1469	1275	56	138
九三局	104	1049	1086	900	54	132
齐齐哈尔局	152	898	1052	877	35	140
绥化局	42	300	288	233	33	22
哈尔滨局	35	230	214	191	11	12
总局直属	4	2561	2465	2059	49	357

14-5 卫生机构、床位、人员数

(2018年)

机构类别	机构数(个)	床位数(张)	人员合计(人)	卫生技术人员	其他技术人员	管理及工勤人员
总　　计	**1039**	**12177**	**16059**	**13570**	**677**	**1812**
一、医疗卫生机构	739	11877	15491	13114	628	1749
1. 医院	123	11854	14401	12099	591	1711
(1) 总局总医院	1	1670	1313	1106	44	163
(2)管理局中心医院	7	3613	4834	4107	145	582
(3)农(厂)场职工医院	114	5406	7699	6453	402	844
(4) 专科医院	1	1165	555	433		122
2. 卫生院、门诊部(所)	616	23	1090	1015	37	38
(1) 卫生院、门诊部	72		93	90	2	1
(2) 卫生所	544	23	997	925	35	37
二、疗养院	1	300	112	37	38	37
三、卫生监督及防保机构	299		456	419	11	26
1. 卫生监督所	119		244	225	7	12
2. 疾病预防控制中心	121		138	128	3	7
3. 妇幼保健站	59		74	66	1	7

14-6 医院病床使用情况

年份	病床周转次数(次)	病床工作日(日)	病床使用率(%)	出院者平均住院日(日)
1990	18.19	274.51	75.21	13.69
1994	10.82	151.17	41.42	12.32
1995	10.31	150.06	40.56	12.56
1996	11.80	154.00	42.19	11.50
1997	11.70	154.10	42.22	11.70
1998	12.20	154.74	42.38	11.20
1999	12.15	154.83	42.51	11.50
2000	11.02	124.50	34.12	9.80
2001	13.00	160.60	44.00	11.00
2002	15.10	167.10	45.78	10.00
2003	14.87	178.40	48.87	10.80
2004	14.47	154.16	45.67	9.13
2005	18.89	259.47	58.14	11.50
2006	17.53	219.48	56.00	12.50
2007	18.08	247.77	63.26	11.98
2008	15.69	217.87	62.00	12.09
2009	16.29	227.24	62.68	11.90
2010	17.83	225.48	64.19	12.37
2011	15.50	216.76	73.64	12.35
2012	17.58	234.51	66.55	13.21
2013	16.90	218.76	76.93	12.73
2014	14.90	227.58	75.71	12.34
2015	16.10	193.00	44.95	13.00
2016	13.92	177.09	43.75	20.38
2017	14.21	183.67	68.54	13.76
2018	15.00	219.39	70.82	11.42

14-7 医院诊疗人次和入院人数

年　　份 医院类别	诊疗人次 (人次)	#门、急诊	入院人数 (人)	每百诊次的入院数 (人)	每百门、急诊次的入院人数 (人)
1995	1760466	1756621	106947	6.1	6.1
2000	2033217	1648100	95428	4.7	5.8
2004	1035274	337205	83387	3.5	9.4
2005	1564276	31410	100309	6.4	8.5
2006	1659555	67003	104409	6.3	9.0
2007	2051904	62299	114909	5.6	6.4
2008	2065895	88926	120935	5.9	13.8
2009	2207402	116628	124061	5.9	12.5
2010	2514211	280153	148523	6.1	13.6
2011	2500588	1971064	156388	6.2	7.9
2012	2874370	1983678	199304	6.9	10.1
2013	2856912	2557168	253389	9.0	11.5
2014	2769507	2093863	225581	9.7	12.7
2015	3201681	2875413	259843	8.6	18.2
2016	3169670	2707941	256571	14.4	19.6
2017	3127919	2757919	264677	32.1	34.8
2018	3104962	2839630	277449	16.4	16.6
1.总局总医院	335175	295997	55478	16.6	18.7
2.管理局中心医院	1355682	1274140	140837	15.24	14.77
3.农场职工医院	1414105	1269493	81134	17.38	16.35

注：本表不包含门诊部、所、基层卫生所、室和个体开业诊所的诊疗人次数。

14-8 住院病人疾病前十位顺位

(2018年)

顺 位 号	疾 病 名 称	百分比(%)
1	循环系统疾病	6.79
2	消化系统疾病	6.73
3	呼吸系统疾病	6.61
4	肿瘤	6.29
5	内分泌、营养和代谢疾病	4.18
6	损伤、中毒和外因的某些其他后果	4.07
7	泌尿生殖系统疾病	3.02
8	症状、体征和临床与实验异常所见，不可规类于他处者	1.70
9	神经系统疾病	1.69
10	血液及造血器官疾病和某些涉及免疫机制的疾患	1.55

14-9　住院病人疾病死因前十位顺位

(2018年)

顺位号	疾病名称	百分比(%)
1	循环系统疾病	24.56
2	肿瘤	21.21
3	呼吸系统疾病	12.60
4	消化系统疾病	9.22
5	损伤、中毒和外因的某些其他后果	7.50
6	内分泌、营养和代谢疾病	4.56
7	泌尿生殖系统疾病	3.20
8	神经系统疾病	3.15
9	某些传染病和寄生虫病	2.01
10	影响健康状态和与保健机构接触的因素	1.30

14-10　离休、退休及退职职工人数

单位:人

年份	离退休、退职职工人数	#国有经济单位	在职职工与离退休职工之比	#国有经济单位
1995	156652	156652	6.9	6.9
1998	168974	168596	3.4	3.2
1999	175036	174472	2.7	2.6
2000	176445	175850	2.5	2.4
2001	197714	196708	2.1	2.0
2002	203575	203459	2.0	1.9
2003	209503	209059	1.9	1.8
2004	209645	208631	1.8	1.7
2005	222677	221663	1.6	1.4
2006	229558	228544	1.5	1.3
2007	230577	229563	1.6	1.4
2008	245583	244569		
2009	263703	262689	1.4	1.3
2010	341186	340177	1.1	1.1
2011	356967	355958	1.1	0.9
2012	390134	389120	0.9	0.8
2013	410121	409107	0.9	0.8
2014	427887	427032	0.8	0.8
2015	450767	450767	0.8	0.8
2016	466901	466901	**0.6**	0.6
2017	484278	484278	0.7	0.7
2018	504697	504697	0.7	0.7

14-11 主要年份离休、退休及退职人员福利费用总额

单位:万元

项　　目	2016	2017	2018
总　　计	**1282668**	**1395611**	**1516947**
1. 离　休　金	19606	18299	21406
2. 退　休　金	1200545	1319368	1437410
3. 医疗费	16251	14301	14255
4. 生活补助费	6778	6332	7113
5. 丧葬费及抚恤金	18435	17797	18460
6. 救济费	839	1505	661
7. 取暖费	4260	5990	5927
8. 其他	15954	12019	11715

注：因财务决算将丧葬费和一次性抚恤金合并，故2016年起，不再分开统计。

14-12 按经济类型和企业、事业机关分的离休、退休及退职职工福利费用

单位:万元

年　份	费用总额	国有单位				集体单位
			企业单位	事业单位	机关单位	
2000	105800	105698	102013	2485	1200	97
2002	160990	152183	150671	6059	2747	62
2003	162462	153575	151850	7541	3072	199
2004	155810	155810	143677	11034	1099	
2005	158898	158836	150588	7609	639	63
2006	235433	235370	223193	8038	4139	63
2007	247288	244784	229951	13786	984	63
2008	290076	290014	272561	12345	5108	62
2009	381452	381390	352022	20682	8686	62
2010	491546	383406	364235	13393	5778	61
2011	573842	573779	503920	66614	3245	63
2012	688311	688311	606424	70081	11806	
2013	844452	844452	744877	82638	16937	
2014	987593	987593	866174	99481	21938	
2015	1145090	1145090	1008631	109775	26684	
2016	1282668	1282668	1121204	132669	28795	
2017	1395611	1395611	1224085	142403	29123	
2018	1516947	1516947	1326574	162735	27638	

14-13 职工福利费用构成

(2018年) 单位:万元

项目	费用总额	国有单位	集体单位	其他单位
总计	**47519**	**47519**		
1. 生活补助费	6737	6737		
2. 丧葬费、一次性抚恤金	1712	1712		
3. 救济费	2804	2804		
4. 取暖费	18380	18380		
5. 其他	17886	17886		

14-14 职工福利费用总额

单位:万元

年份	合计	国有单位	#单位支付	#集体经济单位	职工福利费用总额相当于工资总额(%)
1990	18853.1	18841.4	18401.6	11.7	20.2
1991	14741.2	14730.7	14221.8	10.5	16.5
1992	26911.4	26901.9	26351.6	9.5	21.1
1993	28751.0	28751.0	28751.0		21.5
1994	31428.4	31428.4	30548.2		
1995	30011.6	30011.6	30011.6		14.7
1996	27882.3	27882.3	27882.3		12.4
1997	25367.4	25367.4	25367.4		11.1
1998	32161.5	31930.5	31930.5	231.0	11.4
2000	31246.4	30956.9	30956.9	70.9	12.4
2001	27880.1	27600.4	27600.4	82.5	12.4
2002	26979.4	22609.8	16686.7	19.1	10.0
2003	26199.2	23378.9	16714.9	171.5	9.8
2004	32505.0	28950.0	24119.0		12.0
2005	29857.0	24138.0	16516.0		11.0
2006	38913.0	32151.0	24589.0		13.6
2007	44615.0	44108.0	28482.0		
2008	52319.0	45899.0	34308.0		
2009	68530.0	54824.0	47920.0		15.5
2010	55131.0	43002.0	23413.0		8.3
2011	50716.0	45644.0	38797.0		8.0
2012	49725.0	47812.0	47812.0		6.5
2013	47699.0	46745.0	46745.0		4.1
2014	48814.0	48814.0	48814.0		4.1
2015	47726.0	47726.0	47726.0		4.4
2016	45656.0	45656.0	45656.0		3.8
2017	57823.0	57823.0	57823.0		4.7
2018	47519.0	47519.0	47519.0		3.8

14-15 非煤工矿商贸与农机事故发生情况

(2018年)

项目	单位	非煤工矿商贸事故按发生程度分					农机事故按发生程度分				
		合计	特大	重大	较大	一般	合计	特大	重大	较大	一般
发生	起	2				2					
死亡	人	2				2					
受伤	人	1				1					
损失折款	万元	199.2				199.2					
平均每起事故损失	万元	99.6				99.6					

14-16 火灾与交通事故发生情况

(2018年)

项目	单位	火灾事故按发生程度分					交通事故按发生程度分				
		合计	特大	重大	较大	一般	合计	特大	重大	较大	一般
发生	起	65				65	262			1	261
死亡	人						21			5	16
受伤	人						301				301
损失折款	万元	664.8				664.8	177.4			5.00	172.4
平均每起事故损失	万元	10.2				10.2	0.68				0.68

注：14-15至14-16表资料由总局安全办提供，损失折款为直接损失。

14-17　垦区残疾人状况

(2018年)

指标名称	单位	数量	指标名称	单位	数量
一、基本情况			**按残疾类别**		
残疾人总数	人	97000	视力残疾人	人	24
其中：听力残疾	人	15859	听力残疾人	人	18
言语残疾	人	1328	肢体残疾人	人	637
肢体残疾	人	40643	智力残疾人	人	10
视力残疾	人	12718	精神残疾人	人	329
精神残疾	人	7091	多重残疾人	人	21
智力残疾	人	6072	3.康复机构		
多重残疾	人	13289	残疾人康复机构	个	71
二、组织建设			4.康复人才		
1.组织机构数	个	122	康复机构在岗人员	人	895
2.残联实有人员	人	226	其中：培训康复业务人员	人	616
3.残疾人领导干部	人	12	**四、扶贫**		
4.已建残疾人协会	个	585	残疾人扶贫基地建设		
三、康复			1.残疾人扶贫基地	个	3
1.社区康复			2.安置残疾人就业	人	14
社区康复协调员	人	122	3.扶持带动残疾人户	户	3
接受过培训的康复协调员	人	8	残疾人实用技术		
2.精准康复			本年实用技术培训	人次	1265
总体康复情况					
得到基本康复服务	人	1039			
其中：得到辅助器具适配服务	人	616			

注：14-17表资料由总局残联提供。

14-17续表

指标名称	单位	数量	指标名称	单位	数量
五、教育			**八、服务设施**		
普通高等院校当年录取残疾考生	人	6	1.残疾人托养设施		
			总建设规模	平方米	12520.80
六、就业			投入使用	个	4
1.就业总人数	人	10185	总投资	万元	6777
其中：女性	人	2795	2.残疾人康复设施建设		
2.按比例就业	人	4249	总建设规模	平方米	39000
3.集中就业	人	97	投入使用	个	5
4.个体就业	人	1045	总投资	万元	13880
5.社区就业	人	58	**九、社会保障**		
6.辅助性就业	人	20	1.实际参保的残疾居民	人	31
7.灵活就业	人	2431	2.60周岁以下参保残疾居民	人	21
8.公益性岗位就业	人	136	3.托养残疾人总数	人	405
9.居家就业	人	70	4.享受居家托养服务残疾人	人	25
10.农村种养加	人	2079	**十、维权**		
七、托养服务			1.成立残疾人法律救助机构	个	6
1.托养服务机构	个	11	2.无障碍环境建设检查	次	1
2.托养残疾人数	人	405	3.接待残疾群众来访	人次	38
3.享受居家托养服务残疾人	人	25	4.接到群众来信	件	4

主要统计指标解释

卫生机构 经卫生及有关行政部门批准，有固定的专业卫生人员和卫生经费，为社会提供医疗、预防保健服务或从事医学教育、科研等工作单位。它包括医院，疗养院、所，门诊部、所，专科防治所、站，卫行监督所，疾病预防控制中心，妇幼保健所、站，药品检验所、室，医学科学研究机构以及其他卫生机构。

医院 指经上级主管部门批准，设有固定床位能收留病人住院并能为病人提供医疗、护理服务的医疗机构。包括农场以上医院、农场卫生院、其他医院三个部分。按所属性质分为卫生部门、工业及其他部门、集体所有制、私人开业四类，其中农场以上医院按业务性质分为综合医院和专业医院。

妇幼保健所、站 我国妇幼保健事业的主干机构，也是与医疗、防疫机构并列的卫生事业的重要组成部分。它是根据妇女与儿童的生理特点、针对危害妇女儿童健康的主要疾病和影响因素，采取防治及保健措施，以保障妇女儿童的身心健康，提高他们的健康水平为主要目标的卫生事业单位。省、地级妇幼保健机构一般设妇幼保健院，县级妇幼保健机构一般设妇幼保健所、站。各级妇幼保健机构是本地区妇幼保健、计划生育技术的业务指导中心，以预防保健为中心、指导基层为重点，保健与临床相结合。

床位数 指医疗机构能够接待病人住院治疗的固定实有床位。包括正规床、简易床、监护床和正在消毒、修理的床位以及因扩建或大修理而停用的床位（按扩建或大修前的床位数计算）。

病床不包括：门诊诊断室的检查床、观察室的观察床、抢救室的抢救床，产科的待产床、接产床、新生儿床，库存床，为急用临时增设的加床，病人在家治疗的家庭病床，病人家属的陪侍床。

卫生机构年末从业人员 在卫生机构工作的全部工作人员。按其现任职务，可划分为卫生技术人员、其他技术人员、管理人员、工勤人员。

卫生技术人员又称医务人员：指由卫生事业机构支付工资的全部固定职工和合同制职工中现任职务为卫生技术工作的人员。包括中医师、西医师、中西医结合高级医师、护师、中药师、西药师、检验技师、其他技师、中医士、西医士、护士、助产士、中药剂士、西药剂士、检验士、其他技士、其他中医、护理员、中药剂员、西药剂员、检验员、其他初级卫生技术人员。

医生：经卫生部门审查合格，从事医疗工作能独立处置一般病员疾病和应急救护，有诊断权，有处方权的人员。包括卫生技术人员中的中医师、西医师、中西医结合高级医师，中医士、西医士和其他中医。

职工福利费用总额 指垦区各单位实际支付给职工和离休、退休、退职人员的各项现金补贴和非货币性集体福利。

(1)职工福利费用具体包括：①医疗卫生费：指职工的医疗费、住院费、职工供养直系亲属的医疗补助费,职工因工伤就医路费，住院伙食补助费，包括各企业、事业、机关单位的医疗机构医务经费。②丧葬抚恤救济费；③生活困难补助；④文体宣传费；⑤集体福利事业补贴费；⑥集体福利设施费；⑦计划生育补贴；⑧上下班交通费补贴；⑨洗理卫生费；⑩其他。

(2)离休、退休、退职人员福利费用具体包括：①离休费；②退休费；③退职生活费；④医疗卫生费：指按国发(1978)104 号文件规定发给退职人员的退职生活费。⑤护理费：指因工致残，饮食起居需人扶助的离休、退休人员的护理费，以及因病生活不能自理的离休干部护理费。⑥生活补贴：指按1985 年国务院《关于发给离休、退休人员的生活补贴费的通知》规定，发给离休、退休人员的生活补贴费。⑦交通费补贴：指按月发给离休人员交通费补贴。⑧丧葬抚恤救济费。⑨其他：包括异地安置的离休、退休、退职人员安家补贴费，生活困难补助以及书报费、洗理费、副食品价格补贴，房贴、水电贴、少数民族补贴以及由于肉、蛋、糖、蔬菜等调价发给的价格补贴等。

附录　各农牧场基本情况

附录1-1　第二、三产业单位数

(2018年)　　单位：个

农　场	管理区个数	工业企业数	建筑企业数	运输仓储业数	批发和零售企业数	住宿和餐饮企业数	居民服务及其它服务业单位数	学校数	医疗卫生机构
二九〇	13	9	2	1	3			1	13
绥滨	12	8	7	4	9	1	1	1	10
江滨	8	16	1	1	3	1		1	5
军川	12	12	3	2	3	1		1	8
名山	6	15		1	1	1	2	1	4
延军	5	10	1	2	2			1	6
共青	10	27		2	5	1	1	1	11
宝泉岭	10	15	2	4	11			1	37
新华	8	23	1	2	2	1	1	1	13
普阳	8	6	1	1	5	1		1	7
汤原	4	9	2	1	5	1		1	5
依兰	2	7	1		3	1		1	6
梧桐河	7	6		1	5	1		1	3
友谊	11	27	4	2	9	6	14		70
五九七	8	30	1	4	10	1	1	2	33
八五二	8	71	3	3	8		1	2	63
八五三	7	37	7	4	5	2	1	2	40
饶河	9	15	4	4	10	3	1	2	10
二九一	4	20	1	5	16	1	1	1	13
双鸭山	5	7	2	4	2	1		1	12
江川	5	25	2	2	1	1		1	6
曙光	5	1	2	1			2	1	9
北兴	8	12	3	5	17	1	1	1	15
红旗岭	3	5	2	2		1		1	5
宝山	2	5	2	1	2	1		1	3
八五九	15	17	3	2	2	1		1	9
胜利	10	11	1	5	1	2		1	4
七星	19	5	4	4	9	1		2	15
勤得利	7	7	2	6	1	1		1	15
大兴	12	3	1	2	1	1	1	1	4
青龙山	10	7	5	3	4	1		1	3
前进	11	11	2	3	1	1		1	18
创业	8	12	3	5	2	1		1	12
红卫	8	9	6	1	7	1		1	4
前哨	9	3	2	2	3			1	19
前锋	14	10	1	6	2	1		1	7
洪河	9	4		2		1		1	1
鸭绿河	6	4		3				1	2
二道河	7	3	2	2		1		1	4
浓江	9	4	4	2	2	1		1	3
八五〇	7	12	2	6	7			1	9
八五四	12	14		1	3			1	21
八五五	5	9	1	2	7			1	4
八五六	7	25	2	4	8			1	25
八五七	6	17	1	3	6			1	17
八五八	8	8	3	6	4			1	6
八五一〇	4	5		3	3	1		1	10
八五一一	7	23	1	4	9			1	22
庆丰	9	8		3	1			1	11
云山	6	9	1	5	1	1		1	6
兴凯湖	5	9	1	4	2	1		1	7
海林	1	6	1	2	3	1		1	5
宁安	2	10			3	1		1	7
山市种奶牛场	4	2							1
锦河	4	8		4	4			1	16
红色边疆	7	5	2	2	4			1	11

附录1-1续表　　(2018年)　　单位：个

农　场	管理区个数	工业企业数	建筑企业数	运输仓储业数	批发和零售企业数	住宿和餐饮企业数	居民服务及其它服务业单位数	学校数	医疗卫生机构
逊　克	10	2	1	2	1	1		1	24
龙　门	5	7		2	7			1	1
襄　河	6	6	1	2	10			1	1
龙　镇	6	6	1	1	3			1	1
二龙山	8	9	2	2	7			1	12
引龙河	7	8	4	2	3			1	3
尾　山	4	6	1	1	1	1		1	1
格球山	5	4		1	1			1	2
长水河	6	8	2	3	8	1	1	1	7
赵　光	9	11	1	1	2			1	11
红　星	5	8	2	2	6			1	4
建　设	7	11	1	2	2			1	13
五大连池	4	2		2	3	1			1
鹤　山	12	18	1		1			1	17
大西江	6	8			2			1	8
尖　山	7	5			2			1	6
荣　军	5	9			3		1	1	7
红五月	5	7			1			1	4
七星泡	10	5	1		2			1	8
嫩　江	9	8	1	2	1		1	1	8
山　河	8	7	1		2			1	12
嫩　北	9	15	1	2	3			1	12
建　边	6	1			1			1	10
哈拉海	3	5	1					1	4
克　山	9	7	2	3	13	1		2	11
依　安	2	5		2	11	1		1	5
富裕牧场	4	5			4			1	10
查哈阳	8	32	3	2	4		1	3	56
泰　来		6			2			1	2
绿色草原牧场	3	5		2	10			1	12
巨浪牧场		4	1					1	1
齐齐哈尔种畜场	5	9	2		6	1	2		5
繁荣种畜场	5	10	1	1	5				6
大山种羊场	2	2							3
红旗种马场									1
嘉　荫	4	8		3	12	1	1	1	5
铁　力	3	12	3	1	14			1	5
海　伦	4	4	2	3	11			1	3
红　光	2	3	1	2	11			1	4
绥　棱	3	4	2	2	7	1		1	2
安达牧场		2		1	5				1
和平牧场	5	7	2	2	16			1	6
肇　源		8	1	2	10		1	1	2
柳　河		5	1		7	1		1	1
涝洲鱼种场		1							
庆　阳	1	6			1			1	3
岔林河	1	5			2			1	3
沙　河	1	1			4			1	3
香坊实验	2	19		3	4	2		1	4
青　年	1	4			1				3
闫家岗	1	10	1			1		1	3
红　旗	1	16	3		3	1	1	2	5
四方山	3	1			3		1	1	3
松花江	1	9		2	2			1	3
阿城原种场		2							3
九龙山柞蚕育种场									3
佳南实验农场		1							2

附录1-2 土地利用情况

(2018年)

农 场	土地面积(公顷)	#耕地面积	#林地面积	#园地面积	#草原面积	#水面面积	#可垦荒地面积
二九〇	80122	41111	11231		4298	12545	
绥滨	51888	35800	10427			3094	89
江滨	35453	22607	5560		1251	672	
军川	59974	41452	8883		930	2443	1418
名山	29018	18151	2870			3150	2796
延军	44080	16813	4520	23		1640	2018
共青	57359	32686	9229		980	2354	10221
宝泉岭	67100	38775	14358	18	828	6182	2038
新华	55873	32669	8662		787	3468	1986
普阳	42131	30533	4353	2		2408	
汤原	13276	9857	1253	15	758	136	263
依兰	5629	3632	781	5	270	253	138
梧桐河	31268	18815	2471		1022	3633	1154
友谊	188812	111056	19126	405	7593	6412	7578
五九七	96205	51207	8996	1728	6552	5278	3239
八五二	133592	79741	27653		483	10603	2121
八五三	118152	68332	25103	189		17532	3064
饶河	69642	36367	20494			3041	2626
二九一	60150	38612	4495			5476	
双鸭山	33565	14917	13334	91	296	705	
江川	37167	20763	2470			671	
曙光	17215	13659	1703			34	
北兴	77558	36509	31937	10	581	1616	4051
红旗岭	37388	18941	8222		68	2766	2864
宝山	10940	7385	766			11	276
八五九	135581	86740	24418		1433	7342	4922
胜利	90500	47813	22453		5401	1315	3396
七星	120822	81615	14387	6		715	3108
勤得利	124673	68213	21690			16045	885
大兴	80000	51529	7211	2	1369	2259	4598
青龙山	60133	37370	8977		499	3604	
前进	76584	53067	7851		5006	1225	2951
创业	52987	38549	7048		1810	532	1845
红卫	64831	40723	8673		535	5031	786
前哨	66405	49767	3273		1069	3900	1244
前锋	110350	77456	7601		701	639	10278
洪河	65680	43667	7079		4000	193	515
鸭绿河	51275	31800	9782		948	135	2483
二道河	55766	40140	5733		1054	1623	1280
浓江	54000	39767	5935		267	3575	36
八五〇	49511	33445	10022		1214	188	
八五四	123909	67927	21588	2	9170	4384	4499
八五五	54250	30014	21705		69	692	
八五六	122039	78867	14132	89	17252	7069	
八五七	50833	36063	4800		1219	569	
八五八	74248	40267	13577	1	5660	6507	1725
八五一〇	50958	21629	18673	16	91	388	
八五一一	52244	22993	24063		17	1598	784
庆丰	62772	44431	5751		5352	3703	68
云山	49215	31480	8985	5	2729	3207	1286
兴凯湖	113934	39090	7010		154	44540	
海林	17591	9228	3657	11	1200	151	
宁安	11703	4589	6435	75		78	
山市种奶牛场	18031	4490	10224	31		1092	1537
锦河	157572	15115	23359	45	134	976	1824
红色边疆	78853	15724	8005	2	4889	1894	1218

附录1-2续表　　(2018年)

农　场	土地面积(公顷)						
		#耕地面积	#林地面积	#园地面积	#草原面积	#水面面积	#可垦荒地面积
逊　克	179307	44770	24584		10000	1316	
龙　门	35323	16828	7829		2626	352	1521
襄　河	59740	19186	6519		12500	746	205
龙　镇	47203	24525	3900	4	5551	495	1396
二龙山	52722	27286	5242		7594	1380	2637
引龙河	42151	25122	7512		3500	768	2105
尾　山	30073	15944	7447	14	5544	409	
格球山	26260	14400	7667	12	3254	273	
长水河	45024	24271	8681		7288	587	2451
赵　光	45657	34001	3460		4882	721	1127
红　星	39227	27333	2938	1	5014	374	1820
建　设	39080	20048	7145		5110	527	1767
五大连池	18970	10352	2673	6	1642	2042	
鹤　山	56956	33970	10692	4	6553	303	
大西江	37958	20428	9480		5490	726	57
尖　山	40539	23376	4119		3991	133	71
荣　军	21025	15784	3320		1538	113	
红五月	28983	15846	6503		3308	382	1024
七星泡	79163	32353	14936		8513	1120	4341
嫩　江	48941	30105	5972		9570	410	
山　河	91992	24800	14258		17561	1387	1440
嫩　北	42202	26851	7080	1	4920	1398	
建　边	79853	16402	6455		18656	1173	9934
哈拉海	29473	11153	1466		12314	1860	
克　山	35049	29607	3652		160	120	
依　安	9723	5744	2833	1	187	561	
富裕牧场	27637	13409	6763		5077	616	620
查哈阳	83877	63777	14758	6	90	1460	210
泰　来	10213	4854	2747		1420	853	
绿色草原牧场	38137	7333	10600		14748	1543	
巨浪牧场	9667	2272	790		6175	133	
齐齐哈尔种畜场	20552	5000	1490	441	6508	160	849
繁荣种畜场	11131	9710	457		286	25	
大山种羊场	14861	3230	3427		2679	1467	
红旗种马场	4520	1620	122		2522	46	
嘉　荫	50305	18377	28052		286	1732	
铁　力	23926	15054	1772	13	149	68	754
海　伦	23878	16171	2513			980	1900
红　光	16765	10066	1811		50	186	598
绥　棱	26690	16091	2315		4694	1520	559
安达牧场	4895	997	765	48	2538	164	
和平牧场	32491	7858	6637	28	13540	1544	1074
肇　源	7811	3961	998		148	1511	51
柳　河	14552	4141	8290	3		400	109
涝洲鱼种场	536	7	5			496	
庆　阳	7639	4734	1965		146	174	2
岔林河	9148	4272	1318		2084	643	
沙　河	2543	1367	896			151	
香坊实验	1106	598	49				
青　年	664	331	20			9	
闫家岗	1068	439	42		98	233	
红　旗	1340	831	95	33			
四方山	17559	7319	1715		6622	648	
松花江	8744	4456	2788			63	
阿城原种场	2627	1810	258			11	
九龙山柞蚕育种场	843	32	807				
佳南实验农场	4013	2867	70	15	32	252	

附录1-3　人口、从业人员

(2018年)

农场	年末总户数(户)	年末总人口(人)	年末社会从业人员(人)	1. 按三次产业分		
				第一产业	第二产业	第三产业
二九〇	10130	20823	9643	7010	362	2271
绥滨	7587	18174	10788	7926	307	2555
江滨	7288	15698	5350	3547	189	1614
军川	8680	18266	6377	4163	448	1766
名山	4405	9404	3278	2124	62	1092
延军	3030	8096	3412	2403	289	720
共青	7169	14712	5416	3148	625	1643
宝泉岭	9394	22563	12386	8484	746	3156
新华	7406	18095	7346	5257	237	1852
普阳	4180	11038	7315	5226	420	1669
汤原	2471	5848	2302	1165	274	863
依兰	1396	2902	1261	852	43	366
梧桐河	3626	9102	4791	3190	284	1317
友谊	35990	101171	30932	27685	154	3093
五九七	12982	28800	17260	13661	969	2630
八五二	21201	47261	27799	19930	998	6871
八五三	14192	34733	19374	11544	2840	4990
饶河	5315	12363	8498	6108	457	1933
二九一	7669	18750	7013	4792	189	2032
双鸭山	7177	15891	7280	5522	381	1377
江川	5690	12412	6902	4498	813	1591
曙光	4646	10404	5460	3390	1180	890
北兴	7401	20196	11940	7849	548	3543
红旗岭	3729	9546	5452	3391	531	1530
宝山	1535	3693	1506	977	62	467
八五九	9353	20902	6772	4201	243	2328
胜利	6406	14658	7740	5506	494	1740
七星	11983	35794	17893	7869	1429	8595
勤得利	8929	21565	7619	4270	219	3130
大兴	5990	17511	5730	3946	151	1633
青龙山	6445	15467	5693	3785	292	1616
前进	7515	20895	5872	3104	642	2126
创业	6292	16499	7695	3491	1100	3104
红卫	5185	12919	7567	5747	260	1560
前哨	6543	17492	4927	2553	316	2058
前锋	6953	16046	6401	4500	346	1555
洪河	3206	8891	4075	3030	138	907
鸭绿河	2884	6659	3260	1961	102	1197
二道河	2202	5437	2529	1237	371	921
浓江	3086	7592	4017	3209	171	637
八五〇	6330	14369	6402	4202	410	1790
八五四	9465	25561	10582	7866	808	1908
八五五	5880	13564	5241	3168	284	1789
八五六	9021	21881	10442	7343	510	2589
八五七	8098	17092	6565	4125	794	1646
八五八	5688	14930	8448	5382	863	2203
八五一〇	6636	13665	4843	2087	1095	1661
八五一一	6505	14517	7635	5717	480	1438
庆丰	5579	13708	5135	3429	436	1270
云山	5635	13406	6722	5236	224	1262
兴凯湖	5793	12736	5632	4111	537	984
海林	2787	6676	2935	2438	165	332
宁安	2962	6731	1915	887	320	708
山市种奶牛场	2583	6133	2401	1747	22	632
锦河	2229	8549	4187	3244	208	735
红色边疆	3463	8096	4558	2912	177	1469

附录1-3续表1　　　　　　　　　　　　　　　(2018年)

农　　场	年　末 总户数 (户)	年　末 总人口 (人)	年末社会 从业人员 (人)	1. 按三次产业分		
				第一产业	第二产业	第三产业
逊　　克	9148	21402	7789	6559	187	1043
龙　　门	3227	6966	3026	2105	137	784
襄　　河	3518	7746	3627	2393	353	881
龙　　镇	4016	10157	5581	3943	228	1410
二 龙 山	5218	13751	5538	4378	325	835
引 龙 河	5255	12096	5308	3815	394	1099
尾　　山	4705	9900	2851	1216	319	1316
格 球 山	3977	8399	3638	2855	296	487
长 水 河	4942	12970	3787	1512	101	2174
赵　　光	12516	30105	11879	4682	766	6431
红　　星	4215	10154	4912	3385	553	974
建　　设	5374	13389	8197	6778	128	1291
五大连池	3101	6571	4518	3802	128	588
鹤　　山	8569	19773	6412	4799	356	1257
大 西 江	3197	10507	6361	3596	413	2352
尖　　山	3851	7453	7454	7100	14	340
荣　　军	4000	9362	3770	3398	31	341
红 五 月	3322	7773	4799	4027	6	766
七 星 泡	5855	14033	5460	3910	200	1350
嫩　　江	4226	10040	7444	7091	2	351
山　　河	3867	10884	7524	6559	140	825
嫩　　北	4638	11609	6068	4292	570	1206
建　　边	3875	8971	5482	4138	304	1040
哈 拉 海	2002	4324	2953	1927	321	705
克　　山	10220	20866	10829	8229	471	2129
依　　安	2107	4287	2572	1831	172	569
富裕牧场	4693	10435	4662	3421	379	862
查 哈 阳	23671	64868	23804	18172	530	5102
泰　　来	1140	3064	1963	1494	121	348
绿色草原牧场	2288	5257	2755	2062	110	583
巨浪牧场	1334	3249	1465	1091	127	247
齐齐哈尔种畜场	4797	11602	3837	2500	239	1098
繁荣种畜场	3728	9362	3185	2750	163	272
大山种羊场	1454	3652	1035	821	33	181
红旗种马场	1043	3139	727	443	52	232
嘉　　荫	3270	8177	6728	5707	179	842
铁　　力	4062	8867	6002	4360	622	1020
海　　伦	3865	7578	5494	3657	471	1366
红　　光	3326	7953	4339	2891	335	1113
绥　　棱	3553	5575	2997	1815	268	914
安达牧场	903	1594	914	653	52	209
和平牧场	4348	9191	4720	2847	679	1194
肇　　源	1959	4124	2569	1693	198	678
柳　　河	1092	2829	1285	811	72	402
涝洲鱼种场	256	654	155	139	5	11
庆　　阳	2931	7758	2818	2395	105	318
岔 林 河	1774	3532	2159	1494	126	539
沙　　河	798	2009	811	578	73	160
香坊实验	1829	6666	2982	439	552	1991
青　　年	952	3534	612	45	301	266
闫 家 岗	2366	6353	1593	611	368	614
红　　旗	1086	3158	3705	402	991	2312
四 方 山	1402	3792	2109	1457	72	580
松 花 江	2185	5106	2264	898	756	610
阿城原种场	1823	5284	1293	970	105	218
九龙山柞蚕育种场	62	232	65	65		
佳南实验农场	723	2688	783	568	38	177

附录1-3续表2　　(2018年)

农　场	2. 按职工非职工分		3.在从业人员中国有单位(人)	4.女性从业人员(人)
	在岗职工	其他从业人员		
二九〇	5029	4614	7366	4200
绥　滨	4209	6579	8381	4525
江　滨	3030	2320	3774	2251
军　川	4213	2164	3840	2460
名　山	2230	1048	2117	976
延　军	1371	2041	2429	1061
共　青	3294	2122	3454	1828
宝泉岭	3986	8400	7990	4637
新　华	2525	4821	4349	1759
普　阳	3544	3771	3550	1454
汤　原	1187	1115	1312	725
依　兰	791	470	897	462
梧桐河	1744	3047	3135	950
友　谊	12712	18220	15115	11016
五九七	6795	10465	12901	7505
八五二	8937	18862	23578	7470
八五三	6082	13292	8116	8573
饶　河	3362	5136	6840	3219
二九一	5533	1480	5543	3501
双鸭山	3406	3874	5425	2696
江　川	3481	3421	4020	2564
曙　光	2123	3337	3845	1889
北　兴	3910	8030	8764	5378
红旗岭	2409	3043	3857	2390
宝　山	1036	470	1099	672
八五九	2470	4302	4176	2424
胜　利	3531	4209	5673	3194
七　星	6999	10894	8217	7952
勤得利	3025	4594	5735	2424
大　兴	2637	3093	4487	2189
青龙山	2356	3337	2781	2696
前　进	3018	2854	3395	2768
创　业	3552	4143	4562	3418
红　卫	2135	5432	5421	3728
前　哨	1946	2981	2397	1648
前　锋	2413	3988	4011	2594
洪　河	1335	2740	2118	1432
鸭绿河	1175	2085	1730	1617
二道河	1225	1304	1217	800
浓　江	1268	2749	1071	1633
八五〇	1713	4689	3927	2546
八五四	3739	6843	5041	3604
八五五	2296	2945	4036	2045
八五六	3711	6731	5585	3118
八五七	3545	3020	3952	2920
八五八	1711	6737	4305	3541
八五一〇	1856	2987	2656	1593
八五一一	1682	5952	5777	2977
庆　丰	1871	3264	3974	950
云　山	1674	5048	5368	2825
兴凯湖	2217	3415	2327	676
海　林	368	2567	2517	1358
宁　安	978	937	987	671
山市种奶牛场	963	1438	1318	80
锦　河	1791	2396	3386	1453
红色边疆	2061	2497	3445	1640

附录1-3续表3　　(2018年)

农　场	2. 按职工非职工分		3.在从业人员中国有单位(人)	4.女性从业人员(人)
	在岗职工	其他从业人员		
逊　克	2796	4993	5197	2172
龙　门	1621	1405	2397	389
襄　河	1540	2087	2000	1213
龙　镇	2921	2660	3955	2380
二龙山	3636	1902	3952	1715
引龙河	2147	3161	2861	1350
尾　山	1315	1536	1479	910
格球山	1383	2253	1065	1202
长水河	2468	1319	1679	1485
赵　光	3616	8263	4185	5059
红　星	3387	1525	3019	1624
建　设	2704	5493	6902	3548
五大连池	1967	2551	3909	2020
鹤　山	4639	1773	4332	2386
大西江	2618	3743	4965	3179
尖　山	3102	4352	7366	3360
荣　军	2504	1266	3540	1295
红五月	2276	2523	4733	2046
七星泡	3848	1612	4120	2608
嫩　江	2894	4550	7437	3217
山　河	2406	5118	7021	2678
嫩　北	2593	3475	2755	1840
建　边	1597	3885	4218	2451
哈拉海	977	1976	1327	1125
克　山	6039	4790	9272	4348
依　安	799	1773	1828	1136
富裕牧场	1029	3633	1874	1636
查哈阳	9569	14235	18074	7910
泰　来	341	1622	1059	262
绿色草原牧场	604	2151	525	1335
巨浪牧场	359	1106	363	589
齐齐哈尔种畜场	1398	2439	1688	1280
繁荣种畜场	1114	2071	2501	1421
大山种羊场	638	397	756	355
红旗种马场	332	395	276	206
嘉　荫	2580	4148	5717	3340
铁　力	2051	3951	4553	2541
海　伦	1475	4019	2722	2231
红　光	1636	2703	2813	1220
绥　棱	1687	1310	1892	1120
安达牧场	283	631	317	386
和平牧场	1024	3696	1743	1971
肇　源	462	2107	1367	1303
柳　河	521	764	724	576
涝洲鱼种场	105	50	10	58
庆　阳	942	1876	1846	1037
岔林河	588	1571	1567	636
沙　河	135	674	630	230
香坊实验	585	2397	748	1353
青　年	116	496	81	221
闫家岗	633	960	148	742
红　旗	555	3150	781	1814
四方山	592	1517	1202	472
松花江	312	1952	915	677
阿城原种场	1025	268	1005	523
九龙山柞蚕育种场	43	22	65	28
佳南实验农场	604	179	568	309

附录1-4　生产总值

(2018年)　　单位：万元

农场	生产总值	#公有及公有控股	第一产业	#农业	#畜牧业	第二产业	工业	建筑业
二九〇	117620	89862	61389	60968	4133	3873	723	3150
绥滨	143734	79964	67215	63668	6388	5907	1400	4507
江滨	79232	43855	36606	36599	5159	1136	906	230
军川	158283	80526	69409	68793	7011	9509	3505	6004
名山	48849	23273	19589	19092	2400	916	623	293
延军	57618	20886	17093	17544	14282	11260	10062	1198
共青	125939	52977	37021	37021	26851	20212	16012	4200
宝泉岭	236669	69568	53520	53380	48128	7463	2358	5105
新华	95688	59523	49869	46743	7812	4137	1124	3013
普阳	108032	62144	52048	52048	8078	1850	1305	545
汤原	34531	13578	9806	9622	575	3448	3136	312
依兰	13242	5127	4296	4271	1496	291	156	135
梧桐河	54704	35608	29423	29229	4070	1624	1396	228
友谊	277896	146397	133144	131794	7024	47123	39383	7740
五九七	185920	110160	97789	92985	5845	11955	8691	3264
八五二	207442	109173	100153	99575	2581	24181	24100	81
八五三	228052	143626	115161	113713	3066	31182	26627	4555
饶河	106881	64767	52697	46634	2526	11894	7550	4344
二九一	63017	49448	43576	43345	1157	2602	2602	
双鸭山	56832	22846	19561	17888	3330	12342	7242	5100
江川	73066	44237	39160	39160	1755	16633	10803	5830
曙光	42500	16024	13454	13454	8778	10073	8481	1592
北兴	98430	56588	51453	44610	5756	13148	9595	3553
红旗岭	101061	64206	51417	51067	3987	14968	3374	11594
宝山	16817	13370	12450	12438	50	1199	890	309
八五九	169761	135709	125192	125053	1358	6484	2010	4474
胜利	114732	79676	69611	69436	997	10048	6228	3820
七星	232421	164462	144449	144333	6509	20015	15647	4368
勤得利	139577	115765	98173	97881	1215	11129	6513	4616
大兴	120030	99045	89877	89869	1578	6982	1638	5344
青龙山	97758	65606	59095	59026	512	11562	5067	6495
前进	161002	98945	89803	89803	763	24952	16736	8216
创业	137632	76972	62175	62175	724	42311	38003	4308
红卫	116685	86725	73340	73334	647	5077	1500	3577
前哨	91611	68309	62212	62107	423	8435	3140	5295
前锋	168356	151436	138536	138519	409	2774	1539	1235
洪河	87952	74863	67694	67693	431	2183	953	1230
鸭绿河	65854	58125	50400	50400	201	2862	1456	1406
二道河	84229	71201	62755	62755	106	4743	2294	2449
浓江	110505	89118	79459	79427	255	6739	2288	4451
八五〇	115908	79741	61296	61281	1269	18366	15999	2367
八五四	211826	164716	144750	146562	2412	25743	24687	1056
八五五	68350	46636	36998	36750	4181	3572	2884	688
八五六	212849	171932	148441	148358	703	12309	10509	1800
八五七	138264	89651	68237	67797	2378	22159	20950	1209
八五八	130777	95020	80289	80275	2296	16110	14788	1322
八五一〇	85317	44836	33225	33263	5919	15030	14350	680
八五一一	86526	41547	23434	23434	9009	22188	20865	1323
庆丰	130936	95975	83351	83101	4224	19120	10120	9000
云山	100570	65927	51423	51714	1812	7738	7215	523
兴凯湖	150945	57526	26455	74377	8003	10101	2647	7454
海林	34231	16797	9583	9569	1361	9871	7791	2080
宁安	38563	16347	10547	10476	615	16850	15600	1250
山市种奶牛场	10390	4238	4099	4098	3203	316	316	
锦河	40653	16319	10735	7641	1505	8874	8454	420
红色边疆	45416	16805	13127	11938	650	4144	3903	241

附录1-4续表1 (2018年) 单位：万元

农场	生产总值	#公有及公有控股	第一产业	#农业	#畜牧业	第二产业	工业	建筑业
逊克	68500	37511	29165	28928	2648	2740	1990	750
龙门	50363	22765	11728	10620	1074	4562	3912	650
襄河	73145	32922	16761	14983	476	7295	6625	670
龙镇	70370	36913	22403	21370	1896	3754	2864	890
二龙山	98104	33815	26199	26118	3430	13611	11804	1807
引龙河	90190	53487	29390	28860	2160	9299	7999	1300
尾山	51415	29630	14077	14077	4000	7800	6000	1800
格球山	40321	19618	10161	10034	3043	1609	800	809
长水河	71593	29179	19716	17867	2922	5085	4007	1078
赵光	127015	44529	31689	30032	7450	7600	5100	2500
红星	62277	37303	25711	25711	1348	3581	3077	504
建设	63433	23815	16121	16157	344	1951	1305	646
五大连池	18457	10615	6837	5897	156	1557	933	624
鹤山	67896	40408	30191	30067	9227	9221	8153	1068
大西江	54116	31600	20435	19737	2074	8541	5416	3125
尖山	56910	32827	28928	28828	7758	4015	3030	985
荣军	44797	29133	13773	13237	2953	6399	4545	1854
红五月	32975	19200	13203	12789	1969	5148	4488	660
七星泡	65973	44171	26089	25751	3829	6947	6649	298
嫩江	43081	26235	23268	23109	2987	6020	5237	783
山河	47488	25011	19598	19613	4288	6509	3855	2654
嫩北	52141	36760	24084	23662	3964	7708	5903	1805
建边	49414	25464	8369	7759	3141	5500	4900	600
哈拉海	31863	20674	14078	14078	2681	5445	5445	
克山	98764	45446	29728	29663	4838	9358	6237	3121
依安	38414	17768	11459	11377	3865	10114	9930	184
富裕牧场	54804	38532	22958	22627	1950	3382	2900	482
查哈阳	314271	106967	70075	70075	3611	5765	5457	308
泰来	21533	13302	10009	9978	601	2763	2763	
绿色草原牧场	29106	15918	11001	10961	1505	2751	1727	1024
巨浪牧场	12570	4993	3032	2960	3245	2220	1801	419
齐齐哈尔种畜场	42973	16935	13963	13963	6798	4858	3448	1411
繁荣种畜场	22084	11691	9630	9622	2521	3793	2709	1084
大山种羊场	15874	6363	5794	5690	2271	3753	3320	433
红旗种马场	7949	2784	2784	2784	1599	460	201	259
嘉荫	53847	28492	22354	22569	388	3545	1087	2458
铁力	114457	44934	33994	33994	255	23551	20617	2934
海伦	76575	30513	21128	21128	728	11501	5393	6108
红光	36942	20736	8114	8114	1287	2489	738	1751
绥棱	42167	28851	14308	14308	371	2634	820	1814
安达牧场	18420	5578	5077	5077	830	1933	1847	86
和平牧场	50666	19315	10375	8928	1391	12929	9900	3029
肇源	28633	10763	8140	8140	870	8673	8467	206
柳河	14825	5601	3910	3606	977	2774	370	2404
涝洲鱼种场	659	570	570	5	30	18	18	
庆阳	37606	14041	11645	8892	137	14959	14959	
岔林河	19798	8113	6307	6307	280	5728	5728	
沙河	4258	2356	1775	1775	104	793	793	
香坊实验	54783	4685	729	729		12292	12292	
青年	5490	109	90	83	1120	2100	2100	
闫家岗	34187	5976	3282	3182	807	6553	6041	512
红旗	40995	10173	7576	7576	105	18668	17593	1075
四方山	17392	4936	3660	2622	2028	2435	2435	
松花江	28485	8681	5378	5241	339	16464	16464	
阿城原种场	16843	6295	4770	4770	1258	6800	6800	
九龙山柞蚕育种场	880	858	858	12	846			
佳南实验农场	6765	4289	5188	4289	86	56	56	

附录1-4续表2　　　　(2018年)　　　　单位：万元

农　　场	第三产业	#交通运输、仓储和邮政业	#批发零售业	#住宿餐饮业	#居民服务和其他服务业	#卫生和社会工作	#教　育
二 九 〇	48225	3717	6861	2462	435	919	1183
绥　　滨	64224	9331	13653	4425	12923	1509	1909
江　　滨	36023	4027	15120	3814	352	647	1413
军　　川	72349	11508	38350	5354	2318	931	1226
名　　山	25944	2450	7913	2960	1199	682	1019
延　　军	14198	1927	6597	941	194	589	787
共　　青	41669	5692	6705	4920	1064	1119	2111
宝 泉 岭	127448	26004	40912	28412	15672	1271	3277
新　　华	33062	5217	3951	2691	4474	1520	2081
普　　阳	45826	10922	16094	5317		527	1331
汤　　原	20696	2680	7348	1280	2676	362	952
依　　兰	6909	1043	1651	973	184	75	175
梧 桐 河	19587	805	3550	2963	178	551	835
友　　谊	89710	27577	8243	14509	14680	773	6498
五 九 七	70331	17687	26108	3405		1484	2184
八 五 二	80055	8268	43734	5675	4066	2571	1966
八 五 三	78559	16776	18762	6136	11804	2420	2023
饶　　河	39764	14764	9085	1306	2172	144	1977
二 九 一	15683	2431	3415	807	1788	975	1592
双 鸭 山	21599	3315	4732	805	1180	565	959
江　　川	14588	1712	4771	1290		166	581
曙　　光	10185	2538	986	256	3323	684	
北　　兴	28074	6907	876	190		511	2395
红 旗 岭	30420	4269	8495	2631	1017	931	1369
宝　　山	3118	156	1650	162	49	108	408
八 五 九	36307	8235	11409	4066	2410	774	1852
胜　　利	34065	10775	3322	3370	7776	715	2080
七　　星	61248	13432	10621	8494	9667	1259	6488
勤 得 利	28233	4439	4335	2435	1476	782	2352
大　　兴	21558	3368	3805	4028	1601	546	3491
青 龙 山	26538	4703	9617	2569		357	1284
前　　进	45481	14155	13317	6711	1750	666	1926
创　　业	32362	7549	7056	3020	1805	447	1300
红　　卫	37417	8039	11639	3982	2807	846	2077
前　　哨	20541	3068	8112	1697	713	586	1728
前　　锋	26563	2857	5521	3082	746	1037	5767
洪　　河	16761	1872	4837	1825	861	139	835
鸭 绿 河	12347	952	1517	953	301	557	1137
二 道 河	16589	1956	4491	1987		424	693
浓　　江	24032	4377	13113	1191	242	279	588
八 五 〇	34901	10575	6534	2412	1100	1440	1534
八 五 四	36188	5613	7066	3307	705	1084	1696
八 五 五	23510	3207	6119	2068	850	1478	1918
八 五 六	50994	9448	9246	4697	2580	1105	1780
八 五 七	44540	10333	10939	4046	1746	1410	1926
八 五 八	29747	4182	5625	3828	1979	817	1794
八五一〇	30616	2265	3500	10555	2020	2176	2147
八五一一	31895	6073	8209	2988	2363	1387	1283
庆　　丰	23926	5662	3850	970	1100	500	1400
云　　山	38761	12404	7989	1549	5226	586	1420
兴 凯 湖	57746	12618	31088	5547	332	1521	1835
海　　林	13386	2463	1682	800	612	365	706
宁　　安	10551	567	1359	587	1007	385	502
山市种奶牛场	2716	45	746	496		75	
锦　　河	19514	2359	10685	961		501	847
红色边疆	26228	4244	4459	1556	480	417	465

附录1-4续表3　　　　(2018年)　　　　单位：万元

农　　场	第三产业	#交通运输、仓储和邮政业	#批　发零售业	#住　宿餐饮业	#居民服务和其他服务业	#卫生和社会工作	#教　育
逊　　克	31830	1960	5568	1541	1186	1495	1499
龙　　门	31401	5334	12951	2197		451	968
襄　　河	48243	4997	27640	725	905	2575	4245
龙　　镇	41757	2971	10560	1763	4245	2860	2975
二 龙 山	54360	8170	34339	2599	270	390	1320
引 龙 河	45866	14950	9811	1109	560	887	3338
尾　　山	24456	4016	4210	3900		1890	1535
格 球 山	23229	5134	3440	1440	471	854	1379
长 水 河	43860	10904	22813	2845	1690		1159
赵　　光	79415	14181	26200	3530	1200	2520	1820
红　　星	29972	2359	18376	997	607	330	502
建　　设	42320	9156	9293	2959	443	437	1478
五大连池	9150	123	1131	323	65	236	
鹤　　山	19257	434	7456	221	497	674	2735
大 西 江	23065	2339	3682	1330	1176	416	2009
尖　　山	16202	792	2497	944	2175	940	1340
荣　　军	21603	599	3758	500	2245	301	892
红 五 月	12129	380	1440	396	663	229	842
七 星 泡	29107	972	2515	1396	1461	546	1942
嫩　　江	10791	629	952	771	496	366	1498
山　　河	15957	301	5070	1126	697	480	1552
嫩　　北	16385	4004	1868	1465	258	530	1876
建　　边	32404	1386	7730	1410	3621	615	1082
哈 拉 海	9660	158	1604	445	441	189	523
克　　山	54840	5583	27436	1956	3118	1571	2403
依　　安	12977	672	3483	419	598	276	652
富裕牧场	26514	699	8833	551	224	1615	4062
查 哈 阳	234454	32300	102624	19958	31922	1767	11379
泰　　来	8060	312	1756	541	779	766	609
绿色草原牧场	13849	523	5768	1448	485	249	901
巨浪牧场	4015	471	275	356	367	165	579
齐齐哈尔种畜场	17354	2414	2282	684	3291	32	
繁荣种畜场	6140	271	1515	410	285	482	
大山种羊场	3571	278	762	220	337	78	
红旗种马场	2941	353	465	207	240	31	
嘉　　荫	27185	334	16601	515	658	603	
铁　　力	55744	13499	19702	988	9174	160	950
海　　伦	43211	4529	20158	1331	4283	150	1099
红　　光	24933	1712	5727	948	657	413	1003
绥　　棱	24384	1468	4764	1361		95	707
安达牧场	10581	71	10103	64			
和平牧场	27362	2662	8520	1960	908	988	1696
肇　　源	10790	851	4800	1170	1106	164	
柳　　河	6903	1274	1061	452	46	179	492
涝洲鱼种场	41						
庆　　阳	10397	397	981	324	3228	244	930
岔 林 河	7082	541	741	130	22	260	410
沙　　河	1558		181	38	4	59	273
香坊实验	41762	897	2266	3308	317		435
青　　年	2180		1676			19	
闫 家 岗	23546	1510	4114	5967		111	293
红　　旗	14646	625	4137	4013	2930	158	2194
四 方 山	8969	880	1500	1957	470	74	736
松 花 江	6304	735	768	496		148	1176
阿城原种场	4015		1800			55	
九龙山柞蚕育种场	23						
佳南实验农场	1522		787				

附录1-5　固定资产投资

(2018年)　　单位：万元

农　场	固定资产投资				按用途分投资		按投资行业分	
	合　计	公有控股经济	非公有控股经济	#个体	生产性建设	非生产性建设	农林牧渔业	工业
二九〇	16916	14891	2025	2025	13189	3727	13189	
绥　滨	14082	12832	1250	1250	6710	7372	6438	272
江　滨	8930	7353	1577	1577	2154	6775	2154	
军　川	8934	7534	1400	1400	5615	3319	4134	1481
名　山	4482	3679	803	592	3631	851	3420	211
延　军	6730	2164	4566	4531	4595	2135	1330	3265
共　青	7517	2818	4699	4049	6240	1277	3874	2366
宝泉岭	19862	17550	2312	2312	16350	3512	16350	
新　华	10440	7627	2813	2813	8289	2150	8289	
普　阳	5462	3099	2363	2171	3756	1706	3756	
汤　原	2294	1755	539	539	1679	615	1679	
依　兰	1689	1601	88	88	1362	327	1362	
梧桐河	3728	2334	1394	1394	2676	1052	2676	
友　谊	7545	3267	4278	4278	6545	1000	6545	
五九七	8686	7986	700	700	7154	1532	7154	
八五二	12227	8727	3500	3500	10744	1483	10889	
八五三	10856	8576	2280	2280	10856		10543	
饶　河	4392	2975	1417	1417	3329	1063	3329	
二九一	6530	4401	2129	2129	4330	2200	4330	
双鸭山	2260	1905	355	355	2260		1660	
江　川	5474	5474			3374	2100	2952	
曙　光	2615	2615			804	1811	2615	
北　兴	10873	10023	850	850	10873		10873	
红旗岭	5596	4951	645	645	2840	2756	4050	
宝　山	482	482			482		482	
八五九	9808	6690	3118	3118	4559	5249	6019	
胜　利	6999	3670	3329	3329	5237	1762	5237	
七　星	24575	5809	18766	5751	13567	11007	13504	
勤得利	11608	6582	5026	5026	10175	1433	10175	
大　兴	15561	3424	12137	12137	15472	89	5237	9137
青龙山	15275	10788	4487	4487	14263	1012	14263	
前　进	18678	10321	8357	5577	15411	3267	15419	90
创　业	14475	11346	3129	3129	9897	4578	9344	
红　卫	14690	7610	7080	7080	9690	5000	8690	
前　哨	6444	5324	1120	1120	2993	3451	5912	
前　锋	29628	10622	19006	19006	24295	5333	16051	1262
洪　河	8308	1807	6501	6501	8308		7957	
鸭绿河	5376	3772	1604	1604	2210	3166	2711	
二道河	8216	4258	3958	3958	5809	2406	5809	
浓　江	15089	8353	6736	3957	11679	3410	11679	
八五〇	7470	5071	2399	2399	5906	1564	5771	
八五四	15747	8022	7725	5277	15450	296	13739	1711
八五五	6247	5812	435	435	5427	820	5325	
八五六	23182	11826	11356	11356	21473	1708	21756	
八五七	4245	3374	871	871	4099	146	3329	
八五八	5105	5105			1652	3453	1652	138
八五一〇	2502	1989	513	513	1313	1189	1013	
八五一一	15851	3438	12413	200	14727	1124	14431	76
庆　丰	10427	9991	436	436	7922	2505	7922	
云　山	6398	2338	4060	3322	6398		3080	1600
兴凯湖	5739	5739			3197	2542	4274	
海　林	2378	1752	626	21	2378		49	1205
宁　安	1880	1784	96	96	1781	99	1781	
山市种奶牛场	456	456			456		456	
锦　河	1321	1321			1321			
红色边疆	1076	916	160	160	160	916	160	

附录1-5续表1　　(2018年)　　单位：万元

农　　场	固定资产投资				按用途分投资		按投资行业分	
	合　计	公　有控股经济	非公有控股经济	#个　体	生产性建　设	非生产性建　设	农林牧渔　业	工　业
逊　克	8757	7778	979	979	7072	1685	7072	200
龙　门	2706	2706			2177	529	1779	
襄　河	3953	3193	760	760	910	3043	910	
龙　镇	2460	2024	436	436	1573	887	1566	
二龙山	1667	1177	490	490	1453	214	1453	
引龙河	5491	4664	827	475	3162	2329	3162	
尾　山	5815	3646	2169		3990	1825	548	
格球山	3058	274	2784	2784	465	2593	252	110
长水河								
赵　光	4853	1004	3849	3849	1323	3530	1323	
红　星	2792	2792				2792	1086	
建　设	517	317	200	200	251	266	257	
五大连池	196	196			191	4	141	
鹤　山	6021	5356	665	665	2808	3213	2808	
大西江	7560	6908	652	652	3960	3600	3960	
尖　山	5328	2660	2668	2668	5176	152	5176	
荣　军	3274	3274			3138	136	1790	748
红五月	4192	2102	2090	2090	2830	1362	2190	160
七星泡	1896	556	1340	1340	1770	126	1770	
嫩　江	3354	1921	1433	1433	2758	596	2752	11
山　河	5227	5227			5227		1782	3445
嫩　北	3113	2514	599	599	754	2359	819	
建　边	4371	3371	1000	1000	3748	623	2748	200
哈拉海	9184	7090	2094	227	9070	114	3470	333
克　山	9282	9109	173	173	7069	2213	7033	
依　安	2262	2243	19		1120	1142	1120	
富裕牧场	2658	2658			866	1792	451	
查哈阳	26710	21020	5690	5690	26520	190	26520	
泰　来	1315	1315			1230	85	1211	
绿色草原牧场	849	684	165	130	407	442	316	45
巨浪牧场	782	661	121	121	184	598	184	
齐齐哈尔种畜场	33204	3951	29253	29253	33189	15	4127	29000
繁荣种畜场	2275	1795	480	480	1237	1038	1237	
大山种羊场	3374	3178	196	196	1528	1846	1088	20
红旗种马场	920	905	15	15	875	45	845	
嘉　荫	1807	1448	359	359	1520	287	1520	
铁　力	943	509	434	434	943		943	
海　伦	1207	1207			1207		990	
红　光	5008	4777	231	231	3432	1576	2721	653
绥　棱	2052	1867	185		1366	686	1366	
安达牧场								
和平牧场	2797	2797			1048	1749	1048	
肇　源	1128	960	169		1069	59	1069	
柳　河	2030	1247	783	783	932	1098	1771	
涝洲鱼种场								
庆　阳								
岔林河	176	51	125	70	137	39	82	55
沙　河	102	62	40	40	40	62	40	
香坊实验	103005		103005		3310	99695		3310
青　年	741	741			308	433		
闫家岗								
红　旗	1985	82	1903		1903	82	51	1903
四方山	4625	4625			4156	469	4156	
松花江	809	809			809		488	
阿城原种场	61	61			61		61	
九龙山柞蚕育种场								
佳南实验农场	1362	1362			593	769	580	

附录1-5续表2　　(2018年)　　单位：万元

农　场	按投资行业分							
	建筑业	交通运输仓储业	批发和零售业	房地产业	水利环境和公共设施业	居民服务和其它服务业	教　育	卫生和社会工作
二九〇		1132			1000			1068
绥　滨		3256	62		1359	1939	121	132
江　滨			869		5198	697		5
军　川					2519	800		
名　山		532			257			41
延　军					1368	436		150
共　青					156	813		
宝泉岭		2425			561			
新　华					654	1128		34
普　阳					1706			
汤　原					615			
依　兰					315	1	8	2
梧桐河					314			738
友　谊				1000				
五九七		45				1087		
八五二					1318		20	
八五三					201		112	
饶　河	499				564			
二九一					2200			
双鸭山	600							
江　川					1922			
曙　光								
北　兴								
红旗岭					850		283	
宝　山								
八五九		129			2377	984	99	33
胜　利					697	1065		
七　星					575	10194	22	
勤得利						128	1267	39
大　兴		1096			52	2	2	35
青龙山						782		
前　进		967		1500	569			114
创　业		553			1192	160	826	2400
红　卫		450	355	780	500	1550		1600
前　哨				111	400			
前　锋	82	5904	291		676	1952	700	644
洪　河					351			
鸭绿河				1748		877		40
二道河		31			1601	87		4
浓　江		491						
八五〇		135			1192			
八五四								
八五五					200	102		500
八五六		335			1024		66	
八五七					902	14		
八五八					2070	811		
八五一〇		437			300	662		
八五一一						1344		
庆　丰					2328	177		
云　山					783	765		76
兴凯湖					306	1045	114	
海　林					236			70
宁　安								
山市种奶牛场								
锦　河					1321			
红色边疆		380			536			

附录1-5续表3　　(2018年)　　单位：万元

农　场	按投资行业分							
	建筑业	交通运输仓储业	批发和零售业	房地产业	水利环境和公共设施业	居民服务和其它服务业	教　育	卫生和社会工作
逊　克		250			1085			
龙　门	102				715	40		
襄　河		300			265	2478		
龙　镇					7	887		
二龙山					163	35		
引龙河					1260	400		
尾　山					480	15	956	374
格球山	437	385	402	24	5	19	1	3
长水河								
赵　光					2600	650		120
红　星					265			
建　设					42	59	2	119
五大连池								
鹤　山		1122			1981		110	
大西江	850	1884			431	270	45	35
尖　山					122		2	28
荣　军					736			
红五月		120	160		730	170	40	20
七星泡					124			2
嫩　江					446	82	27	13
山　河								
嫩　北	754	833			430	277		
建　边	300	300			623	200		
哈拉海			32		5267		27	
克　山			25			915		1231
依　安					732	341		
富裕牧场		415			1792			
查哈阳				190				
泰　来		19					85	
绿色草原牧场		46				68	291	1
巨浪牧场					300	98	200	
齐齐哈尔种畜场		62			14			
繁荣种畜场					1038			
大山种羊场	290	60	20		1710	98	20	5
红旗种马场		25	2			40		
嘉　荫								13
铁　力								
海　伦					217			
红　光		58	185			385		
绥　棱					686			
安达牧场								
和平牧场					1749			
肇　源								
柳　河					259			
涝洲鱼种场								
庆　阳								
岔林河								37
沙　河					62			
香坊实验				99695				
青　年								
闫家岗								
红　旗							9	22
四方山		469						
松花江					321			
阿城原种场								
九龙山柞蚕育种场								
佳南实验农场					782			

附录1-6　人民生产、生活

(2018年)

农　　场	从业人员劳动报酬(万元)	职工工资总额(万元)	年末储蓄总额(万元)	人均可支配收入(元)	等级公路(公里)	文化广场(个)
二九〇	24031	14280	126998	29902	265	3
绥滨	25732	11164	78598	27505	381	1
江滨	14392	7584	66517	21892	55	1
军川	20576	14013	104689	29782	254	2
名山	7835	5973	39055	24651	105	3
延军	9101	3235	31953	21526	140	1
共青	13176	8442	54369	26507	130	17
宝泉岭	32155	11412	54602	29255	200	11
新华	16177	6248	56013	21590	180	2
普阳	22451	12325	78921	28146	120	9
汤原	5218	2891	18576	18519	85	1
依兰	2988	1930	3864	19594	8	1
梧桐河	12010	4975	32885	24748	82	2
友谊	110797	35154	112979	25729	550	28
五九七	57106	24844		26458	296	13
八五二	91363	32955	98217	19699	398	12
八五三	45624	15856	57723	28304	355	24
饶河	37709	16285	67207	29096	197	4
二九一	20845	16578	28804	18701	276	1
双鸭山	25393	12986	2360	22797	68	5
江川	25901	8868	9041	22710	108	2
曙光	11542	4323	1824	20993	161	1
北兴	36183	12387		26402	176	1
红旗岭	28130	13368		23264	129	6
宝山	4358	2633	2880	20108	60	1
八五九	49756	11437	79513	28647	261	2
胜利	38126	14503	54700	27227	245	6
七星	71362	25940	3923	27405	536	1
勤得利	36526	11830	90000	28749	184	3
大兴	22711	10479	56500	29390	155	1
青龙山	23466	9679	19141	29599	76	4
前进	32212	12751	39490	29764	148	2
创业	45856	14351	43136	28653	90	5
红卫	50893	7652	57000	27212	70	1
前哨	23435	6886	26407	28620	129	1
前锋	47206	9622	26043	28270	301	3
洪河	30568	4505	46000	26728	124	1
鸭绿河	17399	4060	32900	27181	77	4
二道河	24982	4984	10646	28538	111	1
浓江	14073	4620	8710	29020	119	2
八五〇	13649	4710	24467	24547	186	7
八五四	27503	10714	43440	25603	360	4
八五五	11650	5616	8483	24957	200	1
八五六	28633	10945	38500	27505	408	7
八五七	14271	5000	9475	24620	174	10
八五八	45422	8919	11365	26974	167	8
八五一〇	9758	4034	11067	24538	144	5
八五一一	24977	6023	5806	23835	162	4
庆丰	18824	4134	33081	25604	146	1
云山	21420	6531	7411	26120	162	1
兴凯湖	10004	4201	6014	26374	160	1
海林	14753	1342	4562	18767	80	3
宁安	6520	2140	2242	24191	55	2
山市种奶牛场	3429	1496	1060	14250	39	2
锦河	11005	2368	6141	22617	365	4
红色边疆	8744	3924	9470	22555	106	7

附录1-6续表1　　　　(2018年)

农　场	从业人员劳动报酬(万 元)	职工工资总　额(万 元)	年末储蓄总　额(万 元)	人　均可支配收入(元)	等级公路(公 里)	文化广场(个)
逊　克	12019	5170	52284	23560	391	8
龙　门	5194	2812	17613	22958	68	1
襄　河	6665	3188	8513	23760	102	3
龙　镇	8027	4656	9493	22400	128	1
二龙山	13572	5296	12975	20212	141	5
引龙河	9255	3718	13588	24698	169	1
尾　山	4552	2461	14941	22617	117	1
格球山	6699	2759	10119	24292	96	4
长水河	9255	4975	8231	18514	116	3
赵　光	20279	6164	18688	30000	234	3
红　星	7342	4385	8673	20506	1330	1
建　设	15113	6214	7533	22691	117	3
五大连池	7277	3235	2121	16067	86	1
鹤　山	19961	11380	19966	22004	175	2
大西江	16086	7000	4615	21758	90	2
尖　山	21919	10142	14671	21818	144	4
荣　军	10856	6987	8581	21648	55	2
红五月	12168	5062	4302	21762	56	1
七星泡	20050	12184	22751	20983	152	1
嫩　江	19847	8230	25100	22025	156	8
山　河	20352	6953	26149	22143	107	2
嫩　北	12835	7253	33100	21702	146	2
建　边	15171	4858	6275	21867	103	5
哈拉海	8607	3697	4772	23163	67	1
克　山	29188	17840	20150	25312	249	1
依　安	7902	2788		27588	10	3
富裕牧场	12641	3443	24871	24487	56	1
查哈阳	94665	42418	22904	27442	102	3
泰　来	5998	1170	4407	28925		1
绿色草原牧场	8194	2193	6416	27815	2	1
巨浪牧场	4788	1355	5789	24538		1
齐齐哈尔种畜场	14051	6208	3025	26884		2
繁荣种畜场	9776	3990	1733	17215	8	1
大山种羊场	1451	984	2833	16595		1
红旗种马场	2656	1291	3008	15274	18	1
嘉　荫	10940	3721	9595	21955	65	1
铁　力	10647	3677	3467	29053	105	1
海　伦	19224	2939	8714	20231	108	1
红　光	7681	2754	3757	18137	126	1
绥　棱	5921	3149	4893	26558	97	1
安达牧场	2721	205	477	16800	14	1
和平牧场	9737	1926	6869	21005	94	1
肇　源	7035	1407	5772	28775	32	2
柳　河	4221	1084	974	24743	31	2
涝洲鱼种场	349	227		15640		1
庆　阳	11683	4477	3300	31130		1
岔林河	7461	2882	3561	31879	2	1
沙　河	2911	719	418	19001	7	1
香坊实验	10116	2209	4276	32021		
青　年	2879	851	5258	31348		
闫家岗	7114	3426	6777	34190		1
红　旗	12646	2294	5893	34983		2
四方山	9568	3400	800	29892	52	1
松花江	7614	1447	4865	30656	33	1
阿城原种场	5019	4075	9972	19932	2	3
九龙山柞蚕育种场	287	147	522	19900		
佳南实验农场	2534	2534		20818		1

附录1-6续表2　　(2018年)

农　场	图书馆(室)(个)	社会消费零售总额(万元)	普通中学在校学生数(人)	小学在校学生数(人)	医院床位数(张)	卫生技术人员(人)
二九〇	16	51585	398	483	90	114
绥滨	13	53876	555	674	60	91
江滨	3	38101	247	217	40	72
军川	2	73612	449	391	60	93
名山	3	27006	186	159	20	50
延军	2	18018	184	143	22	51
共青	17	41750	585	512	40	78
宝泉岭	5	193831	1116	785	170	195
新华	3	28345	360	379	60	115
普阳	9	44135	306	314	54	62
汤原	2	10656	108	96	22	30
依兰	2	7345		86	20	19
梧桐河	1	18263	244	199	27	47
友谊	27	59685			120	321
五九七	12	42618	304	476	145	249
八五二	6	47484	697	734	200	381
八五三	23	60335	752	889	180	233
饶河	7	18275	298	301	40	86
二九一	3	7937	608	641	80	132
双鸭山	4	8167	235	171	80	71
江川	3	7939	140	165	41	73
曙光	2	3217	169	158	63	54
北兴	30	27361	512	626	99	96
红旗岭	2	13783	222	234	50	70
宝山	1	1725	68	62	20	15
八五九	1	27583	560	1085	50	112
胜利	4	21189	380	822	50	93
七星	1	45034	1600	3139	60	77
勤得利	2	14658	582	815	60	115
大兴		11224	406	793	70	118
青龙山	3	27797	281	606	40	84
前进	3	27030	867	1520	40	94
创业	6	18945	396	777	40	98
红卫		16003	338	789	40	82
前哨		14451	751	1242	60	106
前锋	1	10438	627	1274	40	157
洪河	2	6298	268	489	28	66
鸭绿河	2	10551	166	415	20	42
二道河	1	7858		235	36	60
浓江	1	7499		221	20	57
八五〇	8	16322	328	573	60	111
八五四	1	29845	506	1121	100	153
八五五	2	16775	248	422	60	102
八五六	3	35534	487	1047	80	110
八五七	15	26791	328	715	60	111
八五八	8	36425	337	697	60	81
八五一〇	2	28210	141	184	72	113
八五一一	2	21807	215	322	60	92
庆丰	10	15353	265	507	70	86
云山	16	35647	218	404	70	76
兴凯湖	18	15723	345	716	50	97
海林	2	5601	206	287	22	39
宁安	2	3216	220	365	34	37
山市种奶牛场		1928			20	16
锦河	4	9631	133	148	20	46
红色边疆	10	9241	170	204	24	53

附录1-6续表3　　(2018年)

农　场	图书馆(室)(个)	社会消费零售总额(万 元)	普通中学在校学生数(人)	小学在校学生数(人)	医院床位数(张)	卫生技术人员(人)
逊　克	6	27304	416	626	24	78
龙　门	1	9142	226	341	20	26
襄　河	2	12312	139	191	20	37
龙　镇	3	23897	308	573	40	64
二龙山	4	13363	278	296	30	59
引龙河	4	11775	171	335	20	43
尾　山	1	12800	142	241	20	30
格球山	5	12040	118	202	16	35
长水河	4	10532	274	360	24	43
赵　光	5	39161	679	845	100	88
红　星	1	9149	194	271	20	47
建　设	7	21921	231	345	28	50
五大连池	1	1612			13	26
鹤　山	1	3533	182	149	50	55
大西江	3	12025	408	288	30	55
尖　山	6	18480	218	99	208	61
荣　军	1	11027		36	20	31
红五月	2	6710	127	122	30	24
七星泡	1	11456	402	338	40	55
嫩　江	5	6321	238	224	30	34
山　河	12	9911	313	356	40	58
嫩　北	1	7967	359	313	40	45
建　边	6	11223	320	302	30	38
哈拉海	1	2404	129	151	40	7
克　山	5	13544	221	311	100	157
依　安	4	4815	79	118	80	33
富裕牧场		12247	222	285	30	39
查哈阳	3	196177	1017	1749	200	223
泰　来	1	6407	71	141	24	18
绿色草原牧场		10673	86	123	12	27
巨浪牧场	1	977	91	121	20	13
齐齐哈尔种畜场	2	8586			70	19
繁荣种畜场	1	6683			40	24
大山种羊场		4095			22	13
红旗种马场		1354				3
嘉　荫	2	20861	114	83	40	39
铁　力	1	18250	94	197	30	33
海　伦	1	19227	299	256	30	26
红　光	1	15035	256	265	30	27
绥　棱	1	20733	218	195	30	22
安达牧场		715			5	3
和平牧场	1	16997	276	331	30	36
肇　源	2	5454	53	70	25	9
柳　河	1	2204	24	27	30	7
涝洲鱼种场	1					
庆　阳		6660	250	210	20	29
岔林河	2	2460	69	69	20	20
沙　河	2	747	64	51	20	6
香坊实验		14073	494	859	2	11
青　年	1	1964			20	16
闫家岗	1	12435	120	141	20	18
红　旗	2	21351	909	1216	20	31
四方山	1	8000		149	8	9
松花江	1	2908	171	128	30	20
阿城原种场		3189			20	9
九龙山柞蚕育种场					6	19
佳南实验农场	1				50	35

附录1-7　机械年末拥有量

(2018年)

农　场	大中型拖拉机(台)	#100马力以上	小型拖拉机(台)	大中型拖拉机配套农具(台)	小型拖拉机配套农具(台)	播种机(台)	机动水稻插秧机(台)
二九〇	1832	138	488	1941	524	221	2185
绥滨	2158	134	620	2330	500	115	2300
江滨	1523	157	389	1443	401	294	1345
军川	2073	107	326	5402	106	719	811
名山	982	146	172	2240	270	139	574
延军	685	75	409	1196	388	653	67
共青	1364	291	155	1257	307	554	664
宝泉岭	1333	502	50	5396	116	398	420
新华	2410	144		5030	49	1056	1510
普阳	1444	95	47	2199	8	47	1317
汤原	718	69	74	1095	152	532	39
依兰	222	13	205	262	263	190	74
梧桐河	596	30	448	590	428	111	1061
友谊	2411	706	2908	5049	3053	1211	2763
五九七	709	206	1343	1046	1807	1145	796
八五二	1437	311	1059	2828	1699	1166	707
八五三	1998	229	1041	3806	1536	461	1985
饶河	1041	63	396	1686	715	535	802
二九一	1869	132	598	4822	686	453	1772
双鸭山	687	57	310	1115	384	596	42
江川	1058	23	3	987	125		1619
曙光	203	63	294	377	363	192	143
北兴	1544	125	588	2250	793	1535	52
红旗岭	377	38	486	691	259	169	588
宝山	193	12	398	207	352	37	687
八五九	3336	223	327	4310	200	333	2854
胜利	1809	168	28	2297		211	1756
七星	3394	86	815	7149	2357	264	3919
勤得利	2494	96	1104	6051	42	28	2560
大兴	1391	313	1377	2098	422	256	1901
青龙山	1553	178	100	4960	182	52	2332
前进	2020	287	121	4062	144	457	3040
创业	1532	138		8652			2420
红卫	1356	132	1224	4209	6026	20	2858
前哨	763	131	214	707	282	200	840
前锋	2419	309		10066	135	62	4324
洪河	1082	131	324	1469	285	236	1531
鸭绿河	1207	172	3	3511	7	223	1545
二道河	1526	63		3568		1487	1705
浓江	1306	141	899	4325	989	230	2190
八五〇	1616	178	35	2580	52	226	1661
八五四	3256	208	336	9713	1261	437	2839
八五五	689	104	8	607	8	312	162
八五六	3670	302	334	5298	994	466	3090
八五七	1486	28	493	2231	679	183	2624
八五八	1975	149	6	8210		103	1961
八五一〇	517	177	862	546	545	595	31
八五一一	1318	102	595	885	1366	825	401
庆丰	909	50	1400	1245	989	417	913
云山	798	217	950	703	941	774	869
兴凯湖	1104	176	673	1366	517	25	1343
海林	524	30		1445	3	380	53
宁安	111	46	374	240	156	105	30
山市种奶牛场	395		188	718		201	
锦河	89	69	412	405	620	114	8
红色边疆	140	83	166	681	548	106	

附录1-7续表1　　(2018年)

农　场	大中型拖拉机(台)	#100马力以上	小型拖拉机(台)	大中型拖拉机配套农具(台)	小型拖拉机配套农具(台)	播种机(台)	机动水稻插秧机(台)
逊克	566	168	2594	2265	3465	2503	6
龙门	359	64		298		58	
襄河	52	46	546	268	485	389	
龙镇	96	45	371	428	393	228	26
二龙山	131	76	798	803	648	271	
引龙河	264	107	1104	1117	1202	496	
尾山	218	115	11	694	17	76	
格球山	220	44	200	410	35	130	
长水河	220	74	128	359	86	93	
赵光	220	106	267	810	307	161	3
红星	219	72	894	746	2066	372	10
建设	605	178	146	836	165	186	84
五大连池	49	48	357	186	442	266	
鹤山	299	115	454	754	366	268	
大西江	92	47	305	263	278	66	
尖山	172	121	191	619	283	188	
荣军	95	72	59	269	17	82	
红五月	90	67	207	353	107	81	
七星泡	263	104	45	720	48	109	
嫩江	243	89	6	654	51	205	
山河	270	113	813	1268	710	301	
嫩北	111	79	686	613	907	106	3
建边	180	73	327	523	545	271	
哈拉海	396		60	1249	2103	300	203
克山	287	182		825	42	217	
依安	235	86	282	293	315	85	699
富裕牧场	244	22	281	921	508	2	651
查哈阳	913	481	2427	830	847	316	3858
泰来	353		60	516	160	60	320
绿色草原牧场	277	23	443	252	413	360	
巨浪牧场	81	37	415	155	411	141	55
齐齐哈尔种畜场	263	1	42	406	32	61	285
繁荣种畜场	567	16	37	2745	115	204	390
大山种羊场	606		193	256	198	211	220
红旗种马场	110	8	48	104	88	12	
嘉荫	313	100	17	1201	62	165	27
铁力	728	12	326	1259	267	226	251
海伦	203	114	282	87	211	122	4
红光	633	45	22	382	69	152	67
绥棱	69	19	143	184	253	264	44
安达牧场	16	5	10	21	4	5	
和平牧场	72	19	513	17	619	217	
肇源	217	2	150	90	85		750
柳河	166	3	7	136	65	98	88
涝洲鱼种场							
庆阳	492	2	106	9	347		179
岔林河	344	8	676	405	179	31	694
沙河	175			175		22	130
香坊实验	2	2	5		18	5	
青年	10		2	40		10	
闫家岗	13	12	29	17	25	20	5
红旗	8	4	4	20	1	2	
四方山	374	33	85	508	41	270	4
松花江	193	10	95	454	153	199	22
阿城原种场	65	3		24		20	35
九龙山柞蚕育种场							
佳南实验农场	195	18	15	325	4	44	39

附录1-7续表2　　　　　　　　　　　　(2018年)

农　场	联合收获机(台)	#自走式	脱粒机(台)	种子清选机(台)	汽车合计(台)	#载重汽车	推土机(台)	挖掘机(台)	农业机械总动力(千瓦)
二九〇	655	655	31	1	59				190169
绥滨	934	934			900				295948
江滨	581	573	11	3	370		2		186490
军川	459	445	45	12	17	1	8	12	198680
名山	242	242	36						83415
延军	169	81	6		181	83		5	67284
共青	269	245	73		22	22	6		120778
宝泉岭	428	428	6	4	2	2			127610
新华	978	950	20	1	303	19	14	3	206156
普阳	733	733	6		54	3			195051
汤原	146	146	17		7				41968
依兰	57	56	13	4	3		2		19057
梧桐河	339	339	15	1	154	17	1		85356
友谊	1945	1607	136	33	570	252	21	8	512830
五九七	486	453	84	13	144	21	19	9	137397
八五二	480	464	1	74					170347
八五三	1113	1113	77	5	151	25		2	276433
饶河	595	585	15	3	9	9			117878
二九一	541	541	22						213881
双鸭山	97	91	33	1	118	9	4		49386
江川	347	347			40	2			89457
曙光	184	130		1	126		1		38583
北兴	265	261	124		139	112			103966
红旗岭	395	364			18	2			66736
宝山	108	108			13	7			37603
八五九	1655	1625		3			2		365145
胜利	794	794							204098
七星	1428	1034	22						363476
勤得利	1352	1304	3				2	1	311591
大兴	689	689							230178
青龙山	1088	1088		20				10	179277
前进	1109	1109							248412
创业	679	679							194320
红卫	830	772							203000
前哨	357	357	1						117792
前锋	1877	1877							318750
洪河	932	917	50						170154
鸭绿河	772	772							151896
二道河	775	775					3	10	165957
浓江	856	856	132						209297
八五〇	640	640					1		176572
八五四	2383	2211	88		28	5	3		296538
八五五	176	174	7		3	3			57581
八五六	1562	1492			205	4	3		368499
八五七	751	746		2	26		10	5	162450
八五八	1168	1168							261564
八五一〇	169	121	6	1	5	5			69312
八五一一	138	82	29		137	103	5		76373
庆丰	431	430	65	19	7	4	5		114198
云山	587	587	326	15					145544
兴凯湖	419	322	70		109				108462
海林	123	123	25	13			2		37040
宁安	42	30	8	2					17440
山市种奶牛场	29	5							13163
锦河	73	69		2	61	2	1		26661
红色边疆	30	30		27	10	10		3	28895

附录1-7续表3　　(2018年)

农　　场	联合收获机(台)	#自走式	脱粒机(台)	种子清选机(台)	汽车合计(台)	#载重汽车	推土机(台)	挖掘机(台)	农业机械总动力(千瓦)
逊　　克	187	184	3	53	240	15	6	1	129896
龙　　门	51	51		22	47	11	3	11	31212
襄　　河	43	43	1	5	10	6			24429
龙　　镇	79	58			48	10			29879
二 龙 山	71	48		6	104	43			67003
引 龙 河	143	143	31	33	59	58	2		49063
尾　　山	25	25		6	207	52	7	2	42302
格 球 山	31	29		18					38847
长 水 河	53	48			18				30747
赵　　光	71	63		2	60	3			62578
红　　星	76	59	10	3	40				53752
建　　设	102	100			605	6		5	122929
五大连池	37	35	2		49	7			18823
鹤　　山	76	67	4	5	47	18	1	1	55754
大 西 江	60	45			19	11			24324
尖　　山	63	63	4	18	165	94	15		65147
荣　　军	28	25		8	73	32			26966
红 五 月	43	43		5	9	9			24223
七 星 泡	72	72		10	38	38	2	2	63341
嫩　　江	43	32	1	8	20	8	2	2	45433
山　　河	117	107		7	28	10	3		57585
嫩　　北	57	57	14	3	273	18	3	2	62662
建　　边	71	71		6	138	39			44288
哈 拉 海	291	291					26	4	57108
克　　山	88	72							73247
依　　安	142	131	1	6	6	1	2		37279
富裕牧场	136	136	97		23	23			42900
查 哈 阳	725	697			11	2	9	14	287626
泰　　来	224	4			5	5			19483
绿色草原牧场	25	25	46		10	1	7		26587
巨浪牧场	91	79			41	16		5	43972
齐齐哈尔种畜场	101	101					4	4	20378
繁荣种畜场	148	148	18						44476
大山种羊场	283	111			6	4	16	2	36534
红旗种马场	24	24		2			4	1	9974
嘉　　荫	123	121							37149
铁　　力	155	155			300		2	5	63878
海　　伦	81	81							42512
红　　光	98	98							31734
绥　　棱	69	69							12871
安达牧场	2	2			2				2450
和平牧场	10	8	13		3			1	15938
肇　　源	170	170			23	8	2	2	34546
柳　　河	30	30					1	3	9993
涝洲鱼种场							1		740
庆　　阳	149	144	7				17		33750
岔 林 河	158	158	5	1			8	4	44404
沙　　河	58	58							12702
香坊实验					2	2			1809
青　　年	3								1546
闫 家 岗							1		2731
红　　旗	1	1							1084
四 方 山	43	43	4		17	3		3	21628
松 花 江	40	29					1		12134
阿城原种场	46								6450
九龙山柞蚕育种场									
佳南实验农场	45	45	6		2				13413

附录1-8　农业现代化生产及基础设施情况

(2018年)

农　场	当年机耕面积(公顷)	当年机播面积(公顷)	有效灌溉面积(公顷)	排灌站(座)	排灌能力(立方米/秒)	机电井(眼)
二九〇	46829	46811	32277	2	54	2787
绥　滨	35613	35613	34601	3	48	2303
江　滨	22520	22520	17931			1849
军　川	41377	41377	34032	1	10	1597
名　山	18106	18103	8995	1	92	782
延　军	16724	16724	2523.9			143
共　青	32597	32595	13700			815
宝泉岭	38699	38699	23000	5	15	2440
新　华	32639	32610	18710	3	32	1187
普　阳	29895	29889	30056.5	6	41	2528
汤　原	9857	9763	675	1	1	6
依　兰	3600	3593	1041	2	2	40
梧桐河	18771	18771	14889	7	80	737
友　谊	110268	110524	64403	17	62	4371
五九七	51000	51000	25330	9	39	957
八五二	79741	79729	15402	5	80	152
八五三	68332	68332	50250	10	39	1815
饶　河	35340	35144	24866	6	18	1228
二九一	38385	38385	31703	9	60	2362
双鸭山	14837	14726	1488			44
江　川	20574	20574	19440	3	60	2138
曙　光	13659	13659	4067	3	3	183
北　兴	36489	36439	2998	1	1	10
红旗岭	18819	18819	14570	13	86	184
宝　山	7385	7385	7330	1	12	1030
八五九	79001	79001	58597	1	32	3209
胜　利	46283	46283	34665	2	6	1776
七　星	81615	80507	69798	7	25	3401
勤得利	66231	66231	56151			2611
大　兴	49815	49815	43477	2	4	2104
青龙山	37370	36484	35250	13	305	1824
前　进	50907	50907	50880	1	6	2780
创　业	38549	37412	37133	1	2	2258
红　卫	40723	40683	37500	3	14	1552
前　哨	38892	38892	38451			2102
前　锋	74554	74554	71261			4561
洪　河	42056	42039	39108	1	12	1685
鸭绿河	31410	30736	30661			1636
二道河	39078	39078	36779			1426
浓　江	38536	38536	38523			1748
八五〇	32233	32252	23896	1		2590
八五四	67334	67207	40389			1059
八五五	28400	28340	3004			8
八五六	76004	75959	65130	9	19	3353
八五七	36864	36864	30665	20	51	517
八五八	41113	41113	38371	5	24	1485
八五一0	19153	19153	1749			7
八五一一	18958	17656	3994	6	12	152
庆　丰	40999	40999	30477	1	80	1771
云　山	31421	31416	15717	9	48	1243
兴凯湖	36172	34772	35864			
海　林	9467	9390	430			
宁　安	4813	4377	1222			2
山市种奶牛场	3075	1966				
锦　河	14066	14066	98			
红色边疆	15724	15724	4990			792

附录1-8续表1　　(2018年)

农　场	当年机耕面积(公顷)	当年机播面积(公顷)	有效灌溉面积(公顷)	排灌站(座)	排灌能力(立方米/秒)	机电井(眼)
逊　克	44768	44768	180			
龙　门	16828	16828				
襄　河	19189	19186				
龙　镇	24524	19090	394			
二龙山	27145	21769	20			
引龙河	24609	24609	62	1		
尾　山	15944	15944				1
格球山	14400	14400				
长水河	24067	20334				
赵　光	34001	30100	571	2	10	10
红　星	25474	18416	243			2
建　设	20048	20048	1927			
五大连池	10005	10005				
鹤　山	33970	33970	233	2	6	
大西江	20283	20283				
尖　山	23376	23315				229
荣　军	15766	15766	866			53
红五月	15811	15811	5			148
七星泡	32282	32255		1	3	
嫩　江	30105	30105				19
山　河	24809	24809	1367			3
嫩　北	26241	25493	56			
建　边	16415	16388				9
哈拉海	11154	11154	9519	1		1414
克　山	28190	28154	21243			502
依　安	5701	5701	5176	1	1	315
富裕牧场	9293	9293	9012	1	25	270
查哈阳	56946	60269	48029	26	38	4930
泰　来	4555	4555	4555	13	18	493
绿色草原牧场	7152	7152	2280			145
巨浪牧场	2270	2270	2272			291
齐齐哈尔种畜场	4199	3968	4735	2	2	
繁荣种畜场	9684	9684	9528			428
大山种羊场	4500	4500	3230.4	5	7	15
红旗种马场	1620	655	655	2	1	82
嘉　荫	18178	18156	428			
铁　力	14338	14338	9740	1	2	787
海　伦	15845	15845	1739			
红　光	10059	10059	724	1	2	2
绥　棱	16091	16091	4303			24
安达牧场	997	997	496			56
和平牧场	7722	7722	6630			479
肇　源	3961	3961	3961			
柳　河	4088	4088	1873	2	1	13
涝洲鱼种场			7			
庆　阳	4734	4720	4133	2	2	181
岔林河	4244	4244	4247.5	2	3	1235
沙　河	1367	1300	1187.2	2	2	260
香坊实验	177	97	598			65
青　年	110	110	331			20
闫家岗	436	436	431			73
红　旗	549	315	617			46
四方山	7288	7279	61			200
松花江	4446	3632	541.1			
阿城原种场	1576	1496	1207			55
九龙山柞蚕育种场	10	10				
佳南实验农场	2867	2867	1513	1		132

附录1-8续表2　　(2018年)

农　场	化　肥施用量(折纯量，吨)	农　业用电量(万千瓦时)	粮食仓储能　力(吨)	粮　食处理中心(座)	粮　食处理中心(吨/小时)	农　用飞机场(处)	种　子加工厂(座)
二九〇	8021	541	97460	1	30	1	1
绥　滨	8703	1483	61500	1	30	1	1
江　滨	4335	446	45500	4	55	1	1
军　川	12532	577	46373	2	70	1	1
名　山	4155	364	143950	1	30		
延　军	3400	70	18350	1	41		1
共　青	9520	1312	35000	1	30	1	1
宝泉岭	8946	243	140370	1	30	1	2
新　华	6826	1379	132000	1	20	1	
普　阳	7830	1014	14460	5	79	1	1
汤　原	2393	51	44500	1	8		
依　兰	915	37	15190				
梧桐河	4051	327	2000	1	15		1
友　谊	23876	8248	764820	19	269	1	1
五九七	10930	547	805197	13	50	2	
八五二	16559	352	16100	3	70	1	
八五三	11644	2278	227210	8	125	1	1
饶　河	6039	1158	46221		38	1	
二九一	5956	289	70740	4	114	1	1
双鸭山	2800	48	10900				
江　川	4496	464	22650	1	20	1	
曙　光	3038	94	13928				
北　兴	8031	183	241000	12	941	1	
红旗岭	2305	538	1500			1	
宝　山	1595	114	158000				
八五九	22357	1035	252872	3	580	1	
胜　利	5689	1046	650490	2	42	1	
七　星	18849	2369	851434	6	126	1	
勤得利	8548	1263	850600	10	240	1	
大　兴	7689	2186	380000	2	41	1	
青龙山	8441	1752	93010	1	20	1	1
前　进	12458	1854	1110450	3	82	1	1
创　业	8702	2042	185700	3	65	1	
红　卫	6727	980	13000	1	50	1	1
前　哨	6360	2196	160000			1	
前　锋	13483	3200	1298260	12	113	2	
洪　河	4774	1777	104000	1	90	1	
鸭绿河	4490	664	62360	1	80	1	1
二道河	6395	2020	128600	4	616	1	1
浓　江	7802	1475	60000	1	20	1	
八五〇	6172	483	588100	16	243	1	
八五四	12167	360	164020			1	
八五五	7324	70	44635	4	45		
八五六	20212	809	293450	1	183	3	
八五七	11071	401	167600	5	160	1	
八五八	5538		789600	12	300	1	1
八五一〇	2934	150	20200				
八五一一	3138	112	32575				
庆　丰	6827	490	51980	1	15	1	3
云　山	4543	201	236476	1	13	1	1
兴凯湖	5291	452	8849			1	
海　林	2219	503	19200	1	10		1
宁　安	1847	71	8520				
山市种奶牛场	1166	102					
锦　河	2377	14	4480	3	35	1	
红色边疆	2315	183	13868	6	90	1	1

附录1-8续表3 (2018年)

农场	化肥施用量(折纯量，吨)	农业用电量(万千瓦时)	粮食仓储能力(吨)	粮食处理中心(座)	粮食处理中心(吨/小时)	农用飞机场(处)	种子加工厂(座)
逊克	6649	142	61868	6	78	1	
龙门	2792	92	14240			1	
襄河	4118	62	34720	3	50	1	2
龙镇	4557	69	564130	4	62	1	
二龙山	4626	51	11235	10	197	1	1
引龙河	5322	166	22360	12	120	1	1
尾山	2951	24	21570	5	74		
格球山	1754	39	9483	33	35	1	3
长水河	4177	399	57650	1	20	1	
赵光	6893	210	114635	23	418	1	1
红星	3552	75	12140	5	110	1	4
建设	4720	182	85550	4		1	
五大连池	1371	15	19650				
鹤山	6962	93	106905	18	335	1	1
大西江	2463	102	75950	7	160	1	1
尖山	3763	193	108680	16	244	1	
荣军	2482	73	33000	1	20		
红五月	2260	80	17380	6	360		1
七星泡	6144	280	37750	8	217	1	1
嫩江	7043	81	65100	12	250	1	1
山河	3338	128	32200	8	176	1	2
嫩北	4125	200	258060	14	338	1	1
建边	2423	67	79852	2	27		
哈拉海	1516	733	30000	1	25		
克山	6337	645	22638	3	130	1	3
依安	877	113	4550				
富裕牧场	1825	148				1	
查哈阳	15145	838	419791	2	43	1	1
泰来	1726	306					
绿色草原牧场	1152	6					
巨浪牧场	414						
齐齐哈尔种畜场	1334	39					
繁荣种畜场	2186	175	200	1	5		
大山种羊场	1114	23					
红旗种马场	325	12					
嘉荫	3871	446	21658	9	62		1
铁力	2748	492	5230	1	20		
海伦	2319	204	7230	1	20		
红光	1931	20	62300	1	20		
绥棱	1777	249				1	
安达牧场	650	28		2	40		
和平牧场	2105	255					
肇源	1287	147	17000				
柳河	1015	65					
涝洲鱼种场		33					
庆阳	952	92					1
岔林河	1109	168	60000	1	20		1
沙河	422	45					
香坊实验	35	79					
青年	36	24					
闫家岗	84	178					
红旗	95	84					
四方山	1685	70	3000	1	20		
松花江	1404	35	8230				
阿城原种场	420	70					1
九龙山柞蚕育种场		2					
佳南实验农场	537	158					

附录1-9　农林牧渔业总产值及商品产值

(2018年)　　单位：万元

农　场	农林牧渔业总产值	#国有经济	#农　业	#林　业	#畜牧业	#渔　业
二九〇	112480	81844	103380	517	8359	224
绥　滨	120528	69780	102691	1382	12489	3967
江　滨	71674	38585	61175	383	9940	176
军　川	131197	71673	116217	1154	13813	12
名　山	39436	19739	34093	20	4486	837
延　军	53044	18791	26971	274	25544	255
共　青	117182	46370	63102	150	53715	215
宝泉岭	186530	57514	89719	240	96351	220
新　华	96394	54627	76256	1709	15320	3109
普　阳	100941	56807	86746		13907	288
汤　原	17735	9806	16037	410	1279	10
依　兰	10589	4546	7182	238	2925	243
梧桐河	56724	33057	48714	289	7645	76
友　谊	267537	133214	249523	2181	14463	1371
五九七	170305	97789	152520	3698	10036	4051
八五二	177706	100153	170051	850	5780	1025
八五三	196381	125532	187112	1208	6338	1723
饶　河	90716	52957	74965	4138	5373	6240
二九一	80283	44289	77406		2457	421
双鸭山	40625	19561	31284	1960	6766	615
江　川	68019	42020	62498		3609	1912
曙　光	36363	13716	21598		14745	19
北　兴	98049	51453	75610	9224	12512	703
红旗岭	100395	51791	90855	558	8350	633
宝　山	20538	12450	20409	7	112	10
八五九	205403	126674	202215	300	2296	592
胜　利	108877	71683	106629	233	1991	24
七　星	221701	148627	211479	401	9533	288
勤得利	163175	105097	158811	743	2556	1065
大　兴	143158	91052	140416	18	2669	56
青龙山	96291	59496	95279	115	812	85
前　进	141233	90302	139663		1562	8
创　业	99010	67087	97302		1592	117
红　卫	116603	76506	114765	18	1422	399
前　哨	96509	63250	95549	191	769	
前　锋	213851	142372	213066	29	638	118
洪　河	109670	70772	107144	4	958	1564
鸭绿河	82066	54867	81565	11	436	54
二道河	97098	67724	96801		228	69
浓　江	108048	81314	107339	46	632	32
八五〇	96848	61857	93845	150	2820	33
八五四	242000	144909	234667	275	5360	1698
八五五	73196	39052	63362	495	9188	150
八五六	237994	157297	235477	167	1562	788
八五七	124877	71877	116891	800	5285	1901
八五八	138364	80289	129240	27	5268	3829
八五一〇	68343	36534	54518	60	12867	898
八五一一	59942	29467	41150		18792	
庆　丰	139777	83351	129845	521	8802	610
云　山	90109	51423	85005	500	4102	501
兴凯湖	118112	26948	104814	570	12061	668
海　林	20087	12483	17055	31	2938	63
宁　安	19047	12239	17535	39	1366	107
山市种奶牛场	13425	4099	6834	47	6487	57
锦　河	24351	10735	15681	5430	3202	38
红色边疆	32390	13127	27132	3270	1547	440

附录1-9续表1　　(2018年)　　单位：万元

农场	农林牧渔业总产值	#国有经济	#农业	#林业	#畜牧业	#渔业
逊克	70419	29165	60267	4382	5516	255
龙门	26983	12341	21087	3537	2312	47
襄河	34669	19701	29862	3103	1024	680
龙镇	47772	27093	41678	2211	3348	535
二龙山	59435	26199	52565	121	5829	920
引龙河	54570	29390	43156	5712	4257	1445
尾山	43756	15677	33282	1957	8400	117
格球山	31397	10501	21034	3955	5740	668
长水河	35968	20206	27782	3618	4549	20
赵光	67882	31689	51690	3122	11162	1908
红星	57198	25711	51217	2666	2603	712
建设	37515	19022	32313	3455	747	1000
五大连池	15211	9669	12029	2865	317	
鹤山	73890	30191	53265		20366	260
大西江	37963	20806	32271	649	4520	523
尖山	65189	29007	47881	86	17133	89
荣军	31667	16681	23980	1013	6553	121
红五月	28709	14606	22766	690	4375	878
七星泡	54881	26161	45969	103	8268	541
嫩江	47396	23268	40487	277	6617	16
山河	48655	19598	37334	1536	9515	270
嫩北	50500	26008	40852	658	8809	181
建边	21378	18867	14080	916	6382	
哈拉海	31802	19434	26591		5212	
克山	67345	33408	56649	125	10518	53
依安	27495	14605	18755	45	8588	107
富裕牧场	41122	22958	36245	7	4240	630
查哈阳	163716	73492	153323		9374	1020
泰来	20327	10788	18784	128	1251	164
绿色草原牧场	22680	11711	19230	113	3337	
巨浪牧场	13077	4079	6168	78	6761	70
齐齐哈尔种畜场	36411	16144	22219		14192	
繁荣种畜场	35093	10486	27999	21	7072	
大山种羊场	17547	6279	9933	168	6556	891
红旗种马场	8047	2784	5057		2728	262
嘉荫	38786	22354	37615	76	863	232
铁力	56805	33994	54785		479	1542
海伦	31970	26548	30379		1576	16
红光	16708	8114	13524		2948	237
绥棱	26113	14308	24396		844	872
安达牧场	8117	5077	5715		2402	
和平牧场	18481	12794	14880	511	3090	
肇源	14163	8140	12360	104	1468	231
柳河	9420	3910	6437	507	1934	543
涝洲鱼种场	1241	570	8		63	1170
庆阳	22759	11645	17222	4491	211	835
岔林河	13161	6997	11864		540	757
沙河	3617	1936	3328		231	57
香坊实验	1350	729	1350			
青年	3202	90	237	20	2945	
闫家岗	6018	3282	4464		1438	116
红旗	12155	7576	11995		160	
四方山	11365	4536	4753	1589	4524	500
松花江	10773	5752	9737	100	760	176
阿城原种场	9913	6240	7529		2384	
九龙山柞蚕育种场	2040	858	20		2020	
佳南实验农场	9955	4289	7752		2028	176

附录1-9续表2　　(2018年)　　单位：万元

农　　场	农林牧渔业商品产值	农　业	林　业	畜牧业	渔　业
二九〇	105721	96991	284	8221	224
绥　滨	107499	91208		12364	3927
江　滨	71674	61175	383	9940	176
军　川	114167	99187	1154	13813	12
名　山	34971	29648		4486	837
延　军	52494	26421	274	25544	255
共　青	111664	59863	150	51457	194
宝泉岭	186530	89719	240	96351	220
新　华	86086	67824	150	15059	3053
普　阳	97810	83617		13906	288
汤　原	17246	15555	402	1279	10
依　兰	10420	7038	214	2925	243
梧桐河	56002	48065	289	7572	76
友　谊	265914	248174	2180	14210	1351
五九七	163504	146420	3551	9617	3916
八五二	169657	162318	833	5534	972
八五三	190443	181497	1153	6109	1684
饶　河	87087	71966	3973	5158	5990
二九一	78446	75624		2406	417
双鸭山	38337	29061	1958	6710	608
江　川	64652	59384		3448	1820
曙　光	36054	21484		14551	19
北　兴	96161	74098	9224	12137	703
红旗岭	99407	89946	557	8277	627
宝　山	19300	19174	7	109	10
八五九	176169	173906		1671	592
胜　利	94051	92116		1935	
七　星	215566	206236		9041	288
勤得利	162315	158090	647	2513	1065
大　兴	139155	136467	17	2616	55
青龙山	96291	95279	115	812	85
前　进	134171	132680		1483	8
创　业	99010	97302		1592	117
红　卫	116603	114764	18	1422	399
前　哨	91502	90772		731	
前　锋	207005	206247	28	612	118
洪　河	105149	102664	4	918	1564
鸭绿河	77272	76794	11	414	54
二道河	88682	88433		215	34
浓　江	105842	105192		619	31
八五〇	78860	75970	150	2707	33
八五四	239016	232320		5076	1620
八五五	73194	63362	495	9187	150
八五六	234619	232116	166	1556	782
八五七	118609	111047	760	4997	1805
八五八	116992	107995		5168	3829
八五一〇	68225	54402	60	12865	898
八五一一	50639	32730		17909	
庆　丰	134278	124665	500	8530	584
云　山	87674	82723	485	3979	487
兴凯湖	106847	104814	180	1186	668
海　林	20077	17050	30	2935	62
宁　安	19047	17535	39	1366	107
山市种奶牛场	13344	6834	47	6406	57
锦　河	22403	14426	4996	2946	35
红色边疆	29799	24962	3008	1423	405

附录1-9续表3 (2018年) 单位：万元

农场	农林牧渔业商品产值	农业	林业	畜牧业	渔业
逊克	64785	55446	4031	5074	235
龙门	20826	16683	2226	1871	47
襄河	28072	25029	1708	713	622
龙镇	46344	40454	2190	3195	505
二龙山	45635	42744		2871	20
引龙河	54570	43156	5712	4257	1445
尾山	43756	33282	1957	8400	117
格球山	30930	20567	3955	5740	668
长水河	35637	27782	3307	4549	
赵光	64760	51690		11162	1908
红星	53573	51217		2184	172
建设	37095	32313	3035	747	1000
五大连池	15039	11980	2789	270	
鹤山	73040	52513		20267	260
大西江	34548	29054	649	4322	523
尖山	52660	35622	30	16920	89
荣军	30654	23980		6553	121
红五月	25301	19752	680	4121	748
七星泡	54133	45352		8246	534
嫩江	40833	34315		6502	16
山河	48655	37334	1536	9515	270
嫩北	41696	33378	656	7482	180
建边	18727	12876		5852	
哈拉海	31802	26591		5212	
克山	67345	56649	125	10518	53
依安	25970	17705	19	8149	97
富裕牧场	41102	36230	7	4237	628
查哈阳	143108	132715		9374	1020
泰来	20266	18784	128	1190	164
绿色草原牧场	17365	14346	62	2957	
巨浪牧场	13077	6168	78	6761	70
齐齐哈尔种畜场	36381	22189		14192	
繁荣种畜场	35093	27999	21	7072	
大山种羊场	17385	9771	168	6556	891
红旗种马场	7106	4116		2728	262
嘉荫	38640	37470	76	862	232
铁力	53933	52755		479	700
海伦	31970	30379		1576	16
红光	15957	12787		2933	237
绥棱	23410	21753		815	842
安达牧场	4521	3609		913	
和平牧场	15315	12387		2928	
肇源	11587	11587			
柳河	9420	6437	507	1934	543
涝洲鱼种场	1009	8		17	984
庆阳	21711	17222	3680	159	650
岔林河	11929	10689		540	700
沙河	3304	3017		230	57
香坊实验	1350	1350			
青年	3201	237	20	2944	
闫家岗	6018	4464		1438	116
红旗	12155	11995		160	
四方山	8976	3952		4523	500
松花江	10728	9691	100	760	176
阿城原种场					
九龙山柞蚕育种场					
佳南实验农场	9955	7752		2028	176

附录1-10　农作物播种面积、单产和总产

(2018年)

农场	总播种面积(公顷)	1.粮食 面积(公顷)	1.粮食 单产(公斤/公顷)	1.粮食 总产(吨)	(1)谷物 面积(公顷)	(1)谷物 单产(公斤/公顷)	(1)谷物 总产(吨)
二九〇	46829	46791	7756	362920	39385	8908	350832
绥滨	35613	35613	9104	324208	34179	9381	320622
江滨	22520	22484	8683	195239	21088	9083	191550
军川	41377	41041	9051	371468	39633	9276	367624
名山	18106	18100	8327	150720	16464	8900	146532
延军	16724	16652	7607	126673	12235	9451	115631
共青	32597	32514	7904	257005	26592	9038	240342
宝泉岭	38699	38604	10095	389720	35848	10668	382431
新华	32639	32637	8904	290588	30115	9389	282756
普阳	29895	29895	9364	279934	29736	9399	279481
汤原	9857	9763	8218	80228	7892	9561	75454
依兰	3600	3592	8079	29020	3147	8838	27812
梧桐河	18771	18771	9008	169094	18217	9207	167722
友谊	110523	108920	9969	1085831	102313	10419	1066017
五九七	51000	50677	9002	456174	43497	10021	435873
八五二	79741	79531	8005	636684	49874	10967	546951
八五三	68332	67750	9261	627445	60608	10000	606055
饶河	35340	35229	8793	309772	29941	9731	291369
二九一	38385	37615	9280	349072	36970	9396	347369
双鸭山	14904	14712	8556	125877	11979	9890	118473
江川	20574	20574	8826	181595	19642	9118	179105
曙光	13659	12294	8184	100619	10007	9419	94260
北兴	36489	36422	7512	273599	26638	9280	247196
红旗岭	18819	18726	8527	159678	16532	9318	154044
宝山	7385	7385	9550	70525	7371	9563	70489
八五九	79001	78853	8591	677442	70235	9306	653639
胜利	46283	46283	8915	412615	42505	9442	401314
七星	80507	80492	8949	720302	75222	9360	704094
勤得利	66231	66214	8541	565553	61471	9027	554883
大兴	49815	49776	8895	442763	46684	9301	434219
青龙山	36484	36484	9071	330934	35198	9304	327483
前进	50907	50907	9155	466063	50880	9159	466013
创业	37412	37409	8810	329570	37145	8854	328891
红卫	39662	39662	9287	368338	38250	9538	364828
前哨	38892	38892	8931	347332	38511	9001	346647
前锋	74554	74554	9096	678138	72702	9268	673831
洪河	42091	42056	8682	365137	39702	9042	358983
鸭绿河	32323	32323	8870	286721	31197	9105	284038
二道河	39078	39078	8329	325462	37152	8643	321108
浓江	38536	38536	9133	351933	38523	9135	351907
八五〇	32276	32208	8588	276600	31072	8816	273917
八五四	67334	67334	7850	528600	55439	8924	494710
八五五	28400	27265	7542	205620	20701	9115	188681
八五六	76064	75947	8645	656548	72826	8916	649322
八五七	36864	36700	8933	327840	34857	9271	323167
八五八	41113	40899	8217	336059	39347	8474	333425
八五一〇	19153	18840	9419	177447	18013	9743	175502
八五一一	18958	18853	8163	153893	17389	8650	150421
庆丰	40999	40973	8389	343732	37941	8868	336459
云山	31441	31210	8009	249959	24389	9526	232332
兴凯湖	37178	37141	9389	348721	36798	9451	347779
海林	9467	8935	8950	79966	8604	9184	79023
宁安	4813	4340	7743	33606	2909	8718	25362
山市种奶牛场	4666	4599	5137	23627	3007	6762	20333
锦河	14066	14013	3284	46024	4770	7162	34161
红色边疆	15724	15376	6475	99564	6733	11125	74907

附录1-10续表1 (2018年)

农场	总播种面积(公顷)	1. 粮食 面积(公顷)	1. 粮食 单产(公斤/公顷)	1. 粮食 总产(吨)	(1)谷物 面积(公顷)	(1)谷物 单产(公斤/公顷)	(1)谷物 总产(吨)
逊克	44770	44768	5701	255240	19251	9876	190128
龙门	16828	16636	4146	68969	3595	8844	31793
襄河	19186	19166	5890	112888	7761	10831	84060
龙镇	24525	24461	6934	169607	10912	11821	128993
二龙山	27146	26555	6175	163972	11044	10844	119759
引龙河	24609	24593	6637	163214	10185	11719	119354
尾山	15944	15571	6427	100070	6016	12000	72192
格球山	14400	14223	6904	98194	6366	12000	76392
长水河	24067	23573	6650	156750	10803	10989	118716
赵光	34001	33951	7243	245912	16295	11767	191741
红星	25474	25363	7550	191487	12971	11504	149218
建设	20048	20048	8123	162840	11097	11919	132261
五大连池	10008	9919	4545	45085	2543	9944	25287
鹤山	33970	32958	6490	213886	17737	9257	164194
大西江	20428	19812	6020	119268	8859	9847	87235
尖山	23376	22954	6091	139824	11073	9418	104285
荣军	15766	15498	7155	110881	9004	10072	90690
红五月	15811	15543	6624	102956	7450	10484	78104
七星泡	32292	31738	5217	165580	12531	8850	110903
嫩江	30105	29386	5817	170941	11698	10156	118801
山河	24809	24157	5288	127744	8089	10081	81549
嫩北	26241	24146	5273	127323	8901	9938	88456
建边	16416	16209	3622	58715	5427	6157	33414
哈拉海	11154	10728	8699	93324	10487	8844	92749
克山	28190	28026	6586	184580	13797	10048	138639
依安	5701	5529	8783	48563	5044	9353	47175
富裕牧场	9293	8899	8934	79508	8464	9246	78261
查哈阳	63777	62236	8063	501778	50842	9369	476338
泰来	4555	4555	8295	37784	4020	9100	36582
绿色草原牧场	7152	7074	9346	66116	6650	9752	64850
巨浪牧场	2270	2216	7738	17147	1991	8372	16668
齐齐哈尔种畜场	4199	3738	8151	30468	3673	8258	30331
繁荣种畜场	9684	9684	8882	86016	9153	9267	84820
大山种羊场	4500	4500	7671	34521	3694	9042	33401
红旗种马场	1620	1620	4738	7675	702	8188	5748
嘉荫	18208	18184	7191	130754	11680	9770	114111
铁力	14471	14338	6751	96789	12028	7682	92399
海伦	15845	15817	5411	85587	7329	8986	65859
红光	10059	10037	5738	57592	4787	9450	45239
绥棱	16091	16091	5983	96269	8690	9205	79995
安达牧场	997	822	5155	4237	796	5250	4179
和平牧场	7990	7131	8816	62865	6248	9734	60820
肇源	3961	3961	9751	38623	3961	9751	38623
柳河	4088	4087	5908	24144	2946	7266	21406
涝洲鱼种场	7	7	4714	33	7	4714	33
庆阳	4734	4701	9273	43592	4346	9816	42660
岔林河	4244	4244	8191	34764	4231	8209	34731
沙河	1367	1367	7743	10585	1211	8392	10163
香坊实验	177	49	8122	398	39	8897	347
青年	110	110	8300	913	110	8300	913
闫家岗	436	322	7677	2472	300	8020	2406
红旗	524	335	7946	2662	268	8496	2277
四方山	7288	6813	1463	9970	5576	1636	9120
松花江	4456	4456	7405	32998	3184	9403	29940
阿城原种场	1576	1449	7190	10418	1382	7411	10242
九龙山柞蚕育种场	10	10	9800	98	10	9800	98
佳南实验农场	2867	2831	8917	25245	2685	9261	24865

附录1-10续表2

(2018年)

农场	#水稻 面积(公顷)	单产(公斤/公顷)	总产(吨)	#小麦 面积(公顷)	单产(公斤/公顷)	总产(吨)	#玉米 面积(公顷)	单产(公斤/公顷)	总产(吨)
二九〇	31944	9146	292148				7320	7906	57874
绥滨	33021	9378	309669				1154	9467	10925
江滨	17195	8762	150666				3891	10504	40870
军川	34032	9275	315633				5581	9296	51879
名山	8205	8690	71301				8259	9109	75231
延军	2458	8500	20893				9758	9700	94653
共青	10552	9471	99940				16040	8753	140402
宝泉岭	10968	9185	100741				24874	11323	281652
新华	18690	9175	171480				11423	9740	111264
普阳	29465	9396	276853				271	9697	2628
汤原	674	9194	6197				7218	9595	69257
依兰	837	8202	6865				2310	9068	20947
梧桐河	14246	9077	129309				3967	9676	38383
友谊	63138	9450	596654				38976	12000	467712
五九七	25330	9663	244769				18167	10519	191104
八五二	15402	9584	147614				34185	11625	397398
八五三	50250	9749	489898				10264	11249	115455
饶河	24867	9550	237479				4994	10695	53410
二九一	26976	9137	246491				9185	10335	94926
双鸭山	1404	9089	12761	17	3529	60	10406	10060	104681
江川	19440	9121	177308				202	8896	1797
曙光	4067	8250	33553				5808	10350	60113
北兴	3018	8627	26037	33	3212	106	23559	9375	220864
红旗岭	14570	9223	134385				1844	10133	18685
宝山	7330	9555	70038				41	11000	451
八五九	59382	9225	547820				10852	9751	105816
胜利	34665	9225	319781	105	3000	315	7735	10500	81218
七星	69830	9255	646278				5391	10723	57808
勤得利	56151	9005	505650				5226	9300	48600
大兴	43477	9213	400545				3206	10500	33663
青龙山	34364	9330	320600				834	8253	6883
前进	50880	9159	466013						
创业	37133	8854	328784				12	8917	107
红卫	37613	9542	358912				578	9317	5385
前哨	38451	9002	346125				60	8700	522
前锋	71261	9286	661697	23	3217	74	1418	8505	12060
洪河	39108	9047	353814				594	8702	5169
鸭绿河	31184	9105	283939				13	7615	99
二道河	36779	8647	318030				373	8252	3078
浓江	38523	9135	351907						
八五〇	23896	8735	208733				7174	9084	65170
八五四	45622	8921	407007	7	4429	31	9810	8937	87672
八五五	3004	8778	26370				17671	9177	162173
八五六	65130	8846	576123				7615	9554	72757
八五七	30665	9138	280210				4192	10247	42957
八五八	38371	8495	325946				976	7663	7479
八五一〇	1749	7548	13202				16233	9988	162137
八五一一	4074	8485	34566				13315	8701	115855
庆丰	30477	8669	264207	143	3455	494	7298	9816	71639
云山	14373	8712	125222	13	3846	50	9804	10829	106164
兴凯湖	36273	9466	343361				525	8415	4418
海林	430	7565	3253				8163	9272	75687
宁安	478	7923	3787	4	4250	17	2403	8900	21387
山市种奶牛场							3007	6762	20333
锦河	98	6500	637	259	3602	933	4413	7385	32591
红色边疆	282	7652	2158				6451	11277	72749

附录1-10续表3　　(2018年)

农场	#水稻			#小麦			#玉米		
	面积(公顷)	单产(公斤/公顷)	总产(吨)	面积(公顷)	单产(公斤/公顷)	总产(吨)	面积(公顷)	单产(公斤/公顷)	总产(吨)
逊克	180	9000	1620	728	3826	2785	18343	10125	185723
龙门				889	4234	3764	2472	10951	27071
襄河				133	4211	560	7628	10947	83500
龙镇	395	7501	2963	18	2389	43	10499	12000	125987
二龙山	20	9100	182	221	3525	779	10716	11025	118144
引龙河	62	7500	465	314	4000	1256	9795	12004	117584
尾山							6016	12000	72192
格球山							6366	12000	76392
长水河				200	3600	720	10397	11250	116966
赵光	351	8251	2896				15391	12000	184697
红星	243	10502	2552	760	3597	2734	11968	12026	143932
建设	1927	7868	15161	24	4500	108	9142	12794	116962
五大连池				95	5274	501	2448	10125	24786
鹤山	1	7000	7	543	4455	2419	11764	10371	122009
大西江	20	9000	180	283	4117	1165	6865	10673	73273
尖山	3	8000	24	7	4143	29	8188	10008	81943
荣军	12	5500	66	340	4429	1506	8069	10586	85417
红五月	5	5400	27				7207	10602	76410
七星泡	97	6505	631	5	2800	14	7429	10342	76830
嫩江				6	3667	22	10807	10370	112067
山河	2	6000	12	215	4316	928	7563	10371	78436
嫩北	56	5214	292	121	4372	529	8701	10059	87525
建边				1796	4303	7728	2566	8350	21426
哈拉海	9519	8895	84676				968	8340	8073
克山	415	9525	3953	72	3597	259	13233	10125	133986
依安	4225	9448	39916				819	8863	7259
富裕牧场	5749	9150	52604				2715	9450	25657
查哈阳	41534	9451	392518				9308	9005	83820
泰来	3350	9150	30652				670	8851	5930
绿色草原牧场							6650	9752	64850
巨浪牧场	367	8248	3027				1624	8400	13641
齐齐哈尔种畜场	2917	8452	24654				756	7509	5677
繁荣种畜场	3590	9439	33887				5563	9156	50933
大山种羊场	2648	9347	24751				1046	8270	8650
红旗种马场	655	8249	5403				47	7340	345
嘉荫	428	8110	3471				11252	9833	110640
铁力	9740	8093	78821				2246	5952	13368
海伦	1739	7332	12750				5537	9530	52768
红光	746	8893	6634	9	2556	23	4011	9587	38453
绥棱	4303	8881	38213				4384	9526	41762
安达牧场							796	5250	4179
和平牧场							6223	9750	60674
肇源	3961	9751	38623						
柳河	1873	7928	14850				1073	6110	6556
涝洲鱼种场	7	4714	33						
庆阳	4124	9900	40828				222	8252	1832
岔林河	4219	8210	34636				12	7917	95
沙河	1187	8400	9971				24	8000	192
香坊实验	13	8692	113				26	9000	234
青年	110	8300	913						
闫家岗	137	9000	1233				163	7196	1173
红旗							268	8496	2277
四方山	61	7508	458				5467	1574	8606
松花江	541	8466	4580				2643	9595	25360
阿城原种场	976	6750	6588				406	9000	3654
九龙山柞蚕育种场							10	9800	98
佳南实验农场	1514	8220	12445				1148	10657	12234

附录1-10续表4　(2018年)

农　场	#大麦 面积(公顷)	#大麦 单产(公斤/公顷)	#大麦 总产(吨)	(2)豆类 面积(公顷)	(2)豆类 单产(公斤/公顷)	(2)豆类 总产(吨)	#大豆 面积(公顷)	#大豆 单产(公斤/公顷)	#大豆 总产(吨)
二九〇				7406	1632	12088	7201	1617	11644
绥滨				1434	2501	3586	962	2492	2397
江滨				1396	2643	3689	1160	2687	3117
军川				1408	2730	3844	1218	2759	3360
名山				1636	2560	4188	1636	2560	4188
延军				4417	2500	11042	4391	2499	10975
共青				5921	2813	16655	5916	2814	16646
宝泉岭				2754	2642	7275	2754	2642	7275
新华				2522	3105	7832	2493	3105	7742
普阳				159	2849	453	159	2849	453
汤原				1871	2552	4774	1871	2552	4774
依兰				445	2715	1208	445	2715	1208
梧桐河				554	2477	1372	547	2475	1354
友谊				6607	2999	19814	6600	3000	19800
五九七				7180	2827	20301	7118	2829	20138
八五二				29657	3026	89733	29604	3027	89615
八五三				7142	2995	21390	7104	2999	21304
饶河				5288	3480	18403	5268	3485	18358
二九一				645	2640	1703	645	2640	1703
双鸭山	16	2500	40	2733	2709	7404	2720	2712	7377
江川				932	2672	2490	932	2672	2490
曙光				2287	2780	6359	2169	2850	6182
北兴				9784	2699	26403	9776	2699	26388
红旗岭				2192	2566	5625	2120	2571	5450
宝山				14	2571	36	14	2571	36
八五九				8614	2761	23785	8609	2761	23771
胜利				3778	2991	11301	3736	3000	11207
七星				5270	3076	16208	5269	3076	16205
勤得利				4743	2250	10670	4709	2250	10593
大兴				3092	2763	8544	3088	2764	8534
青龙山				1286	2684	3451	1260	2706	3410
前进				27	1852	50	27	1852	50
创业				264	2572	679	264	2572	679
红卫				1412	2486	3510	1412	2486	3510
前哨				381	1798	685	381	1798	685
前锋				1852	2326	4307	1852	2326	4307
洪河				2354	2614	6154	2318	2627	6090
鸭绿河				1126	2383	2683	1126	2383	2683
二道河				1926	2261	4354	1926	2261	4354
浓江				13	2000	26	13	2000	26
八五〇				1136	2362	2683	1040	2389	2485
八五四				11895	2849	33890	11836	2851	33746
八五五				6564	2581	16939	6561	2581	16934
八五六				3099	2289	7093	2847	2296	6538
八五七				1843	2536	4673	1836	2535	4655
八五八				1552	1697	2634	1431	1650	2361
八五一〇				818	2318	1896	809	2318	1875
八五一一				1464	2372	3472	1459	2373	3462
庆丰				3032	2399	7273	2974	2397	7130
云山				6821	2584	17627	6730	2588	17416
兴凯湖				343	2746	942	343	2746	942
海林				331	2849	943	329	2851	938
宁安				269	2509	675	269	2509	675
山市种奶牛场				1592	2069	3294	1531	2084	3190
锦河				9243	1283	11863	9115	1280	11671
红色边疆				8643	2853	24657	8643	2853	24657

附录1-10续表5　　　　　　　　　　　　(2018年)

农　　场	#大　麦			(2) 豆　类			#大　豆		
	面　积 (公顷)	单　产 (公斤/公顷)	总　产 (吨)	面　积 (公顷)	单　产 (公斤/公顷)	总　产 (吨)	面　积 (公顷)	单　产 (公斤/公顷)	总　产 (吨)
逊　　克				25504	2550	65034	25502	2550	65030
龙　　门	234	4094	958	13041	2851	37176	13025	2851	37140
襄　　河				11186	2476	27695	11172	2475	27651
龙　　镇				12899	2922	37690	12899	2922	37690
二 龙 山				14704	2760	40581	14351	2775	39824
引 龙 河	14	3500	49	14008	3000	42020	14003	3000	42010
尾　　山				9275	2848	26413	9275	2848	26413
格 球 山				7857	2775	21802	7857	2775	21802
长 水 河				12250	2850	34914	12221	2850	34830
赵　　光				16853	3000	50557	16829	3000	50485
红　　星				11992	3305	39630	11992	3305	39630
建　　设				8951	3416	30579	8951	3416	30579
五大连池				7376	2684	19798	7117	2700	19217
鹤　　山				14145	3050	43147	14145	3050	43147
大 西 江				10799	2875	31046	10793	2876	31038
尖　　山				11370	2855	32461	11370	2855	32461
荣　　军				6086	2875	17498	6086	2875	17498
红 五 月				7689	2880	22147	7689	2880	22147
七 星 泡				18375	2689	49407	18357	2689	49367
嫩　　江				17086	2875	49125	17086	2875	49125
山　　河				16068	2875	46195	16067	2875	46192
嫩　　北				15245	2549	38867	15220	2551	38829
建　　边				10782	2347	25301	10258	2350	24106
哈 拉 海				241	2386	575	241	2386	575
克　　山				10513	2249	23645	10462	2250	23543
依　　安				448	2603	1166	363	2603	945
富裕牧场				424	2823	1197	403	2854	1150
查 哈 阳				11060	2119	23441	3319	1804	5989
泰　　来				535	2247	1202	530	2249	1192
绿色草原牧场				424	2986	1266	420	3000	1260
巨浪牧场				225	2129	479	131	2099	275
齐齐哈尔种畜场				65	2108	137	65	2108	137
繁荣种畜场				531	2252	1196	433	2252	975
大山种羊场				806	1390	1120	596	1527	910
红旗种马场				918	2099	1927	918	2099	1927
嘉　　荫				6504	2559	16643	6500	2560	16638
铁　　力				2310	1900	4390	2310	1900	4390
海　　伦				8488	2324	19728	8455	2327	19675
红　　光				5250	2353	12353	5250	2353	12353
绥　　棱				7401	2199	16274	7401	2199	16274
安达牧场				26	2231	58	26	2231	58
和平牧场				852	2182	1859	800	2250	1800
肇　　源									
柳　　河				1141	2400	2738	1141	2400	2738
涝洲鱼种场									
庆　　阳				355	2625	932	355	2625	932
岔 林 河				13	2538	33	13	2538	33
沙　　河				156	2705	422	156	2705	422
香坊实验				3	3000	9	3	3000	9
青　　年									
闫 家 岗				22	3000	66	22	3000	66
红　　旗									
四 方 山				1237	687	850	1237	687	850
松 花 江				1272	2404	3058	1272	2404	3058
阿城原种场				67	2627	176	67	2627	176
九龙山柞蚕育种场									
佳南实验农场				146	2603	380	146	2603	380

附录1-10续表6　　(2018年)

农场	(3)薯类面积	2. 油料作物			3. 麻类			4.药材面积	5. 蔬菜瓜果类面积
		面积(公顷)	单产(公斤/公顷)	总产(吨)	面积(公顷)	单产(公斤/公顷)	总产(吨)		
二九〇									
绥滨									
江滨								7	4
军川		2	2500	5					9
名山								3	
延军		23	2391	55					1
共青	1							74	9
宝泉岭	2							38	57
新华									
普阳									
汤原									
依兰								5	
梧桐河									
友谊		57	1509	86				59	497
五九七								17	301
八五二									
八五三									2
饶河								111	
二九一									770
双鸭山		5	2000	10				1	143
江川									
曙光		336	3718	334					1029
北兴		6	833	5					58
红旗岭	2							85	8
宝山									
八五九	4							41	
胜利									
七星									3
勤得利								11	1
大兴									39
青龙山									
前进									
创业									
红卫									
前哨									
前锋									
洪河								1	10
鸭绿河									
二道河									
浓江									
八五〇								26	36
八五四									
八五五								18	2
八五六	22	1	1000	1				30	63
八五七									
八五八									1
八五一〇	9							83	14
八五一一									
庆丰		26	4500	39					
云山		8	6000	48	63	11269	248	2	34
兴凯湖									
海林		1	1000	1				306	17
宁安	1162				63	7000	441		347
山市种奶牛场		33	3499	28				23	
锦河								53	
红色边疆		115	2222	128	219	7950	1741		

附录1-10续表7　　　　　　　　　　　　　　(2018年)

农场	(3)薯类	2.油料作物			3.麻类			4.药材	5. 蔬菜瓜
	面积	面积(公顷)	单产(公斤/公顷)	总产(吨)	面积(公顷)	单产(公斤/公顷)	总产(吨)	面积	果类面积
逊克	13								2
龙门					163	31916	1304	12	
襄河	219							6	
龙镇	650	1	2000	2				15	
二龙山	807				326	19140	2418		30
引龙河	400								4
尾山	280				261	15604	2036		
格球山									
长水河	520				41	805	33	21	
赵光	803								12
红星	400								97
建设									
五大连池								62	2
鹤山	1076							28	2
大西江	154	23	1800	21				76	
尖山	511							58	6
荣军	408								
红五月	404							18	
七星泡	832							28	9
嫩江	602	14							4
山河		116	5300	209				134	
嫩北								1347	2
建边								75	
哈拉海									35
克山	3716								36
依安	37								
富裕牧场	11							7	7
查哈阳	334	667	3898	1300					667
泰来									
绿色草原牧场		37	2973	110				1	30
巨浪牧场								46	8
齐齐哈尔种畜场									121
繁荣种畜场									
大山种羊场									
红旗种马场									
嘉荫		1	1000	1					22
铁力								133	
海伦								16	
红光								22	
绥棱									
安达牧场									175
和平牧场	31	552	4775	2636				128	79
肇源									
柳河									1
涝洲鱼种场									
庆阳									
岔林河									
沙河									
香坊实验	7								128
青年									
闫家岗									114
红旗	67								170
四方山		44						1	2
松花江									
阿城原种场								33	94
九龙山柞蚕育种场									
佳南实验农场									36

附录1-10续表8　　(2018年)　　单位：公顷

农　场	6. 甜　菜 面　积 (公顷)	单　产 (公斤/公顷)	总　产 (吨)	7. 饲料面积	青饲料面　积	8. 其他作物面积
二九〇						38
绥　滨						
江　滨				25	25	
军　川				325	212	
名　山						3
延　军				48	48	
共　青						
宝泉岭						
新　华				2	2	
普　阳						
汤　原						94
依　兰				1	1	2
梧桐河						
友　谊						971
五九七						5
八五二				137		73
八五三				580	580	
饶　河						
二九一						
双鸭山						43
江　川						
曙　光						
北　兴						3
红旗岭						
宝　山						
八五九				88	88	19
胜　利						
七　星						12
勤得利						5
大　兴						
青龙山						
前　进						
创　业						3
红　卫						
前　哨						
前　锋						
洪　河				13	13	11
鸭绿河						
二道河						
浓　江						
八五〇				6	6	
八五四						
八五五				887	874	228
八五六				23	23	
八五七				125	125	39
八五八				19	19	194
八五一〇				204		7
八五一一				105		
庆　丰						
云　山				62		62
兴凯湖				37	37	
海　林						202
宁　安						63
山市种奶牛场						11
锦　河						
红色边疆				14	14	

附录1-10续表9　　(2018年)

农　场	6. 甜菜			7. 饲料面积		8. 其他作物面积
	面积(公顷)	单产(公斤/公顷)	总产(吨)		青饲料面积	
逊克						
龙门				17	17	
襄河				14	14	
龙镇				48	48	
二龙山				235	235	
引龙河				12	12	
尾山				112	62	
格球山				177	132	
长水河	28	20000	560	398	265	6
赵光	34	40000	1360	4	4	
红星				14	14	
建设						
五大连池						25
鹤山				972	768	10
大西江				372	190	145
尖山				358	358	
荣军				268	248	
红五月				250	250	
七星泡				517	517	
嫩江				676	584	25
山河				380	302	22
嫩北				746	68	
建边				132	132	
哈拉海				391	384	
克山	128	44516	5698			
依安	172	60000	10320			
富裕牧场	146	40500	5913	175	175	59
查哈阳				207	207	
泰来						
绿色草原牧场				10	10	
巨浪牧场						
齐齐哈尔种畜场						340
繁荣种畜场						
大山种羊场						
红旗种马场						
嘉荫	1	40000	40			
铁力						
海伦						12
红光						
绥棱						
安达牧场						
和平牧场	7	22571	158			
肇源						
柳河						
涝洲鱼种场						
庆阳						33
岔林河						
沙河						
香坊实验						
青年						
闫家岗						
红旗						19
四方山	176	29967	1319	210		42
松花江						
阿城原种场						
九龙山柞蚕育种场						
佳南实验农场						

附录1-11　林业、水果生产情况

(2018年)

农　　场	年末人工成林面积(公顷)	#当年造林面积	#用材林面积	#农田防护林面积	育苗面积(公顷)	林木采伐量(立方米)	果园面积(公顷)	水果产量(吨)
二九〇	8258		88	6867	65	89		
绥滨	7143		3090	1900	100			
江滨	5540			5506				
军川	6331	8	601	5216	20			
名山	2749		604	1544	27			
延军	4010		1769	1678			2	40
共青	9194		2627	5221				
宝泉岭	11249		7418	2739	48			
新华	7143		5019	2012				
普阳	4085		704	2752				
汤原	1226		143	1043				
依兰	649		315	249				
梧桐河	2466			2155				
友谊	12125	80	2552	8949	67			
五九七	4770	8	852	3200	98		301	5362
八五二	9856	8	2077	7779	80			
八五三	8965	31		7811	72		189	3829
饶河	7469		5575	1834	68			
二九一	4428			4308	67			
双鸭山	2561		525	1473	27	900	91	367
江川	2466		69	2092	30			
曙光	1703		604	557	36			
北兴	9217		8256	857	72			
红旗岭	3309		2380	781	45	2120		
宝山	766		80	686	5			
八五九	8854		3712	4637	10			
胜利	8942		4902	3331	33			
七星	12981	41	1633	10996	11			
勤得利	7659		2096	5251	47			
大兴	6703	27	310	5144				
青龙山	4552	60	584	3968	26			
前进	6761		2188	4203	32			
创业	6104		824	5032	48			
红卫	8115	12	662	6775				
前哨	2253	16	1157	1092	37			
前锋	7454	26	4560	1464				
洪河	5895	5	2071	3824	17			
鸭绿河	3100		936	2054				
二道河	5282		1085	2769				
浓江	5787	34	810	4876				
八五〇	4923		1625	3298	10			
八五四	8338	47	5833		6			
八五五	12631	161	11971	558		4323		
八五六	5274	33	2881	1977			31	349
八五七	4555		3165	492	51			
八五八	3340	27	3296					
八五一〇	6459		4476	744				
八五一一	8607		7555	127			3	5
庆丰	3627		1681	1684	57			
云山	5956		4266	1690	27		5	180
兴凯湖	3538		2998	509	20	1800		
海林	3553	20	3172	296	3			
宁安	2824		2584	88	5		61	133
山市种奶牛场	2656	15	2256			750		
锦河	17085	16	14284	127				
红色边疆	7861		6954	372	154			

附录1-11续表　　(2018年)

农场	年末人工成林面积(公顷)	#当年造林面积	#用材林面积	#农田防护林面积	育苗面积(公顷)	林木采伐量(立方米)	果园面积(公顷)	水果产量(吨)
逊克	9798		8755	586	18			
龙门	3546	20	2913	138	20			
襄河	6519		6142	39	15			
龙镇	2355	15	1406	885	27			
二龙山	3478		1140	1094	27			
引龙河	5998		5311	568	15	1114		
尾山	7480	17	6647	833	22			
格球山	2897		2148	308	30			
长水河	4504		2555	1756	232	195		
赵光	3398		862	2255				
红星	2465	7	127	2338	40			
建设	6209		5298	600	87			
五大连池	1834	9	1013	129	33			
鹤山	10404		4077	4352				
大西江	9382		4977	2615	20			
尖山	3187		1421	738	100			
荣军	3320		1323	722	30			
红五月	4018		1677	1051	80			
七星泡	14908		11315	2782	28			
嫩江	4390		2938	897	100			
山河	14258		10116	3627	6			
嫩北	5658		3184	580	76			
建边	6340		466	5874	67			
哈拉海	1441		1022		80			
克山	3650		66	3123	50			
依安	2833		1411	1422				
富裕牧场	6763				109			
查哈阳	14758		39	2018				
泰来	2691		1531		4			
绿色草原牧场	10600			10600	33			
巨浪牧场	790		454					
齐齐哈尔种畜场	1473		345		34		260	7124
繁荣种畜场	457							
大山种羊场	1882		140		4			
红旗种马场	122							
嘉荫	5296	10	2586					
铁力	1345		688	475				
海伦	1796		136	894	7			
红光	1039		317					
绥棱	952		327	625				
安达牧场	764		19					
和平牧场	6637	710	1455					
肇源	521							
柳河	854	40	225		21			
涝洲鱼种场								
庆阳	1471		1423					
岔林河	1318		399	141				
沙河	464		451	13				
香坊实验	49			49				
青年	13	2		13				
闫家岗	42			42				
红旗	95			25				
四方山	1714			449	20			
松花江	1121				40			
阿城原种场	244							
九龙山柞蚕育种场								
佳南实验农场	70		3	67		520	21	630

附录1-12　畜牧业、渔业生产情况

(2018年)

农　场	大牲畜年末存栏(头)	#马	#黄　牛	#奶　牛	猪年末存栏(头)	羊年末存栏(只)	禽年末存栏(只)	出栏肥猪(头)	出栏肉牛(头)
二九〇	510		425	85	25138	697	53300	37094	786
绥滨	263		175	88	38425	1359	35156	52134	522
江滨	572		41	531	10221	1787	56378	37217	616
军川	4005		701	3304	17066	802	3080	46189	2821
名山	688		330	339	14005	467	7999	22175	504
延军	1848		806	1042	2880	949	818473	6865	1149
共青	855		652	203	41014	3245	3421302	119191	548
宝泉岭	890		590	300	137089	956	2242678	236229	818
新华	752		598	154	21234	793	309088	50956	506
普阳	1152		749	403	36668	1175	40000	73335	1254
汤原	295		182	113	2023	455	14137	4323	239
依兰	259		159	100	3841	272	11461	10229	469
梧桐河	410		401	9	1830	325	4427	43191	153
友谊	2140	2	2053	7	39781	10353	193272	51074	1506
五九七	1194		1194		17639	2780	25000	38611	935
八五二	5117		3413	1704	3607	2568	18095	7765	1578
八五三	930		902	28	8408	2087	44331	26654	642
饶河	260		260		2526	1067	2884	3876	159
二九一	1928		959	969	3160	1160	10756	3240	538
双鸭山	936		580	356	14557	2182	71460	30963	439
江川	210		210		8969	832	3800	24946	66
曙光	16204		204		8906	241	332210	25499	1175
北兴	2200		2200		11311	3100	100301	19758	6557
红旗岭	90		90		6264	1161	8456	24391	54
宝山					1403		189	586	
八五九	1088		1088		4606		44600	7555	120
胜利	776	62	714		2664	1091	4760	5486	178
七星	715		715		19949	6707	49571	32155	797
勤得利	308		308		5530	695	13397	12066	174
大兴	180		180		5372	2799	2603	8085	351
青龙山					3501	692	3512	2886	
前进	179		179		4400	1940	7530	6080	92
创业	321		321		2128	517	21073	4561	192
红卫					1123	5005	22159	2230	
前哨					1305	857	5048	1943	
前锋	332		332		1028	1899	2583	1500	103
洪河	863		863		1313	1239	13002	2003	211
鸭绿河	28		28		846		11742	1265	10
二道河					365	332	3534	630	
浓江	159		159		681	335	4531	2006	29
八五〇	1603		100	1503	4500	100	10169	4606	400
八五四	1125		325	800	5078	461	45128	9205	729
八五五	4710		111	4599	2164	978	50000	2512	1005
八五六	390		230	160	1595	1086	20034	4023	136
八五七	2398		1184	1214	2065	75	22509	4087	2396
八五八	1697		89	1608	2650	181	9980	12547	326
八五一〇	6101		1212	4889	5618	1520	93584	10734	474
八五一一	14122		622	13500	4442	306	5500	6925	852
庆丰	5180		345	4835	1078	305	12770	1243	1561
云山	3138		428	2710	2050	1493	15378	4680	432
兴凯湖	38		38		1460	240	21000	16645	16540
海林	525		468	57	5475	369	480	14253	376
宁安	124		124		1457	457	1676	3580	335
山市种奶牛场	4360		2650	1710	3500	3100	17000	5500	1580
锦河	1832	176	1581		198	3251	9107	4542	620
红色边疆	1263		1068	195	2128	650	83	503	782

附录1-12续表1　　(2018年)

农场	大牲畜年末存栏(头)	#马	#黄牛	#奶牛	猪年末存栏(头)	羊年末存栏(只)	禽年末存栏(只)	出栏肥猪(头)	出栏肉牛(头)
逊克	3821	468	3353		5176	9885	8600	10817	856
龙门	539		539		426	1510	3000	2548	506
襄河	1204	300	658	246	936	618	808	679	260
龙镇	1624		1624		1969	2339	5132	2725	182
二龙山	3715		215	3500	2133	284	1960	2106	821
引龙河	858		634	224	2116	215	1098	3350	743
尾山	2976		861	2115	1616	2937	5800	1881	1859
格球山	3349	54	402	2893	3066	1451	560	2441	531
长水河	3886		1256	2630	2226	1285	10000	702	733
赵光	3311		251	3060	2311	594	956	6320	845
红星	1038		656	382	1097	1226	7487	2291	650
建设	740		608	132	928	1249	1600	1064	287
五大连池	211		181	30	1483	61		1086	29
鹤山	7364	6	2752	4606	7993	3645	3759	16816	6148
大西江	3606		1502	2104	299	2216	11300	1542	884
尖山	4095	34	1023	2922	2998	2690	17890	11269	6957
荣军	3253		1046	2207	3882	1999	1052	10726	1773
红五月	3181		1058	2123	751	2414	2410	954	884
七星泡	6603		1951	4652	3306	5027	4282	10131	1788
嫩江	6371		2199	4172	983	1794	16006	6088	2523
山河	3470		878	2592	2161	992	760	10012	3410
嫩北	3818		1036	2782	788	3144	11626	4253	2243
建边	3821	192	3112	517	1574	4032	10678	5433	1950
哈拉海	3320		1086	2234	1008	3200	7407	9371	358
克山	831		157	674	3878	5285	37313	35283	1122
依安	118			118		3054	3856	283	58
富裕牧场	1226		637	589	6445	3987	63320	11131	1861
查哈阳	1517		412	1105	7547	6340	76337	16115	1444
泰来	1015		433	582	492	1952	7000	1201	341
绿色草原牧场	3762		662	3100	80	4720	5000	1256	1620
巨浪牧场	2636		881	1755	433	755	3277	1759	3227
齐齐哈尔种畜场	455	12	112	303	9020	1278	307300	28100	521
繁荣种畜场	287		287		9553	5240	37149	15882	291
大山种羊场	886	106	279	447	718	3466	6015	1872	1190
红旗种马场	213		141	72	506	7828	680	2768	195
嘉荫	148		148		2294	292	1135	3976	
铁力	42		42		284	144	25766	433	
海伦	1000		286	714	544	616	103	946	224
红光	169		68	101	2471	276	20935	2021	29
绥棱	533		533		1610	225	7099	3890	130
安达牧场	687	90		597	525	1437	36921	418	705
和平牧场	3558	120		3438	937	7299	12646	1750	1876
肇源					386		1836	562	
柳河	45		45		3291	77	903	11798	41
涝洲鱼种场					13		632	97	
庆阳	51		51		753	124	3000	329	35
岔林河	43		43		2815		16000	1974	50
沙河					268		8500	304	
香坊实验									
青年					800		46900	3087	
闫家岗	808			808	176		8000	300	152
红旗	96		96					31	
四方山	2544		671	1873	2063	4172	54600	4607	349
松花江	119		119		1434	523	6000	1516	193
阿城原种场	26		26		1286		68000	3260	12
九龙山柞蚕育种场									
佳南实验农场	21		4	17	2270	65	8250	7670	10

附录1-12续表2　　(2018年)

农场	出栏肉羊(只)	出栏肉禽(只)	肉类总产量(吨)	牛奶产量(吨)	羊毛产量(公斤)	禽蛋产量(吨)	蜂蜜产量(公斤)	鲜鱼产量(吨)	#养殖产量(吨)
二九〇	7457	125000	3840	12	1555	50		151	111
绥滨	2056	63455	4207	136	3450	848		502	129
江滨	1659	162077	3271	1200	6404	891		39	
军川	2420	29092	4130	11370	84	25		30	30
名山	634	46410	1862	522	480	82		220	91
延军	573	1495405	3724	1855		5139	2400	85	10
共青	3255	23029300	54440	287	5240	94	1250	148	75
宝泉岭	3176	23314553	77091	121	2792	924		66	46
新华	2467	1078855	6453	274	5037	1185		1076	498
普阳	5829	102900	6474	799	6664	363		120	
汤原	471	27338	376	709	750	82		8	8
依兰	738	39874	895	221	398	122	12420	132	84
梧桐河	409	48878	3423	337	752	45		35	
友谊	15719	414294	5702	13	4721	3220		1114	1077
五九七	3404	59000	3253			229		840	621
八五二	3455	77248	1393	6666	649	141	832	647	602
八五三	1273	88967	2567	16		145	69687	1370	1049
饶河	2682	12846	421			27	687700	1136	82
二九一	1712	10249	411	3672	1792	70	750	525	525
双鸭山	2804	60711	2573	422	10888	545	209900	348	348
江川	896	63700	2151			10		755	755
曙光	117	2528020	6616		661	175		17	17
北兴	4295	111383	3395		5570	361	73500	380	380
红旗岭	2499	22708	2068			31	22527	367	161
宝山		3102	52					6	6
八五九		78650	726			65		370	90
胜利	898	26943	540			17	43625		
七星	3616	224020	3121		9150	518		180	180
勤得利	1247	16484	987		1792	190		490	146
大兴	2434	21803	745		7000	97		38	8
青龙山	458	10240	284		450	38		38	11
前进	2976	14395	547		2180	113		4	
创业	318	27919	430		430	263		65	65
红卫	2285	15500	241			42		190	80
前哨	631	15191	188			41			
前锋	1500	2500	146			5		118	
洪河	615	20265	234			65		1672	1652
鸭绿河	279	19023	147			27		43	
二道河	207	8288	69			28		42	
浓江	1071	7850	191		321	40		20	9
八五〇	120	15075	474	4204		38		24	24
八五四	642	105108	948	2308	430	642	58000	912	912
八五五	1225	74500	614	19918	225	763		65	65
八五六	1321	42386	434	201	314	240		384	324
八五七	203	37331	621	3808		191		760	679
八五八	412	32400	1078	7243		225		1774	1399
八五一〇	2105	6905	1151	16810	8200	1223		399	291
八五一一	775	16400	703	46762		76			
庆丰	298	21030	394	19408		205	7500	300	185
云山	1336	17847	472	7314		195	15000	223	223
兴凯湖	7872	26844	4224			400		293	53
海林	428	22410	1189	108				46	46
宁安	672	539	315		806	3		61	61
山市种奶牛场	4500	22000	772	3477	12000	186		38	38
锦河	5573	14918	520			213		28	20
红色边疆	1521	1987	232	314	2378	2		200	117

附录1-12续表3　　(2018年)

农　场	出栏肉羊(只)	出栏肉禽(只)	肉类总产量(吨)	牛奶产量(吨)	羊毛产量(公斤)	禽蛋产量(吨)	蜂蜜产量(公斤)	鲜鱼产量(吨)	#养殖产量(吨)
逊　克	11955	86100	1217		28300	41		74	
龙　门	1550	52000	442		2643	9		23	15
襄　河	600	31433	146	36		5		400	400
龙　镇	2137	38500	308	810	4800	148		340	300
二龙山	437	11470	309	10181		20		770	432
引龙河	280	103600	760	1214	200	180		780	780
尾　山	2687	10500	456	10178	3550	93		61	61
格球山	2157	15629	770	8967	1359	9	10000	341	341
长水河	779	16000	235	8256				20	20
赵　光	1900	122800	1710	8811		22		940	940
红　星	1042	58126	772	378		103		112	50
建　设	1746	4595	171	200		4		694	502
五大连池	619	5500	105	56					
鹤　山	4972	62168	2367	22951	7582	142		164	164
大西江	2390	66100	412	6605	11298	39		250	250
尖　山	7447	74343	2272	10457	13000	483		55	55
荣　军	2536	54485	1282	9136	3283	25		98	98
红五月	2558	53382	462	7193	8165	20		483	483
七星泡	3414	78653	1373	11502	23610	43		311	311
嫩　江	2203	57574	1066	9009	3944	164		20	20
山　河	1464	52185	1785	10594	19512	5		170	115
嫩　北	654	97480	806	10939	16679	155	1100	184	184
建　边	6328	32174	979	1506	19224	86	173600		
哈拉海	6795	61086	1008	6685	18234	127			
克　山	17836	374725	3468	1578	15303	276		28	28
依　安	50892	145979	1233	365		19		85	85
富裕牧场	3858	97618	1714		5177	489		338	292
查哈阳	17185	159953	2079	1254	16185	394		386	386
泰　来	2310	20000	225	395		3		56	12
绿色草原牧场	8922	11397	603	2182		69			
巨浪牧场	2109	92063	615	4359		15		38	38
齐齐哈尔种畜场	2211	1911000	7247	959		179			
繁荣种畜场	4440	192190	1708		11310	207			
大山种羊场	28832	76306	963	1588		54		398	100
红旗种马场	8223	63398	518	195	19672	33		22	22
嘉　荫	176	7365	304			11	12052	58	
铁　力	134	1763	46			484			
海　伦	2397	14105	204	1713	1775	5		609	609
红　光	367	354230	830	253		86		215	215
绥　棱	221	22202	378			16		537	525
安达牧场	166	29252	269	1371	4474	96			
和平牧场	4400	11960	566	1647	28392	75			
肇　源		2459	58			12		107	42
柳　河	129	7726	1015			1		261	198
涝洲鱼种场		3087	16			10		1324	1324
庆　阳	326	15000	72					374	178
岔林河		21000	191			255		500	
沙　河		21500	55			169	18000	17	17
香坊实验									
青　年		27700	297			755			
闫家岗		34000	102	2383		239		116	74
红　旗			42						
四方山	4264	17200	524	6044	9800	890		500	500
松花江	215	8100	166			85		79	35
阿城原种场		39000	380			1407			
九龙山柞蚕育种场									
佳南实验农场	126	31800	729	157		407		150	150

附录1-13　工业总产值、销售产值及产品产量

(2018年)

农　　场	工　业总产值(万元)	工　业销售产值(万元)	大　米(吨)	小麦粉(吨)	食　用植物油(吨)	配混合饲　料(吨)	白酒(折65度，商品量)(千升)	砖(折标准砖)(万块)
二九〇	4322	4322	2141					
绥　滨	3500	3500					240	
江　滨	2362	2362						
军　川	10010	10040	14200				600	
名　山	1711	1711			20			
延　军	38722	38722						
共　青	38258	38258	3140		293	1000		2746
宝泉岭	6112	6112				12277	330	
新　华	5364	5398	149			2889	17	
普　阳	3398	3398	4502					
汤　原	7840	7840			80			
依　兰	402	402					40	
梧桐河	4108	4108	6000				193	
友　谊	123401	123401	2675			1000	236	
五九七	53670	53670	5250					5920
八五二	63250	63250	2550					
八五三	84612	84612	41877		270	3721	1436	330
饶　河	21668	21668	6000	600	390		250	
二九一	8673	8673	8031				1241	
双鸭山	20986	20986	3870				1253	
江　川	39186	39186	80290					
曙　光	32878	32878	9018				1900	
北　兴	62405	62405			240		150	4705
红旗岭	11248	11248	14900					
宝　山	2580	2580	1416					
八五九	6861	6861						
胜　利	31767	33168	46989	2508				
七　星	72473	72473	93827				1600	
勤得利	27042	27042	63031					
大　兴	6431	6431						
青龙山	22931	22931	51218					
前　进	74040	73381	166710					
创　业	149474	158436	374395					
红　卫	929	929	12000					
前　哨	1539	1539	18502					
前　锋	10949	10949	9015					
洪　河	7013	7013	9727					
鸭绿河	6542	6542	14103					
二道河	9976	9976	16456					
浓　江	763	763	12123					
八五〇	56398	56398	110172		122			
八五四	89307	87415	152577				336	
八五五	10446	10446	1431		1016		714	
八五六	37097	36236	84197				630	
八五七	72040	72040	148142			60	30	25
八五八	61430	64589	143065					
八五一〇	43218	43218						
八五一一	59693	47397			2900	2879		80
庆　丰	33360	33360	53000		900			500
云　山	26703	26703	20333					3274
兴凯湖	9452	9452	25645				110	
海　林	22900	21485				14215		
宁　安	56600	56400		3800				
山市种奶牛场	1437	1437						
锦　河	19892	19892		2940				
红色边疆	13135	13135		295	251		200	300

附录1-13续表　　　　　　　　　　　　　　(2018年)

农　　场	工　业 总产值 (万元)	工　业 销售产值 (万元)	大　米 (吨)	小麦粉 (吨)	食　用 植物油 (吨)	配混合 饲　料 (吨)	白酒（折65度，商品量） (千升)	砖 (折标准砖) (万块)
逊　　克	5446	5446			65		59	936
龙　　门	9402	9402						
襄　　河	7230	7230		700		1210		140
龙　　镇	8181	8181						700
二 龙 山	42071	42071				7517		4015
引 龙 河	1673	1601			830	2025	2930	1550
尾　　山	16000	16000						
格 球 山	2266	2266					833	
长 水 河	2473	2473		1476	154			
赵　　光	20500	20500		15000		9000		
红　　星	9993	10425						
建　　设	4350	4350						
五大连池	2790	2790			486		180	355
鹤　　山	35687	35687			545	21670		
大 西 江	18676	23358			312			
尖　　山	10660	10465				60		4500
荣　　军	15901	15901					62	
红 五 月	15906	15741		4411		557	8397	
七 星 泡	22607	22612		6416	2386	2649		
嫩　　江	24817	24700			1310	41900		
山　　河	19497	16536			1600		1900	
嫩　　北	30660	29212		4727	1509			1474
建　　边	21175	21175						
哈 拉 海	18969	18969	7207					
克　　山	19927	19927				3350		
依　　安	34310	34310	20440					
富裕牧场	8674	8674	52360				3180	3610
查 哈 阳	85306	85306	177467				198	
泰　　来	18657	18657	13678					
绿色草原牧场	4539	4539				17924	78	
巨浪牧场	3919	3919			565	30100		
齐齐哈尔种畜场	12588	12577						
繁荣种畜场	15382	15382	11000					
大山种羊场	13686	13686	19428					
红旗种马场	1046	1046			362			
嘉　　荫	2857	2857					45	700
铁　　力	51235	51235	27858				3412	1543
海　　伦	18611	18611					1820	
红　　光	2190	2190						
绥　　棱	1565	1565						
安达牧场	2083	2083						
和平牧场	24513	24513				3360	2500	
肇　　源	4569	4569	3430					
柳　　河	1236	1236	189					
涝洲鱼种场	3	3						
庆　　阳	59845	59845	63137				1720	
岔 林 河	29015	29015	63200					
沙　　河	2048	2048						
香坊实验	35171	35171				7480		
青　　年	5511	5515				2980		
闫 家 岗	12646	12646						
红　　旗	61835	61835						
四 方 山	6144	6144						
松 花 江	46931	38830						1150
阿城原种场	16390	16390						
九龙山柞蚕育种场								
佳南实验农场	312	312						

附录1-14　农村公路里程及公路硬化情况

(2018年)　　单位：公里

单　位	公路总里程	#硬化路面里程			不含专用公路里程		
			有铺装里程	简易铺装里程		#硬化里程	硬化率(%)
依兰农场公路站	66	29	29		32	28	88
新华农场公路站	341	124	124		165	122	74
江滨农场公路站	207	102	102		118	93	79
军川农场公路站	322	158	158		206	151	73
名山农场公路站	152	50	50		66	50	75
延军农场公路站	175	110	110		110	93	85
共青农场公路站	250	89	89		122	83	68
宝泉岭农场公路站	388	140	140		207	114	55
绥滨农场公路站	340	180	180		231	169	73
普阳农场公路站	264	80	80		115	77	67
汤原农场公路站	167	70	70		62	58	95
梧桐河农场公路站	213	98	98		89	75	84
二九零农场公路站	374	167	167		232	165	71
八五二农场公路站	836	274	274		406	237	58
八五三农场公路站	698	235	235		344	215	63
红旗岭农场公路站	290	113	113		161	103	64
饶河农场公路站	330	132	132		152	132	87
五九七农场公路站	551	207	207		248	180	73
双鸭山农场公路站	206	41	41		87	40	46
北兴农场公路站	396	118	118		176	108	62
二九一农场公路站	298	102	102		138	83	60
宝山农场公路站	67	43	43		42	39	94
江川农场公路站	267	109	109		140	98	70
曙光农场公路站	146	63	63		78	54	69
胜利农场公路站	443	125	125		230	123	54
建三江局直站	66	38	38		66	38	57
勤得利农场公路站	400	101	101		190	89	47
前锋农场公路站	396	117	117		272	115	42
前哨农场公路站	346	86	86		244	82	34
八五九农场公路站	466	217	217		242	150	62
红卫农场公路站	281	135	135		193	110	57
二道河农场公路站	194	15	15		125	15	12
前进农场公路站	267	77	77		126	65	52
青龙山农场公路站	244	151	151		139	137	99
洪河农场公路站	212	62	62		136	62	46
鸭绿河农场公路站	143	33	33		70	32	46
浓江农场公路站	186	45	45		106	44	42
大兴农场公路站	336	109	109		215	105	49
七星农场公路站	584	204	204		294	191	65
创业农场公路站	471	196	196		211	136	64
八五一零农场公路站	233	102	102		144	102	71
八五四农场公路站	443	244	244		271	240	89
八五八农场公路站	205	79	79		130	78	60
庆丰农场公路站	268	92	92		163	88	54
八五零农场公路站	265	100	100		165	99	60
八五六农场公路站	305	200	200		194	166	86
云山农场公路站	218	107	107		137	106	78
八五七农场公路站	225	116	116		132	116	87
八五一一农场公路站	406	293	293		322	267	83
兴凯湖农场公路站	167	70	70		123	70	57
八五五农场公路站	261	133	133		188	127	68
海林农场公路站	144	102	102		77	67	87

注：附录1-14表资料由交通局提供。

附录1-14续表　　　　　　　　　　(2018年)　　　　　　　　　　单位：公里

单　位	公路里程	#硬化路面			不含专用		
		里　程	有铺装里程	简易铺装里程	公路里程	#硬化里程	硬化率(%)
宁安农场公路站	63	42	42		38	38	100
山市奶牛场	36	36	36		36	36	100
赵光农场公路站	195	43	43		118	41	35
格球山农场公路站	94	40	40		61	39	64
尾山农场公路站	146	73	73		121	73	61
锦河农场公路站	189	101	101		164	101	62
逊克农场公路站	390	154	154		306	149	49
红色农场公路站	97	32	32		60	32	54
红星农场公路站	128	55	55		97	55	57
建设农场公路站	104	61	61		57	56	98
长水河农场公路站	202	105	105		128	102	80
二龙山农场公路站	162	66	66		111	64	57
龙镇农场公路站	155	69	69		118	58	49
引龙河农场公路站	203	54	54		116	53	46
襄河农场公路站	146	77	77		108	76	70
龙门农场公路站	89	26	26		67	26	38
五大连池原种场	59	55	55		47	43	92
七星泡农场公路站	198	123	123		128	102	80
嫩江农场公路站	202	43	43		104	43	42
哈拉海农场公路站	60	23	23		42	23	54
大西江农场公路站	135	70	70		101	65	65
鹤山农场公路站	128	53	53		93	49	53
跃进农场公路站	106	14	14		54	14	25
尖山农场公路站	179	123	123		136	123	90
红五月农场公路站	95	21	21		79	21	27
荣军农场公路站	126	71	71		67	58	88
山河农场公路站	166	87	87		90	62	69
嫩北农场公路站	152	51	51		96	50	52
建边农场公路站	108	53	53		55	53	95
查哈阳农场公路站	685	314	314		367	268	73
依安农场公路站	109	39	39		43	39	91
泰来农场公路站	79	36	36		51	35	70
富裕农场公路站	160	47	47		118	44	37
克山农场公路站	262	79	79		147	79	54
巨浪农场公路站	62	16	16		46	16	34
绿色农场公路站	156	81	76	5	126	81	64
齐齐哈尔种畜场	60	40	40		59	39	66
大山种羊场	89	35	35		88	34	39
繁荣种畜场	122	28	28		121	27	22
红旗种马场	42	21	21		40	19	47
和平农场公路站	123	72	72		84	69	81
肇源农场公路站	73	19	19		32	19	60
嘉荫农场公路站	172	53	53		83	37	45
铁力农场公路站	291	63	63		166	63	38
柳河农场公路站	57	11	11		36	11	32
绥棱农场公路站	173	54	54		93	54	58
安达农场公路站	39	7	7		13	6	44
红光农场公路站	164	94	94		65	55	85
海伦农场公路站	212	94	94		77	69	90
茂兴湖养殖场	32	6	6		28	2	8
涝洲鱼种场	9	4	4		9	4	48
阎家岗农场公路站	32	32	32		15	15	100
红旗农场公路站	13	10	10		8	5	61
青年农场公路站	7	5	5		7	5	73
香坊农场公路站	9	7	7		9	7	72
松花江农场公路站	30	24	24		30	24	81
沙河农场公路站	10	4	4		10	4	39
岔林河农场公路站	47	13	13		15	10	66
庆阳农场公路站	88	39	39		53	34	64
四方山农场公路站	36	36	36		36	36	100
阿城原种场	1	1	1				